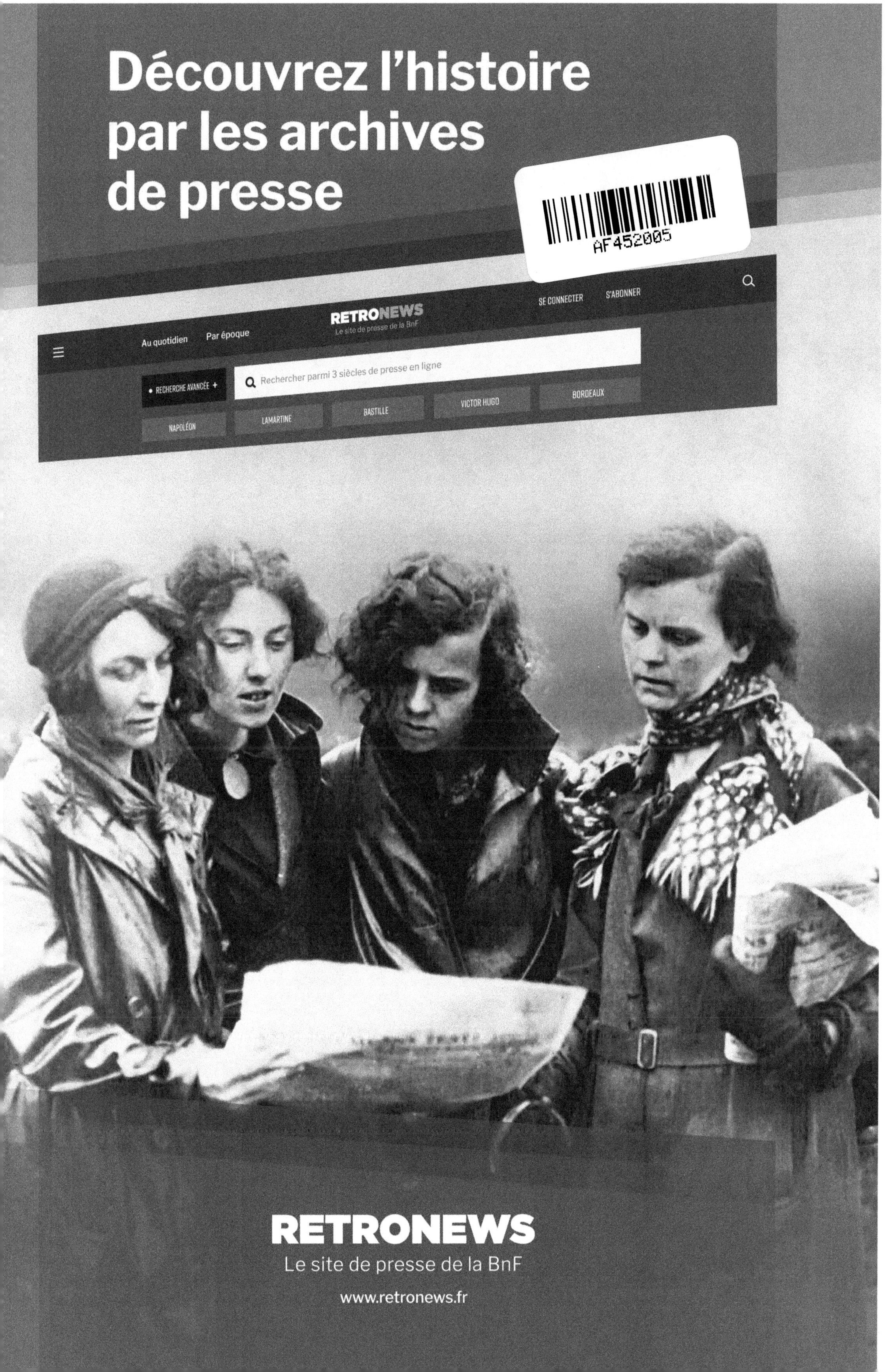

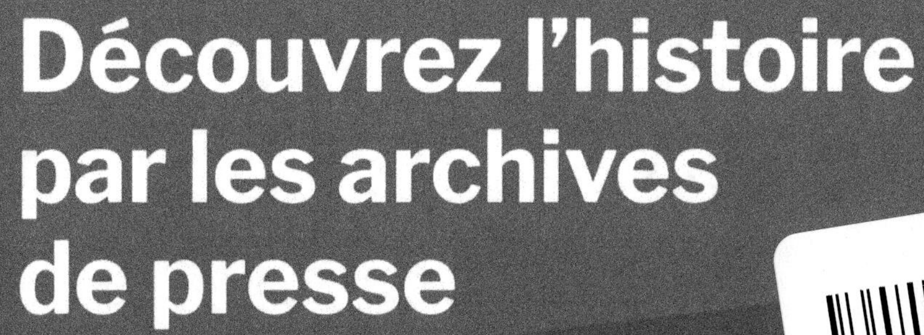

Découvrez l'histoire
par les archives
de presse

AF452005

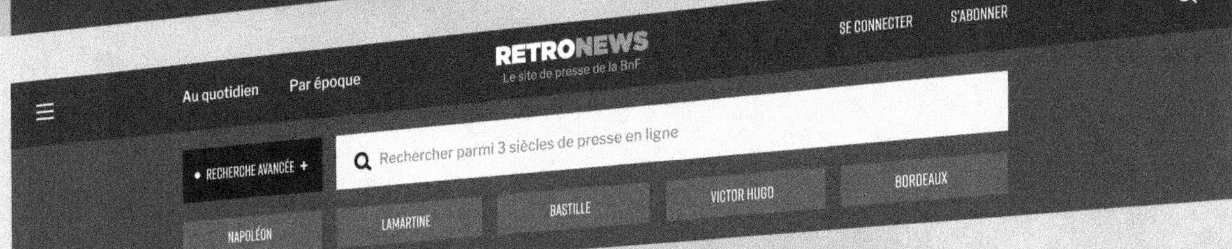

SE CONNECTER   S'ABONNER
RETRONEWS
Le site de presse de la BnF
Au quotidien   Par époque
● RECHERCHE AVANCÉE +   Rechercher parmi 3 siècles de presse en ligne
NAPOLÉON   LAMARTINE   BASTILLE   VICTOR HUGO   BORDEAUX

RETRONEWS
Le site de presse de la BnF
www.retronews.fr

ÉDITION COMPLÈTE EN UN VOLUME

LOUIS MORIN

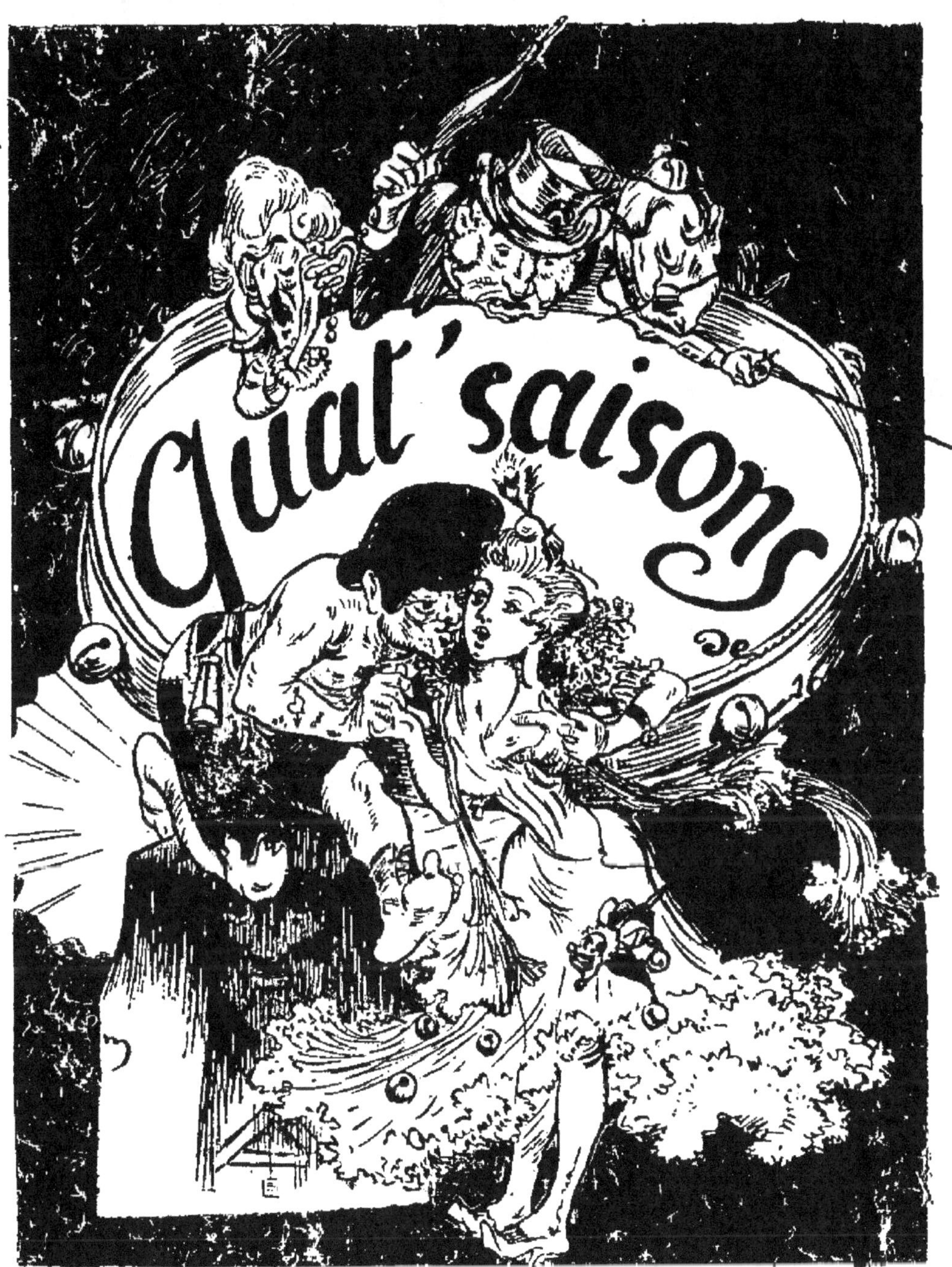

QUATRE CENTS DESSINS
ET AQUARELLES DE L'AUTEUR

PARIS

SOCIÉTÉ D'ÉDITIONS LITTÉRAIRES ET ARTISTIQUES
Librairie Ollendorff
50, CHAUSSÉE D'ANTIN, 50

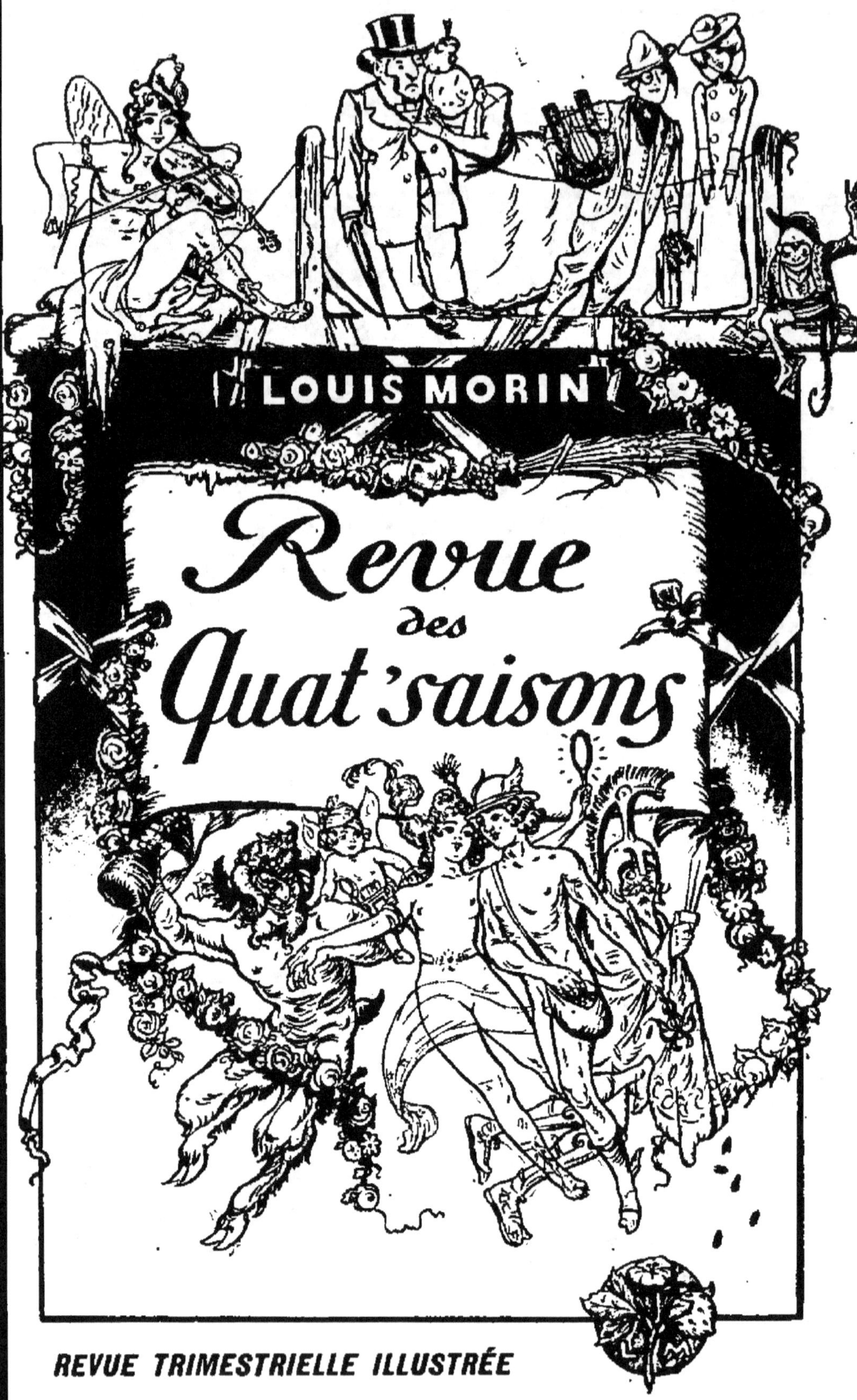

REVUE TRIMESTRIELLE ILLUSTRÉE

SOCIÉTÉ D'ÉDITIONS LITTÉRAIRES ET ARTISTIQUES

Librairie Ollendorff

5o, CHAUSSÉE D'ANTIN, 5o

PARIS

REVUE

DES

QUAT'SAISONS

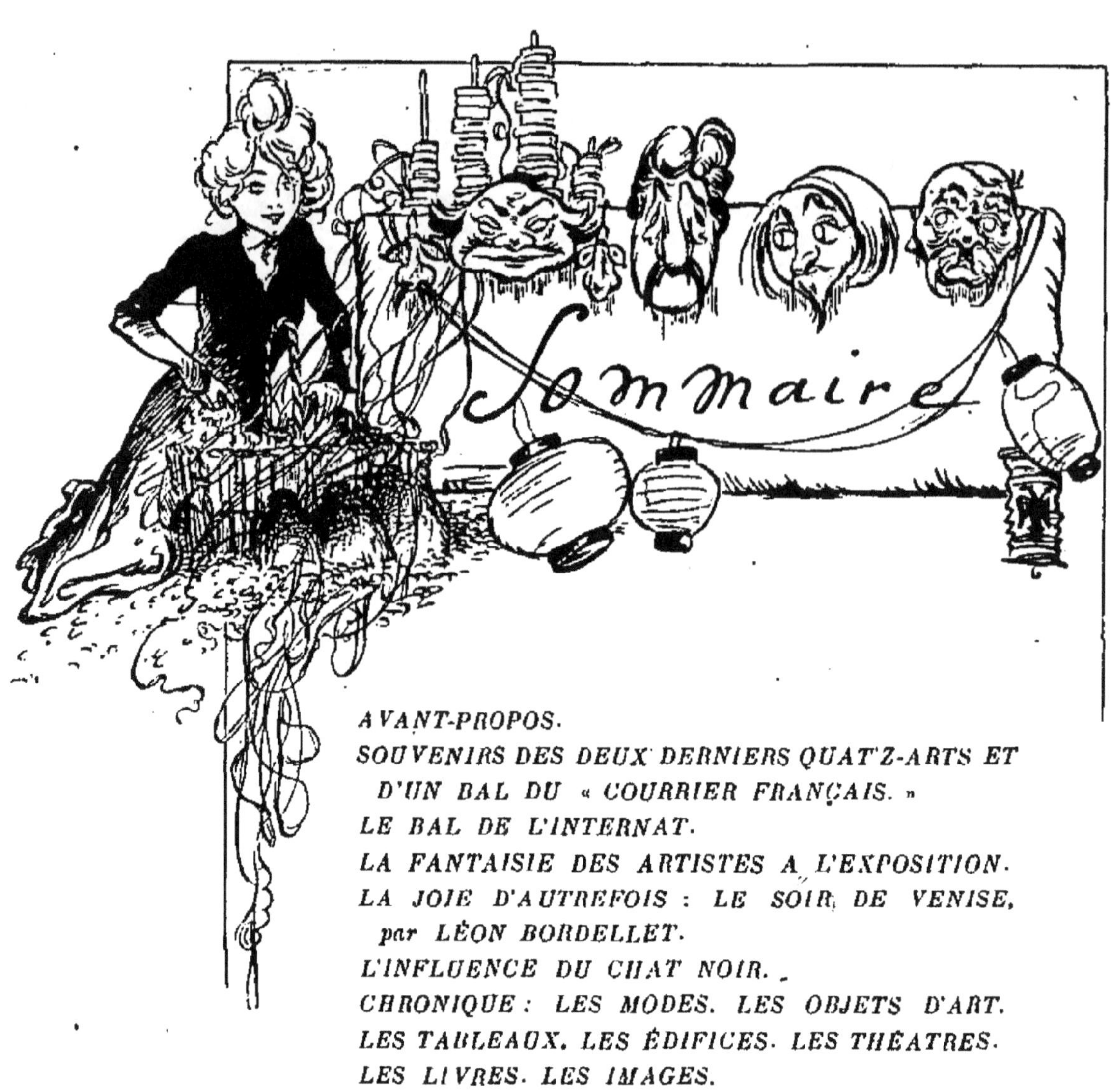

IL A ÉTÉ TIRÉ

5o Exemplaires sur papier vélin

Contenant une suite complète des fumés sur Chine

1oo Exemplaires sur papier du Japon.

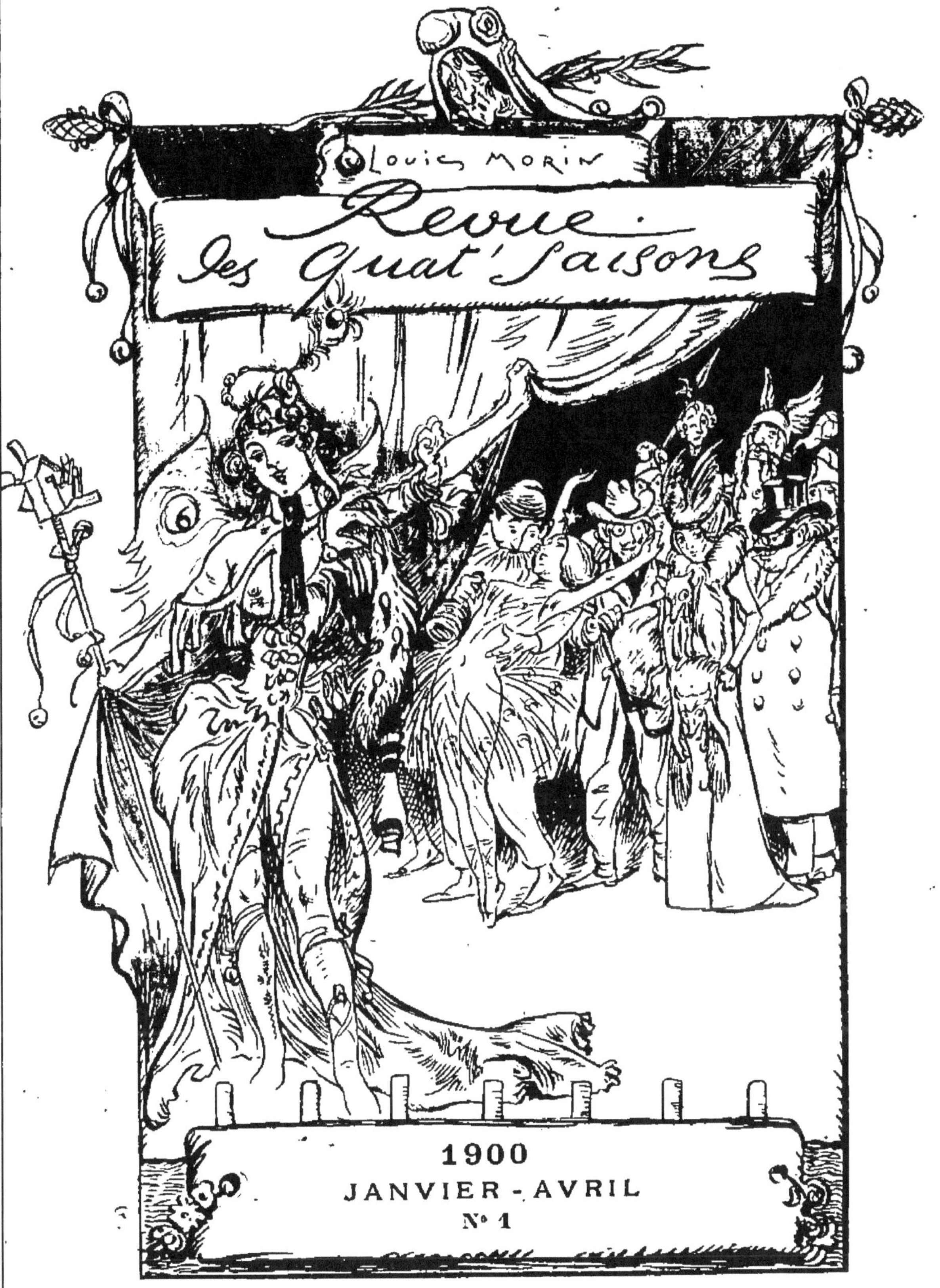

PARIS

SOCIÉTÉ D'ÉDITIONS LITTÉRAIRES ET ARTISTIQUES

Librairie Paul Ollendorff

5o, CHAUSSÉE D'ANTIN, 5o

Tous droits réservés.

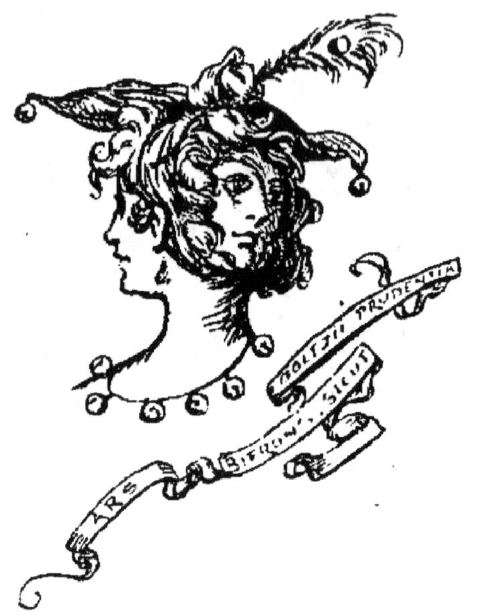
ARS BIFRONS SICUT MELIOR PRUDENTIA

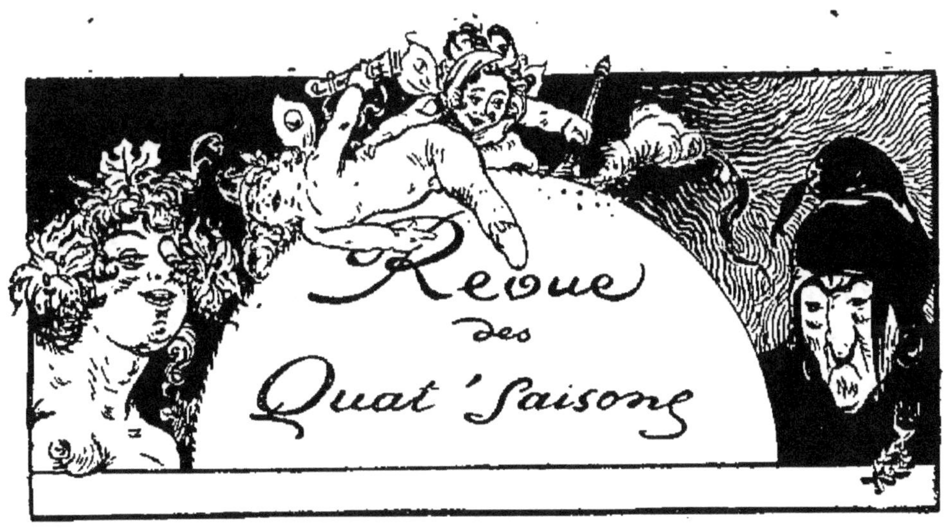

AVANT-PROPOS

> ...Faites une part au sourire et
> à l'hypothèse où ce monde ne se-
> rait pas quelque chose de bien
> sérieux...
>
> E. Renan (*Discours aux Etudiants*).

ETTE revue ne sera ni pessimiste, ni réa-
liste, ni grave, comme la plupart de ses
consœurs. L'art n'est-il pas un jeu, le
jeu des bons esprits, qu'il faut ranger au nombre des
choses pas bien sérieuses dont parle Renan? La fantaisiste
Revue des Quat'Saisons tâchera d'y jouer légèrement,
pour le passe-temps des gens décidés à lutter contre le
spleen qui nous envahit, et à arrêter le moins possible
leur pensée sur les misères de la vie laide que nous font
les lois, les préjugés, les modes et le snobisme.

Est-ce à dire qu'elle sera gaie au sens gaulois du mot?
Pas du tout. Les histoires grossières dont on a abusé

depuis dix ans n'amusent plus personne, heureusement. La gaieté semble s'être affinée, atticisée, parisianisée, montmartrisée, si l'on veut, et voici qu'elle n'est plus seulement faite d'esprit satirique et d'élégante bonne humeur, mais aussi de couleur et d'images. Les jeunes artistes, fatigués de la peinture de morceau et du naturisme intransigeant, et si heureusement frottés aujourd'hui de littérature et d'érudition, lui ont apporté leur imagination, leur science du caractère et du costume, leur goût de la composition, et aussi une conception de la vie qui semble un peu se souvenir des lumineuses époques du paganisme.

Les dieux reviendraient-ils, dont Théophile Gautier, ancêtre de la fantaisie délicate de notre temps, pleurait la fuite! Qu'ils reviennent, au moins dans notre pensée, pour l'orner de symbolisme et nous apprendre à poétiser nos arts par la légende, comme firent les anciens.

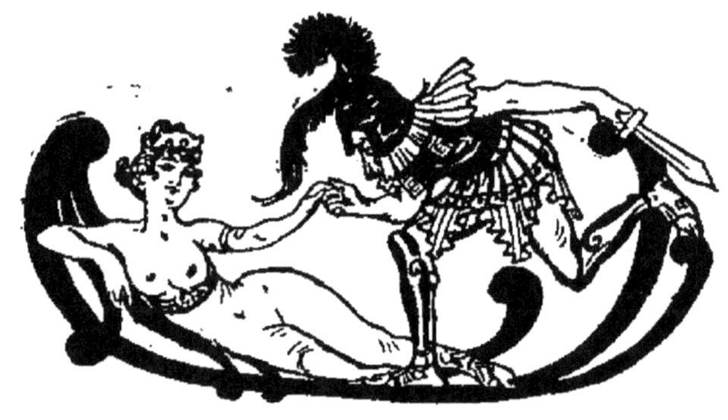

L'art léger que nous aimons, plume ou poil, a toujours eu des représentants en France, sous des formes différentes, plus ou moins nombreux, selon que l'époque s'y

vrêtait. Mais aujourd'hui le temps paraît singulièrement propice : l'aimable gâchis social où nous patau-
geons va peut-être nous amener à l'une de ces époques de
décadence où les artistes, débarrassés d'une influence
officielle autoritaire, ont fait merveille à leur bon plaisir.

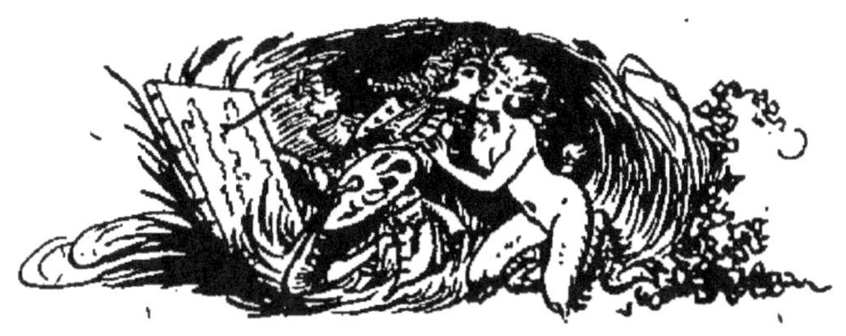

En ces temps viennent les petits maîtres, qui sont les
grands maîtres véritables. Notre amour de Fragonard et
de Watteau, tant d'enthousiasme et tant de billets de
mille n'en font-ils pas la preuve ?

S'il est vrai que notre décadence arrive, tous freins cassés, il faut tâcher qu'elle ait aussi de l'élégance et de la
gaieté et que nous mourions avec grâce, laissant de nous
le plus aimable souvenir. Au contraire, si notre fin n'est
pas si proche et que notre République puisse vivre, ses
trente ans l'incitent tout de même à devenir coquette et à
soigner sa toilette, afin qu'elle puisse plaire encore. A
son bonnet phrygien, qui déjà n'est plus couleur de sang,
mais rose, et du rose le plus tendre, ne permettra-t-elle
vas de coudre quelques grelots ?

Ces grelots ont grelotté, timidement d'abord, ici et là,
dans quelques coins privilégiés : dans le cénacle des artistes du Chat Noir, dans les fêtes du Courrier français,

des Quat'z-arts et de la Vache enragée, dans les bals des Internes et quélques autres, dans maints journaux, livres et objets d'art.

Ce sont ces manifestations originales qu'il nous parait bon de signaler, ne serait-ce, comme en ce recueil, que par la note de carnet et le croquis colorié, et nous tâcherons de les recueillir au jour le jour, où qu'elles se produisent, dans les fêtes d'artistes et d'étudiants, dans les expositions, au théâtre, au bal, sur les édifices, dans le tableau et dans la rue, dans le livre et l'image, partout où l'art joyeux, nouveau, élégant ou narquois, peut nous distraire des petits ennuis quotidiens.

Et quand le moderne sera trop pauvre pour nous fournir notre pâture, n'avons-nous pas l'autrefois et ses exemples, qu'il est utile de rappeler de temps à autre? Il nous a toujours semblé que l'art doit être bifrons, comme la Prudence de Goltzius, et regarder le passé aussi bien que le présent.

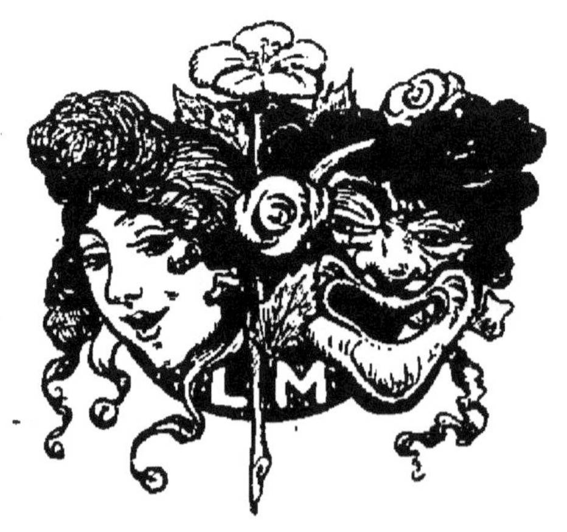

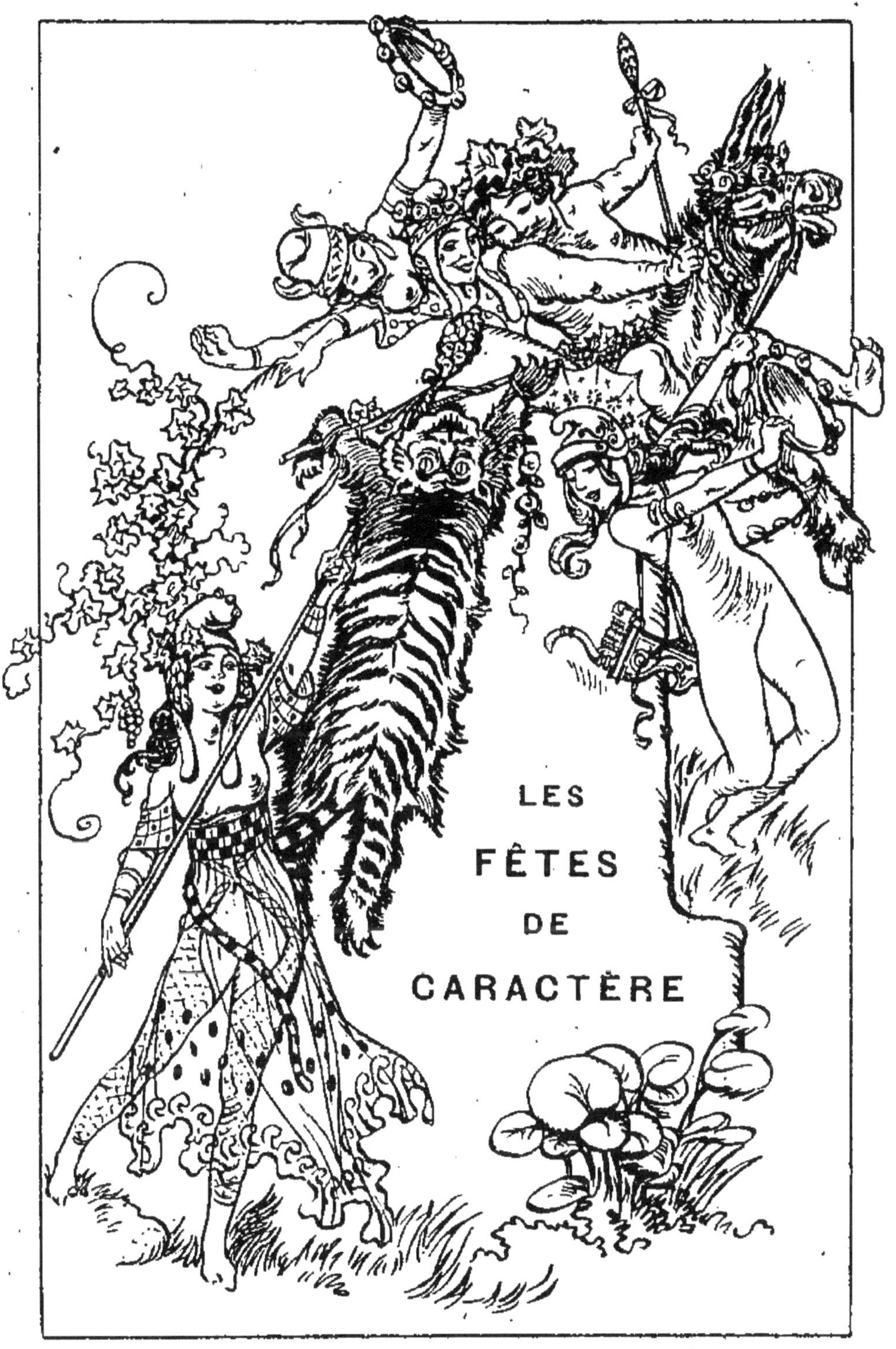
LES
FÊTES
DE
CARACTÈRE

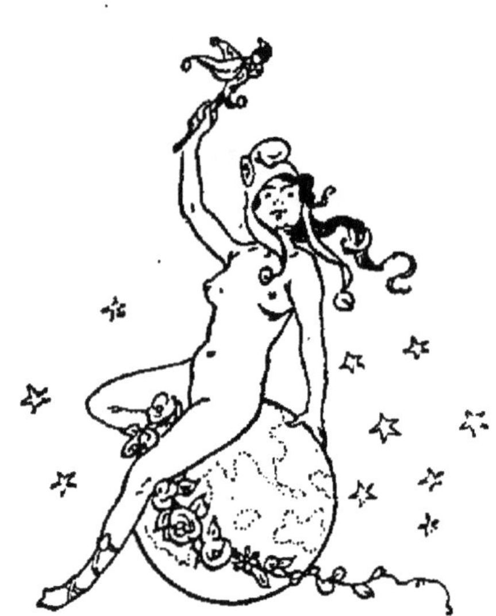

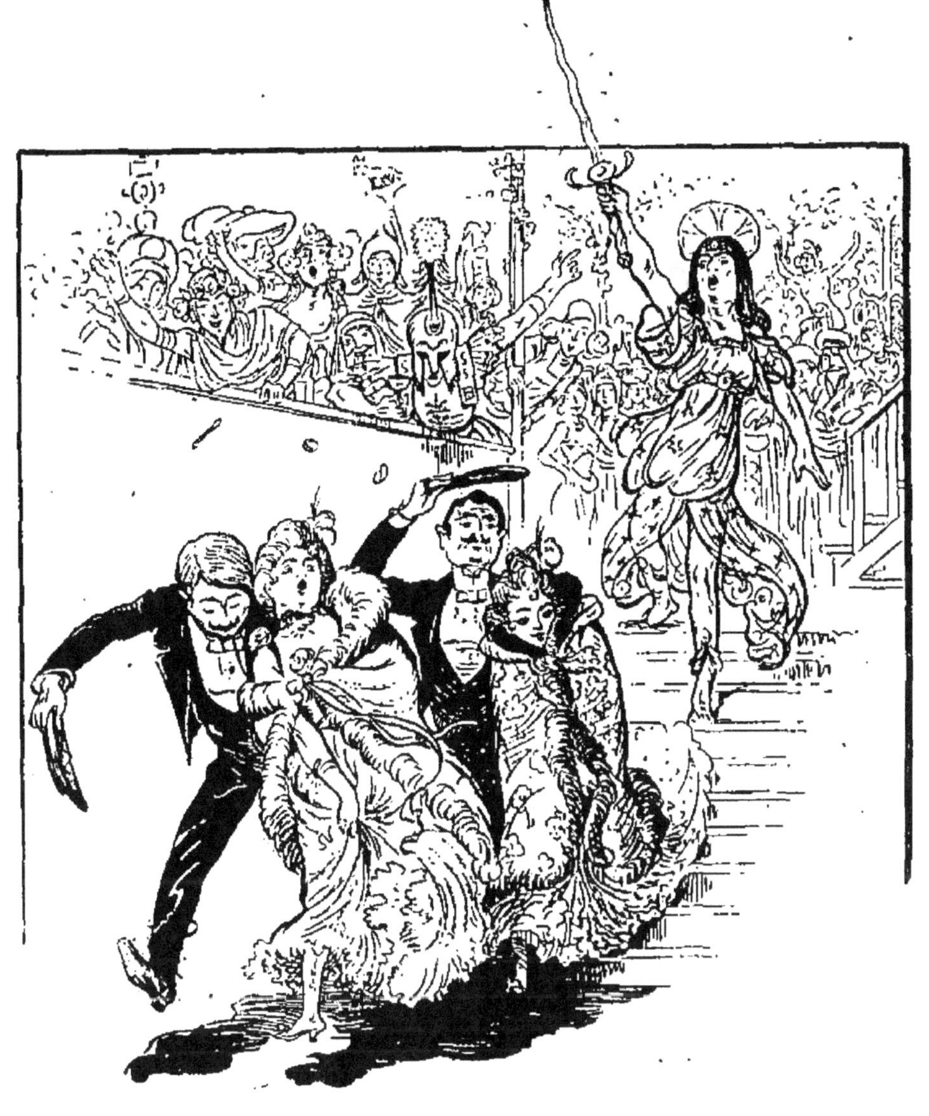

SOUVENIRS

DES DEUX DERNIERS QUAT'Z-ARTS

ET D'UN BAL DU COURRIER FRANÇAIS

Le 22 avril 1898, à trois heures du matin, les trois mille soupeurs du bal des Quat'z-Arts s'arrêtèrent de souper et restèrent figés de surprise, la fourchette en l'air, oubliant le champagne et la galantine : tels les invités du roi Balthasar.

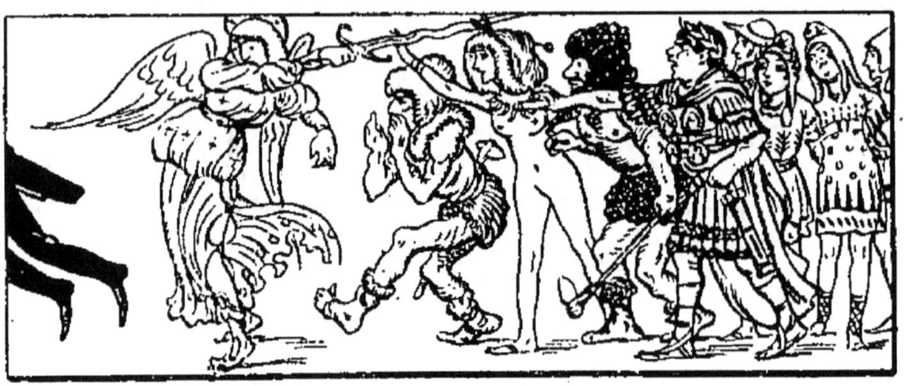

C'est que la plus étrange des visites venait de les
interrompre : deux habits noirs, très distingués,
accompagnés de deux dames en pelisses, noyées dans
la soie et les fourrures, s'avançaient lentement, calmes
et souriants, parmi la confusion multicolore des
attablées. Le toupet tranquille a un tel ascendant sur
les foules qu'ils purent parvenir jusqu'au milieu du
bal, devant la table des Barbares, au milieu de
laquelle une petite femme rousse, drôlement coiffée
d'une calotté rouge à plumes, en chien savant, versait
sur sa gorge ronde, à pleines bouteilles, le champagne
que les Barbares recueillaient aux rigoles de ses
genoux polis...

Mais à ce moment une clameur s'éleva, de toutes
parts, et, brusquement, la conscience venant à tous
que ces habits noirs insultaient par leur présence à la
Fantaisie souveraine de la fête, un tel haro roula dans
l'immense salle du Moulin que les intrus durent tourner les talons et battre en retraite.

Et, par un de ces hasards qui semblent avoir l'esprit

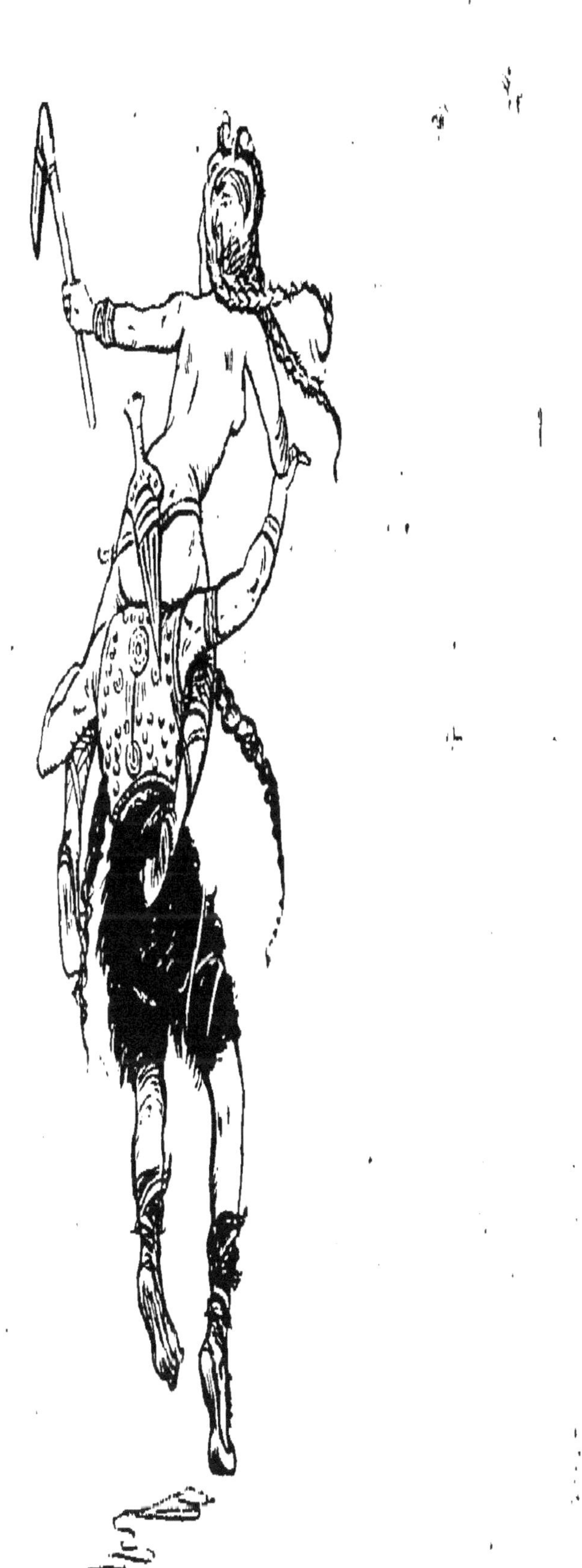

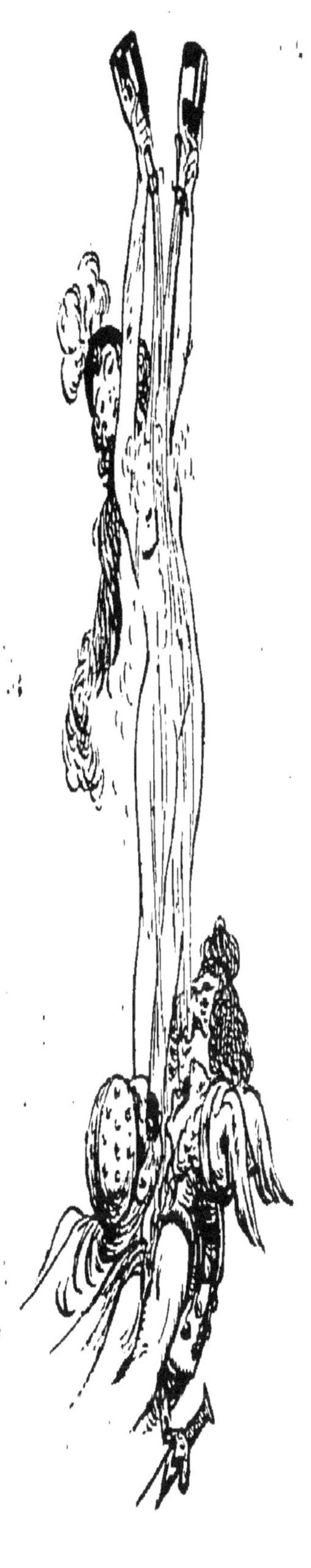

AUX QUAT'Z-ARTS.

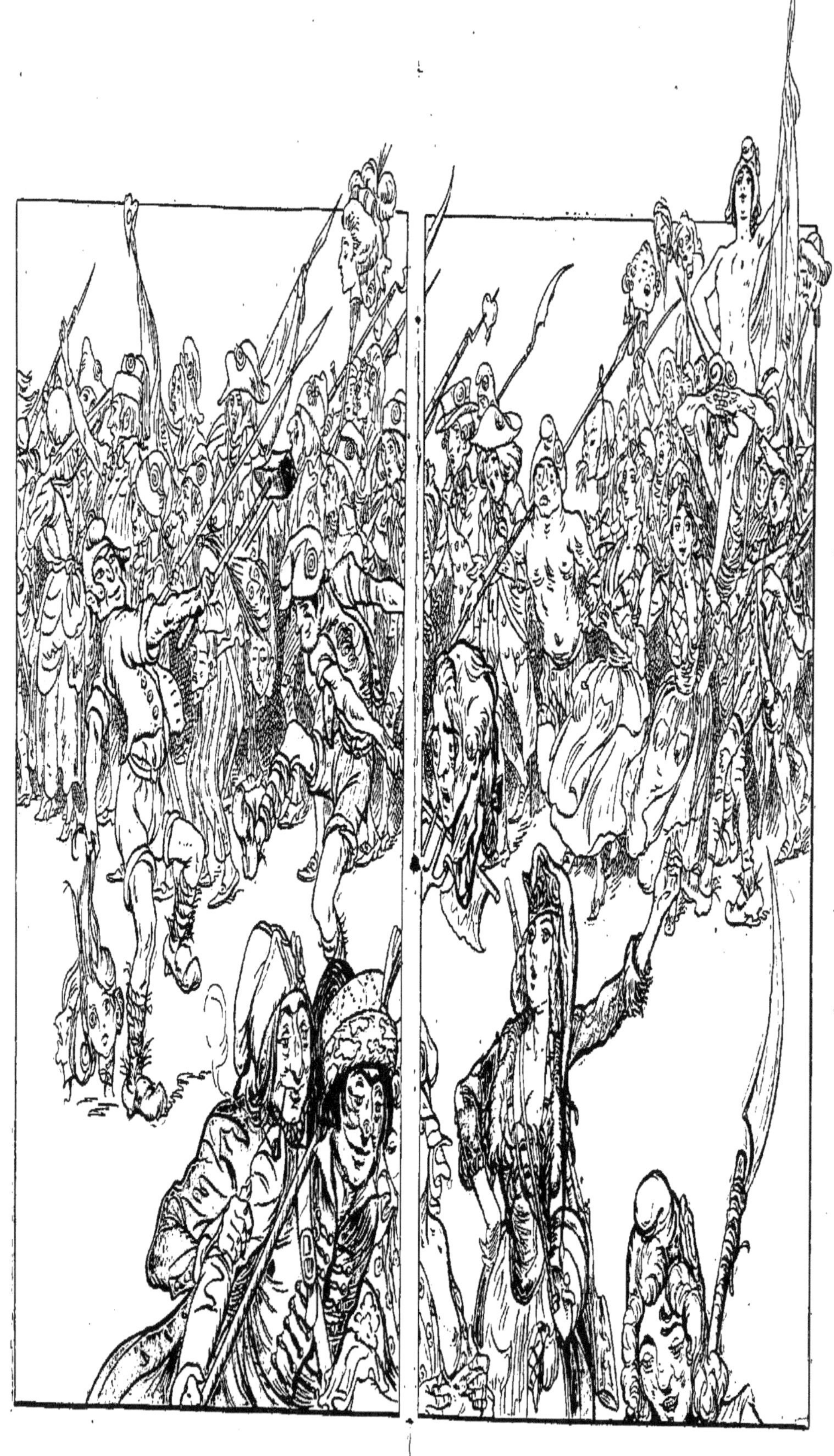

LA TERREUR AUX QUAT'Z-ARTS

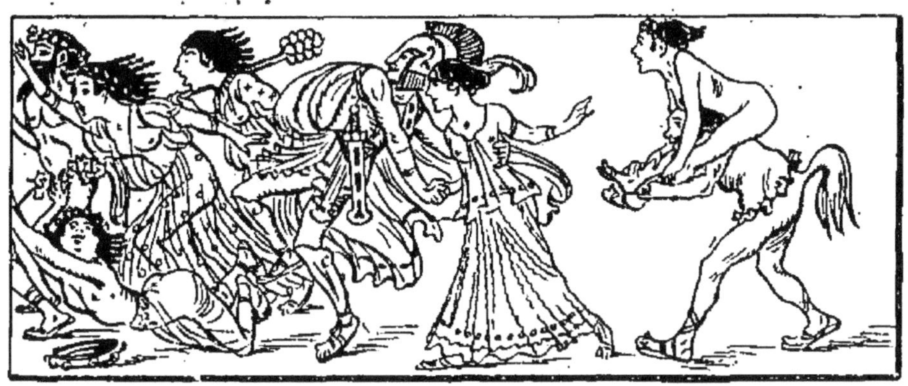

de la situation, la personne tout indiquée pour conduire cet exode se trouva là, un ange gigantesque,
nimbé d'or et vêtu de blanc, dont l'épée flamboyante
tournoya comme il fallait au-dessus de la tête des
réprouvés, au bout de grands bras maudisseurs.

Cet intermède symbolique, synthétique et panto-
mimique ne troubla la fête que pendant cinq minutes,
mais il dégagea nettement, pour quèlques-uns, le
sens de cette institution des Quat'z-Arts, qui peu à
peu prend l'importance d'une religion de la beauté
renouvelée de l'antique, et dont les adeptes, farouches
à l'égal des fidèles d'Éleusis, ne peuvent souffrir la
présence des profanes.

L'initiation est sans mystères compliqués : il suffit
aux invités d'apporter à la fête, sous un costume
riche, ou savant, ou simplement ingénieux, la pro-
preté d'esprit et de manières du peintre qui voit dans
son modèle tout autre chose qu'une fillette déshabi-
billée. Et c'est un fait admirable que la tradition de
bonne compagnie qui s'est établie dès le premier bal

de 93, et qui s'est continuée pendant tant d'années
qu'il n'y a plus aujourd'hui que les imbéciles sans re-
cours pour trouver licencieuse cette annuelle fête des
yeux, unique dans les temps modernes, où le chaste
nu de la femme reprend la place première qui lui est
due.

Remarquez que les détracteurs des Quat'z-Arts
ne peuvent se passer, dans les opéras,
les ballets ou les féeries où ils se com-
plaisent, de ce même nu de la femme,
mais à condition qu'il
soit déformé et coloré
de rose criard par les
maillots, ou ceinturé
ignoblement, sous les
seins, de cet abominable *tutu* de
gaze de ballerine, tutu immortel, indestructible à
l'égal du chapeau haut de forme. En vérité, le monsieur coiffé de ce tuyau est bien fait pour se plaire
aux entrechats de la personne que juponnent ces
gazes maladroites !

Inconséquence des préjugés ! La mère de famille
conduit sa fille au Salon, l'arrête longuement devant
les nymphes et les baigneuses du délicieux Jules Le-
febvre et du fondant Bouguereau. Supposez que
nymphes et baigneuses descendent du cadre, pour
promener dans la salle leurs chairs de lys et de
roses, et imaginez la fuite éperdue de ces dames et
leurs cris d'indignation ! Si l'image est charmante,

pourquoi la réalité est-elle à ce point méprisable?

Il y a encore, paraît-il, en des provinces reculées, des gens qui croient à la Babylone moderne et à *la grande noce* annuelle des rapins. L'aimable artiste auquel on doit la première idée de cette solennité joyeuse nous racontait dernièrement que, devant lui, dans un hôtel de basse Bretagne, la conversation tomba sur les Quat'z-Arts. Un des assistants crut le moment bien venu pour lancer cette étonnante apostrophe : — Pour les femmes, c'était très bien ; mais vous autres, les hommes, vous n'aviez pas besoin de vous mettre tout nus!

Pour les habitués du bal, où jamais l'académie masculine n'a été supportée, le reproche paraîtra drolatique.

Le premier devoir des artistes est donc d'écarter les incompréhensifs. Cela fait, ils peuvent s'amuser entre eux. S'amuser n'est peut-être pas le mot très juste. On ne danse pas au bal des Quat'z-Arts, personne n'y pense ; c'est, sous couleur de bal, une fête de joie sérieuse ; on regarde, on emplit ses yeux pour une année du merveilleux spectacle que trois mille costumes peuvent donner lorsque chacun d'eux a été, pendant plusieurs semaines, l'objet de l'unique préoccupation de gens dont le métier est d'assembler les couleurs, de draper les étoffes, de dis-

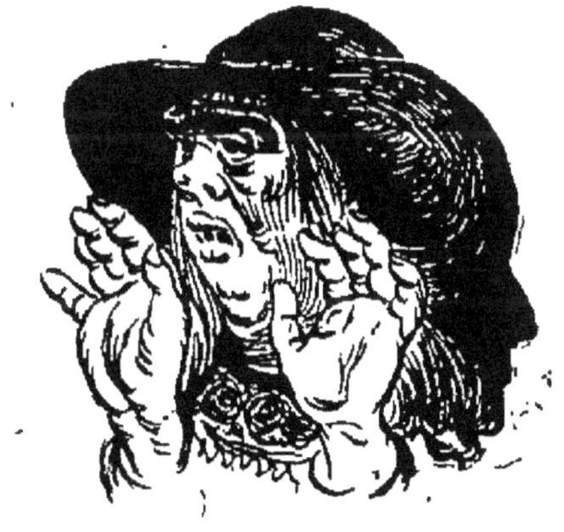

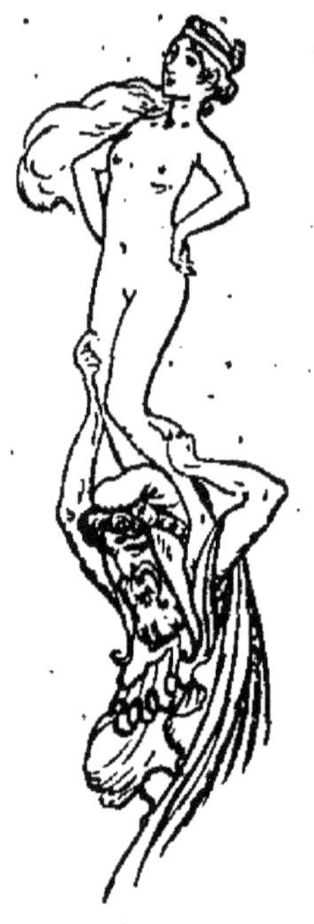

poser les ornements, de chercher le caractère d'un pays ou d'une époque, et aussi d'appareiller leur mise au type qu'ils ont, — ou croient avoir. Tous les costumes ne sont pas réussis, mais tout de même le *Louis XIII* et le *marquis* de costumier sont singulièrement dépassés, car aux costumes les moins coûteux l'ingéniosité fait rarement défaut. Et puis, de temps à autre, passe un costume ancien, authentique, un de ces costumes que les peintres acquièrent à n'importe quel prix, parce que cette loque respectable est de l'époque chérie à laquelle ils auraient voulu vivre. Ces costumes centenaires, aux couleurs évanouies, mourantes ou mortes, rompent la vivacité des teintures plus récentes par l'étrangeté de tonalités inconnues, inimaginables. Et c'est un régal pour les yeux affinés des artistes.

Mais les soies, les brocarts, les velours, les satins les plus rares, les plus colorés, les plus lumineux, pâlissent auprès de ce tissu divin : la chair de la femme! Toute la splendeur des étoffes brodées, brochées, pailletées, plissées, frappées, perlées, n'est là que pour lui servir d'écrin. Quand les cortèges se forment, Égyptiens ou Barbares, Grecs ou Moyenâgeux, Orientaux ou féeriques, elle est là, nécessaire, tout comme dans les féeries ou les ballets d'opéra ;

mais sa nudité réelle et chaste donne aux artistes
le frisson sacré. La clameur qui salue les plus beaux
modèles est un hommage au chef-d'œuvre de
la nature, où le désir semble ne point avoir de
part.

Que l'on est loin des couloirs du bal de l'Opéra, où,
sous la réprimande indignée du municipal de service,
quelques douzaines de goujats font dans les coins la
curée des femmes seules !

Tous les ans, aux Quat'z-Arts, le prix de beauté est
donné par l'acclamation spontanée des assistants.
En 98, il échut à la délicieuse fillette qui garde depuis

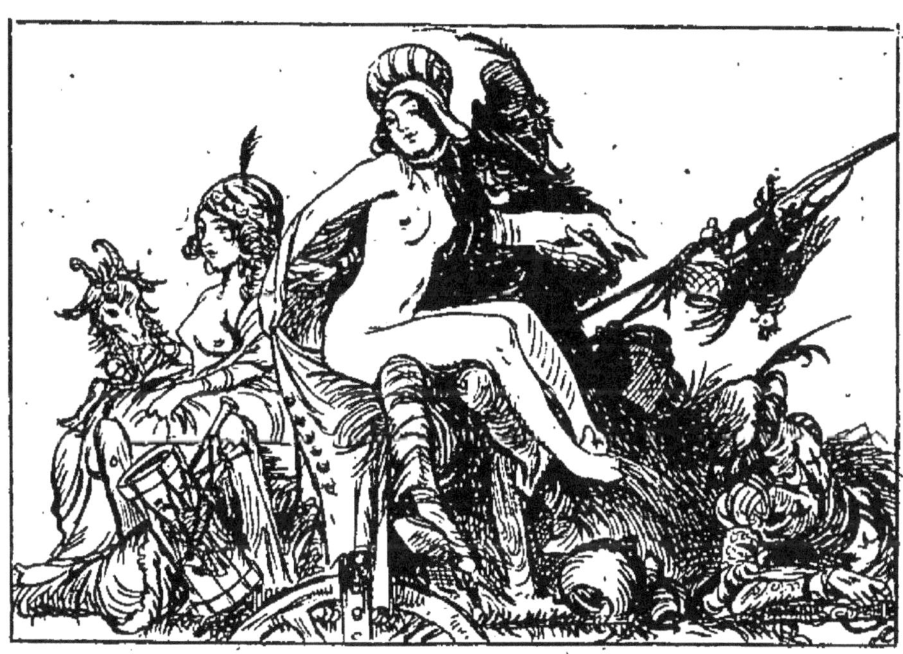

ce temps le surnom de Tanagra ; l'année dernière,
ce furent les yeux profonds et la chair ambrée d'une
Japonaise qui soulevèrent la plus fervente clameur.

Une telle victoire, devant de tels juges, ne rappelle-t-elle pas les victoires des jeux olympiques?

Quand les cortèges sont passés (où les élèves de l'École ont donné le meilleur d'eux-mêmes, le libre essor d'une imagination de vingt ans) des farandoles et des rondes se forment, et c'est là, là seulement que les peintres et les sculpteurs peuvent observer ce qui devrait être le principal objet de leurs études : le nu en mouvement.

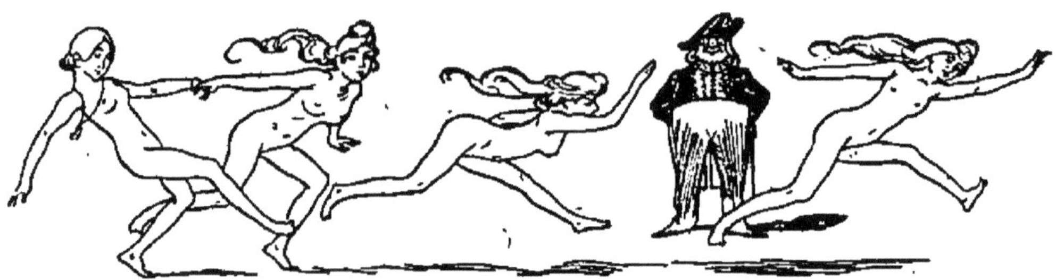

Comment! Voilà des jeunes gens voués au grand art et qui devront couvrir nos murs de héros dévêtus, offrant au ciel bleu le seul vêtement dont la mode ne change pas, et jamais ils n'auront vu le corps humain évoluer en liberté, et donner ces attitudes rapides que l'œil d'un peintre choisit au vol ! Ce spectacle, qui est pour eux le plus nécessaire, il faut qu'ils n'en jouissent qu'une fois l'an, dans un bal qu'ils ont créé, — et tout à fait sur les marges du règlement de l'École.

Mais c'est à l'École même que devrait être installé un grand préau où des modèles choisis feraient la course et la lutte! Il y a là une lacune fâcheuse que nous signalons au ministre de l'Instruction publique. C'est peu de chose de fournir aux jeunes gens la

table à macchabée où ils peuvent étudier les proportions du squelette et les attaches musculaires, et la
table à modèle où le geste est figé dans ce qu'on
appelle à juste raison *la pose*, si c'est pour les aban-
donner à leur seule imaginative, dépourvue de documentation, dès qu'il s'agit de donner la vie même,
c'est-à-dire le mouvement, aux bonshommes dont ils
auront si bien étudié les os, les muscles et la peau.

Jusqu'à la création d'un *Cours de mouvement*, les
Quat'z-Arts devront donc suffire, pour développer chez
les jeunes gens la science du geste et celle du costume et du caractère historique.

Parfois la fantaisie des peintres se plaît à de
sombres reconstitutions. Témoin, au bal de 98, le
défilé des terroristes de Quatre-vingt-treize.

Il y avait dans ce cortège un si heureux mélange
de rire et de sang
que, dans ce coin
de bal, où l'on chan-
tait la carmagnole
autour de la
belle Républi-
que dont le
manteau rouge
ne cacha pas
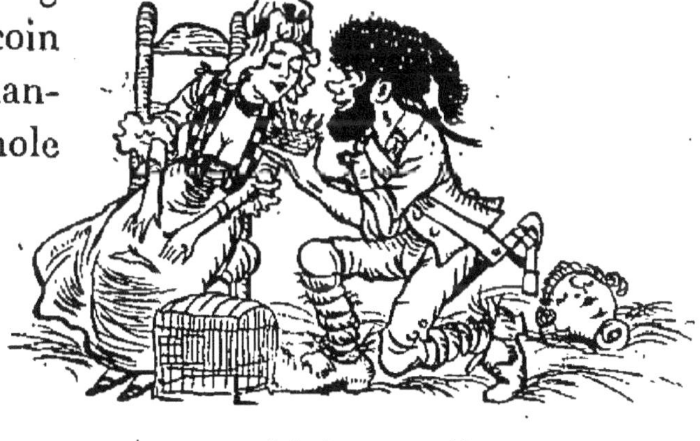
longtemps les charmes, il semblait que l'on eût re-
trouvé la couleur même de l'époque, cette furie
trucidante qui s'agrémentait de futilités sentimen-

tales. Les septembriseurs ne chantaient-ils pas la chanson de Fabre d'Églantine : *Il pleut, il pleut bergère...*, et le numéro du *Mercure de France* qui annonce leurs premiers exploits de l'Abbaye ne débute-t-il pas par une *Élégie sur la mort de mon serin?*

Les auteurs de cette mascarade rouge semblaient s'être inspirés de ces contrastes. Dans le cercle des citoyens et des citoyennes de Quatre-vingt-treize, une danse sauvage s'organisa tout d'un coup, d'un abatteur et d'un forgeron, guêtrés de paille sanglante, dont la hache et le marteau tournoyants battaient terriblement la mesure pressée du *Ça ira.*

Nul théâtre ne pourrait ressusciter de semblables visions. Un public non entraîné n'en supporterait pas la saveur macabre. Il serait bon cependant de nous habituer, en vue de la Sociale prochaine, à la vue des têtes coupées. Il est présumable que beaucoup d'entre nous ne finiront pas dans leur lit, mais sur les échafauds, ou, plus simplement, accrochés aux becs de gaz. Tâchons d'imiter nos arrière-grands-pères, qui mouraient avec tant de coquetterie : — la mort en dentelles. Il faut que ce soit la meilleure part de notre

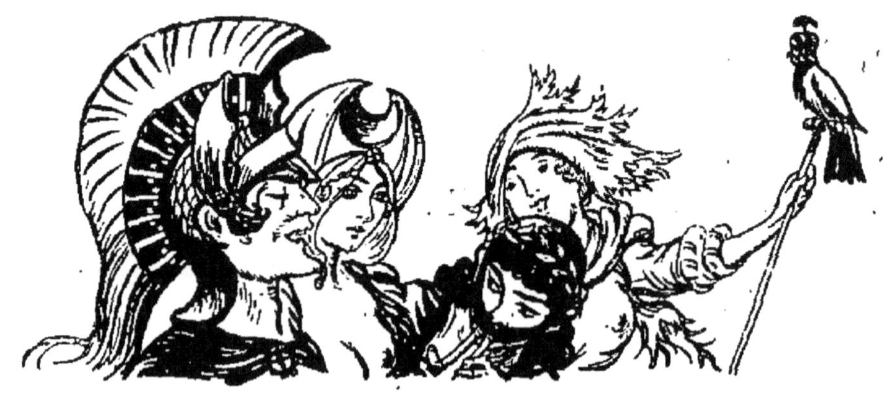

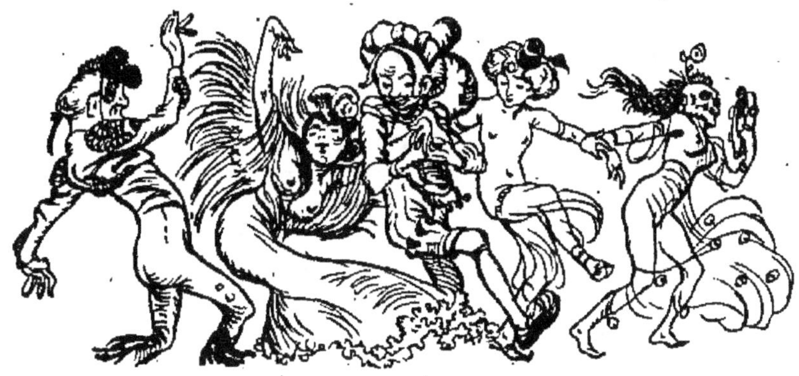

gaieté de voir gaiement les choses terribles que l'on ne peut éviter.

Vous voyez qu'entre la gaieté que nous préconisons et celle des histoires gaillardes, il y a quelque différence. Du reste il ne faut pas donner un sens trop étroit aux mots joie et gaieté : la vue d'un pastel de Chéret donne de la joie, et aussi bien le plus rêveur des paysages de Rivière. La gaieté est une tournure d'esprit qu'il faut cultiver, surtout dans ce temps où, si nous n'y prenons garde, les influences extérieures pourraient nous induire en fâcheuse mélancolie.

Depuis que la révolution s'est faite dans les esprits contre le naturalisme et ses monotonies, nous avons eu d'excellents chefs de file, et l'on peut dire que le *Courrier français* a été l'initiateur de ces fêtes artistiques par quoi les mœurs semblent se modifier peu à peu. Le crayon de Willette et l'esprit de Roques ont été les metteurs en train de la gaieté nouvelle, et pendant six années, de 87 à 93, les bals du *Courrier* ont été seuls à lutter contre l'incompréhension et la mauvaise foi de ceux qui ne voulaient voir que de la

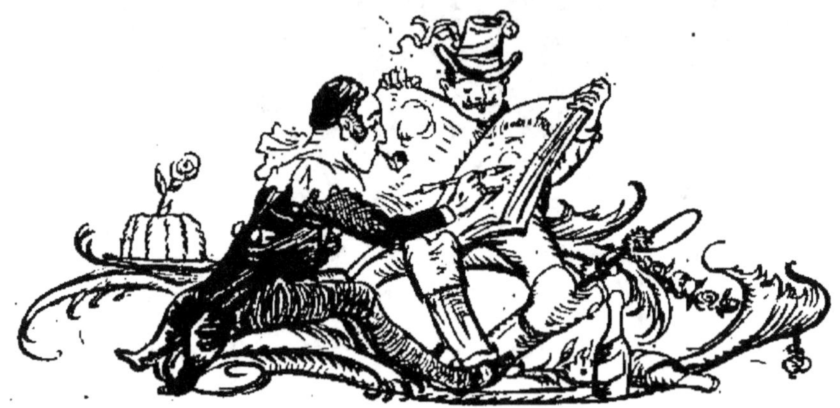

grossièreté là où les artistes ne songeaient qu'à inventer des plaisirs délicats. Nous avons, dans les *Carnavals parisiens*, étudié par le menu toute cette campagne à la suite de laquelle les élèves des Beaux-Arts et les Internes sont entrés à leur tour dans la lice; nous n'y reviendrons pas et nous nous contenterons de regretter que, l'élan donné et le but atteint, le *Courrier* ait fait relâche.

Pas tout à fait, cependant : une dernière fête (en attendant la fête du Champagne annoncée) a réuni, en décembre 98, les amis du *Courrier*, et mérite une courte mention, pour que la chronique des *fêtes de caractère* données par leur initiateur n'ait pas de lacunes. Quelques costumes : Le poète Hugues Delorme, gascon de Rouen, magnifiquement drapé dans les authentiques loques sous lesquelles Frédérick jouait don César. — Willette, dans son traditionnel Pierrot de soirée, et qui serre bien fort le bras d'une Pierrette fraîchement éclose au jardin de ses amours. — Mme L..., une grande dame du faubourg, qui est aussi une délicieuse artiste (comme Gyp elle-même), un Watteau descendu des *Plaisirs champêtres*, et le prince son époux, dont tous les diamants brillent à l'aigrette de son turban de rajah d'Angor. — Yvette Guilbert, qui, seule, échappe à la loi du déguisement.

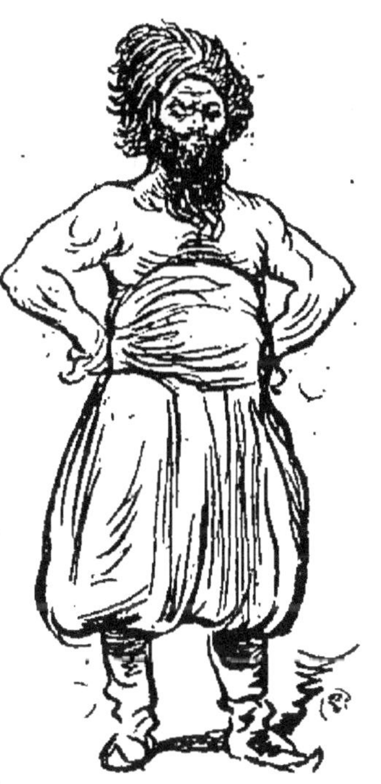

— Henri Guillaume, l'ingénieux architecte de l'Aquarium de Paris, dans un vêtement que lui seul pourrait définir et expliquer; mais il se contente d'assurer sa parfaite exactitude.

Voici Fougère, espagnole comme Delorme est gascon, et dont le vif-argent seul peut donner une idée très affaiblie. — Lucien de Beaumont, caché sous le heaume d'un casque hermétique, percé seulement, sous le grillage des yeux, d'un petit trou à la hauteur des lèvres; mais c'est assez pour que l'esprit de l'*Académicien d'Étampes* en jaillisse comme d'une source vive. — Willy, qui pourrait, si elle voulait, remporter la couronne aux jeux olympiques des Quat'z-arts. — Polin, qui s'amuse à garder son air gêné d'ordonnance invitée au bal de la générale.

En Cosaque Zaporogstsi, Widhopff, dont l'œil aigu et la main artiste fixent pour la postérité les ressemblances de ses contemporains. — Mme du Courrier voile son ovale raphaélique sous la mousseline des communiantes, pendant que l'amphitryon Jules Roques, en chasseur de chez Julien, en chasseur frôleur, la visière sur le nez, met tellement d'empressement à soutenir dans ses bras les belles dames qui descendent de voiture, qu'il récolte autant de bourrades indignées que de pièces de quarante sous. Il empoche et salue, le bras en équerre, pendant que les arrivantes, qui ont reconnu leur hôte, rient de bon cœur et pardonnent. Elles oublieront tout à fait, quand un souper royal aura développé la bonne humeur générale, et préparé les invités à goûter des spectacles charmants, d'un art délicat et raffiné.

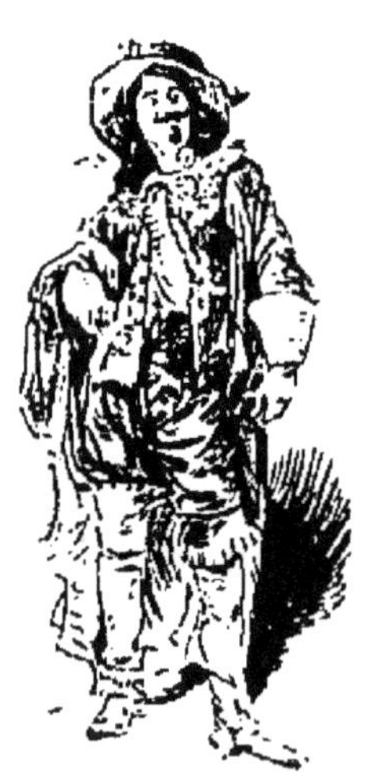

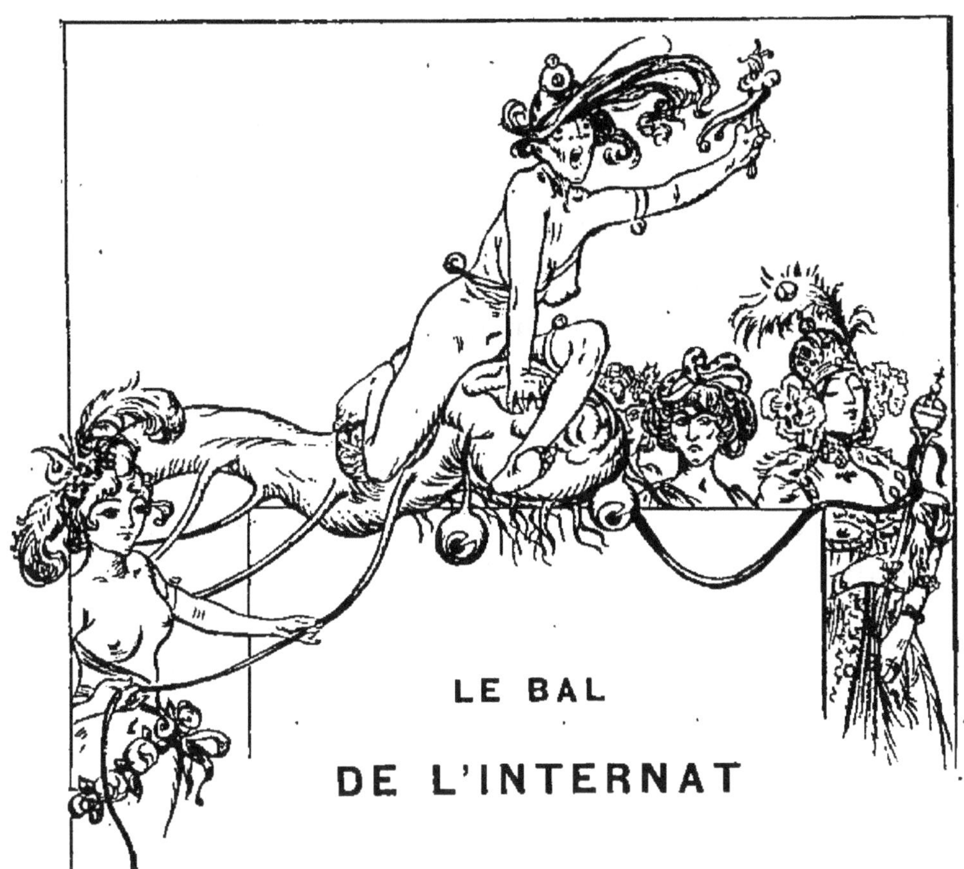

LE BAL

DE L'INTERNAT

Imaginez les pires tristesses de la vie du jeune médecin.

Les jours et les nuits passés à l'hôpital, parmi la torture des pauvres corps qui se désagrègent et qui, avant de subir la convulsion finale, geignent et pleurent leurs souffrances.

Où encore les journées d'étude à l'École pratique : les caves, dépotoirs des hôpitaux, où la triste fin des malheureux s'exagère par l'horrible mise en scène des cadavres balancés aux mains des garçons indifférents, et qui glissent au tas de la chair à scalpel. Et les salles de dissection où les pipes fument en vain, sans pouvoir surmonter l'odeur fade des macchabées.

L'enfer du Dante n'est qu'une plaisanterie auprès
de telles réalités. Aussi les garçons de vingt-cinq
ans qui font ce dur apprentissage ont sans doute droit
plus que les autres à des échappées de réactive gaieté.
La gaieté des étudiants en médecine est plus intense
et meilleure enfant que celle des étudiants en droit,
parce qu'elle est plus rare, et aussi parce que les
cerveaux sont un peu mieux exercés par des études
biologiques que par d'inutiles excursions dans l'inex-
tricable forêt des Lois et Arrêts, forêt mauvaise, où
l'on perd pour la vie le sens du juste et de l'injuste.
Aussi les médecins sont les amis des artistes, avec
lesquels ils fraternisent dans l'intérêt que les uns
et les autres portent à la personne humaine, et il est
bien rare qu'une salle de garde n'ait pas pour habitués quelques peintres ou sculpteurs. C'est ce commerce de tous les jours avec des artistes qui a permis,
à des jeunes gens aussi sé-
rieusement occupés que
le sont des internes, de
réaliser cependant
cette année, à
leur bal annuel,
une série de cor-
tèges qui, tout
simplement,
valent ceux des
Quat'z-arts pour l'esprit, la richesse et le goût. Il
faudrait tout citer, avoir tout croqué, pour faire par-

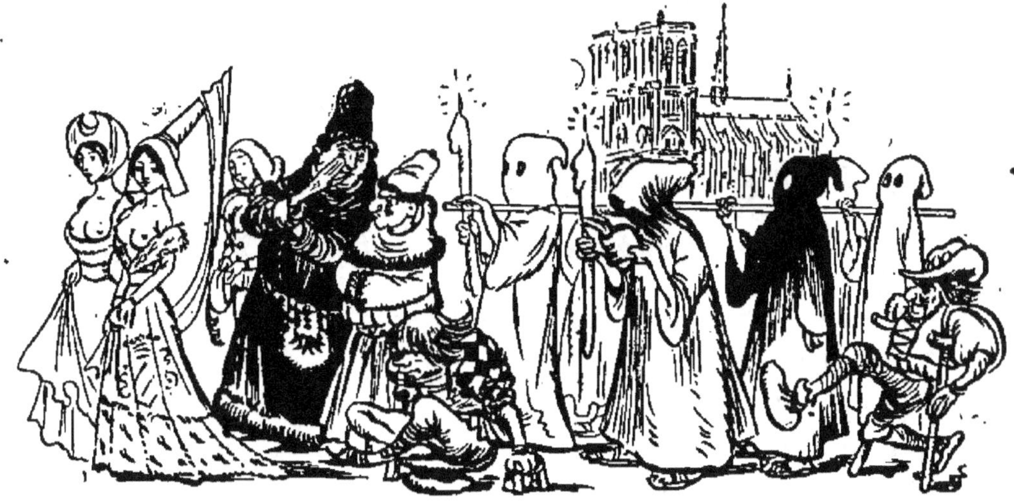

tager la surprise qui nous attendait, car nous comptions seulement sur une amusette de garçons d'esprit: mais, faute de place, nous ne pourrons nous étendre que sur le cortège organisé par la Charité, avec l'aide amicale du peintre Bellery-Desfontaines.

Bellery ne nous en voudra pas de le nommer ici, et de rappeler qu'il fut l'auteur de cette Notre-Dame de Paris des Quat'z-arts de 97, que nous avons décrite dans les *Carnavals parisiens*. Il nous semble bon de signaler un artiste dont la belle fantaisie, appuyée sur les plus sérieuses et les plus solides études, nous promet un peintre et un décorateur qui va compter parmi les premiers. Bellery est un Quat'-z-arts enthousiaste et impénitent, il soutient que cette institution est le plus beau geste artistique qui ait été fait depuis l'époque païenne. Ce n'est pas nous qui chercherons à le contredire. Mais il veut que la fête soit réglée sévèrement, pour que toutes les parties de la figuration soient mises en valeur. N'est-ce pas lui qui

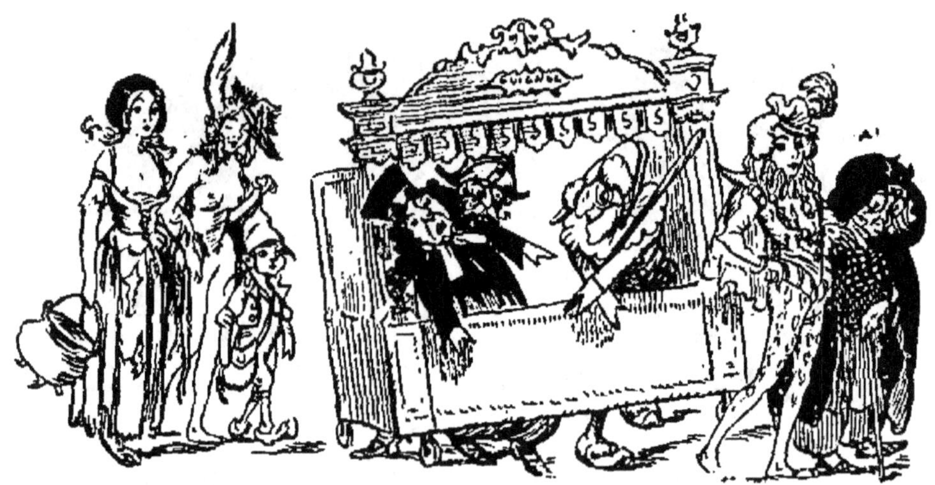

a donné aux internes l'idée de faire défiler leurs cortèges l'un après l'autre, dans l'immense nef de Bul-
lier? Chacun d'eux faisait deux fois le tour de la salle
et se disloquait en quelques minutes, avant que le
suivant commençât son évolution. Il en résultait un
ordre de bon goût qui manque parfois aux Quat'z-
arts, surtout depuis que le souper, servi dans le milieu de la salle du Moulin, l'encombre désastreuse-
ment pour la fin de la nuit.

Un temple grec d'une correction académique avait
été édifié dans un coin de la salle, d'après la maquette
de Bellery. C'est de là que la théorie grecque devait
descendre.

Guerriers, joueurs de harpe, danseuses à peine voi-
lées de gaze, prêtres et prêtresses, et l'Amour, dont
la petite Tanagra avait pris la place, à la grande joie
des spectateurs (mais, tout de même, ce n'était pas
bien de quitter vos camarades, Mademoiselle!) poète,
couronné de lauriers et pinçant la grande lyre d'or,

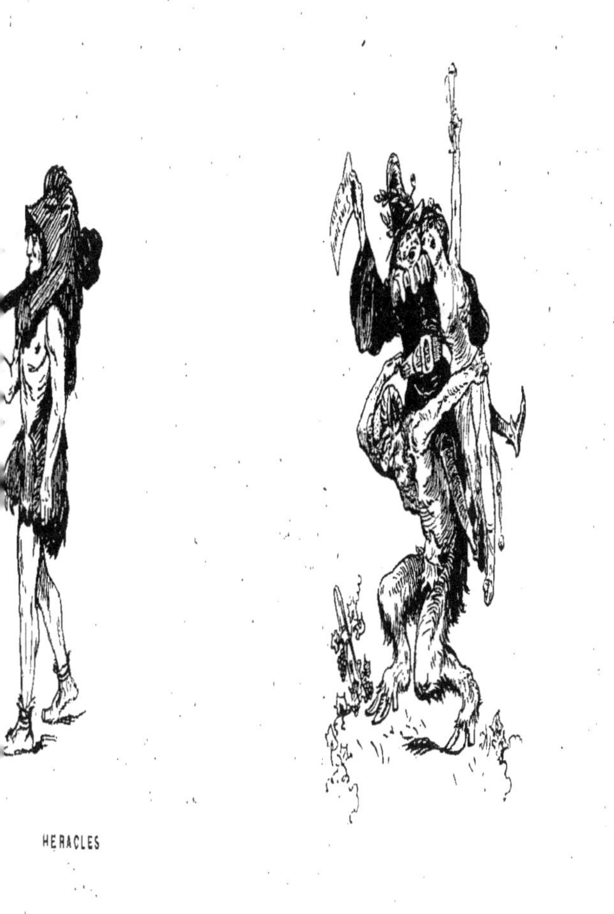

HERACLES

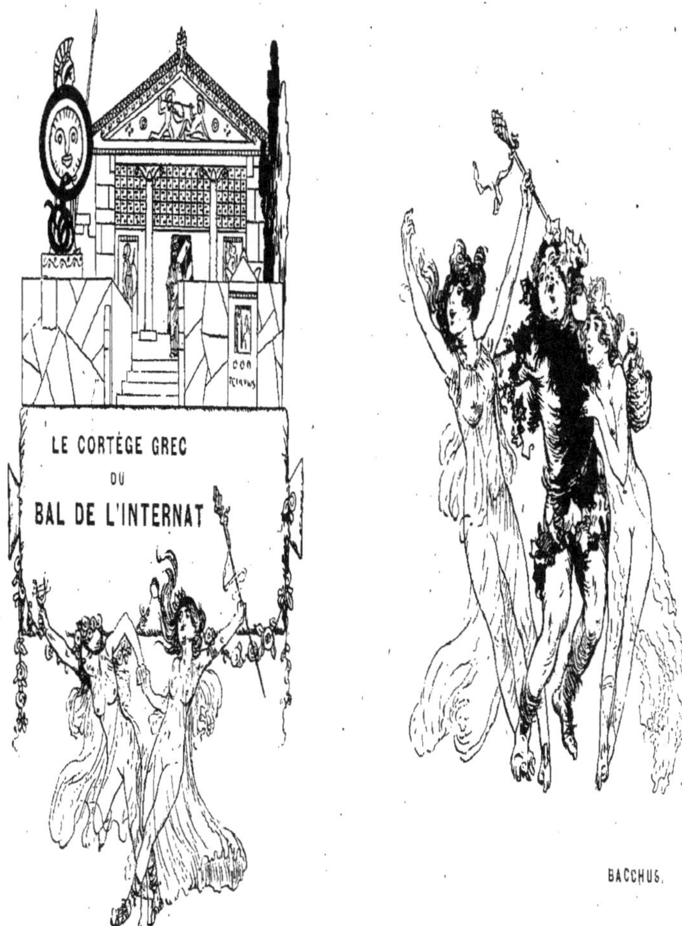

BACCHUS.

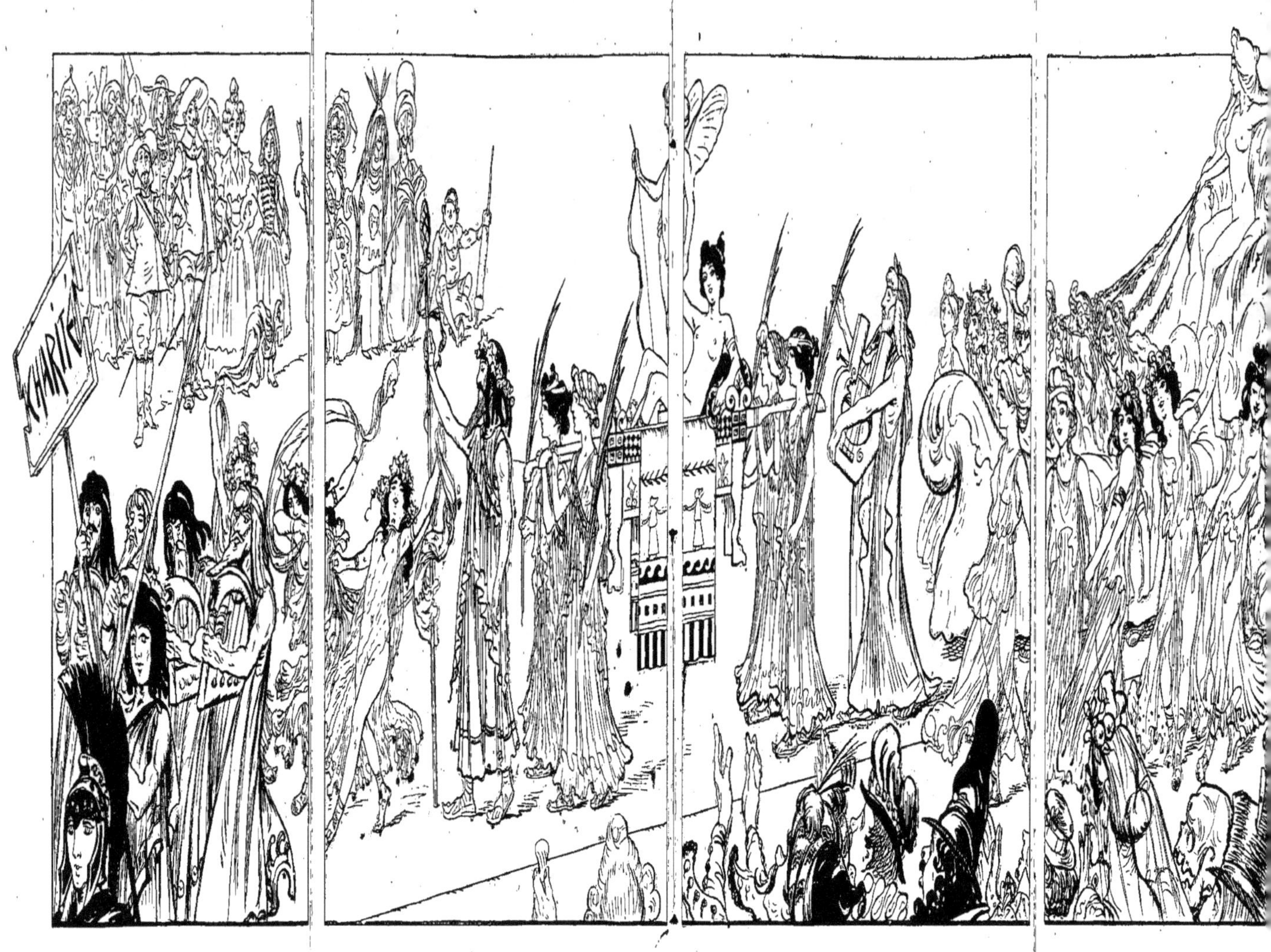

LE CORTÈGE GREC DU BAL DE L'INTERN

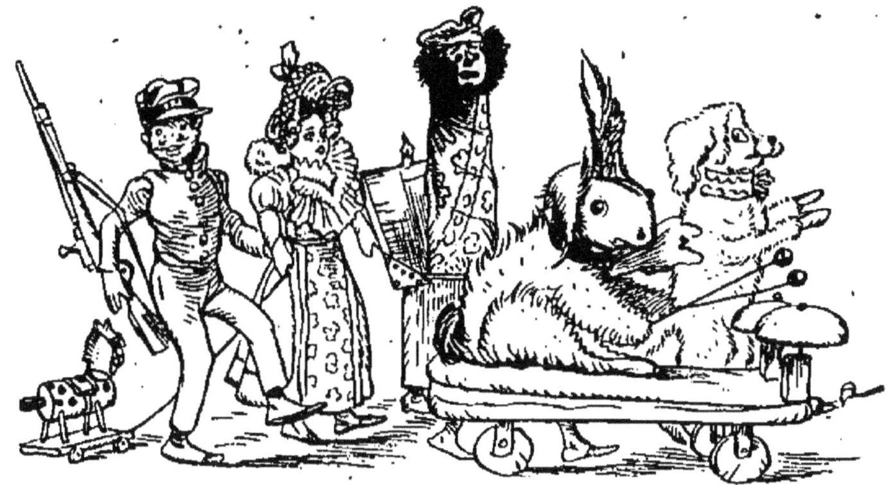

et les Heures escortant le char de Vénus, et Vénus elle-même, que traînaient de pittoresques tritons sonneurs de conques marines, baignés jusqu'au torse dans une vague de toile, — et Bacchus, qui avait perdu son tonneau, mais dont le profil de jeune vainqueur des Indes traînait après soi des cœurs de femmes, sous les espèces de deux bacchantes ivres d'amour, tous ces personnages de la Grèce héroïque étaient costumés avec le soin savant que Bellery met aux reconstitutions de ses toiles.

Tout autre le cortège des Enfants malades : la fantaisie des jouets, des contes et du théâtre de l'enfance, un guignol marchant, où Polichinelle rossait ses victimes ordinaires, le gendarme et le commissaire; les contes : *le Prince Charmant, la Belle et la Bête, l'Oiseau bleu, le Petit Poucet*, etc., toute la féerie qu'une cervelle de quatre ans, si naïvement imaginative, pare d'une plus divine poésie que celle de Shakspeare. Les *joujoux,* qui sont l'essai trompeur de la vie que l'enfant a si hâte de vivre; *le petit soldat* qui tue pour rire, les *bébés roses,* le souci pour rire de la maternité, etc., etc., et les chevaux de carton, les toutous, les petits lapins qui mangent la feuille de chou et battent du tambour.

Mais pour prouver que nous ne sommes pas seuls de notre avis, laissons parler un peu Lucien de Beaumont, juge délicat des fêtes parisiennes. Nous sommes ravis de nous trouver d'accord, dans nos admirations, avec un esprit aussi distingué que celui de l'*Académicien d'Étampes.* Il nous permet d'emprunter à son compte rendu de l'*Europe artiste,* du 28 octobre 1899, le passage suivant d'une description que nous ne saurions faire aussi bien que lui.

Voici les cortèges. Chaque hôpital a organisé le sien. Précédées d'une bannière aux spirituelles enluminures, les théories défilent aux accents des cuivres, graves, solennelles ou rapides selon les sujets. L'Hôtel-Dieu ouvre la marche : une noce de village amusante, bariolée, mélange de paysans ahuris et de folles donzelles, dont l'ignorance a étrangement choisi les places où fleurit le bouquet d'oranger.

Lariboisière a composé une superbe et tragique descente

aux enfers : suppliciés sanglants, décapités, crucifiés, trépanés,
écorchés, sciés, traversés de clous, géants et de glaives. Dans
sa barque, Don Juan, qu'implorent de blanches amoureuses,
contemple sans s'émouvoir ces tortures et ces douleurs...

...En marchande de soupe, une belle fille, qui ne pourrait

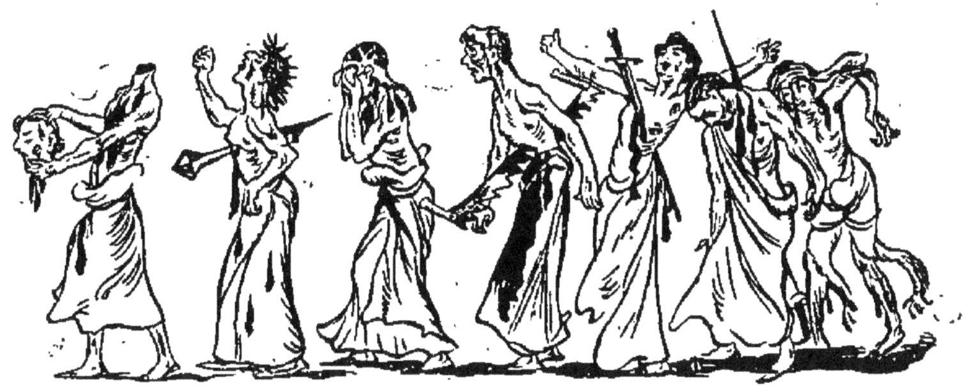

prêter à la Vérité la moindre parure, personnifie la maison
Dubois; flanqué d'une blanche troupe de marmitons, pâtis-
sières, cuisiniers et servantes, son pavois domine la horde
avide de ces mercenaires aux nez rougeoyants, aux minois
rieurs. On applaudit.

Frissonnez! Voici la Salpêtrière : un cerveau gigantesque
d'où jaillit une folle échevelée, d'où se prolonge, en long
reptile aux molles ondulations, la moelle épinière, portée
par une douzaine de carabins en blouse d'opération; autour,
grimacent et sautent et démonisent toutes les détraquées,
tous les déments. Ce cauchemar macabre se déroule au bruit
d'une musique de sabbat qu'accompagne le tonnerre des
applaudissements.

Ici nous croyons nous rappeler, détail omis par
M. de Beaumont, que les nerfs partant de cette moelle
épinière étaient portés par des personnages figurant
les sens de la bête humaine.

... Puis c'est le Japon, exact, pittoresque et farouche, dont Saint-Antoine a reproduit à miracle les armures, les divinités, les bannières, les baladines, les masques. Une adorable multitude de mousmés jolies, relevant les pans de leurs kimonos fleuris, s'éventent et font des grâces aux samouraï bardés de laque. Bravo !

Chevauchée de dragons bleus Louis XV, dont les montures de carton se cabrent et galopent avec un entrain furieux, c'est Trousseau. Les charges folles s'irradient, s'arrêtent, puis repartent et disparaissent dans un nuage de poussière.

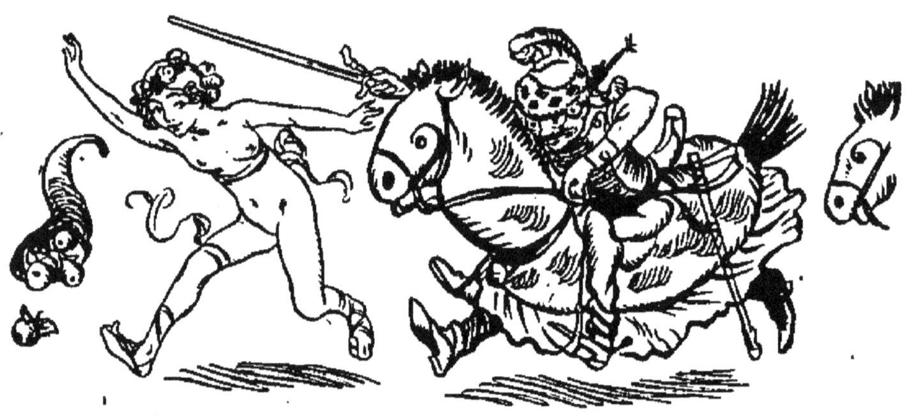

· Honneur à Lourcine ! Son superbe cortège révolutionnaire, saisissant de vérité, reconstitue les scènes terribles de 93 ; une foule de sans-culottes avinés, de tricoteuses en haillons, chante et danse la *Carmagnole* autour de la guillotine, dont le couperet vient de raccourcir un aristocrate. Sur une charrette traînée par des citoyennes en rut de meurtre, de fières victimes défient leurs bourreaux, agitant, sur des piques sanglantes, des têtes coupées, des cœurs, des mains et des entrailles...

L'atroce vision fait place aux luttes romaines de Cochin, aux monuments phalliques de Bicêtre, à l'apothéose de l'éminente philanthrope qui fonda l'hôpital Boucicaut, aux

anti-alcooliques du Bastion 39 (hospice Chantemesse), avec
son défilé de chastes bénédictines, au déménagement puro-
tin de l'hôpital Anglade…

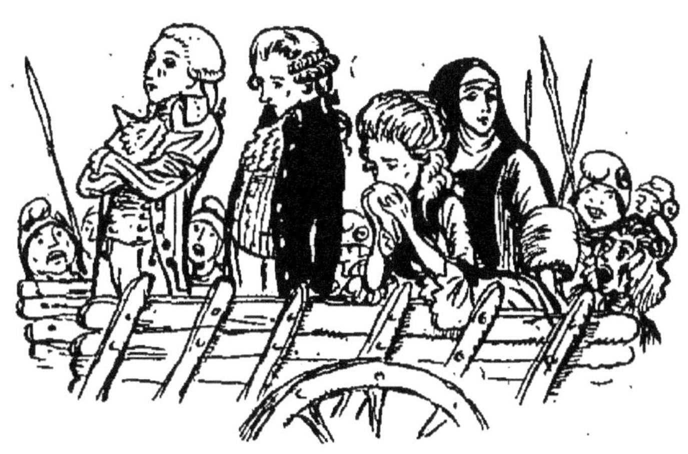

Lourcine avait repris l'idée des Quat'z-arts, dont
nous parlons plus haut, dans son cortège de sans-
culottes, mais en ajoutant très heureusement une
charrette de condamnés du plus pittoresque effet, et
la guillotine elle-même, irrésistible et dernier argument de la sainte Démocratie. On peut dire, en paro-
diant le mot de Gavarni : « Quand on aura discuté
et philosophé sur tout, un coup de couperet sera toujours un coup de couperet ! »

Comment décrire tant de costumes ! On s'est ha-
billé comme on a voulu, c'est le bal masqué sans
époque obligatoire, dont l'avantage est que chacun
revêt, en même temps que son costume, un peu de la
manière d'être du personnage qu'il a choisi. Nous
préférons l'unité d'époque ou de fantaisie. La Fête
païenne et le Bal blanc, deux fêtes du *Courrier fran-*

çais, ont donné le modèle du genre : les Quat'z-Arts
de cette année viennent de suivre ce bon exemple
en organisant le *Bal antique*. Il faudra continuer.
Une fête à costumes variés est toujours un bal
masqué, mais une fête dont *l'époque* est obligatoire
peut être une solènnité plus sérieuse au point de
vue artistique, sans cesser d'être aussi amusante.

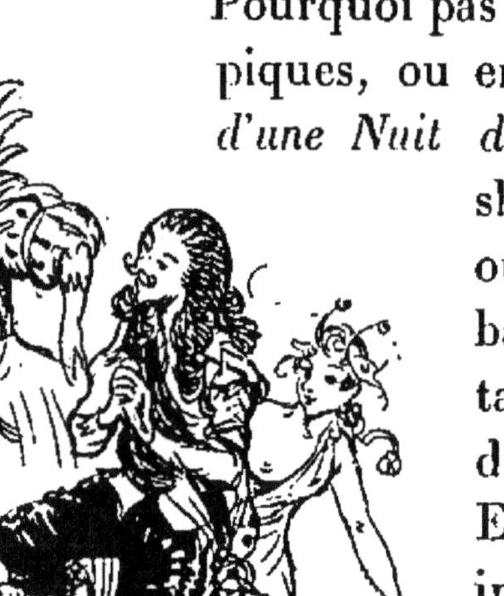

Pourquoi pas les jeux olympiques, ou encore le *Songe
d'une Nuit d'Été*, la féeric
shakspearienne,
ou bien une fête
barbare, à l'imi-
tation de celle
de Salammbô?
Et puisque les
internes vien-
nent de prouver
qu'ils sont ca-
pables de cor-
tèges très bien faits, ne pourrait-on pas réussir une
fois au moins, cette année 1900 par exemple, une
fédération de la jeunesse intelligente, dans une fête
gigantesque et digne, par son caractère et l'ordre
traditionnel des Quat'z-Arts, de satisfaire les plus
délicats?

On pourrait ainsi réaliser d'une manière grandiose
la *fête de caractère* dont les bals du *Courrier* ont
donné le patron. Nous croyons que c'est la formule

des fêtes de demain. Le goût des reconstitutions exactes, dans beaucoup de théâtres, fait depuis quelques années passer la pièce au second plan ; de là à supprimer tout à fait cette pièce et à obtenir que les spectateurs jouent un rôle dans la figuration, qui seule importe désormais, il n'y a qu'un pas.

Et d'où vient ce goût nouveau du public ? De la manie d'instruction qui nous tient, dont le résultat est que, même pour jouer, nous ne voulons plus que des *joujoux instructifs*, et de la diffusion du document ancien par l'image.

Nous savons bien que, dans les bureaux de rédaction, le même cliché sert à l'appréciation de toutes les fêtes carnavalesques, qu'il soit question du vulgaire Bœuf gras ou de la plus délicate des fêtes d'artistes. S'il s'agit de la promenade des boulevards, ou des bals publics, les jours de mascarades, ce cliché peut servir, car le vieux carnaval se meurt en effet. Mais le nouveau, celui que les artistes ont instauré dans leurs fêtes, il est injuste de le méconnaître, car il grandit tous les jours. Fêtes du *Courrier*, Quat'z-Arts, Vachalcades, fêtes de l'Internat se succèdent depuis dix ans sans que la presse paraisse en avoir bien conscience. Ponchon lui-même, notre Ponchon précieux et bien-aimé, qui prouve victorieusement deux fois par semaine que la poésie zutiste peut être de la grande poésie, accueillait par un aimable gro-

gnement (aimable, mais grognement) la publication
des *Carnavals parisiens* :

> ... Morin, il n'y a pas à dire,
> La corde à rire de la lyre
> Est détraquée, et pour longtemps,
> Nous *sons* devenus protestants...

Voyons, Ponchon, mon ami, c'est trop facile, ce
bougonnement à la Jean Gilles (... Jean Gilles, mon
gendre, de quoi vous plaignez-vous?...); il faut laisser
cela aux gens qui aiment mieux se donner couleur de
supériorité en blaguant systématiquement les choses
nouvelles que de faire un petit effort pour en dégager
le sens et les tendances. La France est malade de
mauvaise humeur, mais ce n'est pas le moyen de la
guérir que de le lui chanter sur tous les tons.

Aidez-nous plutôt, Ponchon, à rattacher *la corde à
rire,* dont personne ne pincera plus agréablement que
vous.

Tout autre est votre confrère Jean Lorrain, qui ne
laisse jamais passer les fêtes du *Courrier* ou celles des
Quat'z-Arts sans les saluer d'un Raitif étincelant. Et
Montorgueil, l'historien de notre Paris moderne, n'a
eu garde, dans son *Paris dansant*, qu'illustrent de si
beaux Willette, d'oublier les fêtes de caractère et les a
placées au rang qu'elles méritent. Et il ne sera pas le
dernier à défendre ce qu'on peut appeler notre *Droit à
la joie*.

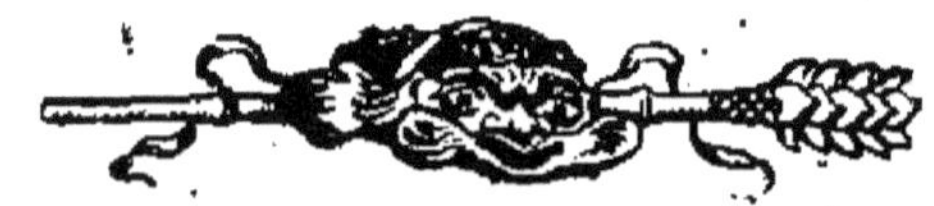

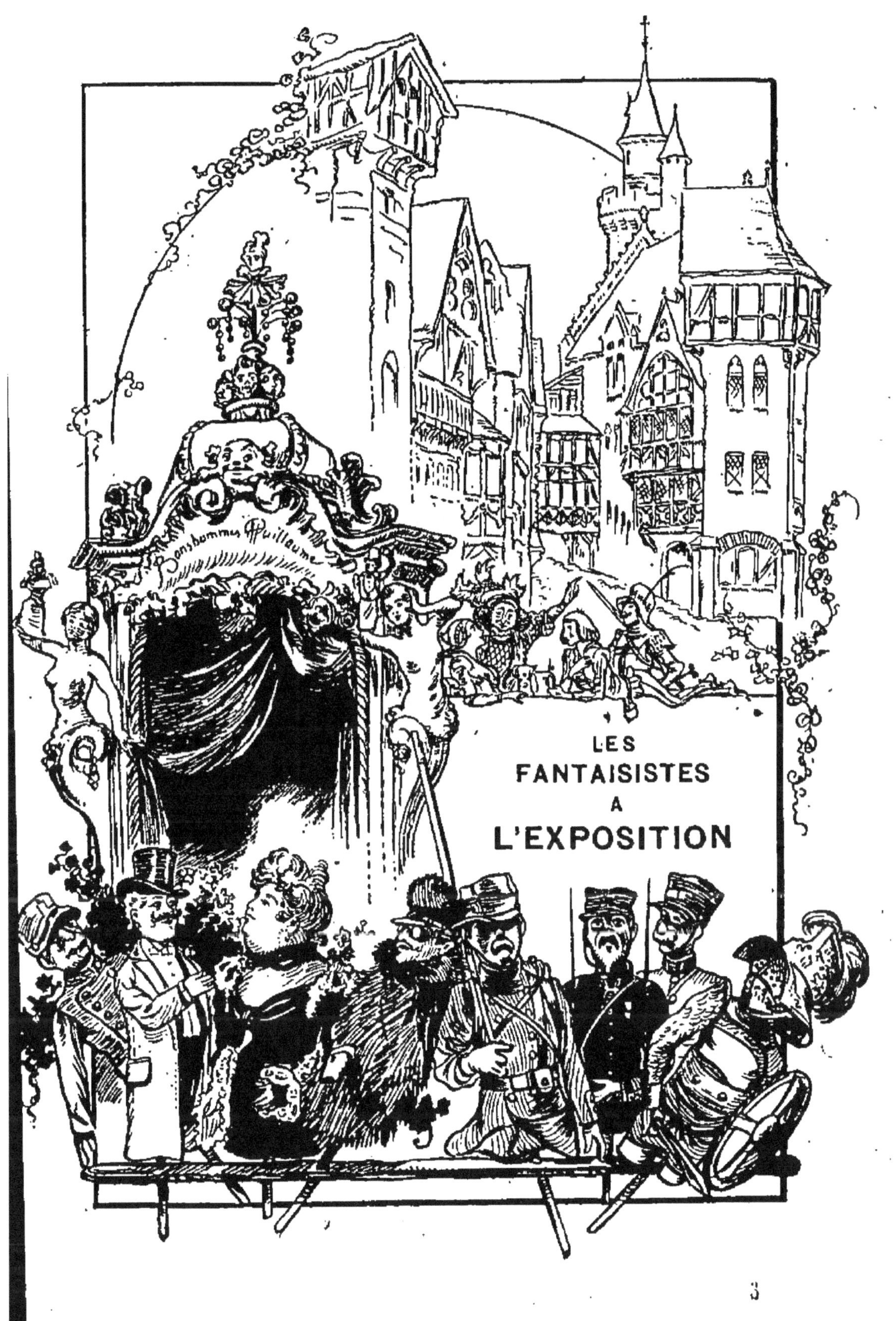

LES
FANTAISISTES
A
L'EXPOSITION

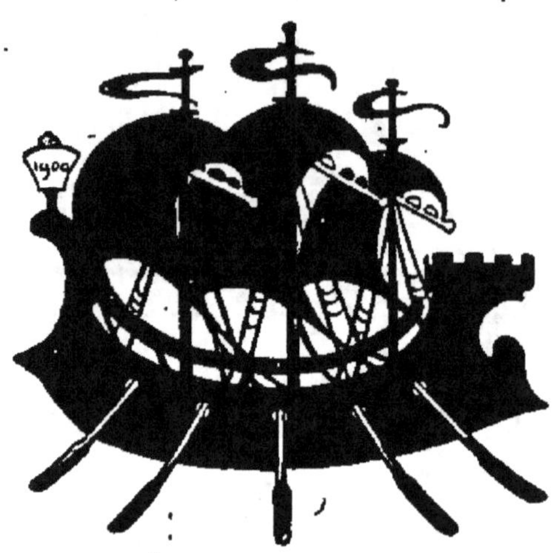

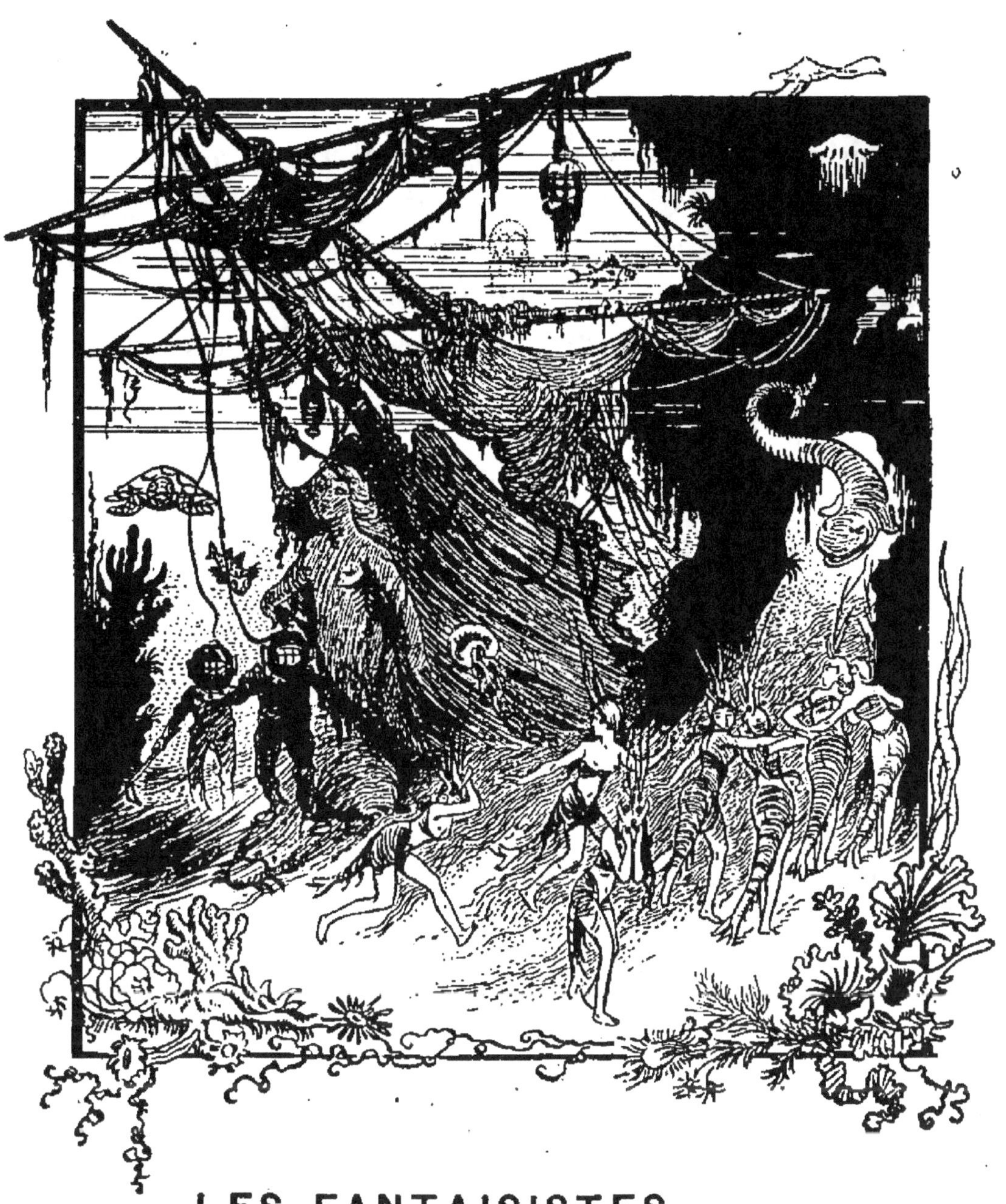

LES FANTAISISTES

A L'EXPOSITION

Les fantaisistes ne manquent pas à Paris, où la plupart des artistes sont doués d'une brillante imagination, mais ce qui manque le plus souvent aux fan—

taisistes, c'est l'esprit d'initiative. Les rêveurs se satisfont du rêve : ils attendent patiemment, toute la vie quelquefois, que l'homme d'affaires vienne les prendre par la main pour les présenter au grand public, auquel il vendra leur cervelle par gouttelettes,

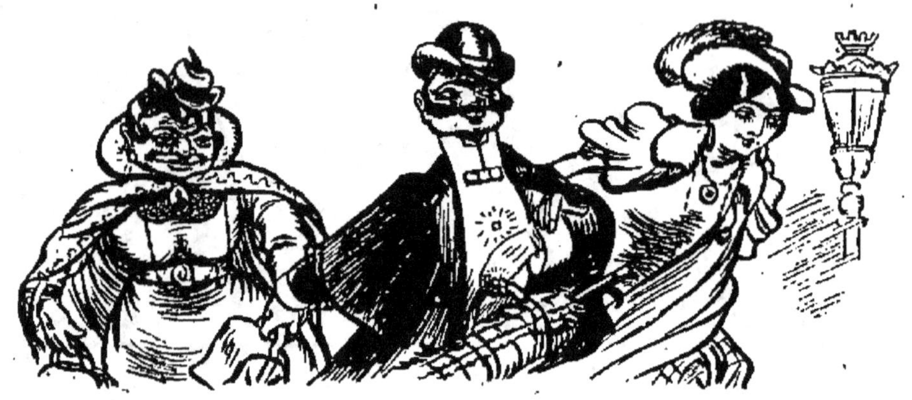

au poids de l'or. Dans ce cas, c'est généralement le barnum qui fait fortune, et non l'homme à la cervelle.

En 1900, une occasion unique s'offre aux artistes. Trente millions d'étrangers vont arriver, alléchés bien davantage par notre réputation d'esprit, de grâce et de fantaisie, que par les spectacles sérieux que pourront leur offrir nos ingénieurs et nos savants. Voilà vingt ans que leurs journaux et leurs revues les initient aux raffinements artistiques de Paris, qui redevient encore, pour la dernière fois peut-être, la terre promise des affamés de jouissances spirituelles. Quoique les gens qui habitent Paris ne s'amusent pas toujours follement, il est certain que ceux qui vivent hors de Paris, fût-ce à cent mille lieues, n'ont pas d'autre objectif, et que leurs femmes en rêvent. Ce petit discours d'une fiancée vénitienne, qui escomptait les plaisirs de son voyage de noces, est resté dans notre mémoire : — « Je me ferme (*mi ferma — je m'arrête*) un peu à Milano, très peu à Torino, mais à Parigi je me ferme donc délicieusement, je me ferme tout le temps ! »

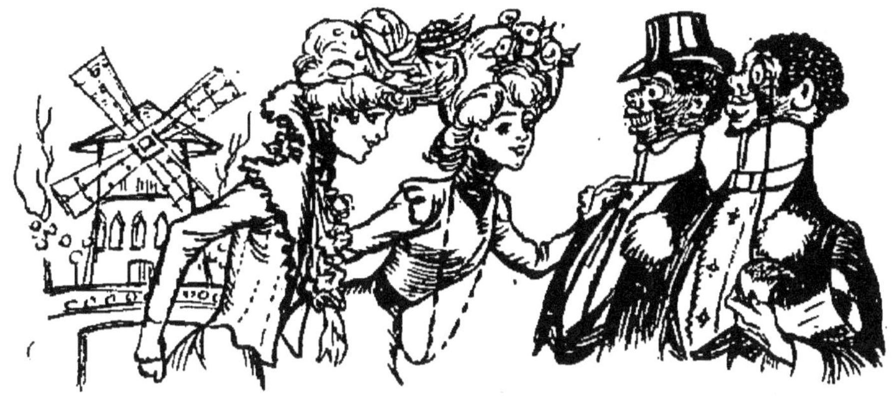

Nous sommes liés par notre gloire et la réclame qu'on nous a faite. Il va falloir payer argent comptant.

Pour cela l'armée des artistes parisiens n'était pas trop nombreuse, mais nous ne voyons pas que la levée ait donné grand résultat et ceux qui, comme Robida et les Guillaume, ont fait le grand effort, et bâti de toutes pièces leur rêve, ne sont pas nombreux.

Le Vieux Paris est le gigantesque joujou d'un artiste que centuple un acquis formidable d'architecte, d'antiquaire, d'historien et de costumier. *Le Vieux Paris* ne s'explique bien que par la liste des ouvrages de Robida, liste qui tiendrait quatre pages de ce volume. Ce sont les études préparatoires de ces volumes qui ont fait l'homme capable de disposer, sur le petit espace qu'occupe le vieux Paris, ses architectures avec une

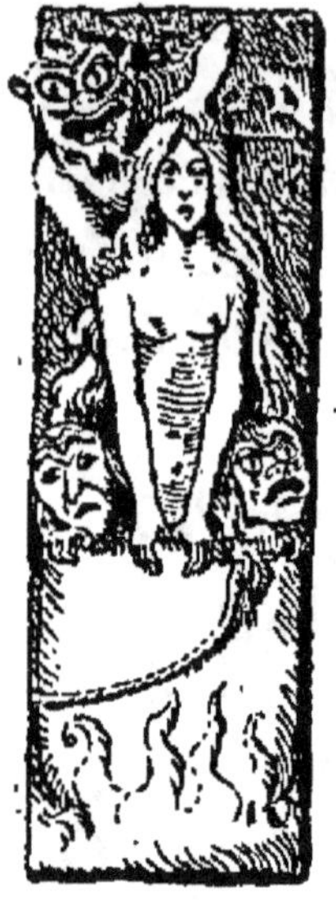

telle ingéniosité que le visiteur aura l'illusion de faire dans la ville d'autrefois un retour en arrière de plusieurs siècles.

Il est regrettable seulement que les visiteurs ne soient pas tenus d'endosser à la porte, dans la pittoresque boutique du costumier Boichard, le pourpoint, le haut-de-chausses ou la robe armoriée qui les appareilleraient aux édifices et aux décorations murales. Parmi ces décorations, attirons l'attention des amateurs sur les curieux bois sculptés de Mlle Robida, qui, grâce à un bel effort d'art, ont tout à la fois la naïveté et la malice des bois sculptés du xve siècle.

Cette collaboration familiale se retrouve dans la façon des Bonshommes Guillaume et de l'Aquarium de Paris. Peut-être est-ce là le secret de la réussite de ces grandes entreprises : l'étroite et amusée collaboration d'artistes qui veulent tout faire par eux-mêmes, et se défient du travail bâclé au dehors, à l'entreprise, et par les gens *du métier*.

C'est pourquoi nous verrons de si jolies marionnettes au théâtre des Bonshommes Guillaume. Elles ont été dessinées par Albert Guillaume, modelées par les camarades et habillées par Mme Lami-Guillaume avec le goût que la collaboratrice du *Courrier français* sait mettre dans l'invention de ses costumes. Des camarades ont décoré le théâtre qui, lui-même, est, de

toutes pièces, avec sa charmante loggia, l'œuvre de
Henri Guillaume, architecte rare et précieux, car il
a du goût et de la science.

Bien d'autres rendront compte des pièces de ce

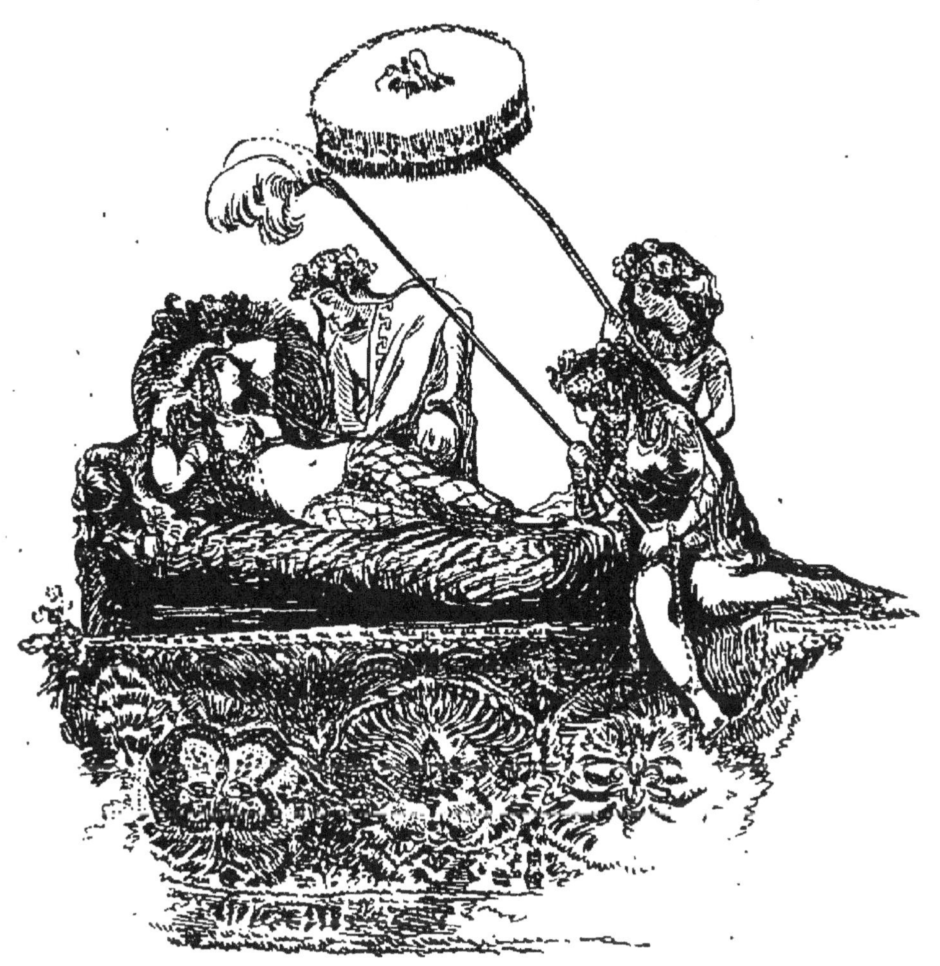

petit théâtre, ils diront l'étonnante vérité des
bonshommes d'Albert Guillaume, les splendeurs de
ce cortège des Quat'z-Arts, qui donnera à M. Bérenger lui-même le regret d'avoir manqué de si nobles
fêtes, et aussi le charme étrange de l'Aquarium, le

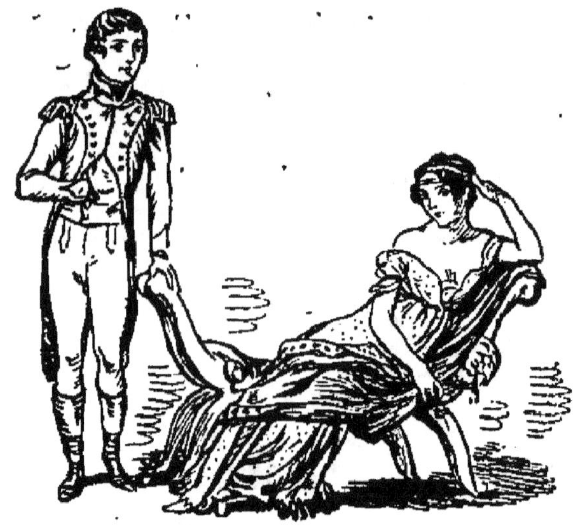

monde de la mer ouvert plus largement que jamais à la curiosité du public, et l'ingénieuse trouvaille des féeries sous-marines. Nous avons voulu seulement signaler les œuvres d'art sorties des mains mêmes de leurs inventeurs, avec le minimum d'aide industrielle.

Il n'est pas de spectacle qui ne puisse être élevé à cette dignité d'œuvre d'art, pourvu que ses organisateurs se donnent la peine de travailler leur matière comme il convient, au lieu de la faire *bâcler* par des entrepreneurs. On nous permettra de parler à ce propos de la transformation, en vue de l'Exposition, du Musée Grévin, bien que nous y ayons collaboré et que le plaidoyer *pro domo* soit suspect : il n'y aura pas plaidoyer, mais explication, ce qui est toujours permis.

Le plus grand mérite de l'œuvre accomplie revient du reste à M. Gabriel Thomas, le directeur du Musée. Il poursuit sans relâche le projet, qui n'est réalisable que graduellement, de doter Paris d'un musée historique remplaçant la banale exhibition des crimes célèbres et des attractions vulgaires. Les salles ou-

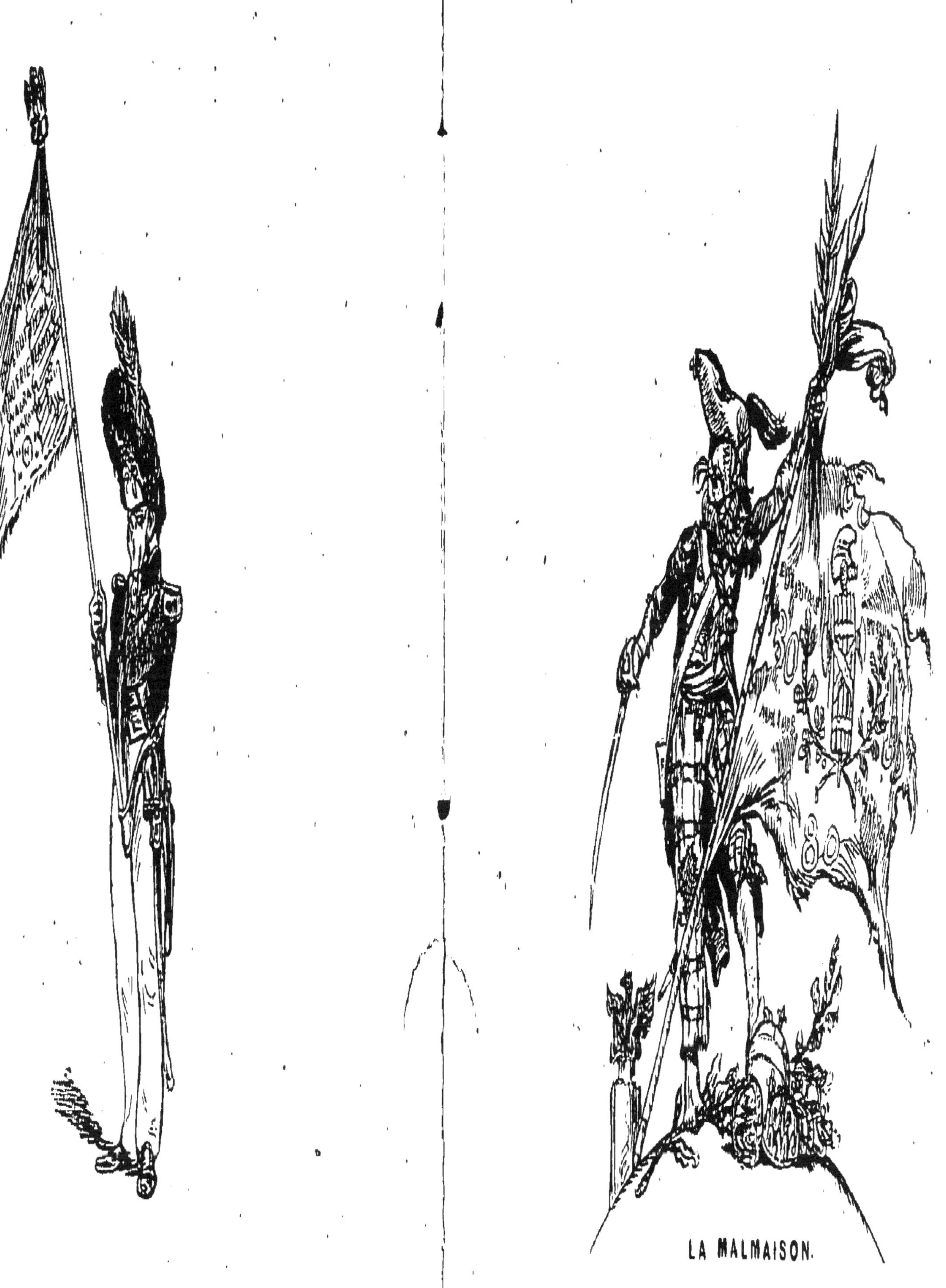

LA MALMAISON.

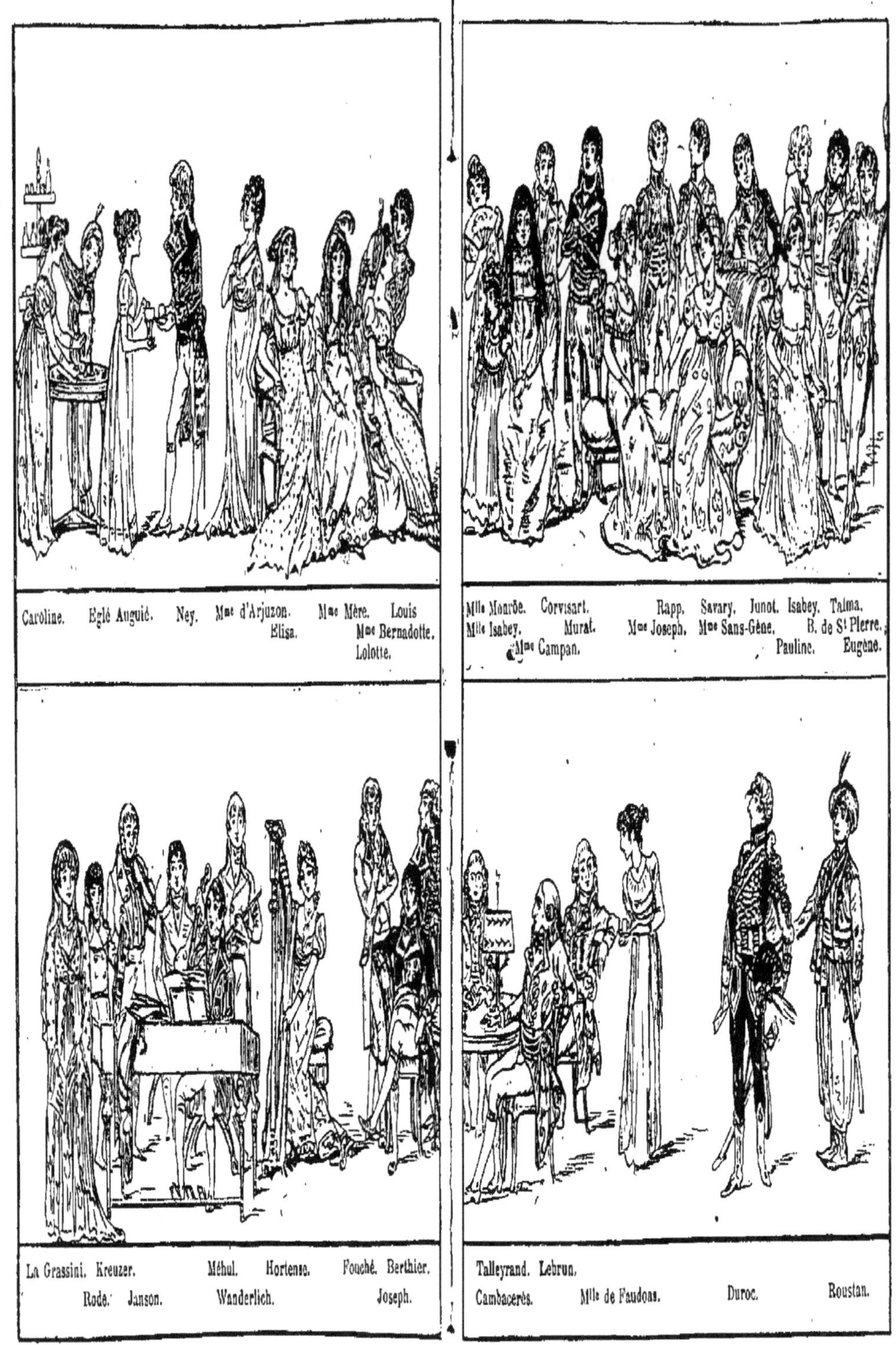

Caroline. Eglé Auguié. Ney. Mme d'Arjuzon. Mme Mère. Louis
Elisa. Mme Bernadotte.
Lolotte.

Mlle Mouröe. Corvisart. Rapp. Savary. Junot. Isabey. Talma.
Mlle Isabey. Murat. Mme Joseph. Mme Sans-Gêne. B. de St Pierre.
Mme Campan. Pauline. Eugène.

La Grassini. Kreuzer. Méhul. Hortense. Fouché. Berthier.
Rode. Janson. Wanderlich. Joseph.

Talleyrand. Lebrun.
Cambacérès. Mlle de Faudoas. Duroc. Roustan.

UN CONCERT A MALMAISON

vertes au Musée, il y a quelques années, les scènes
de Révolution, ont été le premier pas vers ce but.
Voici la Malmaison qui fera vivre un moment le visiteur en 1800, dans le vestibule de Malmaison, trans-
formé en concert, comme il arrivait parfois chez le
Premier Consul. La salle a été scrupuleusement reconstituée, les costumes coupés et brodés d'après les
documents authentiques, les personnages sculptés,
coloriés, coiffés d'après les bustes de Versailles, ceux
des collections particulières et les indications des
estampes, des mémoires ou des tableaux et minia-
tures appartenant aux familles des personnages res-
titués. Le mobilier est composé uniquement de pièces
de l'époque, acquises à des prix fous (les horreurs de
mobilier Empire se vendant au poids de l'or). De

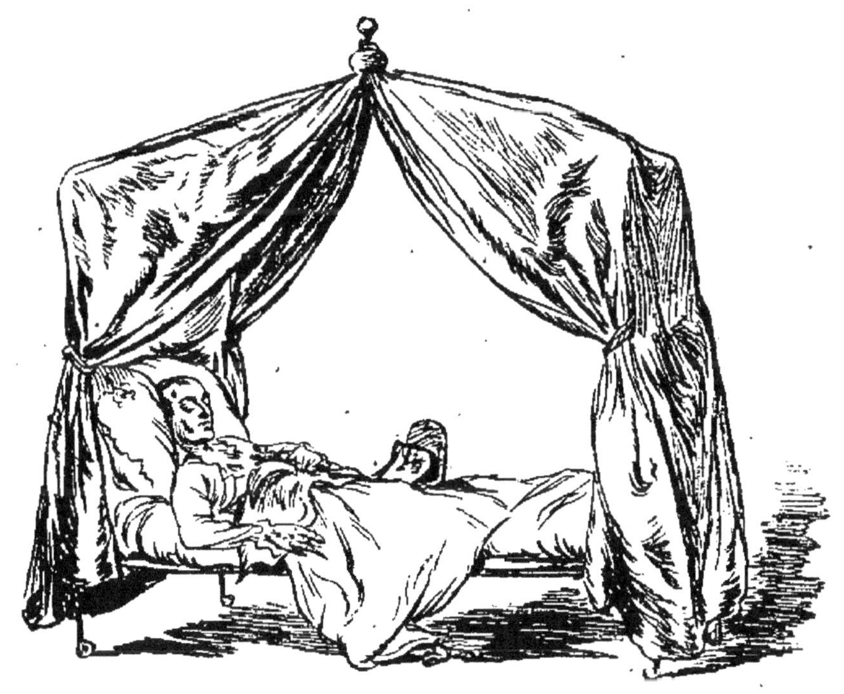

l'autre côté de la salle, le jardin de Malmaison, un poétique décor de ce maître qui s'appelle Henri Rivière, étend la douceur de ses paysages lunaires. Dans la salle voisine, où la mort de l'Empereur est figurée dans l'un de ses lits de camp authentiques, voici l'un de ses chapeaux véritables; ces reliques vénérables ajoutent à l'impression grandiose de la scène, mais elles exigent que rien de ce qui les entoure ne soit disparate, et ne vienne, par le heurt d'un anachronisme, distraire la pensée du spectateur de sa méditation sérieuse.

C'est dans cet art particulier du tableau de figures de cire que la vérité peut et doit être serrée du plus près possible. Ici le réalisme est obligatoire, mais encore faut-il choisir parmi les réalités, pour que le *Héros* dont la légende est chez nous en formation, ne soit jamais amoindri. La légende de ses héros est une partie de la richesse d'un peuple : leurs vertus sont d'un exemple salutaire, il faut cacher leurs vices et les oublier.

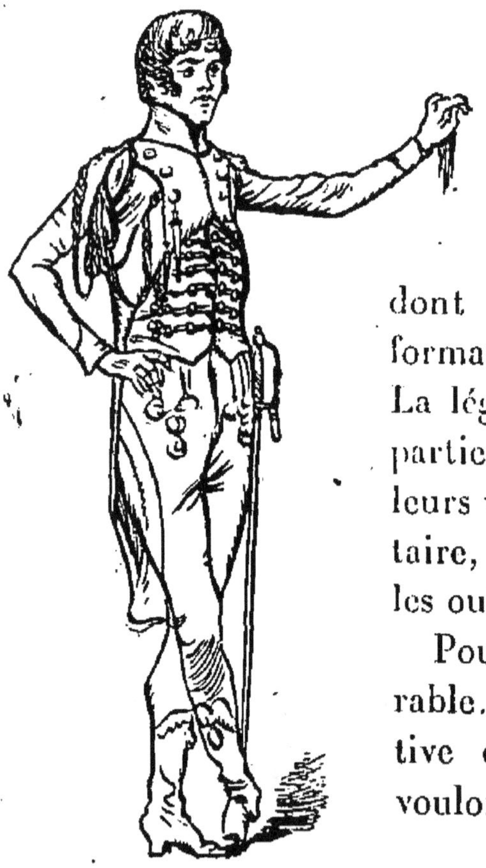

Pour nous, en faveur de l'admirable exemple d'énergie et d'initiative donné par Bonaparte, nous voulons ignorer tous les vilains côtés

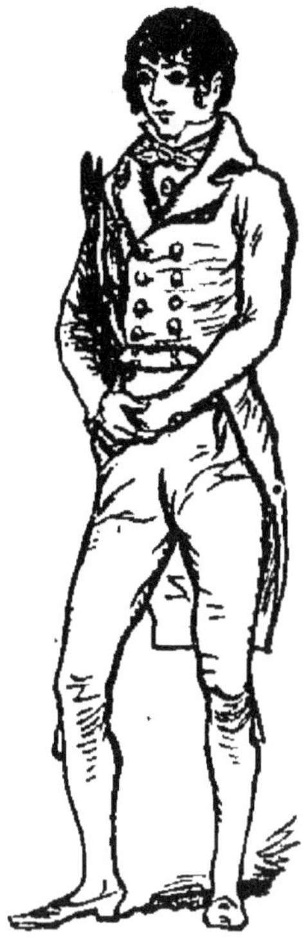

de son caractère ; bien plus, nous lui
pardonnons jusqu'à ce manque absolu
de goût qui a fait du xixe siècle le
siècle des horreurs artistiques. C'est
pourtant difficile d'oublier qu'il a pris
le pouvoir au moment où le style Di-
rectoire était encore plein de grâces,
et que, depuis ce temps, par sa faute,
les Français semblent avoir perdu la
puissance créatrice dans l'art décoratif.

Car il ne faut pas nous illusionner
sur la *tape* que nous allons recevoir à
l'Universelle. Si cela peut consoler les
Anglais de leurs ennuis, on peut hardi-
ment leur assurer le succès, en 1900,
dans les arts de la décoration et de l'architecture
privée.

Nos organisateurs l'ont bien senti ; ils ont essayé
de parer le coup en décidant que les objets d'art serait exposés, non pas tous ensemble, dans une classe
d'objets d'art, mais avec les objets de leur classe. De
telle sorte que, si Desbois s'amuse à façonner une
bouteille décorative, sa bouteille sera exposée avec
les bouteilles en fabrication courante destinées au
petit bleu ou à l'huile d'olive. C'est tout simplement
absurde. Il nous a été donné d'entendre M. Dervillé
défendre cette pitoyable théorie, sans vouloir dire ce
qui nous semble être le fin mot de la manœuvre :
empêcher toute comparaison entre notre indigent

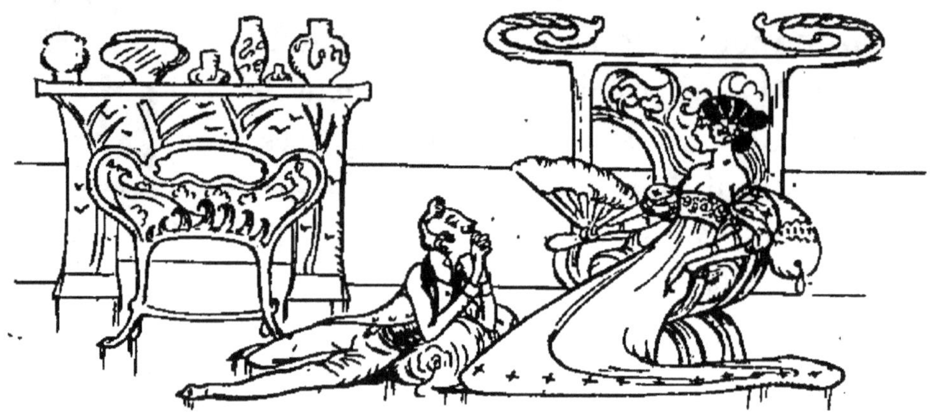

modern style, et la riche école anglaise. Ces finasseries sont inutiles, tous les gens de goût sentent fort bien que nos fabricants ont fait fausse route en démarquant Maple ou Liberty; il serait plus crâne d'avouer notre faiblesse et d'inciter les décorateurs français à rattacher leur art à notre filière française, si malheureusement rompue par les lourdeurs impériales dont nous parlions tout à l'heure. C'eût été l'affaire de l'administration de prévoir; aujourd'hui, on en est réduit à cacher — s'il est possible.

Pour ce faire, *la molesquine* a le plus possible évincé les artistes qu'un ministre avisé avait adjoints aux comités d'admission de l'Universelle. Pensez donc ! Les artistes peuvent être très gênants, ils connaissent les costumes, les styles, les époques, un tas de choses inutiles ou embarrassantes en Administration ! Il faudrait travailler, faire convenablement la besogne ! Quel tracas et quel ennui !

Et c'est sans doute pour cela que les artistes, con-

scients de cette hostilité, se sont en si petit nombre
mêlés de l'Exposition. Il faut avoir quelque audace pour
tenter de faire de l'initiative privée sous la tutelle des
Ronds-de-cuir. Il y a sans doute d'autres Hercules qui
ont abordé le monstre, nous ne sommes pas assez au
courant de leur travail pour en parler dans cette
livraison, mais nous sommes tout prêt à les applau-
dir et à crier leur renommée par les trompettes de
cette Revue, s'ils ont donné, comme les artistes dont
nous parlions plus haut, Robida et les Guillaume,
une forme ingénieuse, nouvelle et personnelle à leur
pensée.

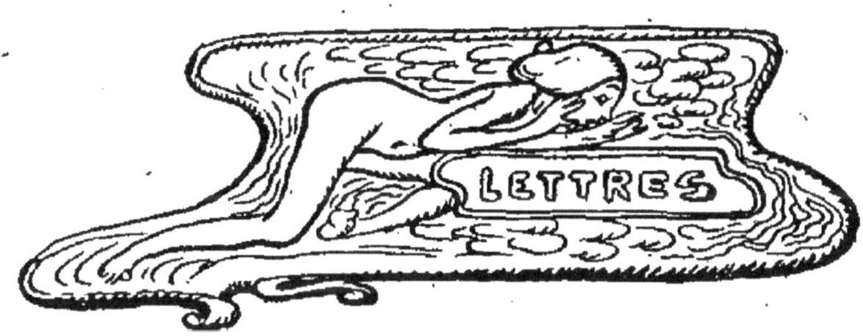

Les autres artistes se sont contentés du rôle d'exécutants. Il n'y a rien dans ce mot de rabaissant, quand
les exécutants se nomment Chéret ou Bellery-Desfontaines. Nous parlerons de Chéret au chapitre suivant.
Quant à Bellery, sa frise du *Théâtre des Auteurs gais*
est, pour le grand public, la révélation d'un art tout
nouveau, dans lequel le symbolisme poétique est sou-
tenu par une extraordinaire solidité d'exécution. Au
point de vue de la recherche du costume et du caractère, voici un artiste au moins pour lequel le *gesté*

des Quat'z-Arts, auquel il a pris si grande part, n'aura pas été fait en vain.

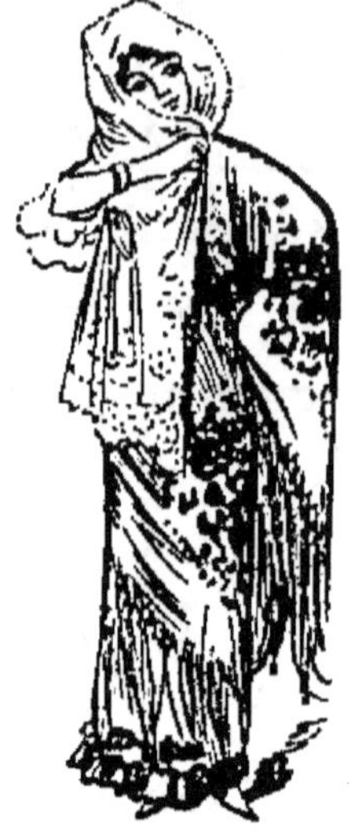

Bien qu'elle ne donne pas tout ce qu'on était en droit d'attendre de nos artistes, et qu'à cette heure il n'y ait pas à compter pour l'Exposition sur les imaginations de Willette, de Rivière, de Louis Legrand, d'Eugène Courboin, de Caran d'Ache et de maints autres fantaisistes que nous tenons en haute estime, l'Exposition sera tout de même charmante, grâce à l'exotisme. Il faut bien espérer que nous reverrons les reines de l'exposition dernière, ces petites Javanaises qui ont fait courir tout Paris, — ou plutôt leurs sœurs cadettes, car il est triste de penser que Vaquiem, Sariem, Ayou et Taminato ont à présent vingt-trois ou vingt-quatre ans, et que ce sont déjà, dans ces pays d'extrême Orient, où l'âge de la femme court si vite, de vieilles petites bonnes femmes ratatinées. — Et ces Espagnoles, qui *jettent le sel*, selon le joli mot que leurs compatriotes emploient pour définir le mouvement des croupes andalouses ! — Et ces femmes arabes dont la danse du ventre n'a pas un charme bien raffiné, mais dont l'allure passive donne l'impression de femmes très différentes des nôtres, et plus près, dans l'échelle des êtres, de nos chattes que de nos épouses ! Peut-être même viendra-t-il des *guechas* japonaises, mignonnes fleurs jaunes

dont les artistes voyageurs, entre autres Pierre Loti,
nous ont dit le charme précieux : *Mademoiselle Chry-
santhème* ou *Mademoiselle Jasmin*.

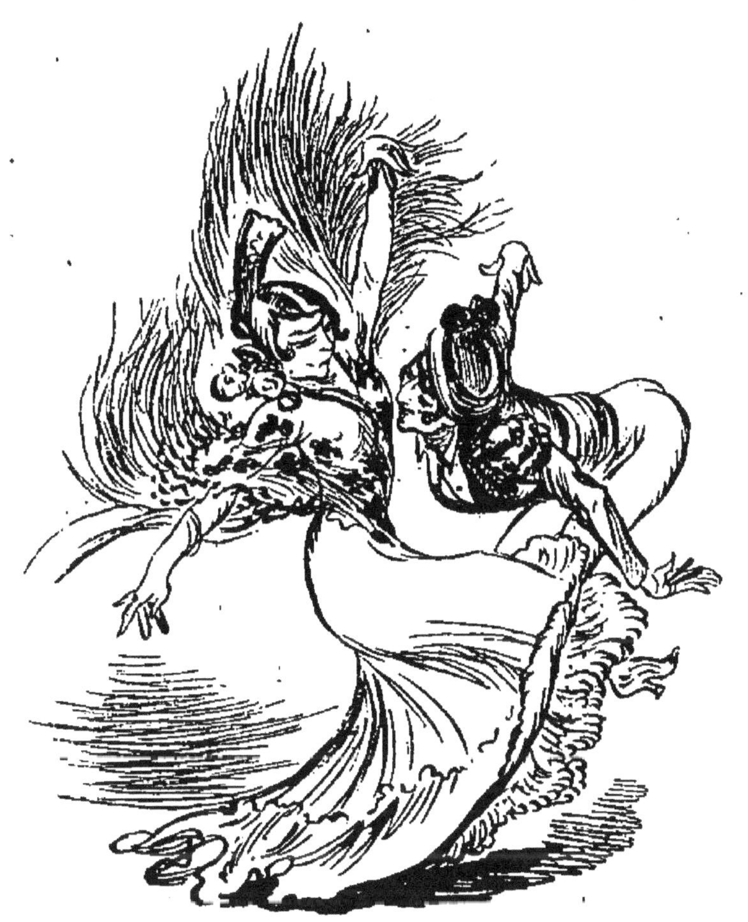

Nous aurons des surprises. Bien des *clous* vantés à
l'avance ne sauront accrocher l'attention du public,
d'autres entreprises plus modestes devront leur succès
à choses futiles : la grâce d'une danseuse, l'éclat
de ses yeux, la forme de son nez. La Soledad et
Vaquiem ont en 1889 accaparé les regards et les admirations. Croyez bien que quatre-vingts visiteurs sur

cent ne verront même pas les colonnades du grand
palais, ils courront tout de suite au petit chef-d'œuvre
de la nature qui roulera ses hanches dans quelque
coin perdu de l'Exposition.

Il en est toujours ainsi, malgré les récriminations
de M. Bérenger : l'art n'a de valeur que s'il sert
à nous faire mieux comprendre la femme ou à lui
donner un cadre digne d'elle.

— Comment l'aimez-vous ? questionne le public.
Et l'artiste raconte son idéal. Mais ce n'est que pour
rêver en attendant partie : quand la femme elle-même
paraît, et qu'elle a reçu du ciel la grâce et la beauté,
tout ce qui l'entoure s'efface aussitôt.

C'est ainsi que l'un de nos amis, que la police
recherchait pour délits de presse, put circuler librement dans Paris pendant trois ans, sans être jamais
regardé, même par les policiers : il se faisait toujours
accompagner par une très jolie femme.

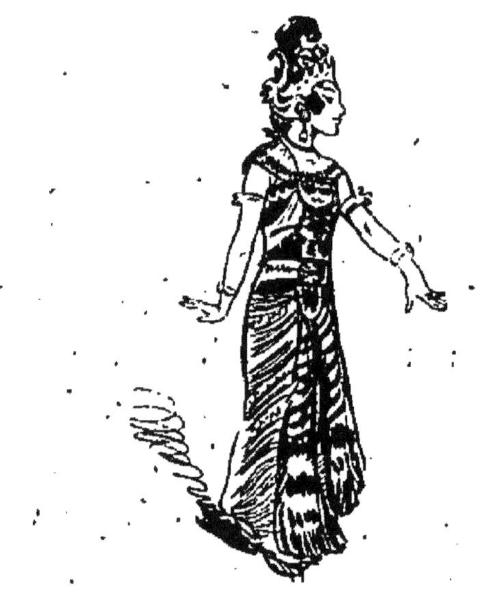

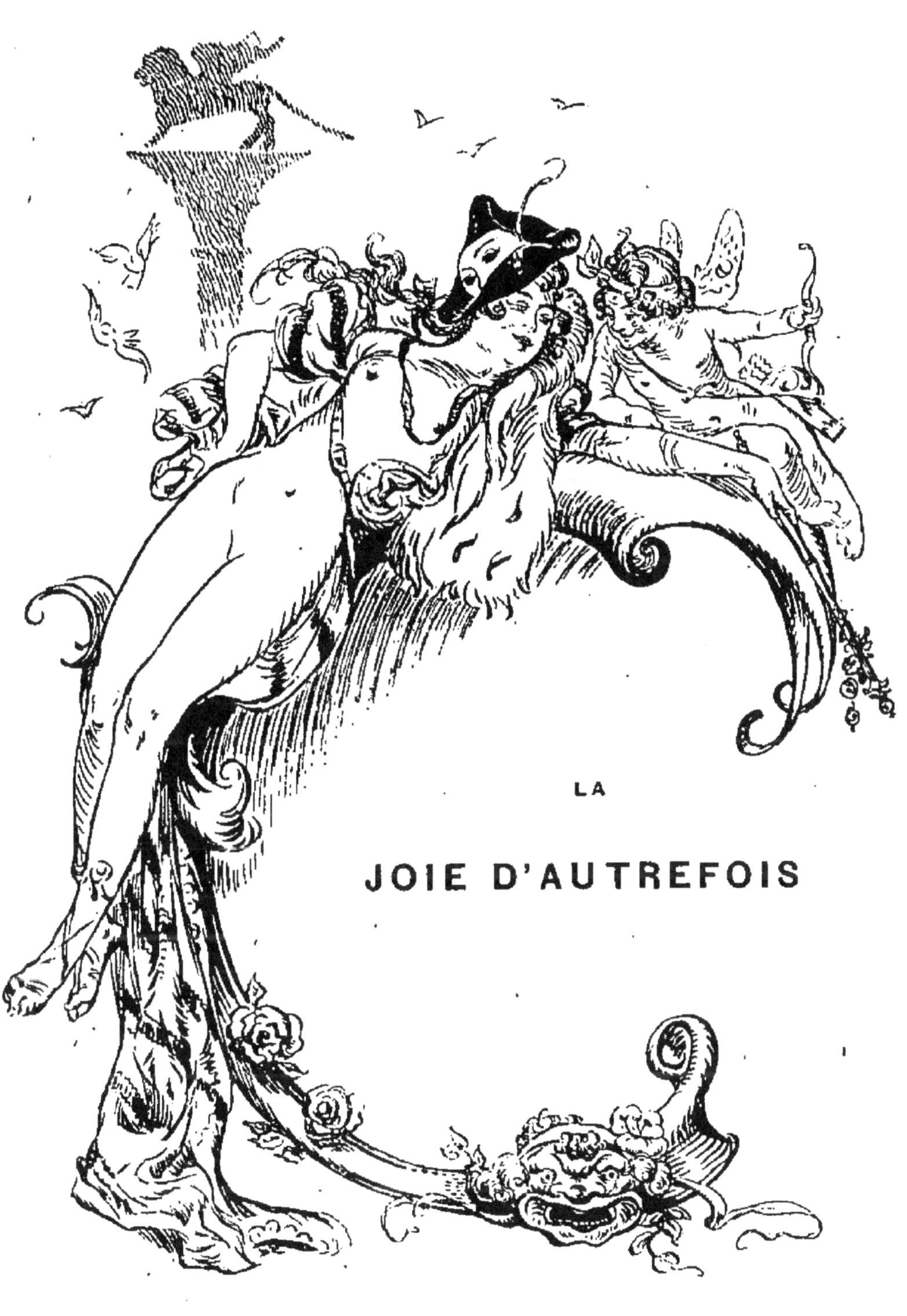

LA

JOIE D'AUTREFOIS

4

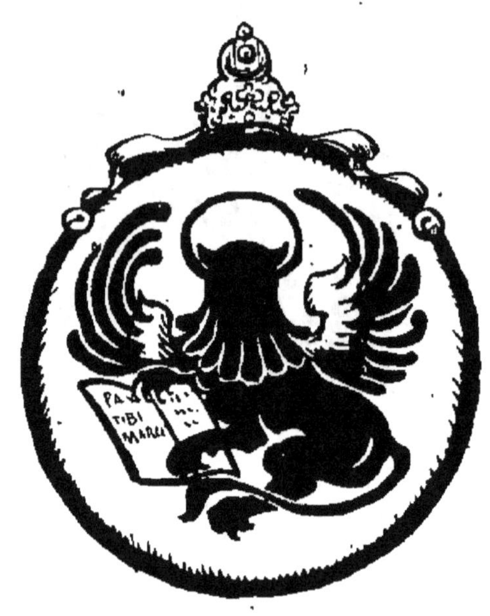

PA
TIBI
MARCE

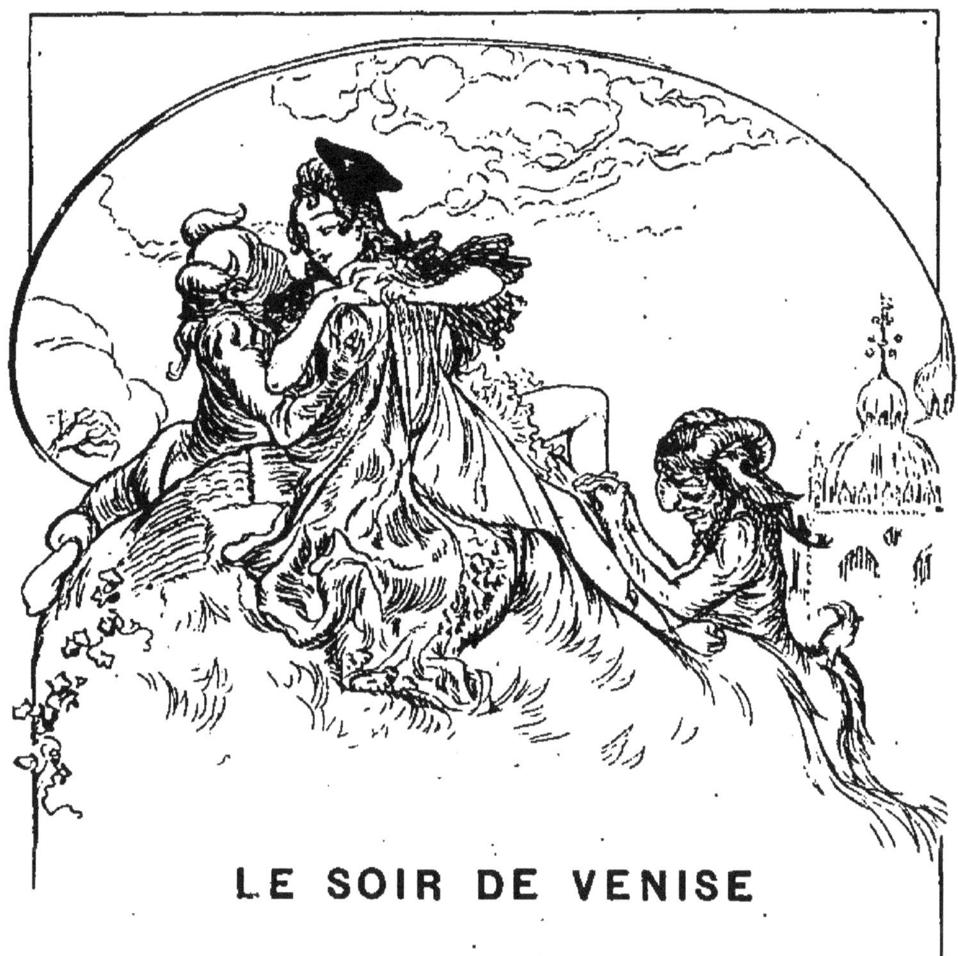

LE SOIR DE VENISE

Il y eut une fois un peuple de belle humeur, qui s'amusa plus d'un siècle durant.

... Est-il possible? — Quoi! L'homme, animal morose, aurait fait cela! — Force est bien de le croire, puisque les documents abondent : fresques, dessins, lettres, mémoires, petits vers. L'aventure n'est pas extrêmement lointaine, et pour un peu l'on entendrait bruire, en leste sourdine, un écho des violons de la fête.

Comme le xviie siècle finissait, Venise, lourde de gloire, riche de pirateries sublimes, se reposa dans la volupté. Venise fit la Femme reine, l'aima d'incontinente amour, n'aima pas moins la belle musique, le vin de Chypre, la mascarade, la peinture à fresque, les sorbets au marasquin, le jeu de *bassette*, et divers autres agréments.

Aussi bien, nul lieu ne fut mieux fait pour une épopée du plaisir.

Ciel en haut, ciel en bas. L'un verse une lumière tendre que l'autre colore, qu'il éparpille en nuances fondues, étale en nappes tranquilles, où de gaies petites vagues font courir un semis d'étincelles. Il y a dans le calme des eaux une seconde Venise, qui parfois se prend à baller, au rythme d'une très lente pavane.

Et, dans cette grande clarté qui miroite, les ancêtres ont bâti la patrie comme un joyau chimérique.

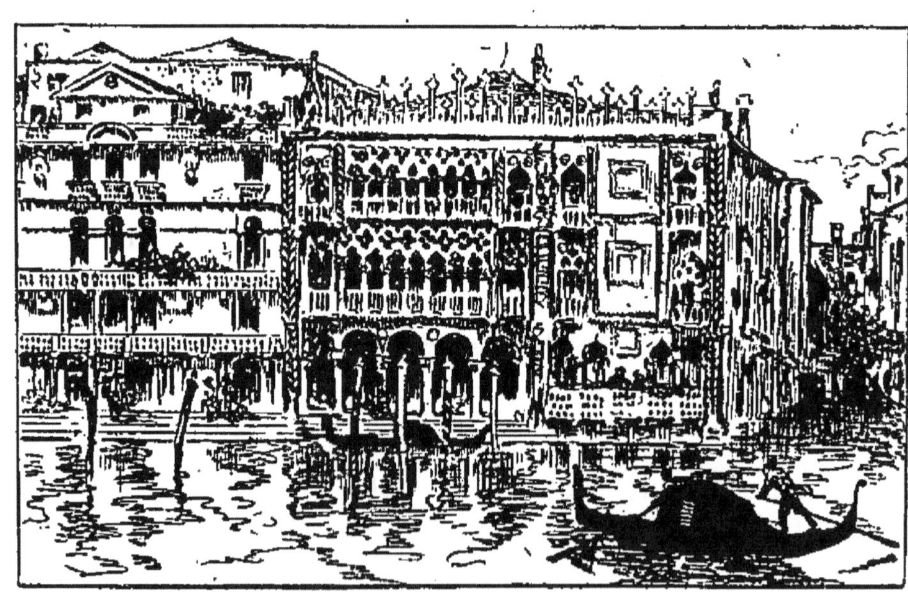

Des palais, mille palais inconcevables, d'une architecture qui ne s'est vue que là. — C'est une épaisse
futaie de marbre : colonnades, statues, ogives, *logge*
ajourées. — Découpures impossibles du marbre,
guillochages si frêles et téméraires qu'on craint, pour
ces dentelles, une brise un peu trop forte venue
d'Adriatique. Et dans la ramée blanche s'ébattent les
pigeons de Saint-Marc, au creux des trèfles quadri-
lobés, sous l'écharpe envolée des déesses...

Tout ce qu'on voit exalte joyeusement. Le moindre
ponceau qui saute un canal, le puits de marbre au
milieu de la placette, attestent le génie d'un sculpteur oublié. Et la maison de l'artisan, rose, du rose
des pêchers en fleurs, se mire gentiment au canal
comme une contadine coquette. Souvent une treille
l'égaye, où quelque *giardinetto* venu là, comme un
appel de la nature lointaine.

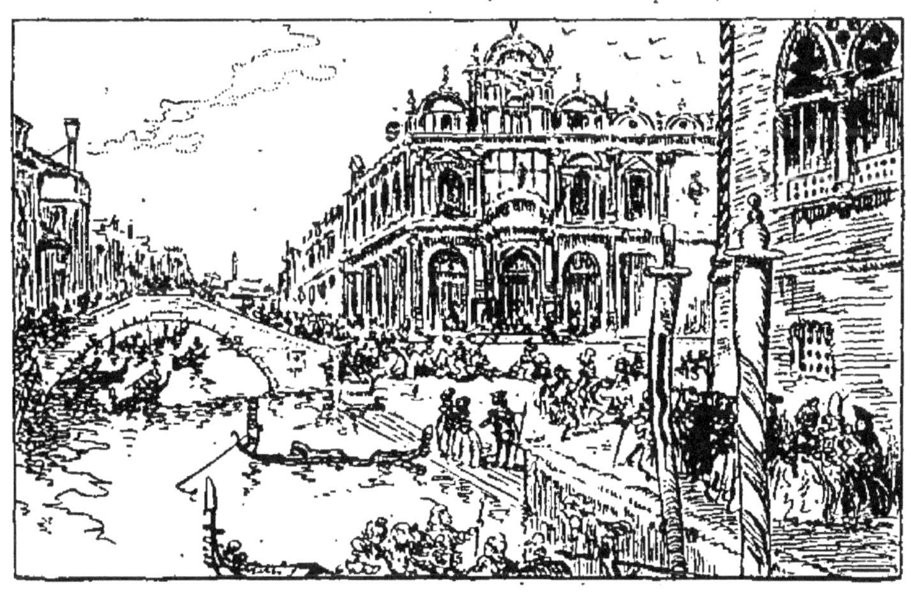

Puis, le silence. Puis, la gondole, berceau d'amour promenant les baisers invisibles, au soupir alangui de ses rames.

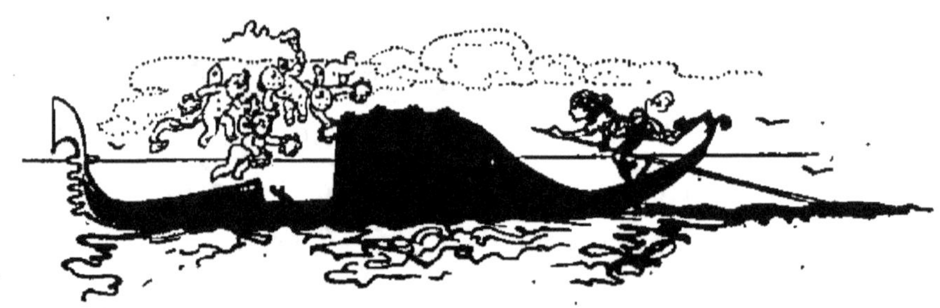

Toutes ces choses faisaient de Venise une Cythère attendrie et sensuelle, un peu baroque, un peu turque, qu'il eût été indécent de ne pas élire Capitale de la Joie.

Mais les petits-neveux de Dandolo n'y manquèrent pas. Et lorsque, vers 1739, le président De Brosses les rencontre, ce Bourguignon, surpris de trouver plus salé que lui-même, s'écrie « qu'ils ont des manières de vivre à faire crever de rire !... ».

Tout d'abord, ils avaient fait cette découverte d'aller six mois masqués, ce qui leur permettait une vie à l'envers, tissue de pantalonnades et de baisers furtifs.

Le masque ! Rempart de la liberté vénitienne, inviolable et sacré, à l'égal du lion de Saint-Marc et du crocodile de Saint-Théodore... Tous portaient le masque, les plus petits enfants, le nonce, la dogaresse, tantôt sur le visage et tantôt sur l'oreille, comme on

voit aux dessins de Longhi. Si bien que la vie de
Venise devenait une grande *Comedia dell'Arte*, et qu'un
honnête citadin n'eût su faire emplette d'un melon
d'eau, prendre la taille de sa chambrière, voir l'heure
à l'Horloge ou saluer son voisin, sans enjoliver la
chose de quelques gamineries congruentes au rôle
adopté. On était, selon sa nature, Truffaldin, Trivelin,
Lucia, Cucurogna, Zerbinette, ou don Baloardo Gra-
zian, docteur ahuri de Bologne.

Et la mémoire est restée de Noble Homme Alessan-
dro Pepoli, sénateur, lequel avait reçu du ciel la grâce
agile et la malice d'Arlequin. Cet homme d'État
n'opinait pas, au *Pregadi*, moins sensé-
ment qu'un autre. Mais après la séance
on le voyait aussitôt, jetant bas la per-
ruque, l'étole, la robe noire fourrée de
petit-gris, paraître sous le casaquin
multicolore du pantin bergamasque. En
trois sauts et deux cabrioles, il franchis-
sait l'escalier des Géants, et s'allait
perdre dans le grouillement des mascarades, donnant de la batte au cul de
Pantalon, nasardant Tartaglia, troussant impudem-
ment les duègnes épouffées...

Est-ce que cela ne dit pas toute la bonhomie spirituelle d'un peuple? Et n'est-il pas affligeant de penser
combien nos sénateurs d'aujourd'hui (M. Trarieux,
par exemple, ou M. Bérenger) seraient inhabiles à de
telles gentillesses?

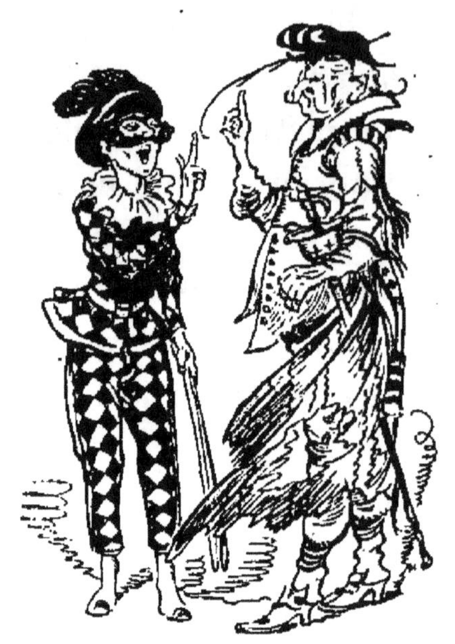

Vraiment on éprouve une nostalgie de la joie, quand on se figure, entre la Basilique et les colonnes, ce petit monde des satires de Dotti, des poèmes de Baruffaldi, des Mémoires de Lorenzo Da Ponte, de Gozzi, de Casanova. Ce n'est point une bacchanale, ni le divertissement charivarique des Barbares. Non... Mais, au hasard des rencontres, un millier de petites scènes drolatiques ou tendres : courbettes, bras en l'air, bouches en O, cœurs à deux mains pressés. Et de toutes parts la grâce mobile, le zézaiement, le sourire câlin de Venise...

Des gentils-donnes passent, qui badinent et rient clair. (Parmi elles, n'est-ce pas la jeune abbesse de San Girolamo?... Oui, *per Bacco!* Je la reconnais à la fleur de grenade blottie entre ses seins.)

... Par la force et vertu des gorges rondes, elles dessinent un remous dans le peuple. Accourent, d'un vol étourdi, les Pantalons oublieux des morales; les Turcs concupiscents, chevaliers de la Lune, poussant un ventre encombré d'arabesques; les masques *in baïta*, émus d'amour en dépit de leur face blanche... Viennent aussi, mais craintifs, les Innamorati, dans leur justaucorps blanc semé de crevés rouges : une

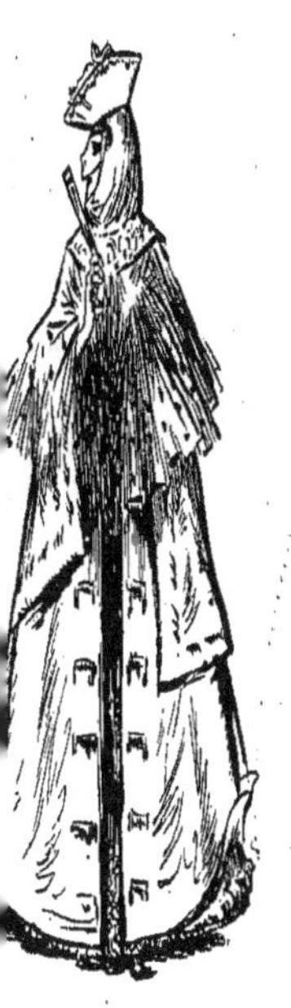

LA BAÜTA.

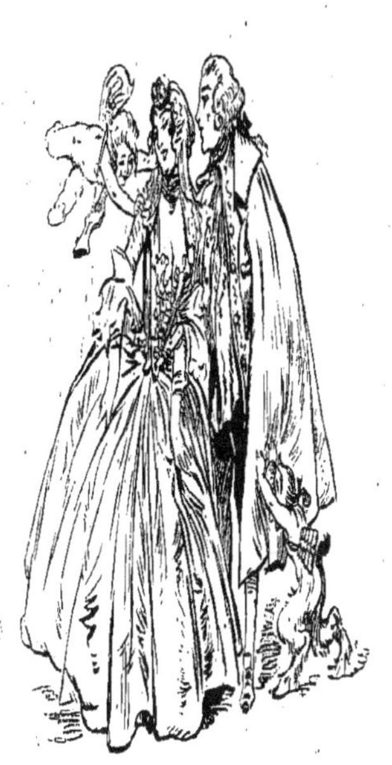

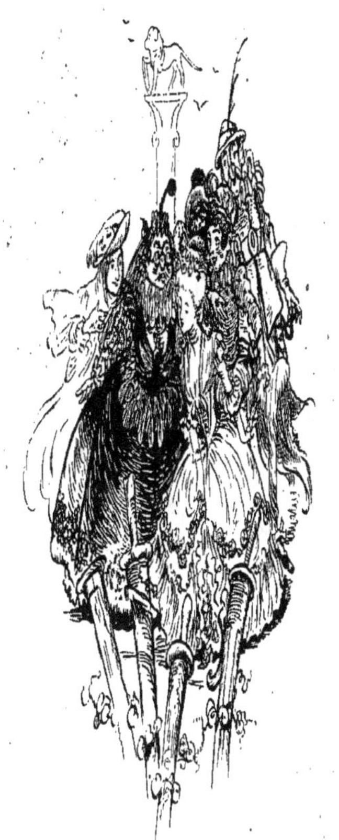

LE SOIR DE VENISE.

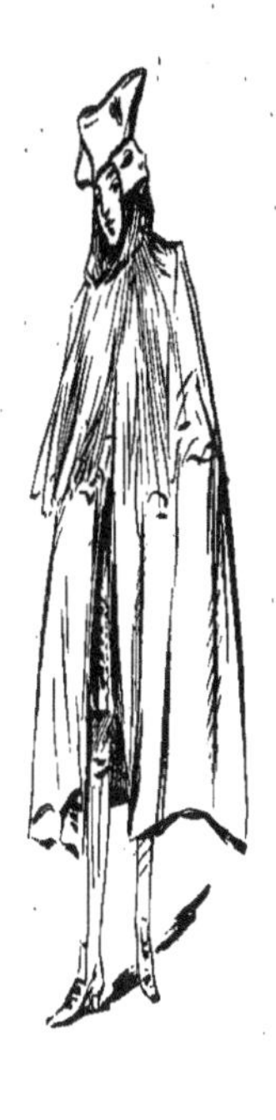

LE TABARRÒ.

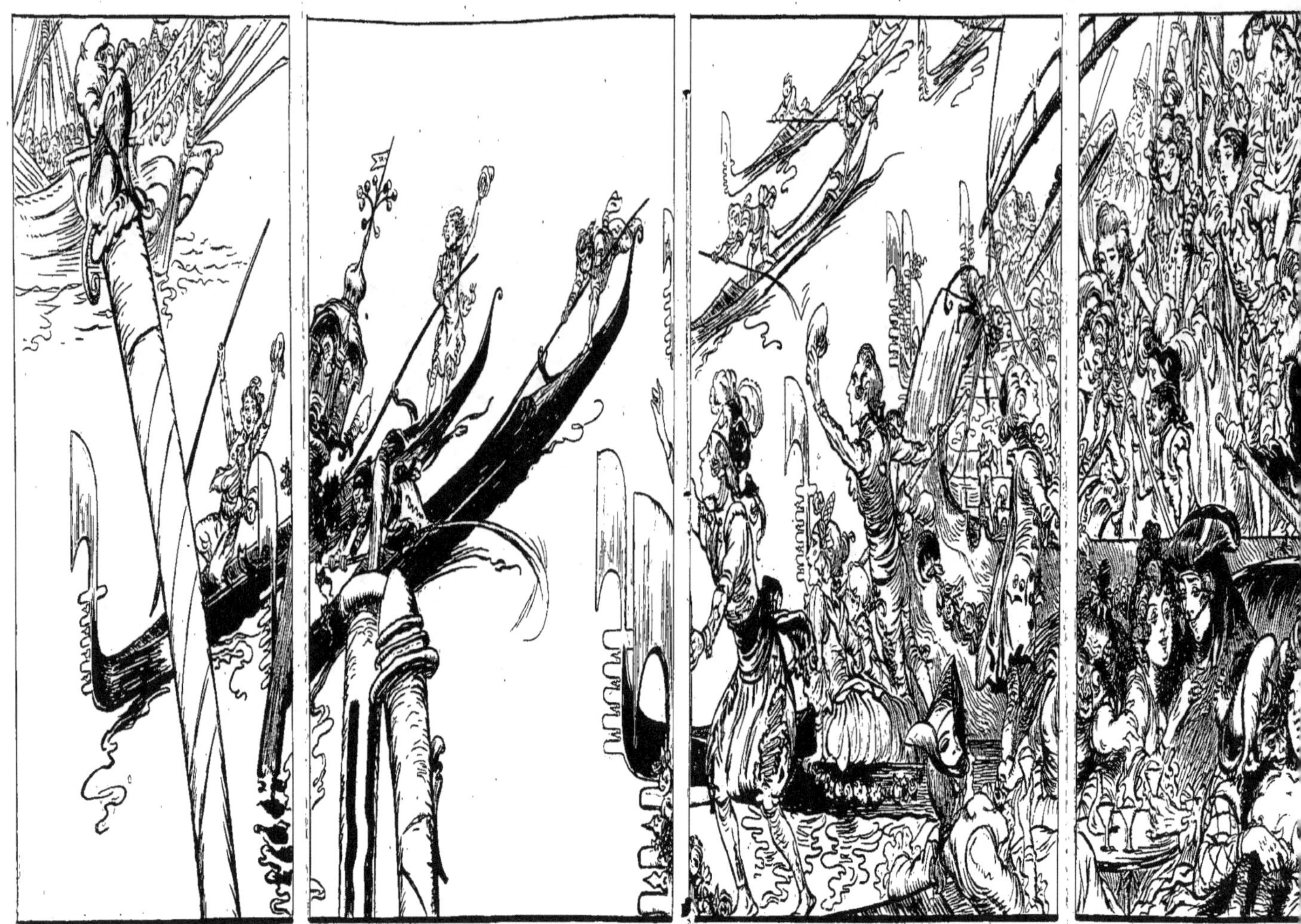

LE SOIR DE

rose à la main, une prière dans les yeux. Et combien
d'autres, dans le sillage des belles !

Mais elles ont disparu derrière les Arcades, en
grande conférence pour des choses qui font rire, avec
les Abbatini câlineurs, spéciaux chargés d'affaires de
Cupidon près la Sérénissime.

... C'est encore la face blême des masques *in baüta*,
impassible, mille fois la même, regardant de ses
yeux cerclés de rose. Puis, Violetta et Zerbine, Coco-
drillo, Cucurucu, Cucurogna... Voici des sénateurs
surmontés de démesurées perruques, des Sages-grands,
des Sages de terre ferme, et de moustachus Esclavons.

— Oh ! que nous voudrions voir passer, dans son habit orange, queue de merle ou prune de Monsieur,
le maître sot Giuseppe Sechellari, *Arcigranellone*,
président-charge de l'*Academia Granellescha*, lequel
(Gozzi lui a monté cette gondole) croit bien sincèrement continuer Pindare !

Or tout ce monde joue
ses rôles fantasques. Mais
la scène qu'ils recom-
mencent toujours, qui toujours les amuse, est celle
de Cassandre et Colom-
bine, ou du mari qu'on
trompe en riant. Cette
scène-là, point n'est besoin
de longues recherches pour

apprendre qu'elle se jouait vertement, sur l'allegro des sérénades, à pleines mains, à belles lèvres, à grands soupirs pâmés, sous la *felce* des gondoles, ou bien en cette célèbre *osteria del Selvatico*, séculaire asile des cœurs impatients.

Certes, Casanova se vante. A nous autres, qui sommes loin de Venise et du xviii°, un si copieux amant paraît fort improbable. Il n'est pas moins certain que son livre, tout chaud d'ardeurs subites accueillies de si bonne grâce, révèle un milieu singulièrement propice aux embrassades, et comme saturé d'amour. Un vantard genevois, sûr, ne l'eût point écrit.

LÉON BORDELLET.

(*A suivre.*)

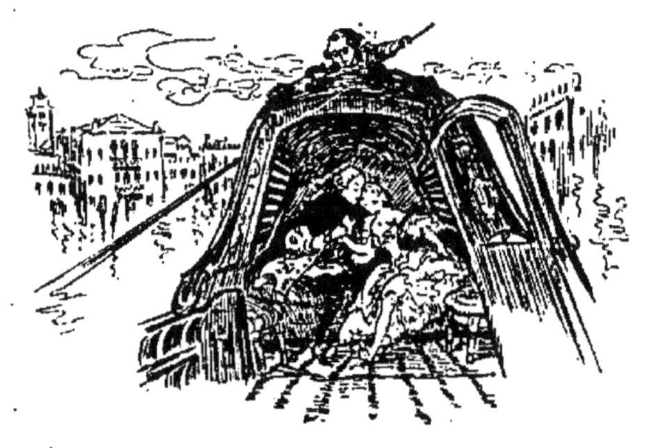

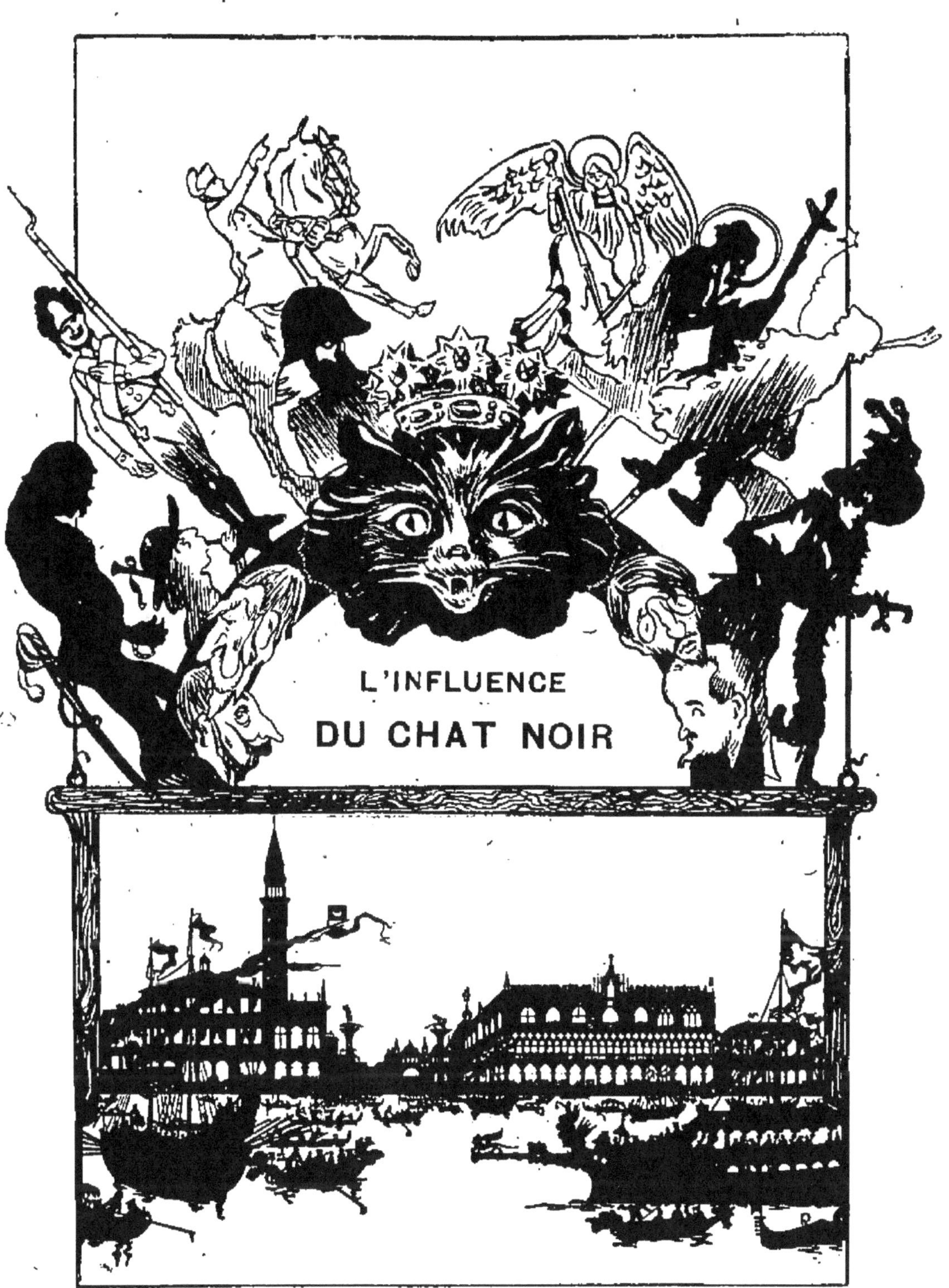
L'INFLUENCE
DU CHAT NOIR

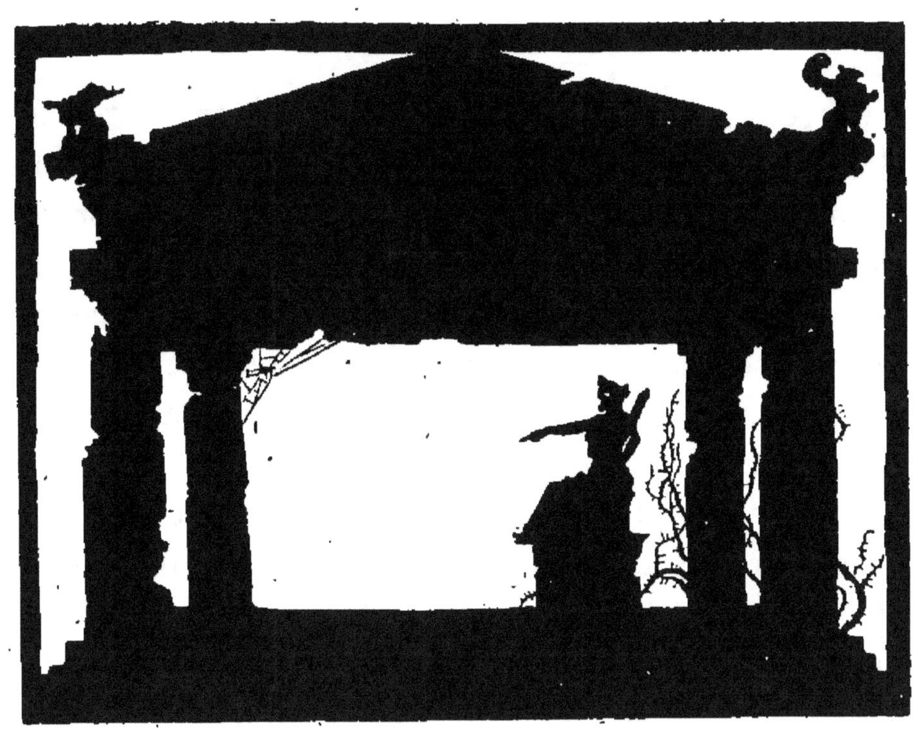

L'INFLUENCE DU CHAT NOIR

On peut à présent parler du Chat Noir en toute
liberté. Salis est mort et son cabaret a disparu. Mais
quelque chose a survécu tout de même de la joyeuse
campagne fantaisiste que le Chat Noir et ses fidèles
ont menée à la fois contre les officiels et contre la
troupe, alors toute-puissante, des naturalistes. Ce
quelque chose est l'esprit spécial du Montmartre moderne qui, après avoir fait la fortune de Salis, brille
encore dans les théâtricules de la butte. et parfois
même descend sur les boulevards, où il fait recette
sous la signature d'écrivains très illustres, académi-

ciens ou académisables. Quand le vieux marcheur de l'académicien Lavedan crie à son neveu : « Tire l'ombilical », c'est l'esprit du Chat Noir qui l'inspire. Et l'académisable Maurice Donnay, aux endroits où les gens du monde se lasseraient de voir évoluer les trois personnages de sa comédie amoureuse et élégante, sait toujours se rappeler à propos qu'il est l'auteur de ce chef-d'œuvre chatnoiresque : *Ailleurs*.

Salis n'était qu'un romantique arriéré, dont le goût bric-à-brac désolait ses camarades; mais il avait le double talent d'écouter les artistes inventifs et de lancer leurs idées au nez des gens, à l'esbrouffade, avec une inépuisable verve truculente et tabarinesque, si illusoirement mousseuse que, la chose écrite, il ne restait rien que l'idée d'autrui sous des mots vides de sens.

Ce furent donc les habitués qui créèrent l'entité spirituelle du Chat Noir qui nous occupe : Willette

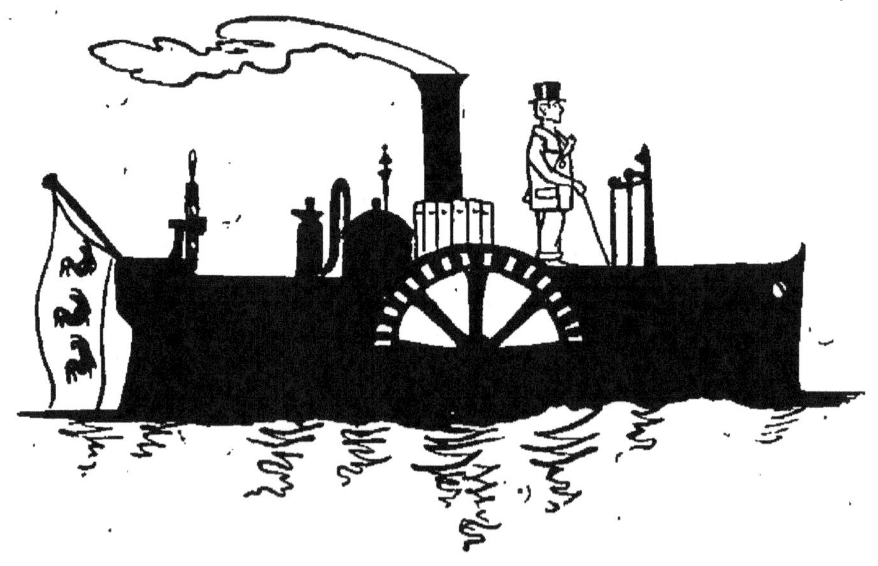

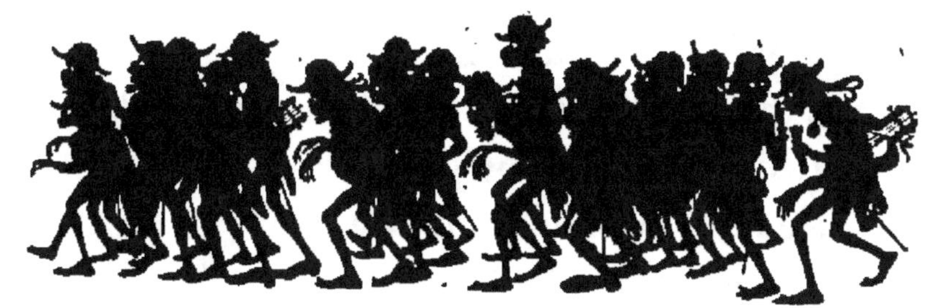

lui donna sa poésie symbolique et sa verve mali-
cieuse; Rivière, le sens profond qu'il a des aspects de
la nature; Caran d'Ache, sa drôlerie qui, dans
l'*Épopée*, se mêla de grandeur; Steinlen, son allègre
sentiment des réalités; Somm, son fin sourire et sa
grâce inspirée de l'extrême Orient; Auriol, son
amour de la fleur et son joli goût décoratif; Pille, sa
manière de voir bonhomme; Vaucaire, son délicat
snobisme amoureux; Donnay, son aquoibonisme
lyrique; Allais, sa gaieté rapine; Jouy, Fragerolle,
Delmet, Tinchant, Pelet, Montoya, de Sivry, Dau-
phin, et vingt autres, lui donnèrent leurs manières de
voir, drôles ou terribles ou tendres, des musiques
nouvelles ou sincèrement reconstituées, de l'esprit, de
la blague, de la rosserie...

Mais tout l'art du Chat Noir, — et c'est là sa gloire, —
fut créé d'enthousiasme, d'entrain, du premier jet,
sans gène, sans retenue, sans désir de ménager quelqu'un ou d'imiter quelque chose, avec la fantaisiste
liberté que l'on peut avoir dans un atelier d'artiste.
Car le théâtre du Chat Noir ne fut jamais qu'un *atelier*. M. le public y était admis, certes, et même il y
était attiré, mais il n'y obtint jamais la moindre con-

sidération; il y restait bien sage, terrorisé par la
faconde du grand diable rouge, le dos courbé sous la
crainte illusoire d'une blague désagréable, et gardant
cette idée qu'il avait de la chance, pour ses cent sous ou
ses dix francs, d'être admis dans un cénacle dont la
réputation d'esprit était bien établie. On ne se gênait
pas en effet avec lui, et c'est pour cela même qu'il en
avait pour son argent. Les vers, la musique, la couleur, le dessin qui lui étaient offerts avaient une
saveur prime-sautière à laquelle les théâtres routi-
niers ne l'avaient pas habitué. C'était l'ouvrage amusé
d'artistes qui ne songeaient qu'à réaliser des idées nouvelles et à se satisfaire eux-mêmes, sans le secours des
intermédiaires professionnels. On osait au Chat Noir,
art ou pensée, ce qu'on n'eût pas osé ailleurs, sans sou-
lever les *objections* toujours prêtes des directeurs ou
des éditeurs, qui croient plaire au public en flattant
ses préjugés, et en le servant selon la formule.

Et c'est pour cela que depuis dix ans, délaissant les
grands théâtres, les gens du monde vont passer leurs
soirées à Montmartre.

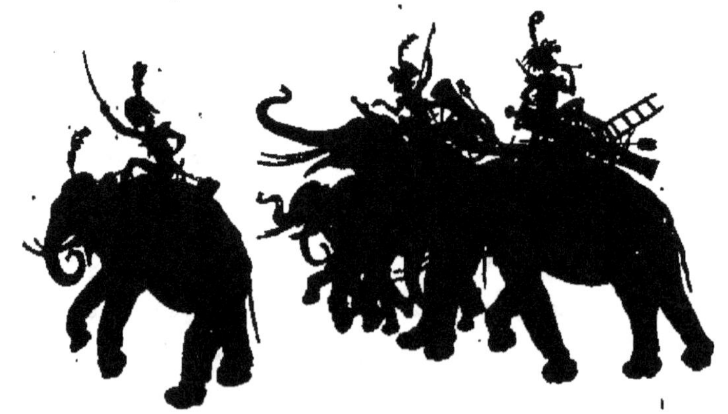

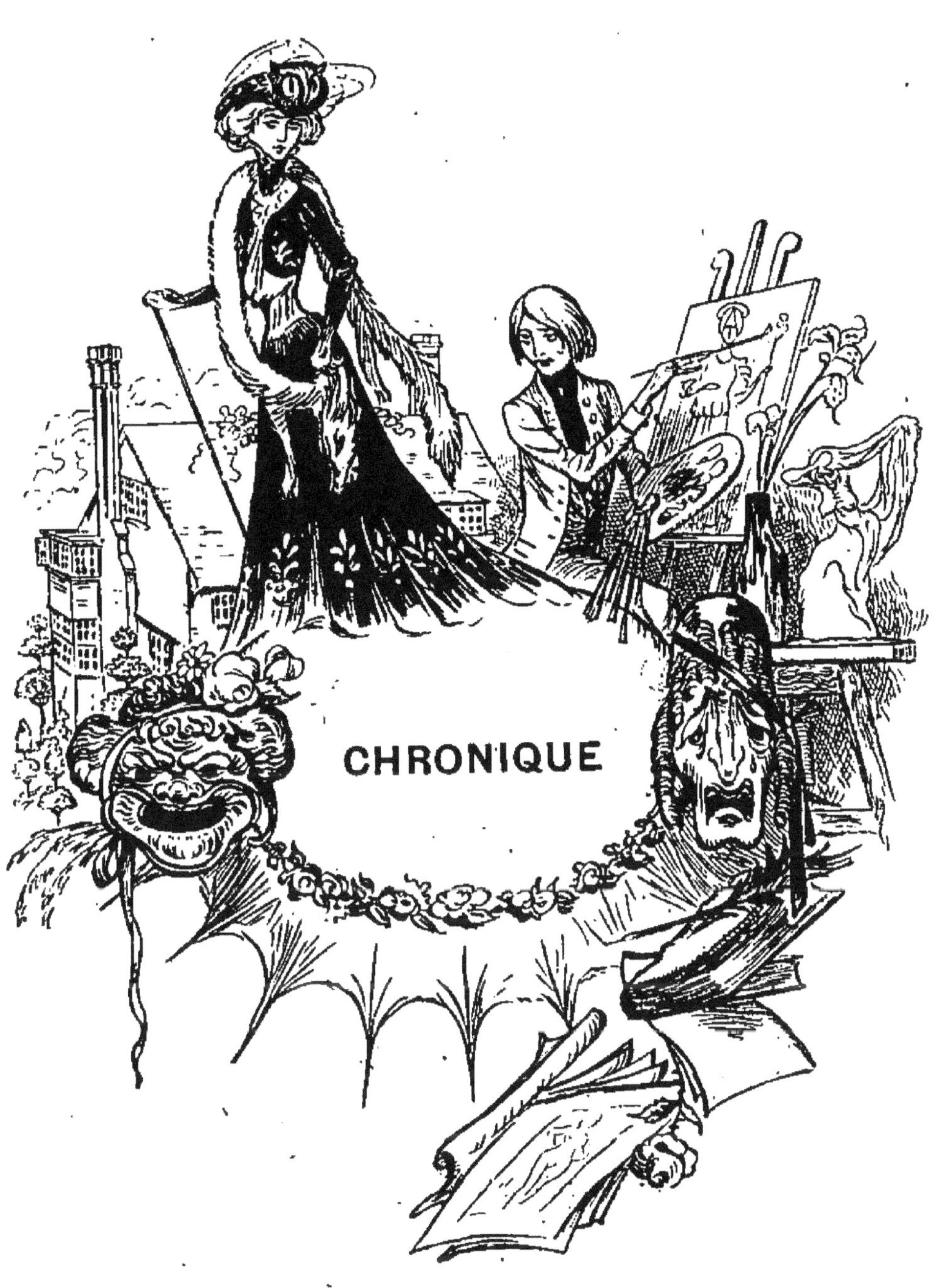
CHRONIQUE

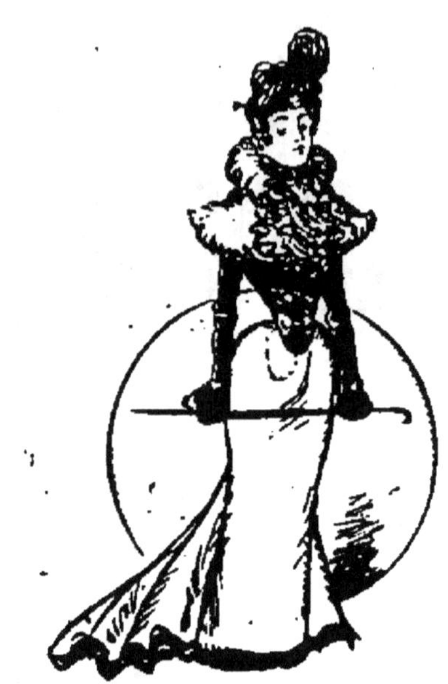

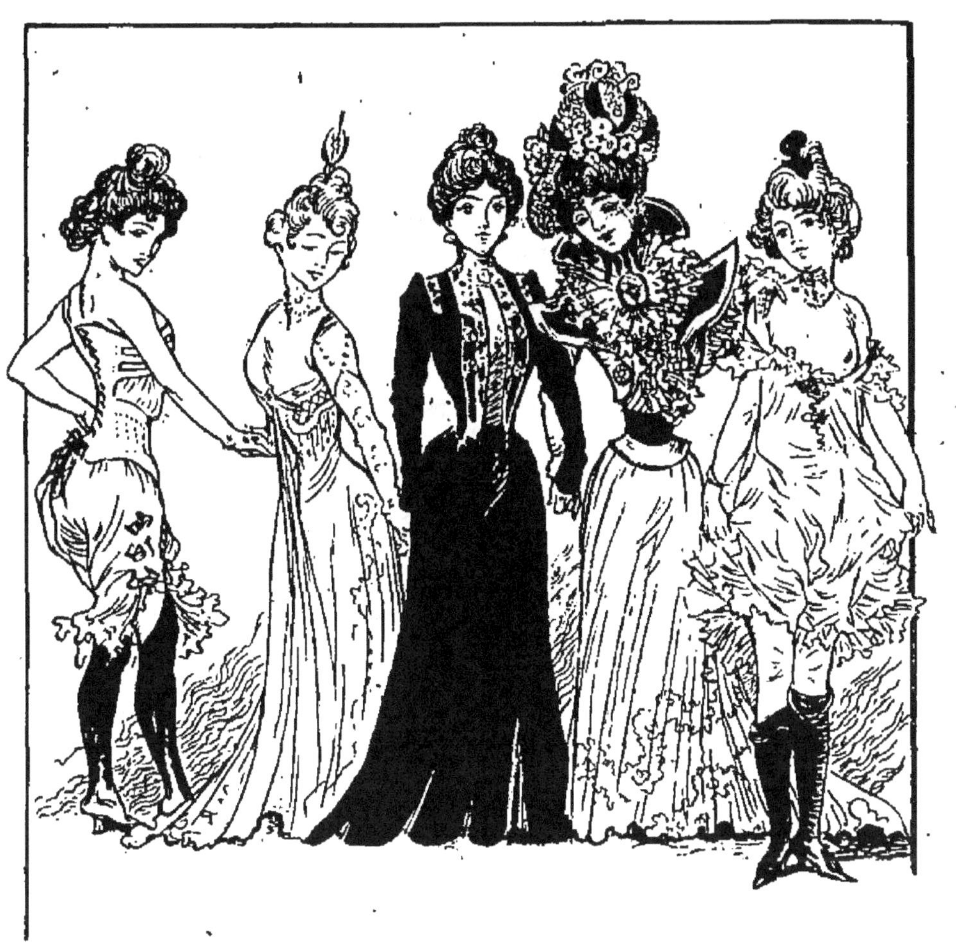

CHRONIQUE

Parmi tous les arts, le plus digne de notre étude est celui de la toilette féminine. Les femmes ne sentent pas toujours que cet art-là leur appartient exclusivement et qu'elles pourraient s'y spécialiser sans déchoir, car les hommes n'y ont rien à faire, que de tâcher de comprendre, et d'admirer.

Les femmes, pas toutes! Il faut la dotation céleste.

Certaines ont le don de l'élégance jusqu'au miracle ; d'autres, pendant toute leur vie, et malgré tout l'argent dépensé, ne seront jamais que des ratées. Le corps parfait de la femme, sa taille bien proportionnée, un juste degré d'embonpoint, ce ne sont pas toujours des raisons d'élégance. Il faut le goût décoratif spécial, et les femmes nous étonnent parfois par des trouvailles de couleur ou de coupe qui équivalent au bonheur de pinceau de nos peintres les plus admirés. C'est pourquoi la *Revue des Quat'Saisons* tient à honneur de placer la mode en tête de sa chronique d'art. Elle regardera passer les élégantes, tâchera de pénétrer le sens de leur parure, ses origines dans l'histoire du costume, ses raisons immédiates, et notera trimestriellement les lunes de la mode et les sautes de vent de sa girouette.

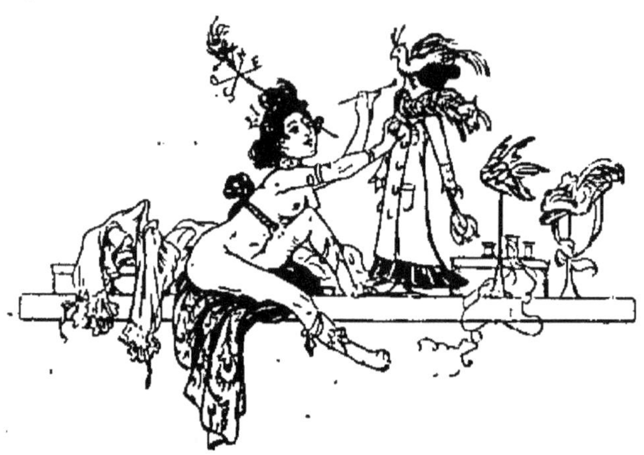

On ne discute pas avec elle : c'est dommage. Nous aurions bien voulu pourtant nous insurger contre la mode tailleur qui menace de détruire peu à peu la libre fantaisie féminine, en emprisonnant la femme dans des fourreaux pareils à ceux que les tailleurs nous fabriquent à nous-mêmes.

Un petit frère juponné de drap noir, voilà ce que devient peu à peu la gracieuse personne que nous aimions à voir baignée dans les mousselines, les dentelles, les soies brillantes et colorées, et toute chamarrée de pompons, de jais, de pastilles, d'effilés, de ruchés, de broderies, et toute fleurie, et tout enrubannée, et suivie de traînes aux grands plis cassés, qui, en se renversant, laissent voir d'autres soies et d'autres dentelles, et d'autres mousselines, jusque dans la pénombre bleuâtre où se perd le haut du pied, et où le bas de la jambe se devine : la femme parée, la seule jolie chose qui ai survécu du xviiie siècle dans le naufrage de la grâce et de la couleur chères aux ancêtres !

— Les tailleurs auront beau faire, se disent les galants, nous aurons vite débarrassé nos amies du fâcheux uniforme de l'androgyne et nous retrouverons tout de même la femme, toute femme de la tête aux pieds, avec, entre l'une et les autres, et parmi les dentelles et les rubans retrouvés de la chemise, et des culottes à sabot, les divers avantages inhérents à son sexe. Mais pas du tout ! les voici en présence de la chemise-pantalon, qui fait de la femme un clown de batiste, ou du maillot anglais,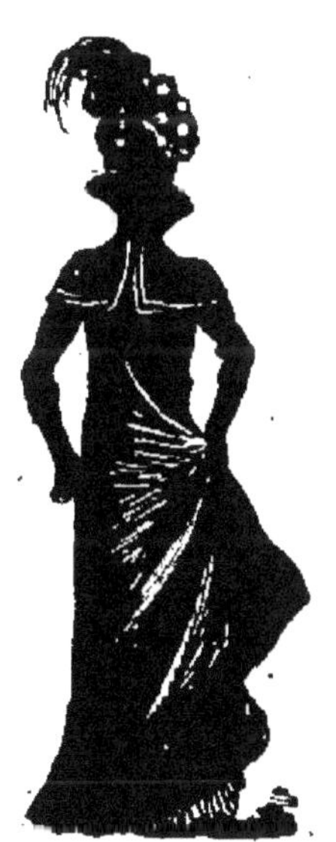

la *combinaison*, qui la fait toute pareille au mannequin des ateliers de peintre,. l'horrible mannequin moulé dans le tricot de soie et d'où s'échappe, par une déchirure, un peu de filasse ou de crin végétal.

Mais on nous promet que la girouette va tourner au printemps : déjà, en effet, les dessous apparaissent partout, aux vitrines en vogue, plus ornés, plus fanfreluchés, plus tatafouillonnés, comme disait Gautier,

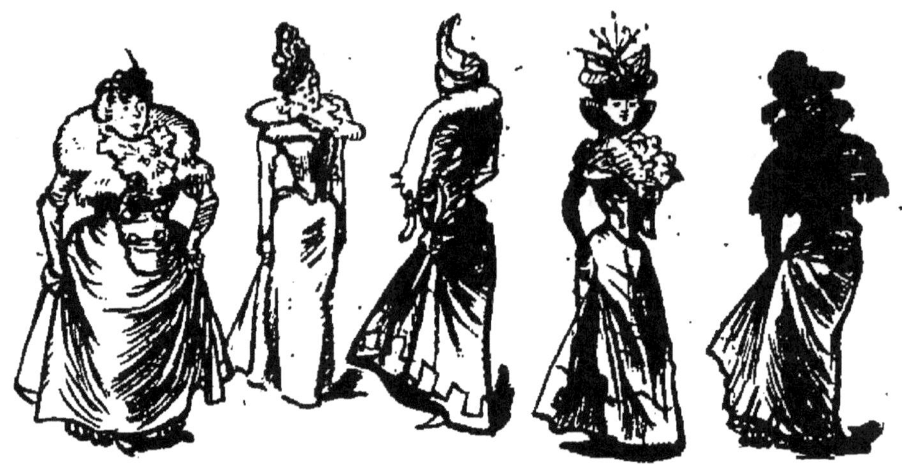

que jamais. Ceci est un progrès, même sur le xviii° siècle. Il faut voir, dans les collections, les doublures grossières des jupes de nos arrière-grand'mères, leurs chemises! Quels rudes tissus, quelle négligence de tous les raffinements! Cela laisse penser que les soins de nos Parisiennes d'aujourd'hui, tant de savons, de pâtes, de brosses, d'éponges, de pinces à épiler, de grattoirs, de polissoirs, de pierres ponces, etc., étaient totalement inconnus. Des pots à eau grands comme des burettes, des cuvettes grandes comme des rince-bouches! Nos petites femmes barbotent plus largement, elles lissent leurs plumes délicatement, comme les canards japonais, et l'habitude du tub leur restitue les propretés païennes.

Le costume tailleur, le paletot sac, les renards empaillés, la grande cape grise, les feutres Louis XIII à petit fond minuscule, décorés d'une écharpe dont l'effilé pend sur l'épaule gauche, les chapeaux ailés qui avancent pour cacher les yeux, les manches

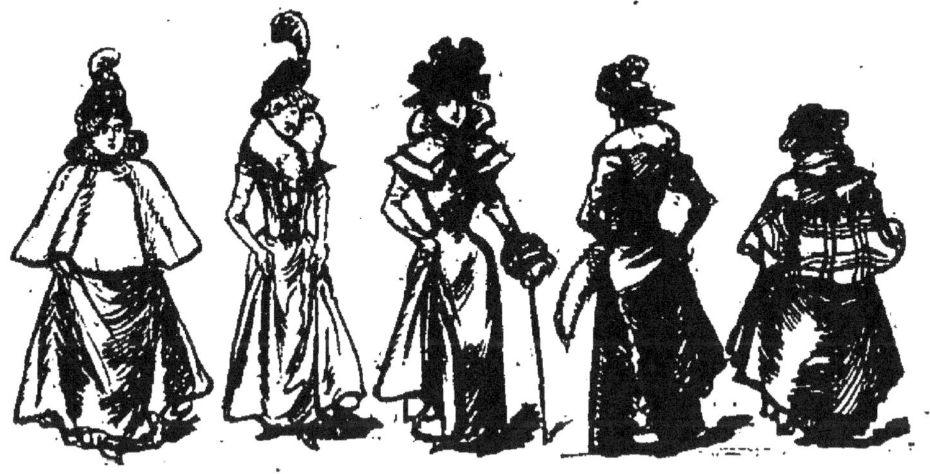

plates aux épaules, longues sur les mains jusqu'à faire mitaine autour du pouce, les jupes plates en haut, et par le bas évasées en campanule retournée, les boléros échancrés autour du col et, comme la robe, garnis de découpages et de broderies; voilà ce que l'hiver de 1900 laissera dans les collections de la mode parisienne. Il y a eu de plus mauvaises époques de costumes. Quant aux vêtements de fantaisie, aux dominos du bal de l'Opéra par exemple, ils n'ont malheureusement pas varié, c'est toujours la femme sac de bonbons, qui cache ses friandises

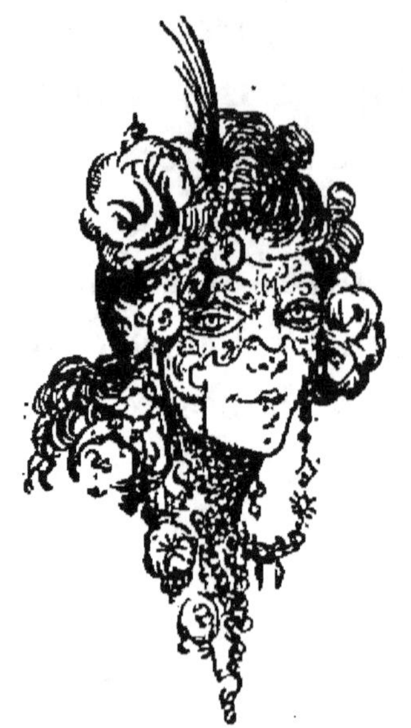

sous des ruchés de dentelle et de soie sans caractère et sans grâce. Conseillons-lui le masque indou, d'or martelé et incrusté de pierres et de diamants, vu dans un bal d'étudiants, et dont nous avons gardé l'impression : les yeux brillent dans cet écrin d'une complication raffinée avec une étrange expression. Idole ou petit serpent? Il y aurait là, pour nos bijoutiers d'art, le thème de fantaisies délicieuses, une branche inédite du *modern style*.

La toilette est le premier des arts. Donnons la seconde place à la peinture, et signalons quelques-unes des belles choses qui se préparent dans les ateliers.

A tout seigneur tout honneur. Ce génial artiste auquel notre admiration donne la première place parmi les Fantaisistes, Jules Chéret, prépare depuis quelques années, dans le silence et le travail acharné, son passage de l'art de l'affiche, où il était maître incontesté, dans celui de la grande décoration. Pour les attentifs de son œuvre accomplie déjà, il apporte à la peinture décorative une note nouvelle, personnelle, et des qualités de couleur, de grâce, de composition et d'esprit qui permettent de l'égaler aux plus grands décorateurs; tout de suite à la vue de

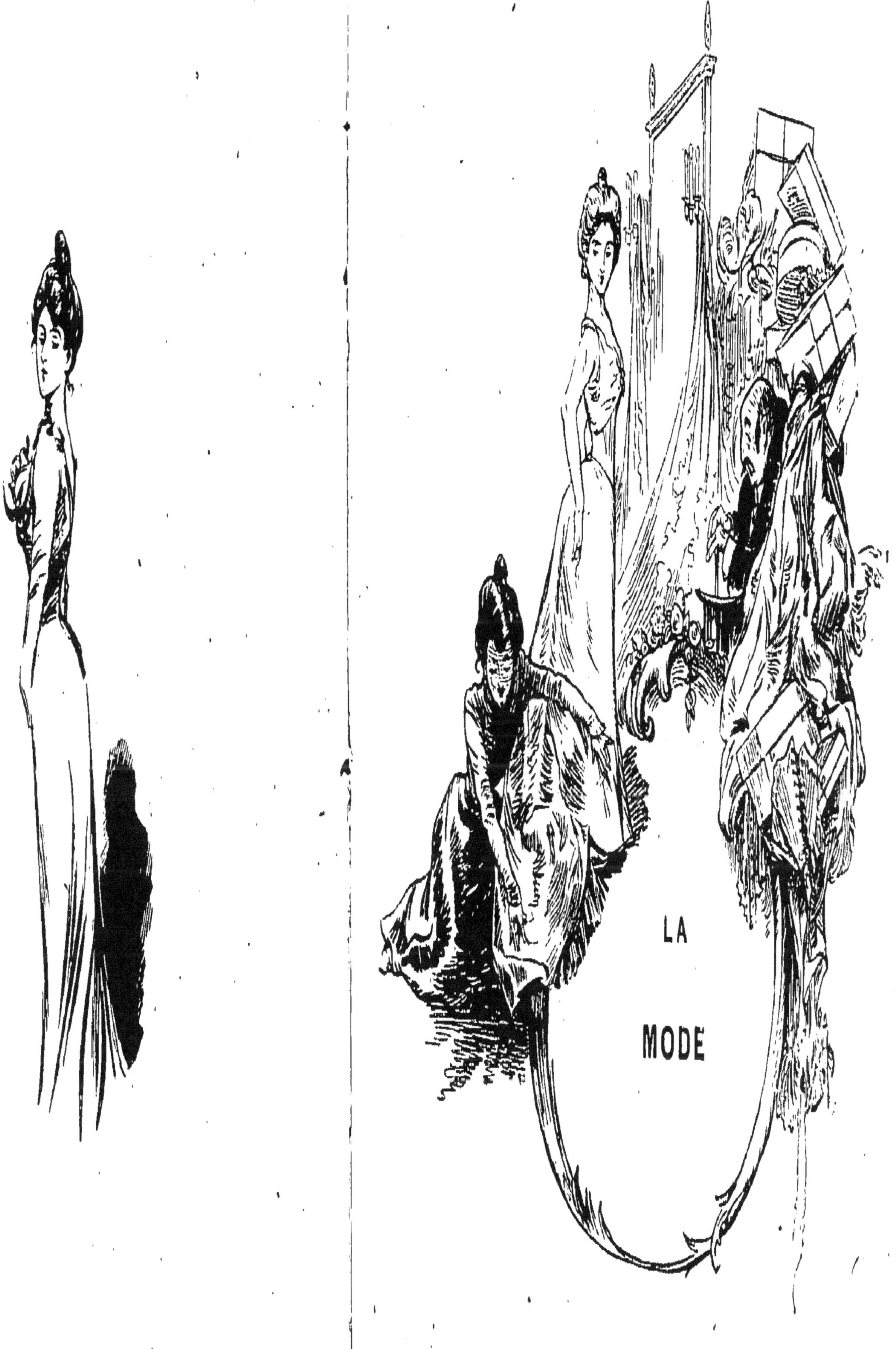

LA
MODE

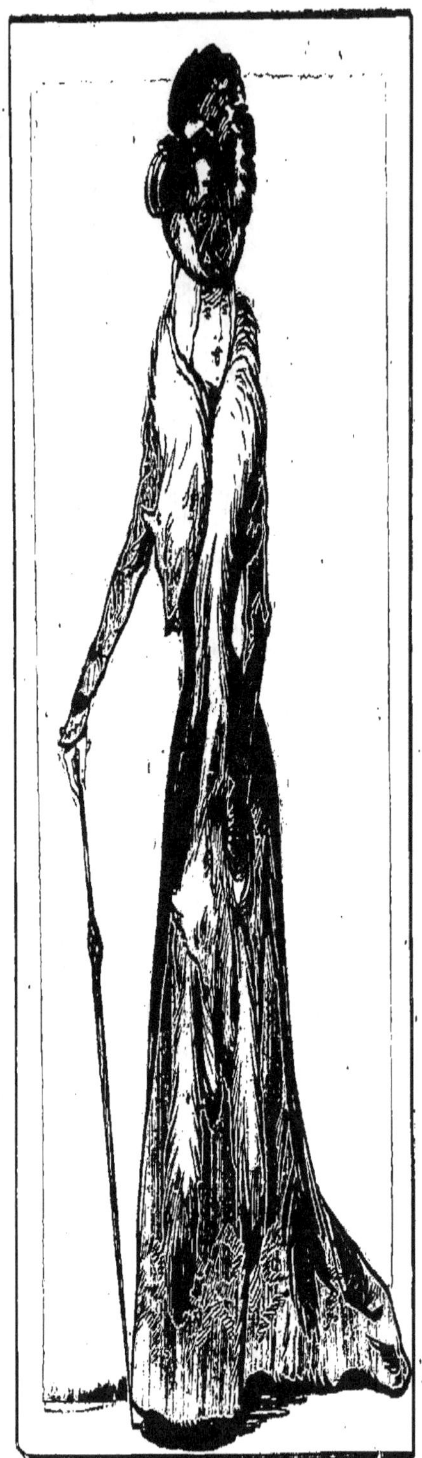
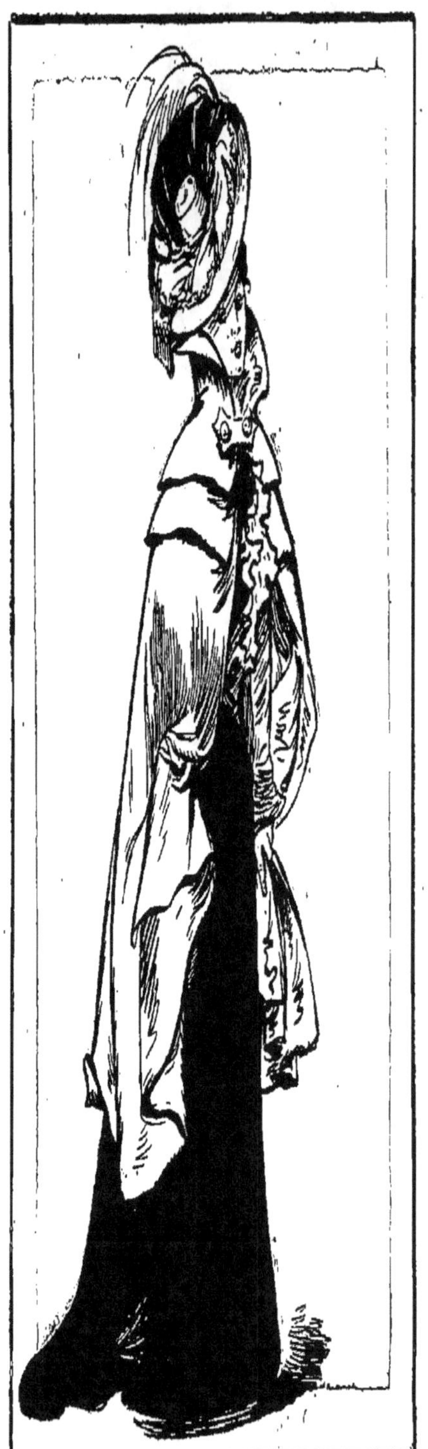

LA MODE

ces grandes pages de peinture, les noms de Watteau,
et de Fragonard viennent à la pensée.

Est-ce une des faiblesses de notre jugement de
toujours chercher des filiations et des origines ? Nous
ne le croyons pas ; il n'y a pas plus de génération
spontanée en art que dans la nature, mais l'artiste a la
précieuse faculté de choisir lui-même ses ascendances.

Si Chéret marche sur les traces de Watteau et
Fragonard, c'est sans imitation mesquine, sans tenir
les pans de leurs habits brodés. Le petit-fils du doux
et mélancolique créateur de l'Art français est le peintre de la joie : le fils du délicieux libertin Frago,
qu'il égale pour la fougue de l'exécution, est, sans
pruderie, d'une dignité sereine et pleine de noblesse :
les acteurs de sa comédie font de leur mieux pour
charmer les yeux des spectateurs, et y réussissent plei-
nement, mais ils ne se lutinent point entre eux, et
ce Pierrot, que Frago eût jeté, fou d'amour, parmi
les jupes de cette Colombine si joliment chiffonnée
de satin jaune, reste dans les toiles de Chéret parfaitement chaste de mouvement et d'intention.

Cette retenue est d'une distinction suprême. Watteau lui-même, pourtant si
froid dans sa grâce, mettait
parfois une flûte équivoque aux
doigts du musicien qui veut
charmer Aminte, et soulignait
d'un *aliter intenta.*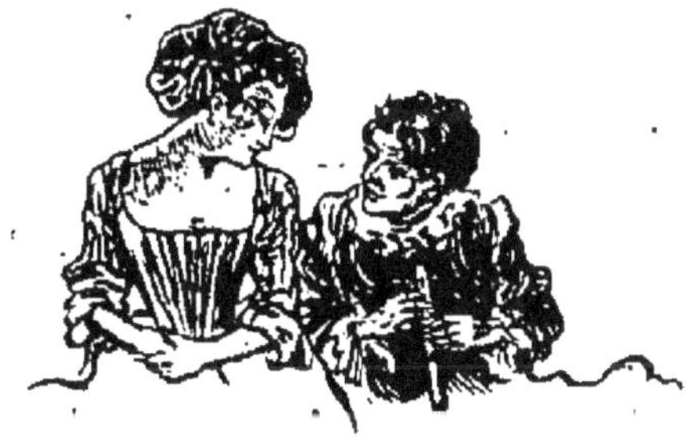

Tout Paris ira voir le rideau que Chéret vient d'achever pour le nouveau théâtre du Musée Grévin. Du fond d'une nuit bleuâtre où la lune voilée de brumes se cache sous les ailes d'un moulin de rêve, arrivent en théorie joyeuse les personnages de sa comédie : « ...un essaim d'histrions en voyage, » aurait dit Hugo. Parmi eux, au premier plan, luit doucement, dans sa jupe de satin cassé, la Colombine de Chéret, cette exquise personne qui est le délicieux total des grâces parisiennes de notre époque.

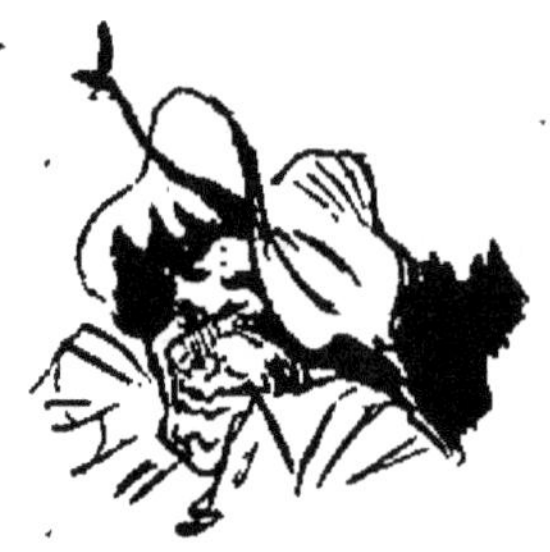

La plupart des artistes imaginatifs ont poursuivi toute leur vie. l'idéal de la beauté et de la grâce féminines, qui sont éparses dans le monde et mêlées à la laideur et à la disgrâce comme l'or aux scories ; ils ont trouvé ici et là, sur le visage ou le corps des aimées, un fragment de l'une et de l'autre, et la femme qu'ils offrent à nos regards est la résultante de cette observation constante.

Cela, croyons-nous, place les Fantaisistes au-dessus des peintres de morceau, qui sont obligés, si bons ouvriers soient-ils, de s'en tenir aux charmes du modèle qui pose devant eux, sans pouvoir généraliser et s'élever au type.

Nous tenons la Colombine du Musée Grévin pour la plus réussie de ces redites où Chéret a tenté de nous confier sa compréhension de la Parisienne.

Autre chose est la question de facture, que l'on ne peut exprimer par la plume. Que nos lecteurs aillent goûter le charme de la mystérieuse nuit qui sert d'écrin au cortège de Colombine. Ils attendront ensuite impatiemment de voir, à l'Universelle, les panneaux commandés par la Ville de Paris pour le fumoir de l'Hôtel de Ville.

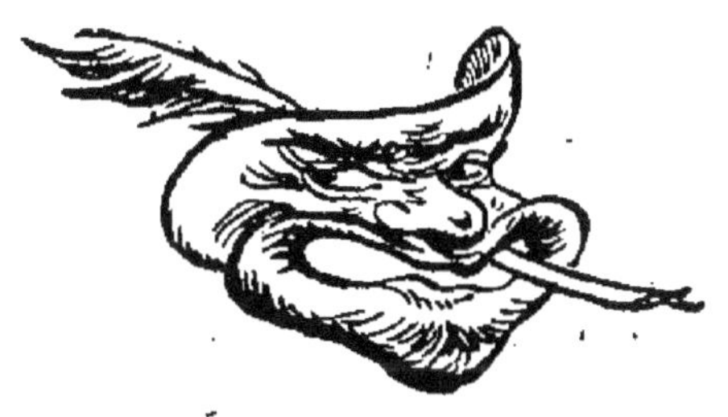

Le soir même du jour où Chéret nous avait promené parmi les féeries de son rêve, le hasard nous amenait dans une forêt, chimérique également, et de même peuplée de fantômes délicatement évoqués. Forêt de décors, à l'Odéon, où glissent les rayons d'une lune électrique. On y voyait courir sur les mousses, dans la pénombre favorable, les *Princesses de légende* : Viviane, Mélusine, Tiphaine, Oriane, Emilde, Elaine, Iseult et la princesse Audovère, cruelle et charmante. Leurs voix étaient celles de Mlles Sorel, Laparcerie, Segond-Weber, de Felh et Midzi-Dalti, et le poète qui dictait leurs paroles

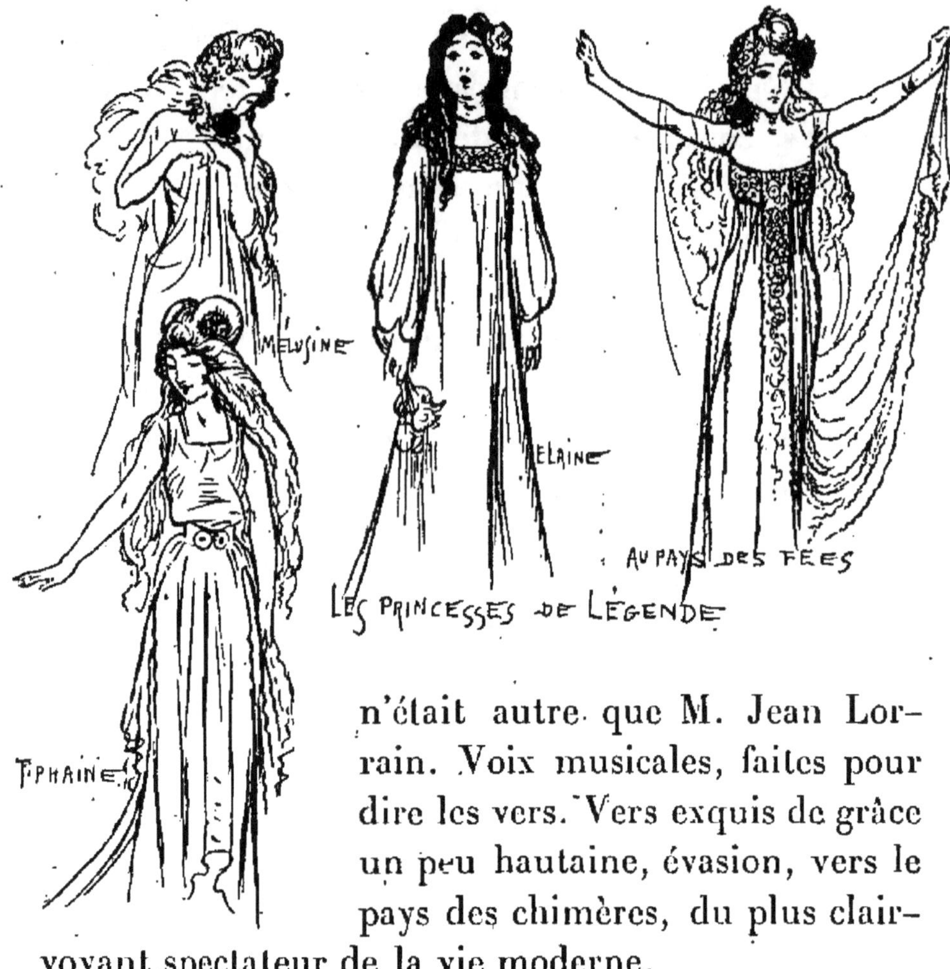

n'était autre que M. Jean Lorrain. Voix musicales, faites pour dire les vers. Vers exquis de grâce un peu hautaine, évasion, vers le pays des chimères, du plus clairvoyant spectateur de la vie moderne.

L'impression était profonde, car les beaux vers font vibrer des fibres lointaines ; cependant les costumes, quoique fort beaux, et drapés sur de jeunes corps poétiques, ne nous ont pas complètement satisfait.

Il eût fallu, nous semble-t-il, mélanger les robes brochées, les grandes hermines et les nattes galonnées avec de plus anciens accoutrements : les fourrures et les lanières de la nuit des âges. Par exemple, un peu

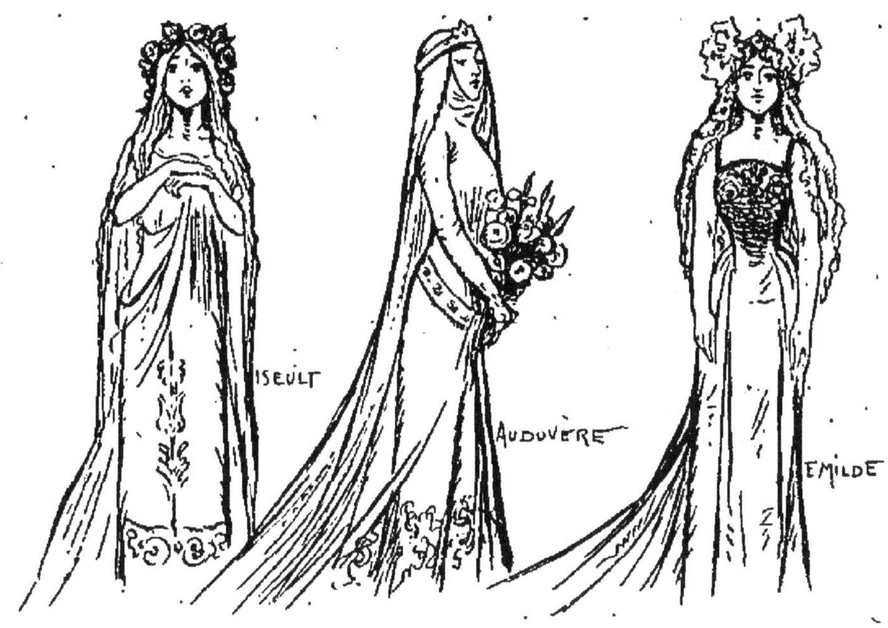

de barbarie décorative eût bien accompagné la figure
de Viviane.

Mode, peinture, poésie... dans le choix que nous
faisons des choses qui nous ont apporté des joies d'artiste, pendant ce trimestre, faisons une toute petite
place à la sculpture, pour que la jolie « Surprise » de
Michel de Tarnowsky, dont la réduction vient de paraître, puisse rouler ses hanches voluptueuses sur le
fronton de notre bibliothèque. Cela fait, ouvrons,
sous le regard de ce nombril délicat, qui semble nous
faire de l'œil, les portes de l'armoire et rangeons sur
les rayons les plus beaux livres que ces trois mois aient
vus paraître. Voici, de chez l'éditeur Carteret, *Bruges-
la-Morte*, le chef-d'œuvre du pauvre Rodenbach, qui
eût été si heureux du talent avec lequel le dessina-

teur Paillard exprime, du bout de son crayon, la lan-
gueur de la ville des béguinages et ses aspects mélan-
coliques. Il faut rendre cette justice à Carteret qu'il
choisit heureusement les ouvrages qu'il offre à sa
clientèle : *la Chanson des vieux époux*, de Loti, délicatement aquarellée par Somm; *la Maison du Chat qui
pelote*, de Balzac, si bien ornée par Dunki; ces ex-
traordinaires *Événements de Pontax* de Bergeret;
Gringoire, l'étincelante comédie de Banville; le *Bal-
thazar*, d'Anatole France, — c'est le commencement
de la bibliothèque d'un délicat de lettres. Le désespoir
de Carteret est de n'avoir pu faire Cyrano, mais du
moins a-t-il accaparé les japons de ce volume, où
brillent de si beaux Besnard, de si beaux Flameng.

Voici, de chez Ollendorff : *la Locomotion à travers
les Ages*, d'Octave Uzanne, qui contient de belles

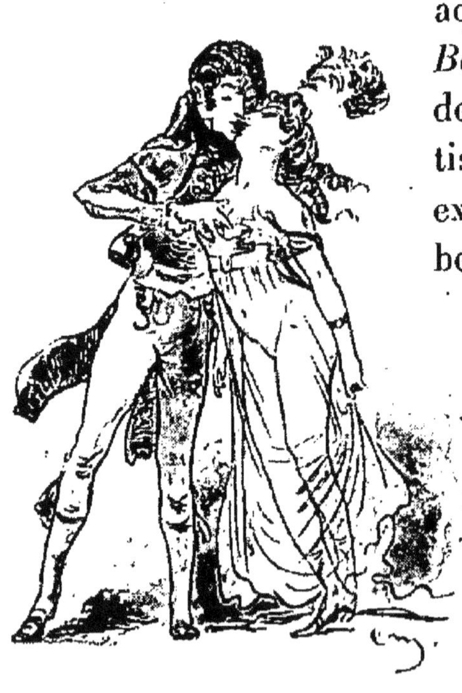

aquarelles d'Eugène Courboin;
Basile et Sophia, de Paul Adam,
dessinés par Mlle Dufau, une artiste qu'il faut suivre, car son
exposition récente a été pour
beaucoup de gens une révélation. *Les Confidences d'une
aïeule*, le précieux volume
d'Abel Hermant... Nous ne
parlerons pas de son illus-
tration, par modestie et
pour ne pas faire de peine
à M. Bérenger... Pour les

mêmes raisons, ne soufflons mot des images qui décorent le conte Mariani : *Trois filles et trois garçons*, de Maurice Montégut, prosateur puissant et poète charmant, dont la fantaisie est une des plus belles de ce temps.

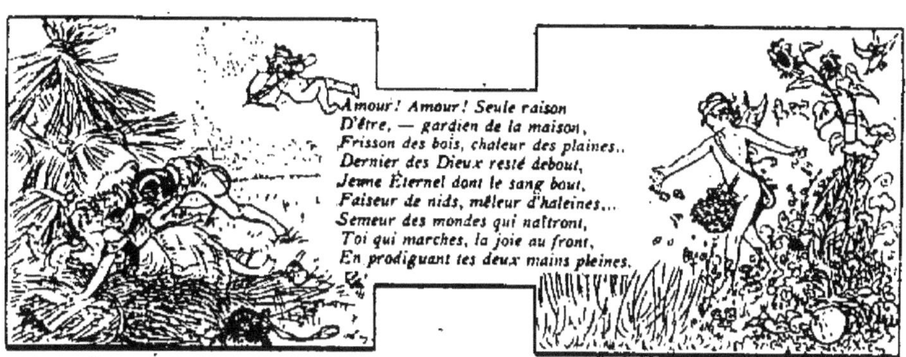

Voici encore *les Péchés capitaux*, de Henri Detouche, recueil de belles eaux-fortes en couleurs, à la poupée, dont l'exécution est des plus curieuses. Nous ne pouvons résister au plaisir de citer quelques lignes de la préface que Detouche a ciselée en prose pour son livre. La donnée en est d'une indulgente philosophie.

« *Les sept Péchés capitaux sont à l'âme humaine ce que les sept couleurs du prisme sont à la lumière. Nous les avons tous en nous.*

*L'*orgueil *est la conscience légitime de notre valeur. C'est par la* luxure *que s'opère la reproduction des êtres et la perpétuité de l'espèce. L'avarice est l'exercice d'une volonté résistant aux tentations des sens. L'envie est un stimulant. La colère, c'est l'indignation exaspérée. La gourmandise nous permet d'apprécier la saveur de toutes choses et de jouir de ce que la nature distille de meilleur dans son inépuisable alambic. La paresse, enfin, c'est le repos bien gagné souvent, ou la conscience profonde de l'inutilité de l'effort dans notre court séjour ici-bas.*

Toutes ces manifestations sont naturelles, nécessaires, c'est de leur jeu complexe qu'est faite la vie, et par elle que se sont constituées les sociétés... »

C'est bien l'esprit condensé de l'auteur des *Propos d'un peintre,* — un garçon qui a bien mal retenu son catéchisme.

Quand vous serez pénétré de ces principes, cher lecteur, et que par là-dessus vous aurez lu le délicieux livre de Pierre Valdagne, *l'Amour du prochain,* que Métivet commente en marge par une spirituelle pantomime, vous serez tout disposé à prendre comme il faut la Vie, l'Amour, le Mariage..., et sans y mettre plus de sérieux qu'il ne convient.

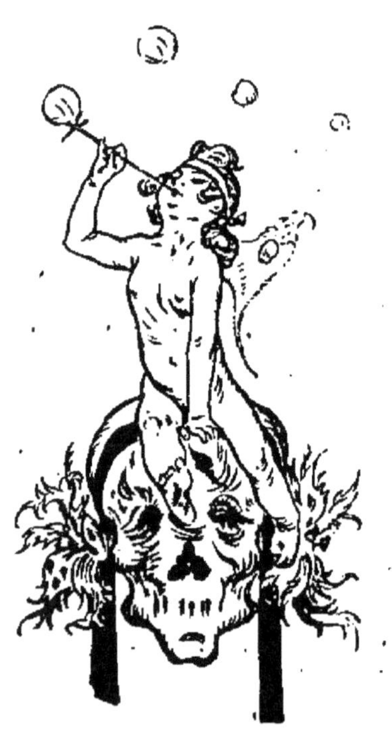

N° 2.
AVRIL-JUILLET
1900

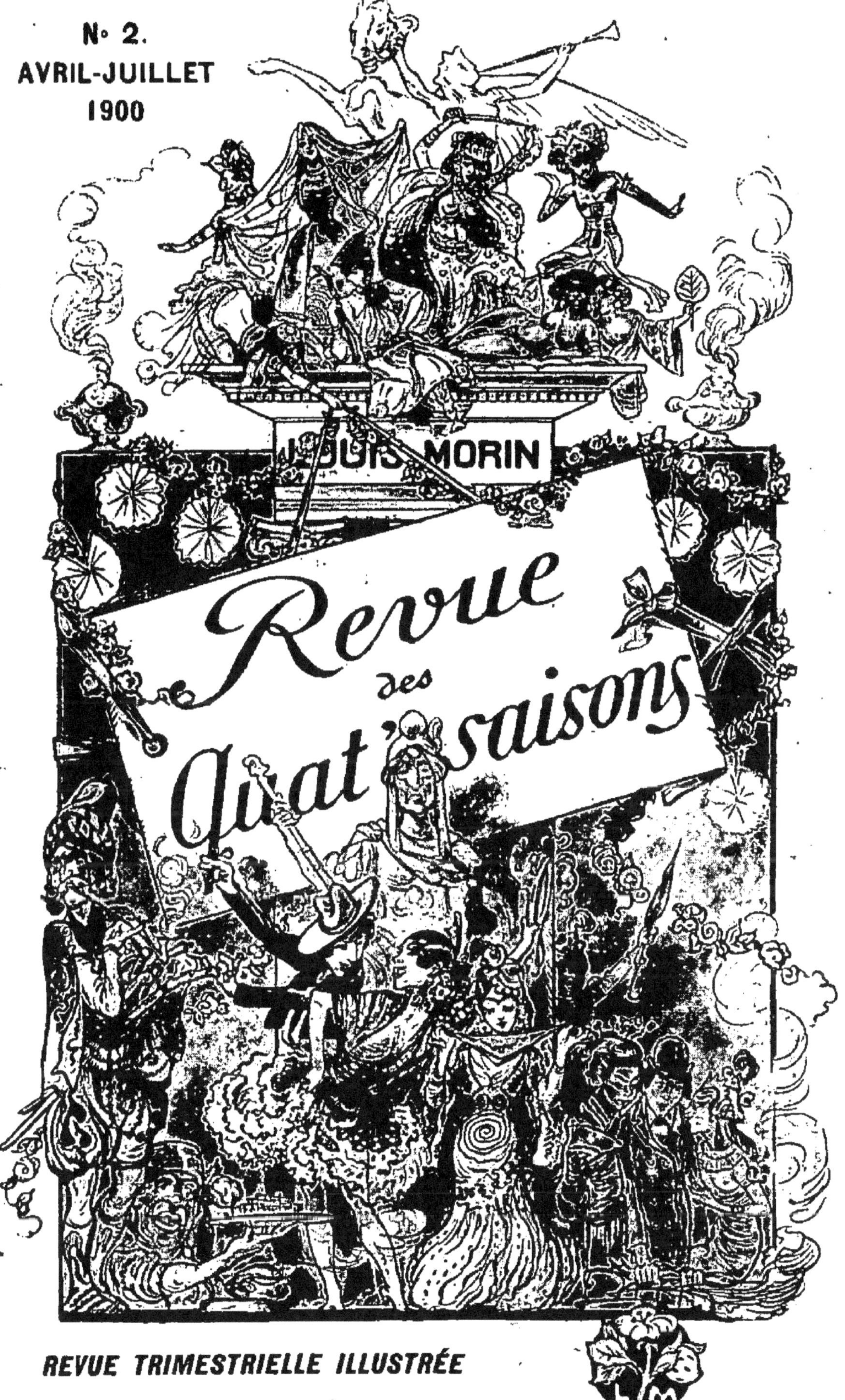

REVUE TRIMESTRIELLE ILLUSTRÉE

SOCIÉTÉ D'ÉDITIONS LITTÉRAIRES ET ARTISTIQUES
Librairie Ollendorff
50, CHAUSSÉE D'ANTIN, 50
PARIS

REVUE

DES

QUAT'SAISONS

Sommaire

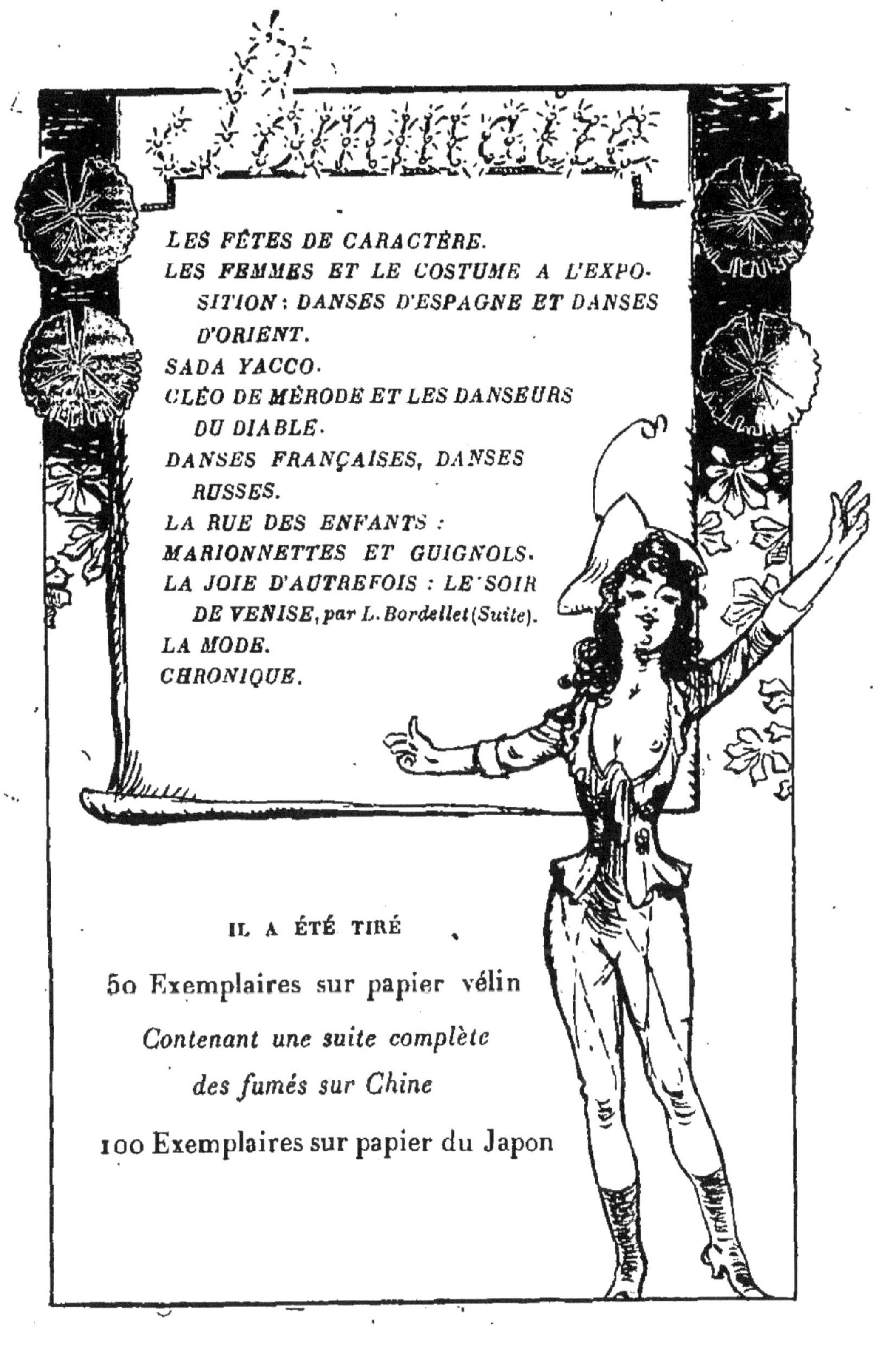

IL A ÉTÉ TIRÉ

5o Exemplaires sur papier vélin

Contenant une suite complète

des fumés sur Chine

1oo Exemplaires sur papier du Japon

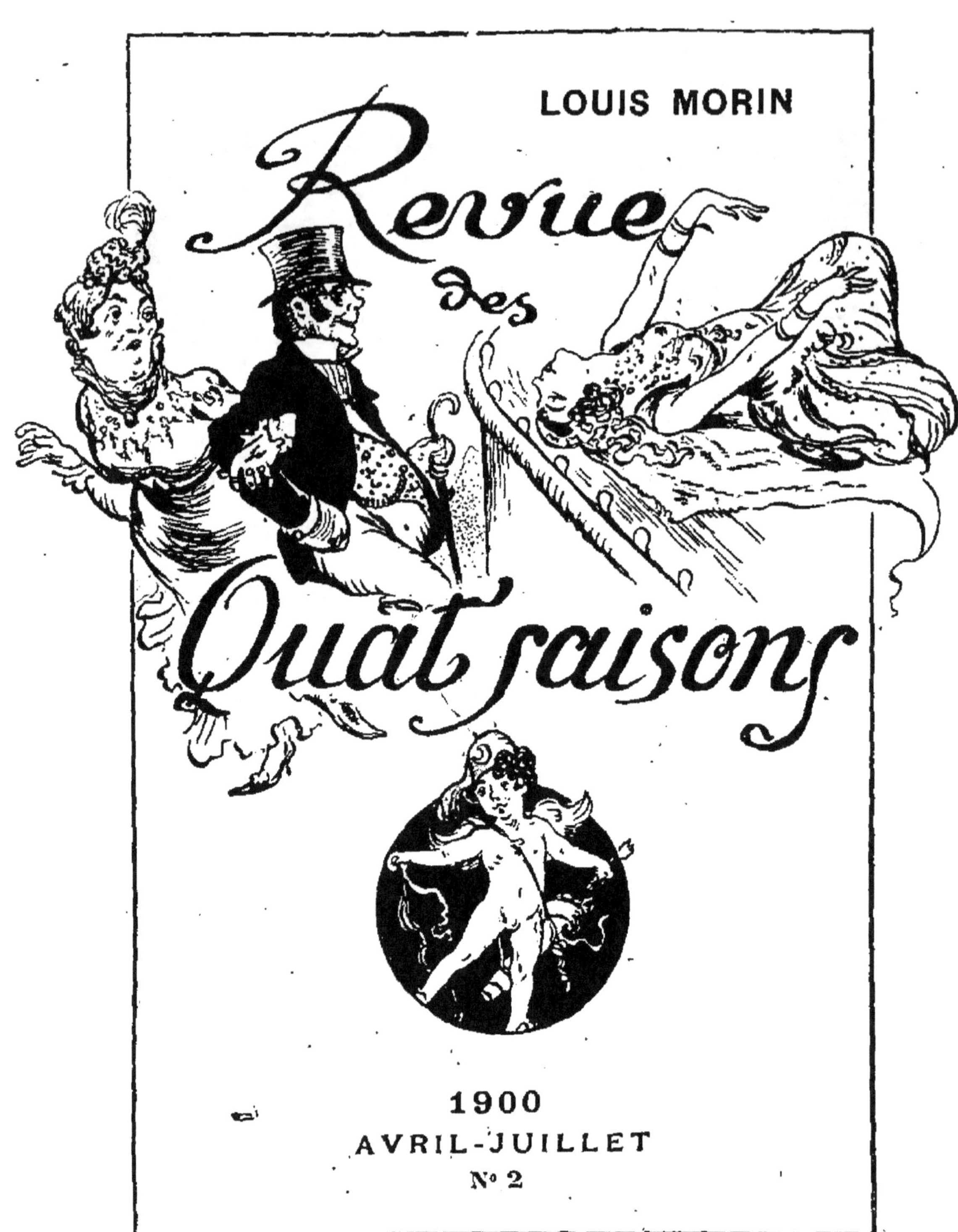

PARIS

SOCIÉTÉ D'ÉDITIONS LITTÉRAIRES ET ARTISTIQUES
Librairie Paul Ollendorff
50, CHAUSSÉE D'ANTIN, 50

Tous droits réservés.

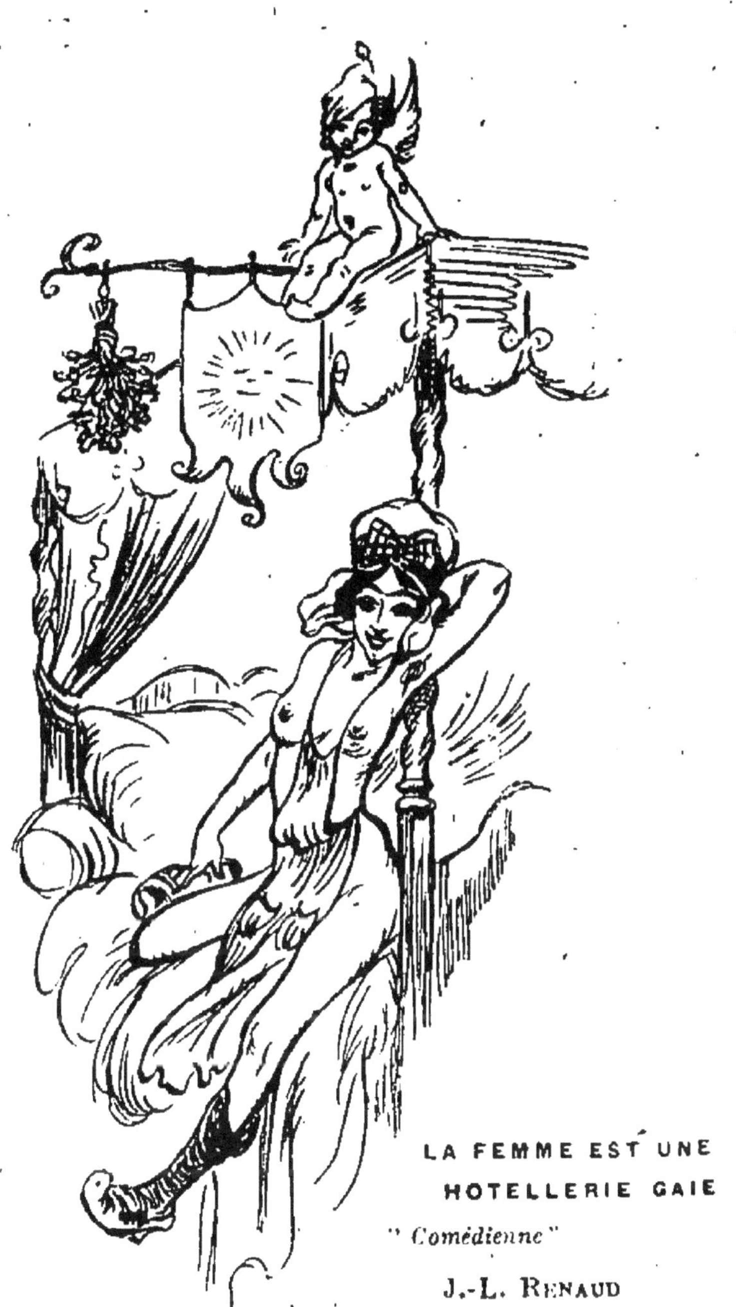

LA FEMME EST UNE
HOTELLERIE GAIE
" Comédienne "
J.-L. RENAUD

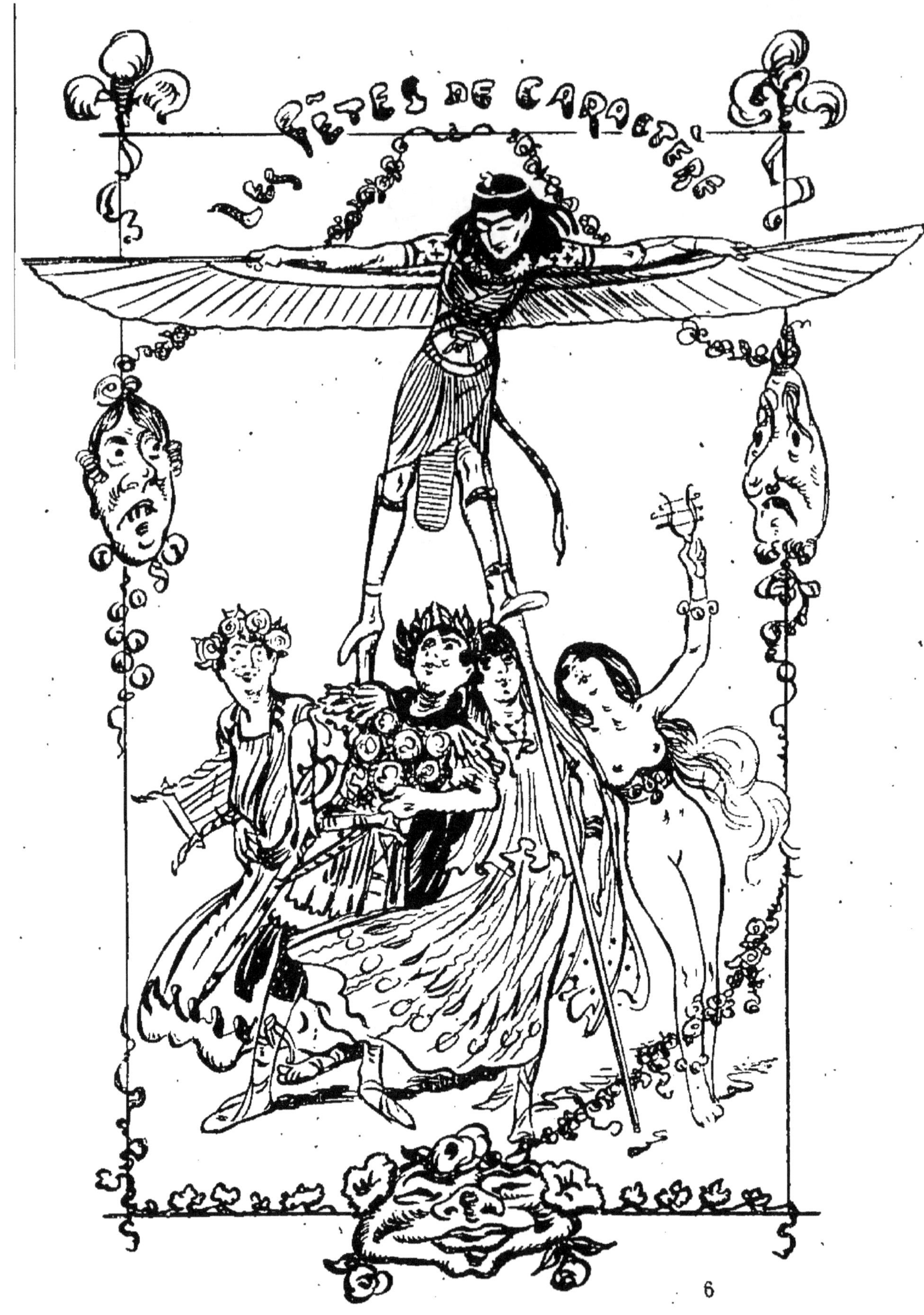
LES FÊTES DE CARACTÈRE

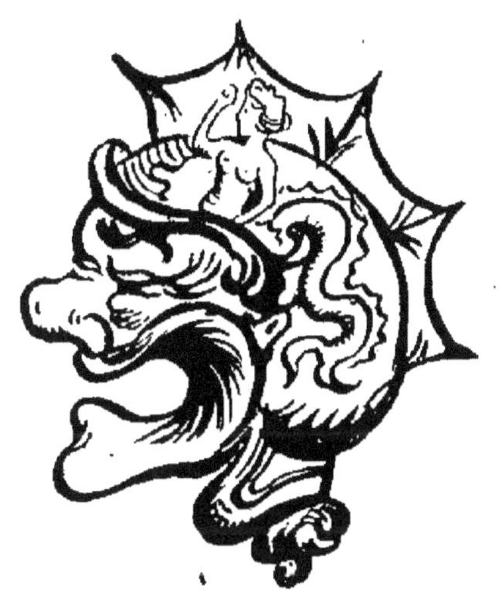

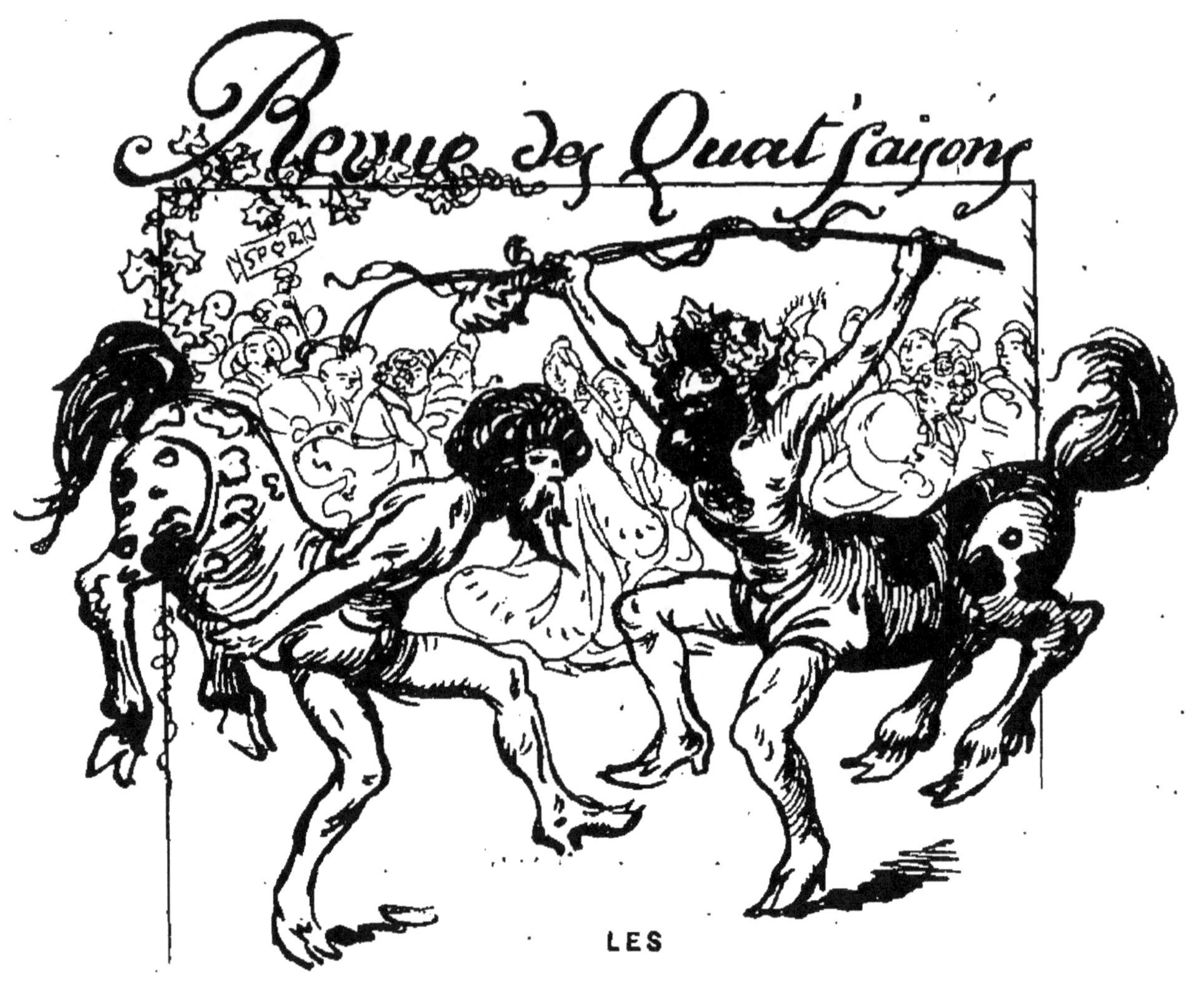

FÊTES DE CARACTÈRE

'EST un plaisir, pour l'auteur de cette revue, de constater que l'article du précédent numéro, inséré sous cette rubrique, a attiré sur l'effort fait par les jeunes peintres et étudiants l'attention d'esprits sérieux, très capables, par leur situation et leur autorité, d'aider au mouvement signalé vers une compréhension plus artiste de nos fêtes parisiennes.

En même temps on peut être surpris de voir les fractions du Paris artistique tellement étrangères l'une à l'autre que, si la presse ne vient pas s'entremettre, des années s'écoulent avant que les gens les plus intéressés à le savoir soient avertis de ce qui se passe dans le groupe voisin.

Voici, pour ne nommer qu'une de ces personnes, Eugène Morand, l'auteur artiste d'Izéïl, de Griselidis et de Messaline, celui qui a le plus intelligemment lutté pour que les beaux vers ou la noble prose ne soient plus récités parmi les horreurs scéniques auxquelles nous sommes trop habitués. Morand, mis en éveil par notre article, vient s'enquérir curieusement de toutes les fêtes d'art du Courrier Français, de la

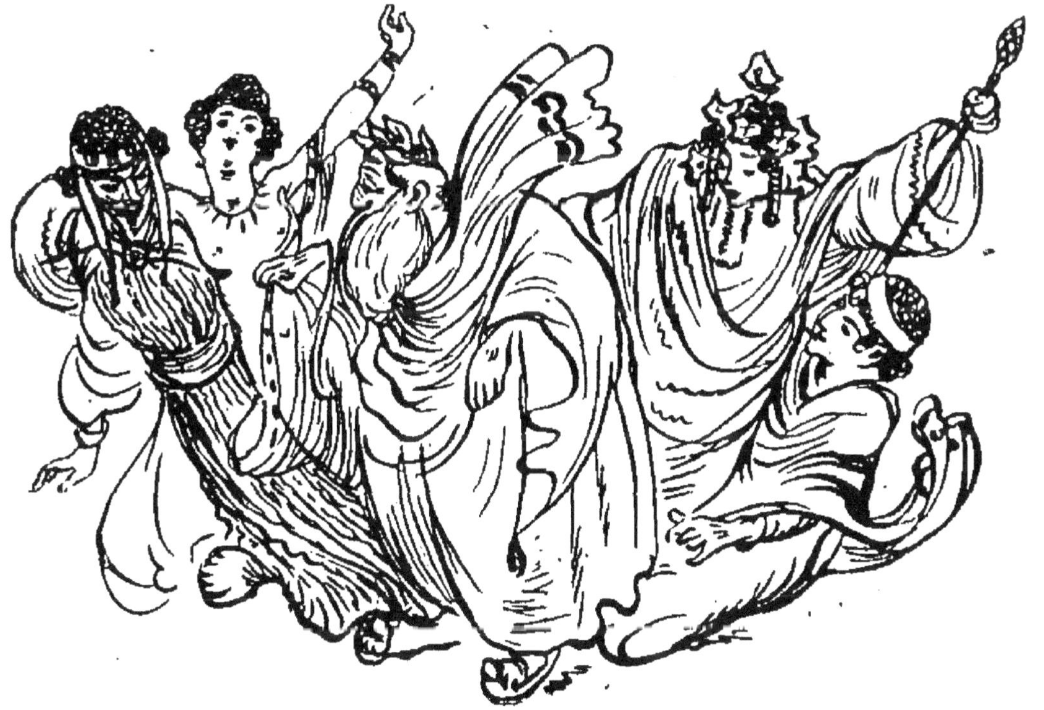

Vache enragée, des Quat'z-arts, qu'il a laissé passer sans y prendre garde.

Et cependant il apparaît que son désir d'un art plus élevé, dans l'établissement des costumes et de la décoration, voisine de très près avec celui de Henri Guillaume, de Jules Roques, de Willette, de Bellery-Desfontaines, d'Abel Truchet et de quelques autres avec lesquels il n'a pourtant jamais échangé ses vues. Tant il est vrai que les idées sont *en marche* et qu'on travaille toujours, en art, et parfois sans le savoir, à une œuvre commune. C'est de mille influences éparses que naît le besoin nouveau. Ce que les autres ont fait pour le rétablissement de fêtes parisiennes dignes de notre grande ville d'art et d'esprit, Morand, de son côté, le tentait et le réussissait sur la scène, sur cette

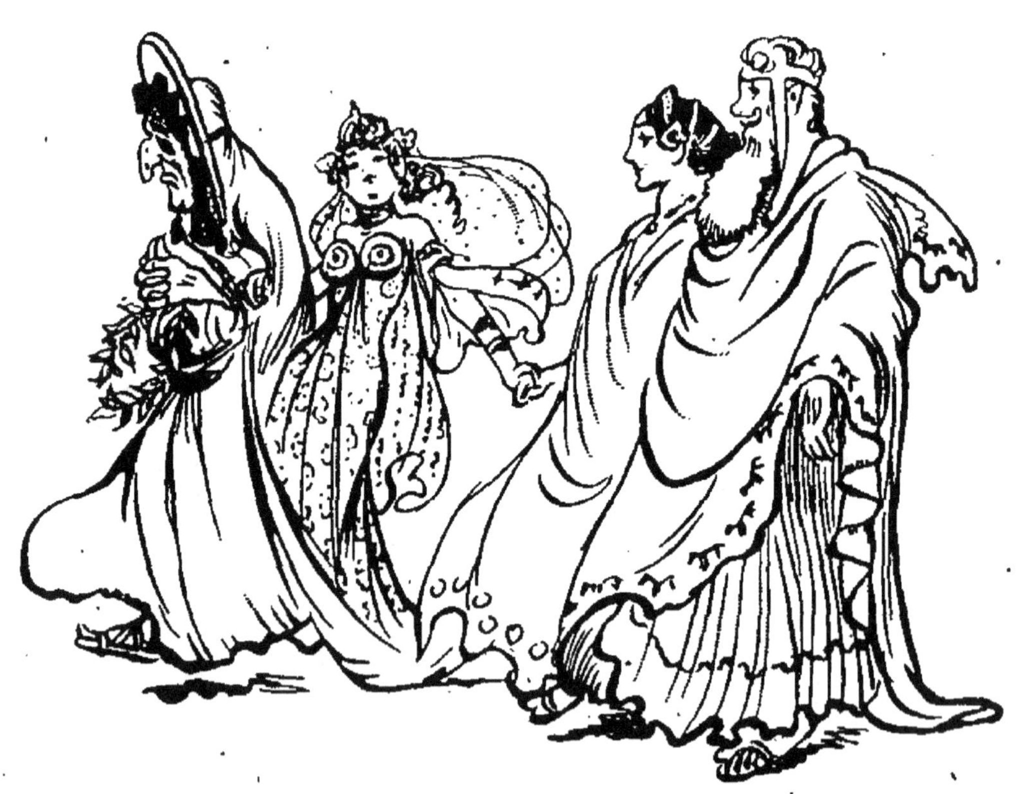

scène française si conventionnelle où, il y a cinquante ans, il semblait exorbitant que Théophile Gautier ou Victor Hugo voulussent, par des croquis, faire comprendre leur pensée. Mais, depuis ce temps, les petits coins d'art ont habitué ce public à des monstruosités analogues : le Chat noir et ce joli petit théâtre de Bouchor, dont Rochegrosse peignait les toiles, ont permis à Morand de forcer la consigne, et le bon peintre qu'il est, a pu, comme il lui a plu, dicter aux décorateurs les lignes et les couleurs, aux costumiers les étoffes et les coupes, en même temps que le bon poète qu'il est aussi mettait les paroles dans la bouche des comédiens. Il est résulté de cette incroyable et pourtant si légitime audace le bel ensemble que vous savez.

Nous parlons du dernier bal des Quat'z-arts, du spectacle extraordinaire qui s'offrit aux yeux des spectateurs placés au balcon du Moulin Rouge, pendant le

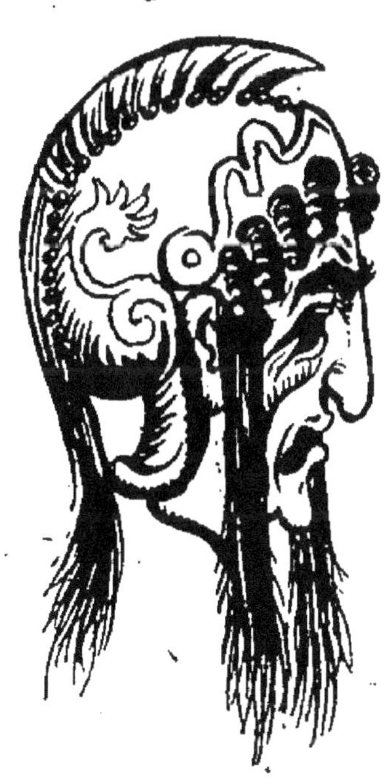

passage des cortèges. Une vision gigantesque à la John Martins. La défilade, parmi l'or, la pourpre, ou l'émeraude des feux de bengale, de la pittoresque cohue, vue de si haut que les quelques accrocs faits à l'obligation du costume antique ne se percevaient plus. Oh ! les merveilleux Huns sur leurs petits chevaux, porteurs de têtes

coupées et de belles captives nues, les Huns sous
leurs peaux de bêtes et leurs armes étranges. Et le
vaisseau des Normands, avec sa proue en tête de
cheval, trouant la foule, et sur lequel chantaient les
conquérants de l'Angleterre; et les cen-
taures à la croupe mouchetée; et l'échas-
sier égyptien (!) qui tenait l'équilibre, —
parfois perdu; mais il ne paraissait avoir
cure des chutes et des écrasements —
à l'aide de deux grandes ailes aqui-
lines. Sur le balcon, près de nous,
les peintres dont l'es-
thétique ne se conten-
terait pas de spectacles
banals, Zorn, Fritz

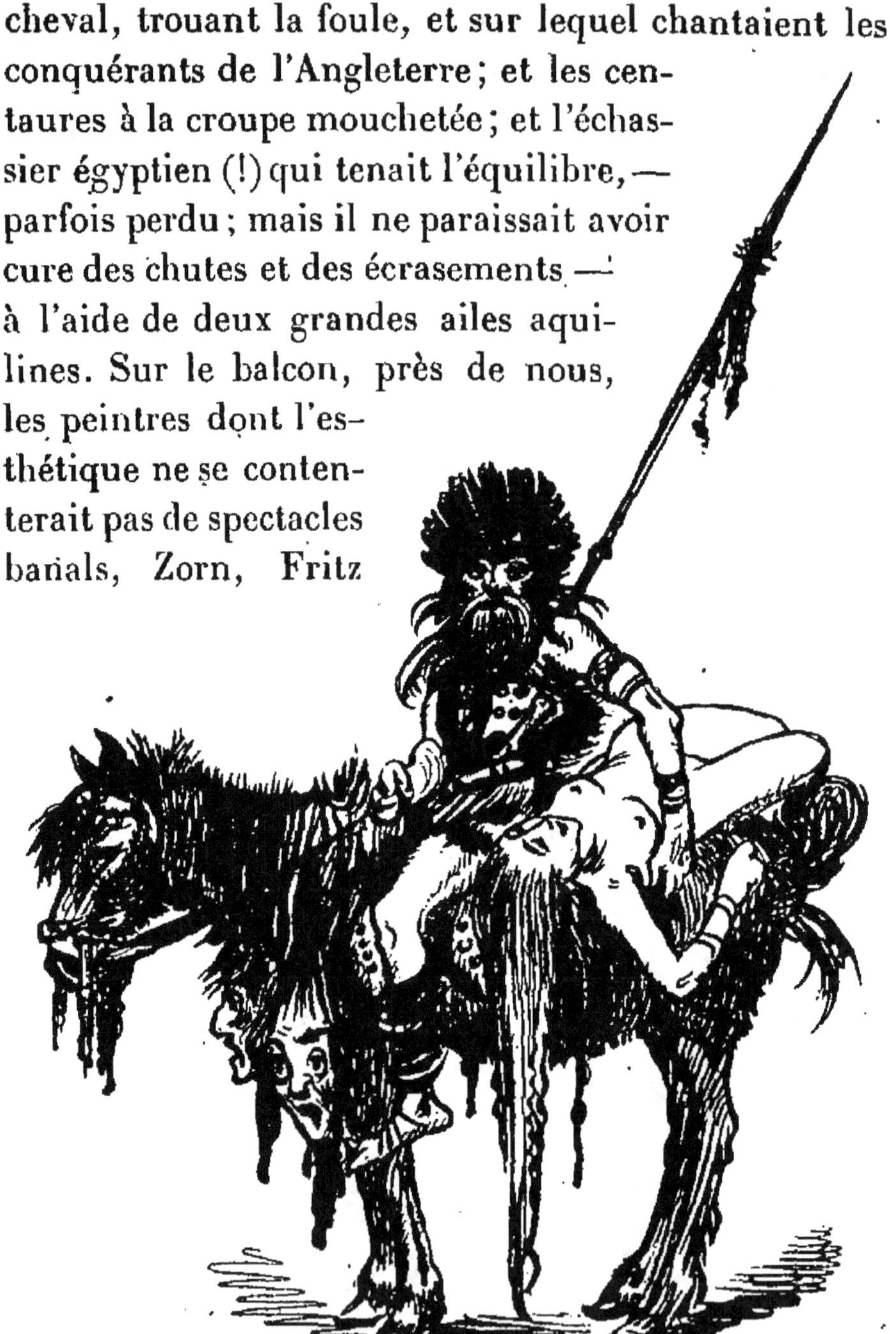

Thaulow, applaudissaient et criaient d'enthousiasme,
cependant que Hugues Rebell, l'évocateur des grandes
orgies italiennes, riait de plaisir par tous les traits de
son masque romain de la décadence.....

Et Morand, qui regrette ces plaisirs passés, me
raconte le pauvreté d'imagination des fêtes du grand
monde et me décrit ces costumes de costumier pour
lesquels on fabrique par pièces de cent mètres la bro-
derie des habits Louis XV ou le drap d'or fleurdelysé
du moyen âge.

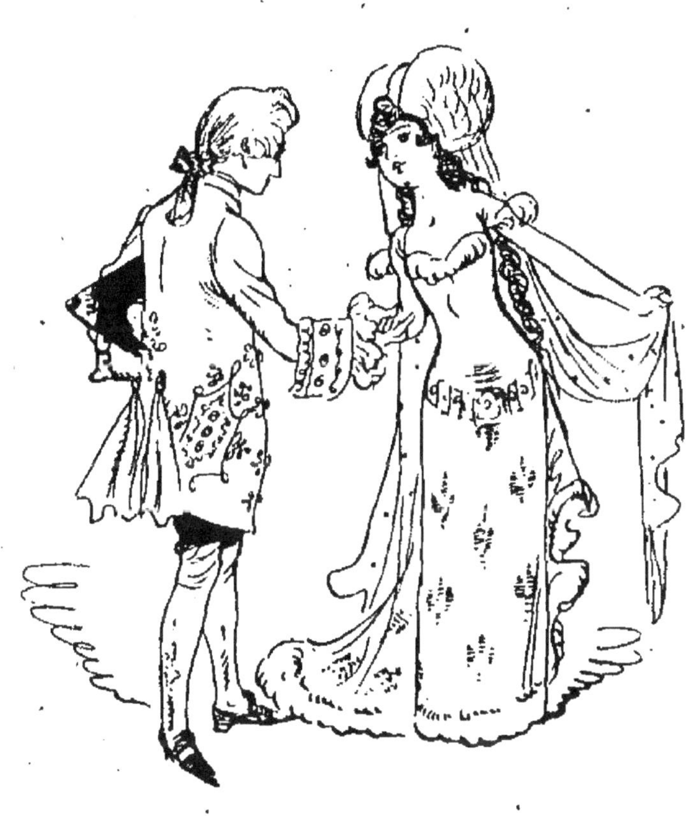

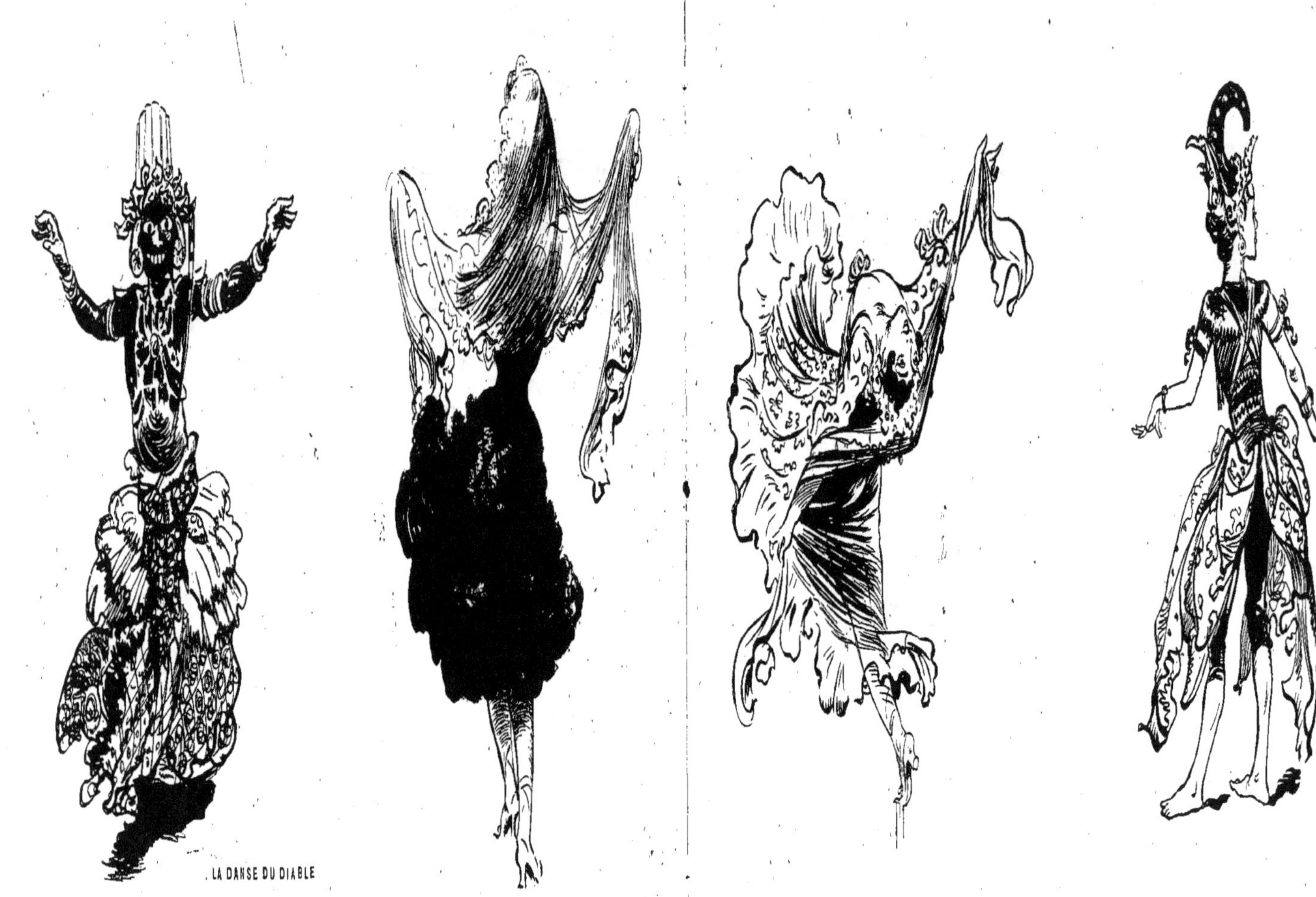

LA DANSE DU DIABLE

LE COSTUME A L'EXPOSITION

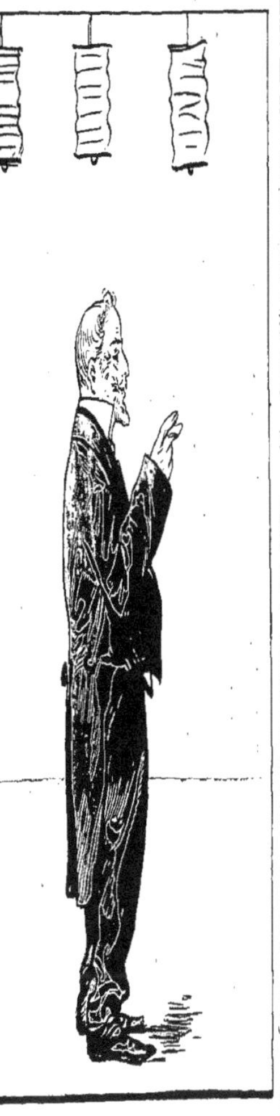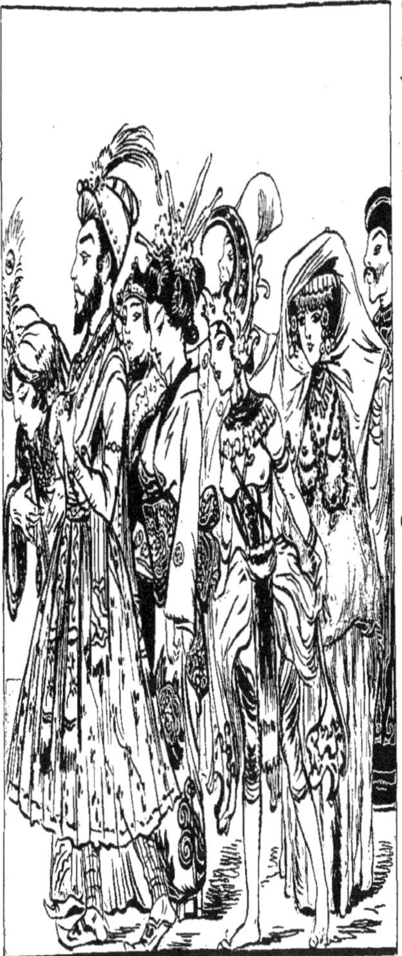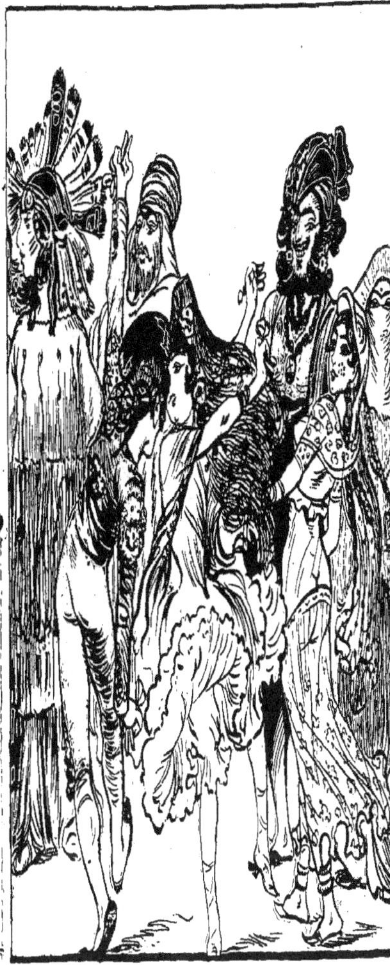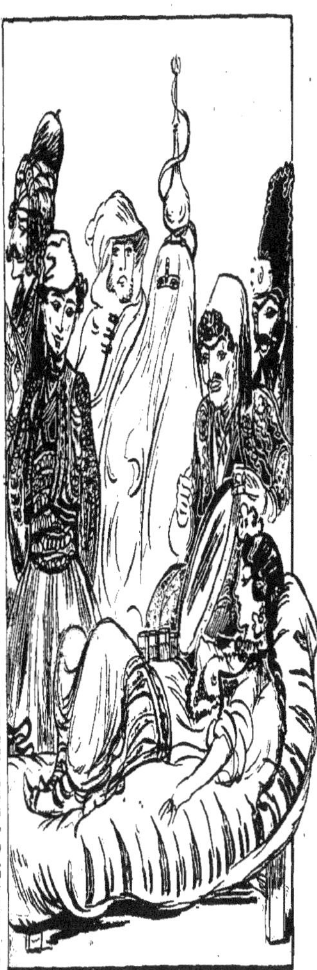

(Discours de clôture de l'Exposition.)

LE COSTUME A L'EXPOSITION

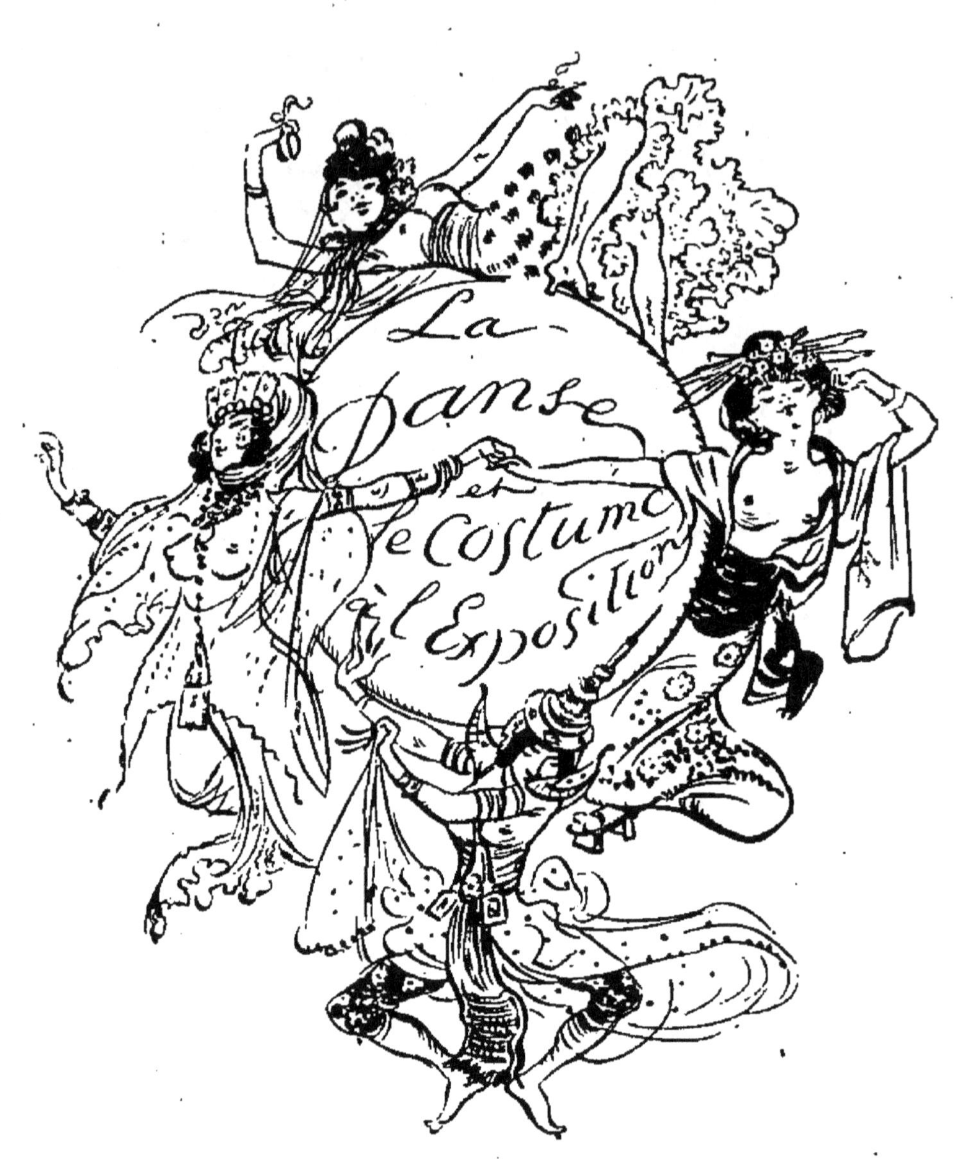
La
Danse
et le Costume
à l'Exposition

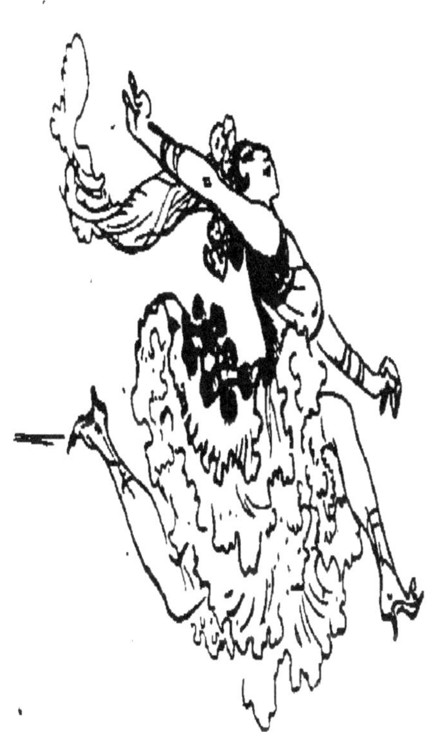

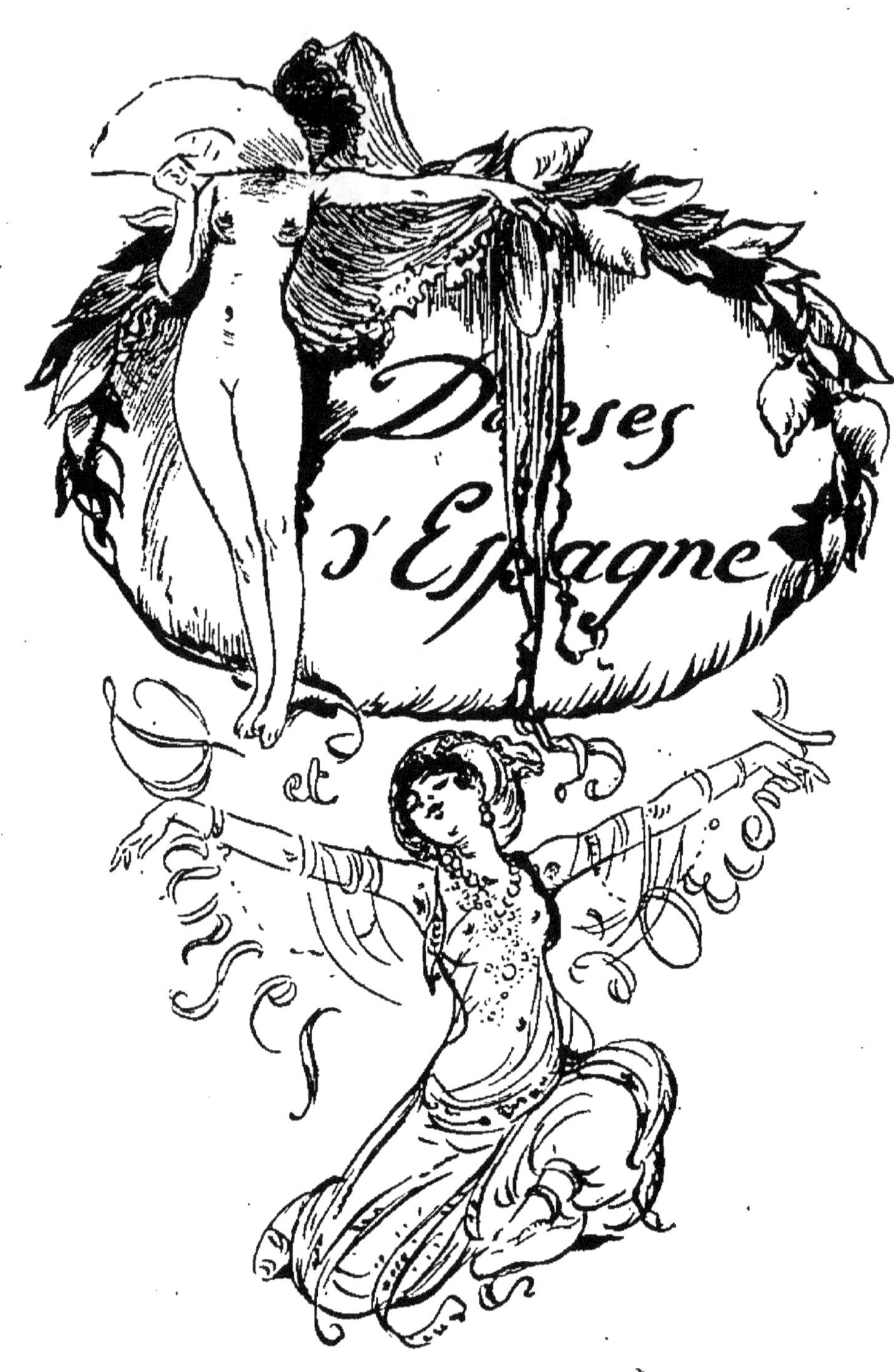

Déesses d'Espagne

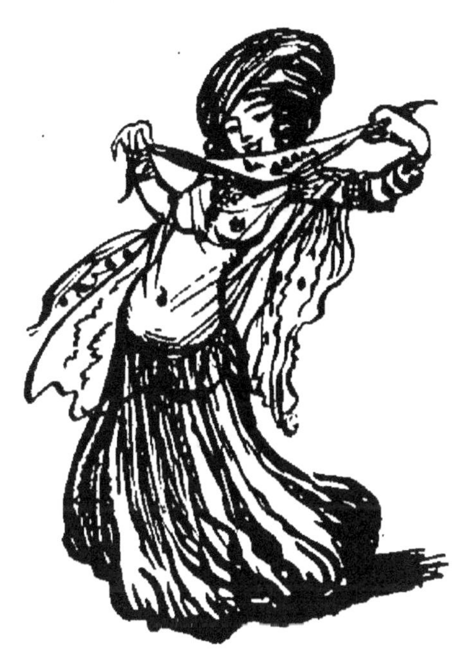

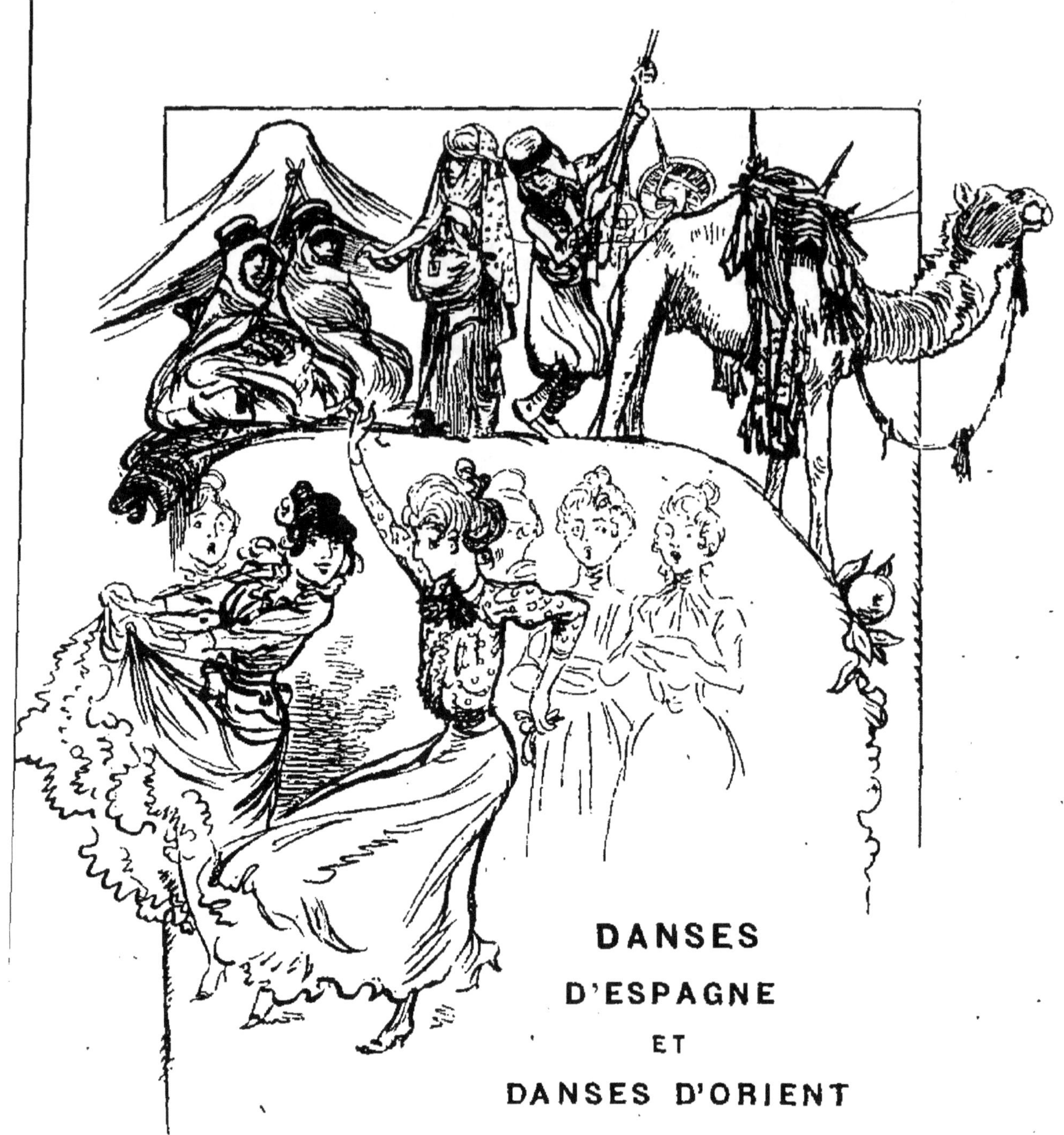

A l'Andalousie, le matin, le maëstro Lacôme nous a priés, Abel Truchet et moi, d'assister à la répétition du *Vito* chanté et dansé.

Les fillettes sévillanes sont en scène, en costume du matin, jupes toutes droites et corsages de toile, à

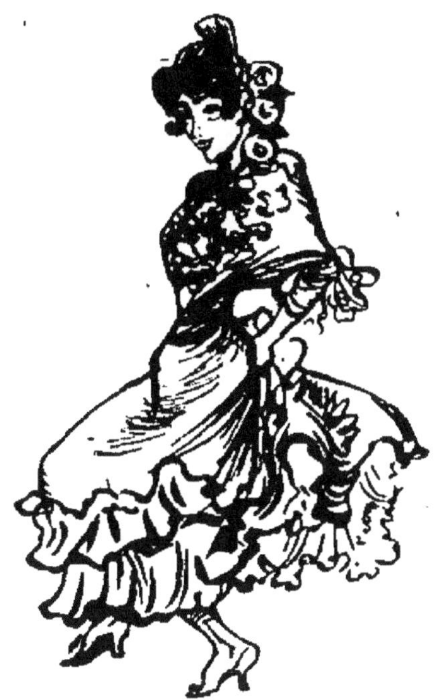

peine différentes, au premier coup d'œil, des petits trottins de Montmartre. Blondes presque toutes, ce qui fera dire au gros public des représentations que ce sont des Batignollaises qu'on lui présente. Mais le nasillement aigu des voix et le *meneo* des hanches andalouses suffit à prouver la bonne foi de l'administration.

Lacôme est au piano, ravi, dans son amour des choses d'Espagne, de la chanteuse qu'il a choisie, pour les soli, parmi les plus aigres citrons de la bande, et, tout de suite, il impose à ses danseuses Pepita Zapata et Maria Alonzo le rythme nerveux de ce *vito* qui est le chef-d'œuvre de la danse de caractère.

Il y faut, avant tout, pour que le spectacle soit ce qu'il doit être, l'ardeur du musicien : c'est lui qui tire les fils invisibles de cette marionnette qu'est la danseuse espagnole, et les notes qu'il égrène sont autant d'ordres subtils donnés à ce petit corps qui n'a que le devoir d'être parfaitement souple et supra-sensible. Pourquoi les artistes qui reviennent d'Espagne gardent-ils meilleur souvenir d'un olé dansé pour rien, pour le plaisir, dans une auberge, par la Flamenca qu'électrise la guitare de son majo, que des danses officielles à grand orchestre? Sans doute la simplicité des moyens d'art leur a-t-elle révélé ce que c'est que la danse : une chose que, faute d'initiation élémentaire, nous ne comprenons plus que vaguement, dans les villes à Opéra.

Pendant que les fillettes se reposent, parlent toutes à la fois, se tordent de rires inexpliqués, se recoiffent ou se grattent, et tout de même écoutent par ci, par

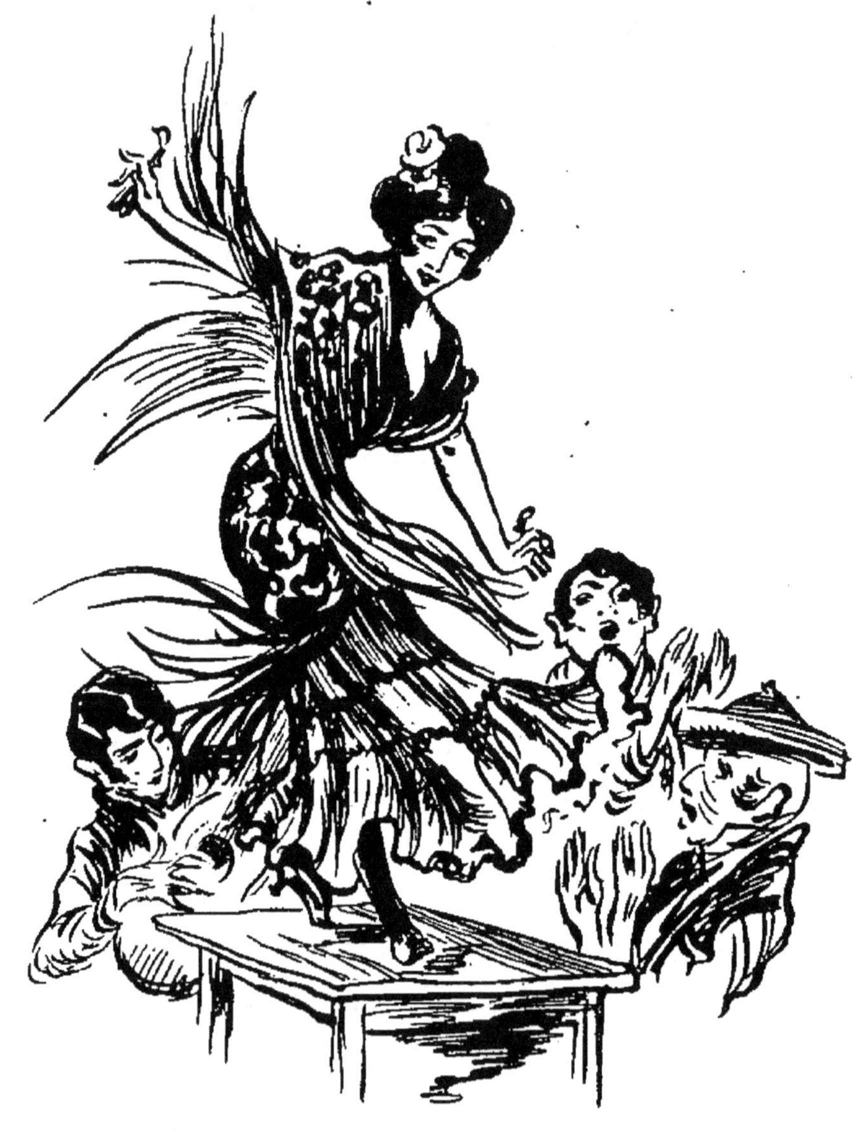

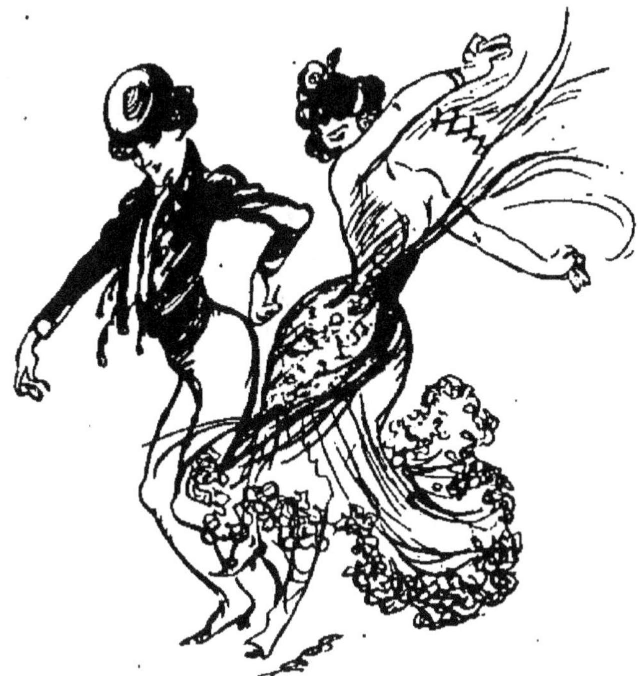

là, les explications de leur professeur José Segura, — une face blême de moine ascète, Truchet me raconte que la danse espagnole se meurt. A grand'peine, pendant le voyage qu'il a fait pour recueillir les documents nécessaires à la décoration de l'Andalousie, a-t-il pu, dans des buvettes de dernier ordre, retrouver ces *ferias* populaires, dont le voyage de Doré et Davilliers nous a gardé le souvenir. C'est encore une bonne chose d'art qui disparaît peu à peu, comme les poésies paysannes, les costumes, et ces jolis bonnets de nos provinces françaises que nous voyons sans doute pour la dernière fois.

Puis l'artiste me parle des discordes muettes qui divisent en trois camps, plus séparés que par des murailles de granit, le petit public en jupons des coulisses de l'Andalousie. La troupe de Madrid, la troupe de Séville, les gitanes de Grenade. L'institut en *tutu*, — les filles du peuple, — les bohémiennes. On se fusille du regard, on s'écrase sans rien dire au passage

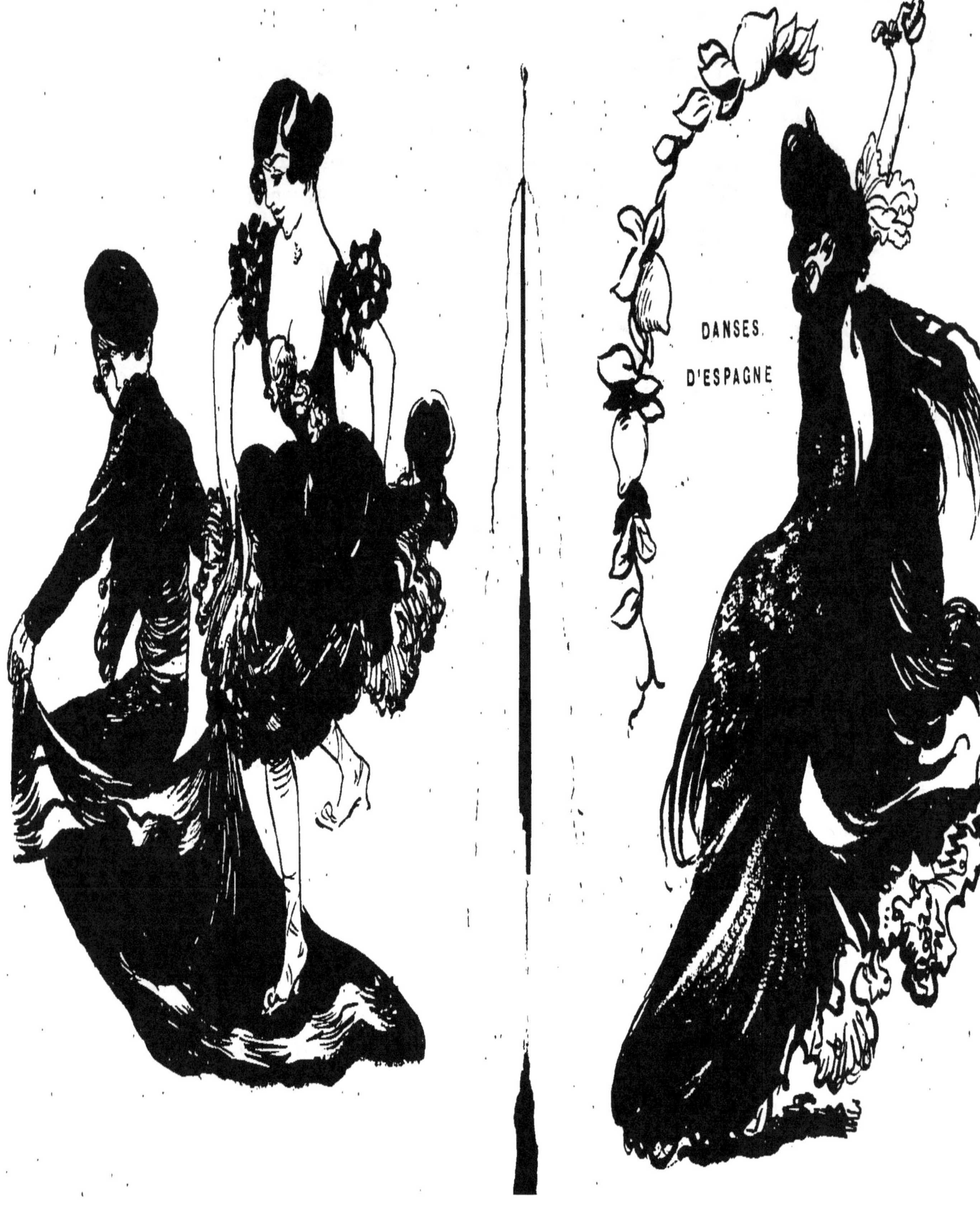
DANSES
D'ESPAGNE

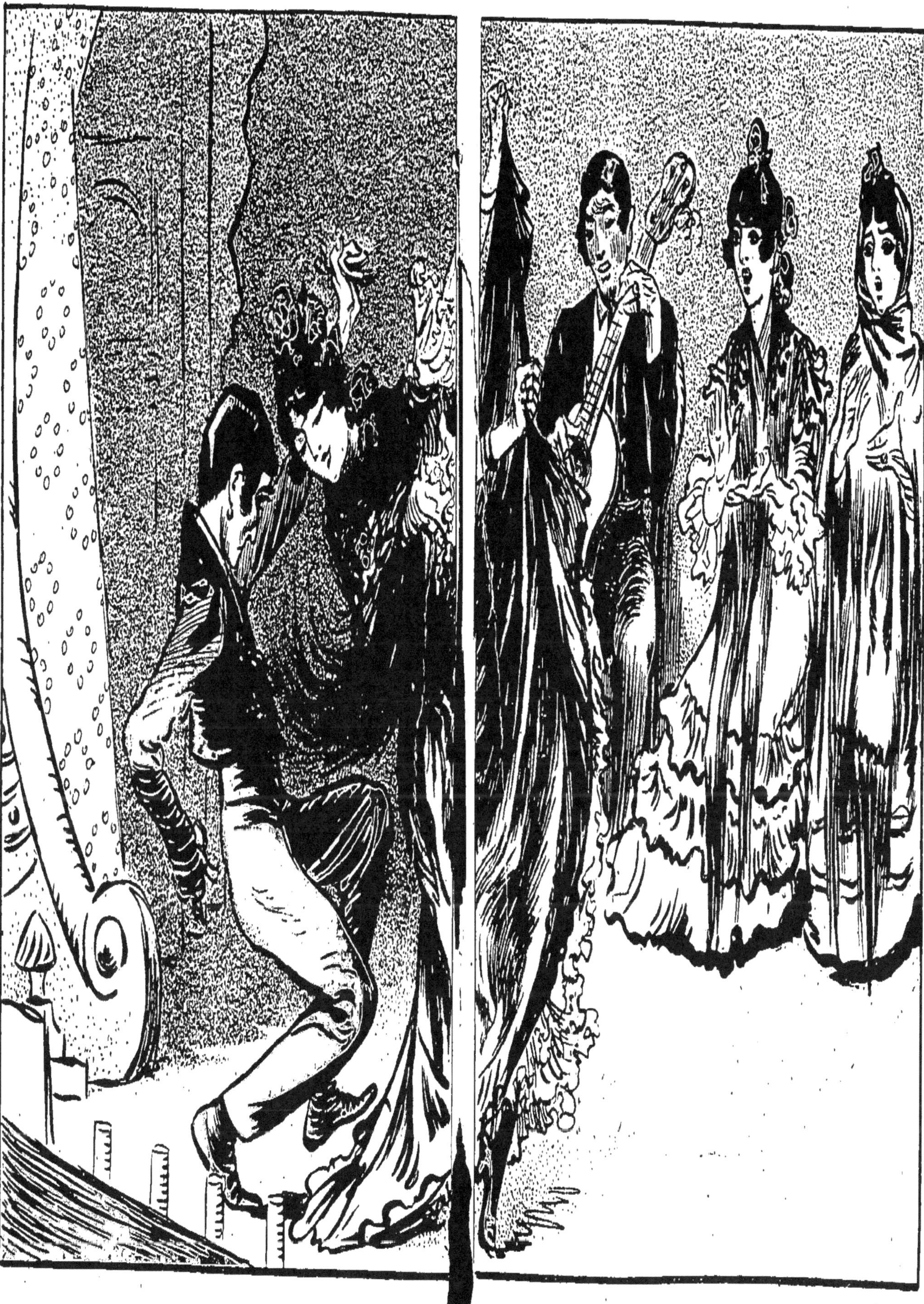

LES GITANES

des portes, mais on ne se parle pas. Au départ pour
Paris, personne, parmi les Espagnoles, ne voulut mon-
ter dans le train des gitanes; à Paris, personne ne
veut habiter près d'elles : il a fallu loger très loin,
dans la rue de Longchamps, ces parias de l'Andalousie,
ces zingari, ces gypsies, ces tziganes, ces touraniennes
dont les ancêtres ont, par hasard, arrêté leur course
errante dans les cavernes de Grenade, il y a des
siècles, mais qui n'ont pas encore, en Espagne, conquis leur droit de cité.

Ce matin les gitanes sont absentes, mais voici, dans
une loge, l'*Institut*, la troupe de la signora Fuensenta,
gloire de la danse officielle : vingt paires d'yeux qui
ne montrent aucune indulgence pour les efforts des
jeunes sévillanes.

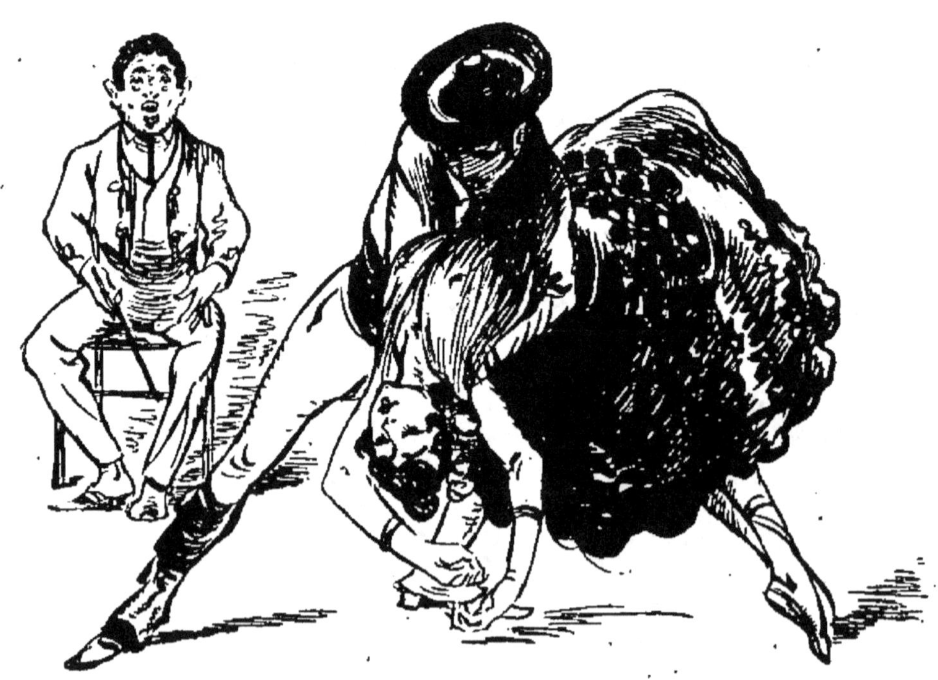

Mais de nouveau Lacôme s'agite sur le clavier.
C'est un air de danse rapide dont l'entrain va cres-
cendo, à ce point que les
mains du maître finissent par
disparaître dans la rapidité
de leur mouvement. Sa grande
barbe grise — une barbe à
la Rodin — vibre d'enthousiasme : des deux côtés du ta-
bouret, ses pieds battent la
mesure pressée, esquissent les
pas de la danse, et la danseuse, sur la scène, est elle-
même incendiée par ce beau
feu d'artiste. Voici bien ce
que nous sommes venus chercher ici, l'émotion d'art. Il est
touchant de voir ce musicien,
tant de fois applaudi, venir
lui-même rappeler aux pe-
tites chicas de Séville les

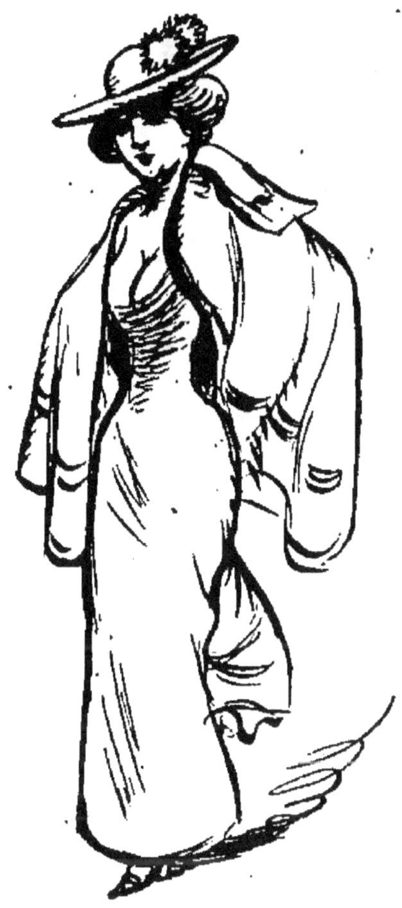

grâces furieuses des danses nationales, de peur
qu'elles ne les aveulissent dans l'ignoble atmosphère
de café-concert qui est devenue celle de notre pays.

Lacôme se retourne vers nous et nous dit en effet
que ces répétitions l'*amusent*. Ce mot a pris pour les
artistes un sens particulier : la chose qui les amuse,
c'est celle vers laquelle un coup de passion les emporte ; ils y sacrifient volontiers leur temps, leurs

peïnes, leurs intérêts, estimant que le principal est
qu'elle soit créée. Mais comme c'est très vilain, dans
l'état de notre société, de
céder à ses passions, surtout
quand ce sont des passions
d'art, ils cachent dans le
sourire du mot des enthou-
siasmes qu'il serait de mauvais goût d'étaler cynique-
ment au grand jour.

La conversation nous re-
porte à l'époque déjà lointaine où vint s'établir à Paris, d'abord rue des Martyrs,
ensuite au théâtre Taitbout,
une remarquable troupe de
danseuses et de guitaristes
espagnols. Lola Gomez y
brillait, étoile incompa-
rable, par qui les artistes et

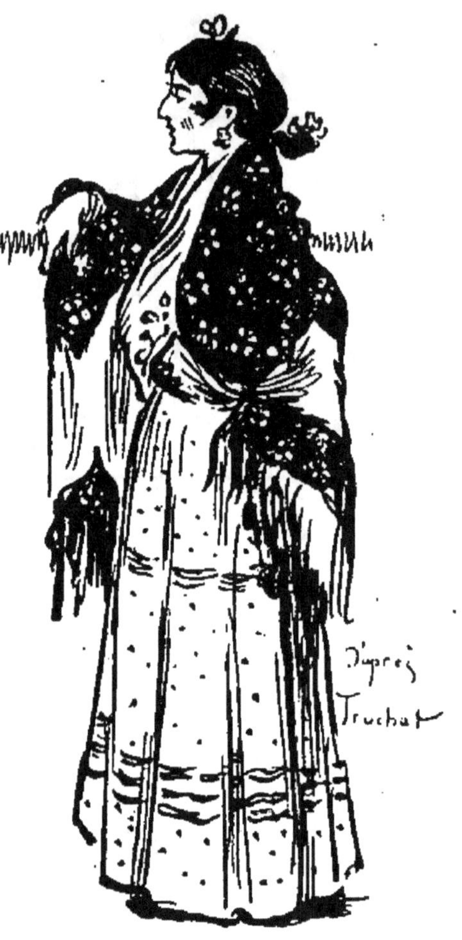

gens de lettres parisiens qui ont aujourd'hui quarante à quarante-cinq ans furent initiés à cette danse
d'amour d'au delà les Pyrénées auprès de laquelle
notre valse et nos quadrilles ne sont que des piétine-
ments de sauvages. Catulle Mendès ne manquait
guère à ces représentations, non plus que don Carlos :
le roi lui-même !

Il y avait quelquefois de quoi rire, dans ce petit

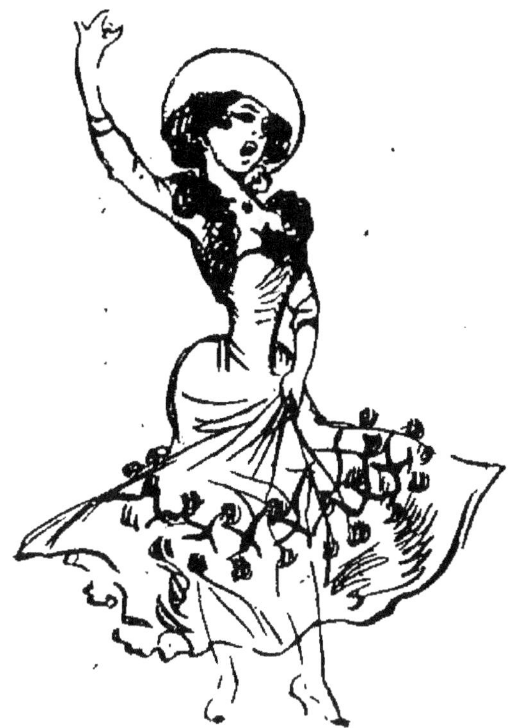

théâtre, devenu le centre de la. conspiration carliste. Un soir, nous raconte Lacôme, un hidalgo, auquel il ne manquait que la fraise godronnée et le pourpoint de velours des Velasquez, y vint avec sa noble demoiselle pour présenter ses hommages au roi légitime, qui, pour le moment, buvait des consommations dans le foyer. La présentation se fit, cérémonieuse, avec tous les saluts protocolaires, à laquelle don Carlos mit fin en tapant familièrement sur la table : — Garçon, deux bocks de plus !

Depuis ce temps, quelques étoiles d'Espagne sont venues briller à Paris. La Soledad en 1889. Carmencita, à la foire de Séville du Nouveau Cirque. La petite Julia à la vieille Amérique, sans parler de la Tortojada, et de la belle Otéro. La troupe de l'*Andalousie au temps des Maures* est venue à point pour nous rappeler ces plaisirs anciens. Exaltés par l'enthousiasme des aficionados parisiens, quelques sujets vont paraître aux côtés de la Fuensenta, la ballerine chérie des Espagnols, et qui mérite cet

amour pour la grâce de ses attitudes et la souplesse
idéale de ses jambes. Mais la Fuensenta, c'est encore
l'Institut en jupons, comme ces demoiselles de l'Académie nationale de musique, et ce n'est pas trop,
pour la louanger, des grands critiques officiels ; dans
cette revue, toute dévouée à la libre fantaisie, nous
préférons, aux talents développés par les concours aca-
démiques, les talents nés spontanément dans une po-
sada, parmi l'émulation des flamencas, et sous le har-
cèlement nerveux de la guitare d'un majo.

En ce moment, Truchet nous parle de la grâce de
ces majos, dont la taille est serrée dans la veste violette
ou bleue du toréador, les hanches dans une culotte

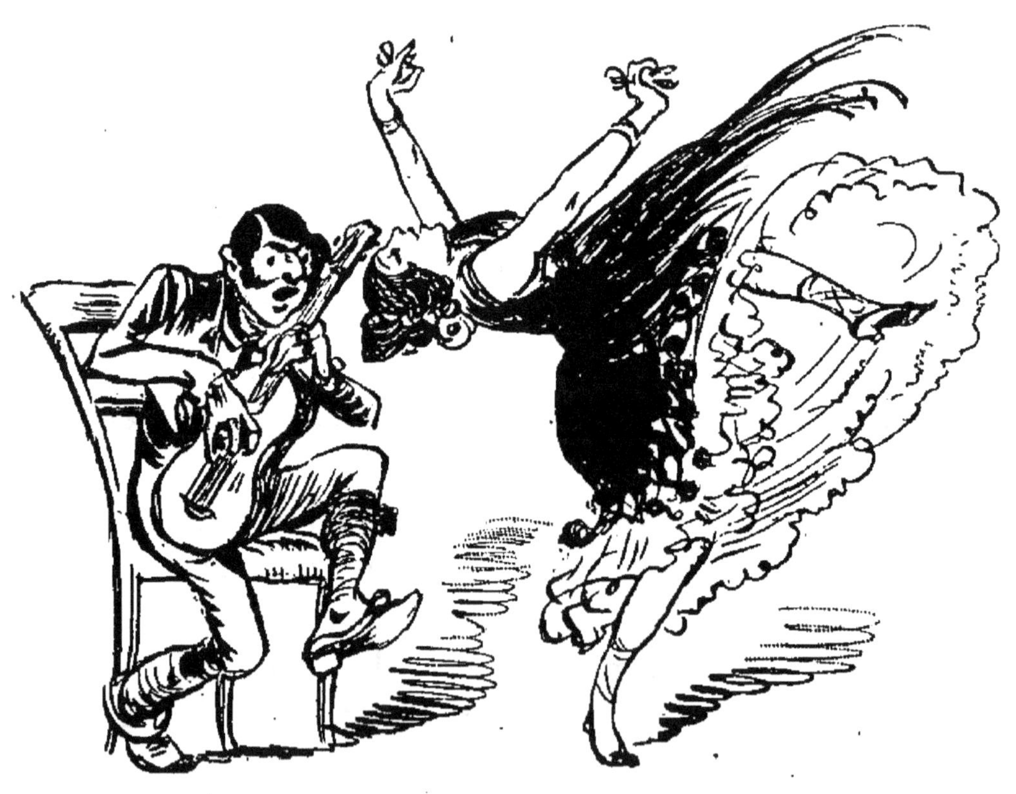

qui s'élargit aux genoux pour s'affiner encore sur la
finesse du pied, le front dans un sombrero d'une correction de lignes parfaite. Quel est leur métier ? On
ne sait : il y a dans les pays chauds des gens dont la
fonction est d'être fainéants, sans que personne pense
une minute à leur en faire reproche. De quoi vit le

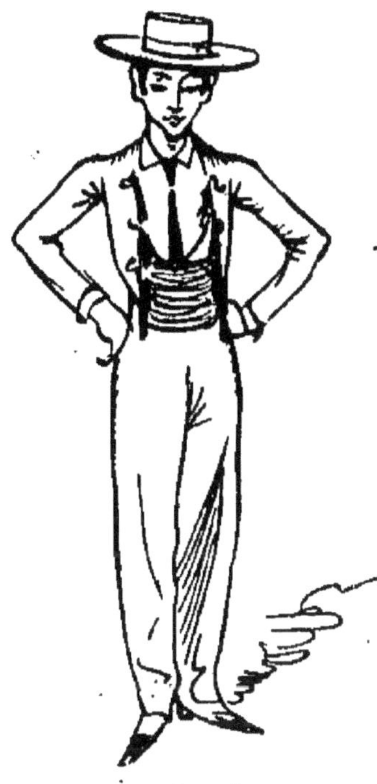

majo? Peut-être de son argent,
peut-être de celui des autres.
Parasite, joueur, ou tout vulgai-
rement entretenu par la fillette
qu'il accompagne de sa guitare,
cela ne suscite pas d'enquête
bien sévère; il est joli, élégant,
il a de sa personne un soin exquis, le plus clair de sa fonction
est d'aimer les femmes et de se
faire aimer d'elles, de leur offrir
des fleurs et de la musique. Les
mémoires du xviii° siècle, ceux
de Mᵐᵉ de Choisy par exemple,
ou ceux de Casanova, nous révèlent chez nos pères,
pour les jolis hommes de la race de des Grieux, de
semblables indulgences, et cette phrase revient fré-
quemment, qui serait aujourd'hui regardée comme
une insulte : « Avec votre figure et votre air, vous
devez faire fortune dans le monde !... »

Aussi l'Espagne est-elle un pays délicieusement arriéré, où l'on peut voyager un peu dans le passé. Venise
est de même, et la vie de ses nobles *déchous* (comme

on dit dans la société de là-bas, qui se pique de parler français) est d'une morbidesse fainéante qui stupé-
fierait nos manieurs d'argent et nos brasseurs d'affaires parisiens. De ces pays endormis depuis cent ans,
comme la Belle au Bois, nous viennent parfois des
choses délectables, que nous sommes étonnés de
trouver encore vivantes, nous
dont l'esthétique est si ordi-
nairement classique, officielle,
et imitatrice d'autres esthéti-
ques, même dans les manifestations les plus libres en apparence.

Au premier rang de ces bonnes émotions d'art exotique,
d'autant plus intéressantes pour
nous que l'imitation en est dé-
fendue à nos professionnelles,
même les plus savantes, est la
danse espagnole. Ce n'est pas
d'hier que sa réputation est faite

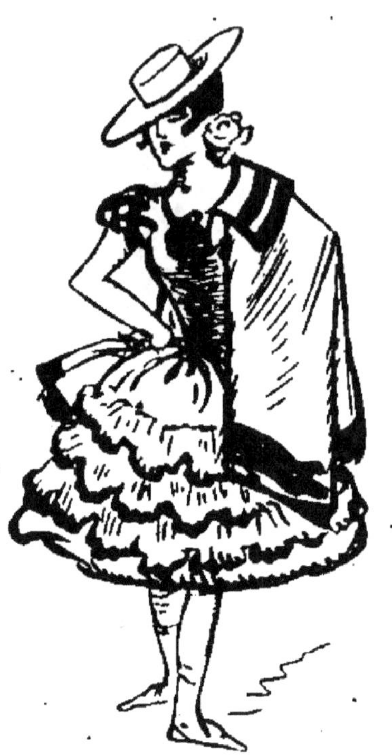

en Europe, puisque les gaditanes, les sonneuses de
crotales qui ravissaient les Romains, sont en ligne
droite les initiatrices des sonneuses de castagnettes
modernes.

Mais encore faut-il mettre à part la danse des gitanes, qui semble déviée des traditions, exagérée pour
corser un spectacle, outrée dans le sens canaille, et
aussi les danses théâtrales des artistes du corps de

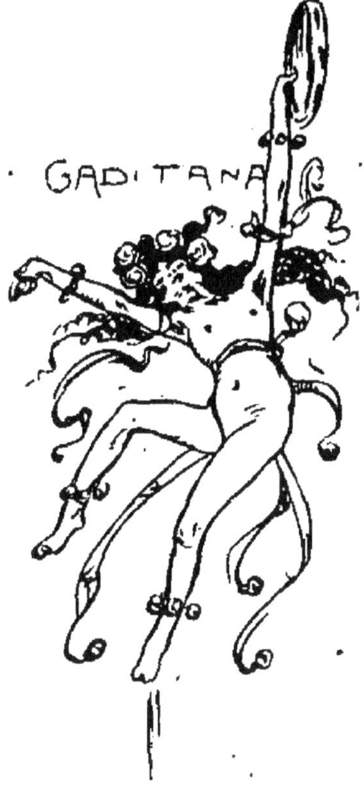

ballet, qui sont gâtées par les pointes et les entrechats classiques. La vraie danse espagnole est celle des filles du peuple. Le olé, le bolero, le vito, le pepo illo, le jaleo, le zapatadeo, etc. sont des danses poétiques dont l'amour est le thème éternel : sur leurs musiques, d'un caractère intense, de courtes strophes peuvent se chanter, quelques vers d'un lyrisme affolé que M. Lacôme nous traduit en feuilletant ses cahiers.

— « J'ai rêvé que deux nègres m'assassinaient : c'étaient tes deux yeux noirs qui me regardaient avec colère. »

— « Tes lèvres sont deux rideaux de pourpre cramoisie. Entre ces deux rideaux je me tiens, attendant le oui. »

— « Que m'importe que le soleil se lève avec ses grelots d'argent, si pour m'éclairer la lumière de tes yeux suffit ! »

Nous ne connaissons plus guère, en France, l'amour que raconte la danse espagnole, nous dont la passion est tombée au simple « échange de deux fantaisies ».

L'amour de l'Espagnol est plus romantique : Hugo, Dumas et Musset, et les autres de 1830, y ont puisé leur genre de littérature. Le majo rage d'amour, se consume et supplie, il a l'air de dire, comme Eugène Süe : — « Oh ! toi, je t'aime..., et dire je t'aime, vois-

tu, ange de lumière, c'est
dire je grince des dents, je
rugis comme un tigre !... »

Ces flambées un peu ridi-
cules font bien à la scène,
elles brûlent les planches
comme il faut ; la maja, dont
le rôle est de souffler sur
l'incendie qu'elle allume, a
son rôle d'expression tout
trouvé dans les coquetteries
de sa danse, dans les offres
de son corps, qui se reprend
aussitôt pour s'offrir encore.
Pour ces gens qui dansent le

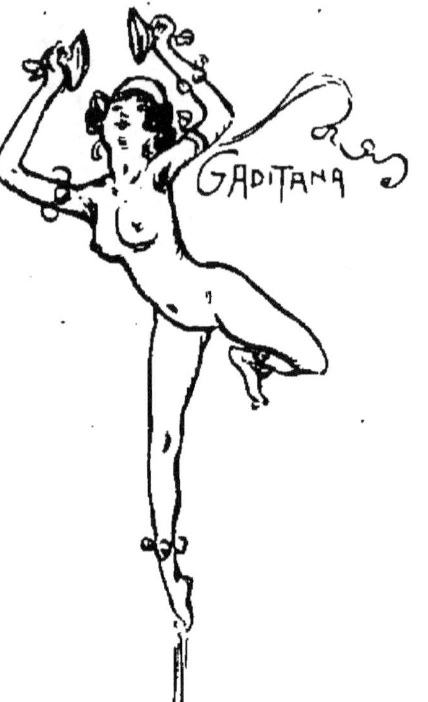

soir dans les auberges, après la course du taureau,
c'est la course qui continue, la revanche du taureau,
le torero mis à son tour au supplice, lardé de ban-
derilles par les yeux de sa bien-aimée, aveuglé par
les soulèvements de sa jupe comme le taureau par le
jeu de la cape. Pourtant cette course-là ne finira pas,
comme l'autre, par un coup d'épée...

Nous parlions tout à l'heure d'initiation élémentaire.
C'est la danse espagnole qui le mieux peut nous révéler
le sens premier de cet art délicieux. Les livres sérieux
qu'on lui a consacrés auraient dû débuter véridiquement
par cet aphorisme brutal : la danse, c'est l'excitation
à la volupté.

C'est ainsi que les Orientaux la comprennent.
L'ouled-naïl qui danse devant les Arabes accentue
jusqu'à la transparence le sens de ses mouvements
rythmés. Elle danse pour celui qu'elle a choisi, dans
dans le cercle des hommes graves, et, quand elle vient
lui tendre son front, sur lequel il colle du doigt la
pièce d'argent qui va payer ses faveurs, le moment
n'est pas loin où, sans façon, danseuse et spectateur
disparaîtront ensemble dans la pièce voisine, pour

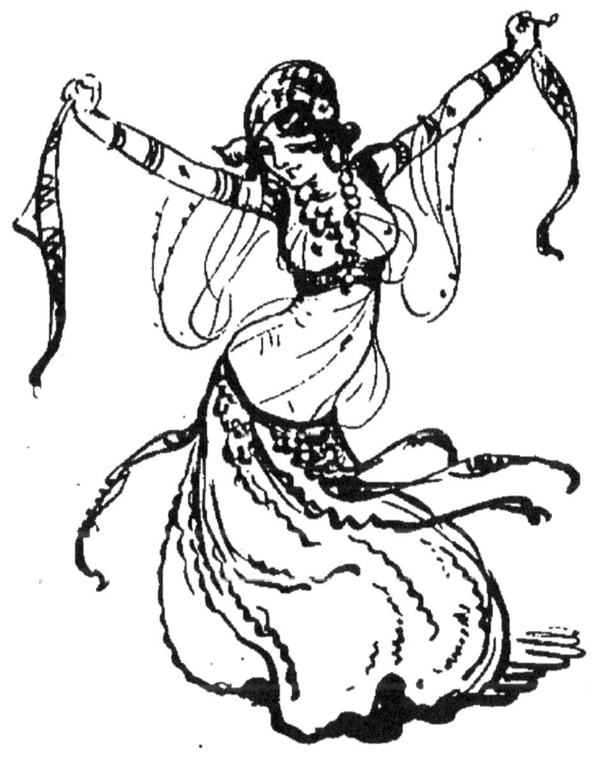

avant-goûter les
délices du paradis
de Mahomet.

Pendant que
nous causons de ces
choses avec Tru-
chet, voici la troupe
des femmes arabes
qui vient se grou-
per au pied de la
toile immense où
le bon artiste a
peint, en mélan-
geant sur sa palette
le soleil et la pous-
sière, la colline de
Grenade et les grottes de l'Albaÿcin.

Sur ces figures sauvages, qui font peur au commun
des visiteurs parce que leur beauté ne nous est pas
familière, les tatouages bleu foncé se dessinent en

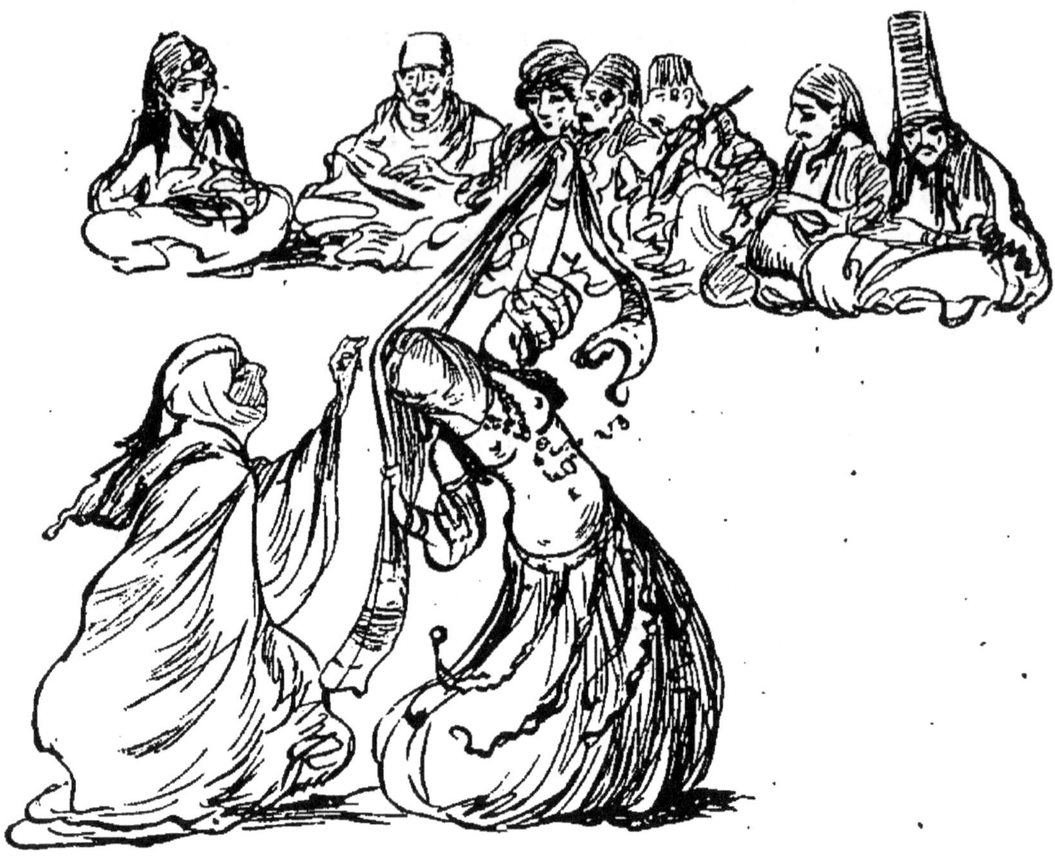

pastilles, en étoiles, en fleurettes; devant la joie que
donne aux yeux la surprenante harmonie des couleurs si violentes de leurs costumes, la question se
pose encore une fois sur le mystère d'art du costume
oriental. Suffit-il que ces couleurs soient rassemblées
au hasard par la main, tout à fait innocente, d'une
Africaine éprise seulement de la fraîcheur et de la vivacité des tons, ou bien y a t-il chez ces sauvages un atavique sentiment de la couleur dont nous avons, nous
autres Européens, perdu totalement la notion : quelque
chose qui serait à nos yeux aveuglés ce que la perception

du son chez les Indiens est à nos oreilles atrophiées!

Certes le hasard est un grand maitre et les choses s'arrangent mieux naturellement que quand nous y ajoutons notre volonté, le plus souvent maladroite,

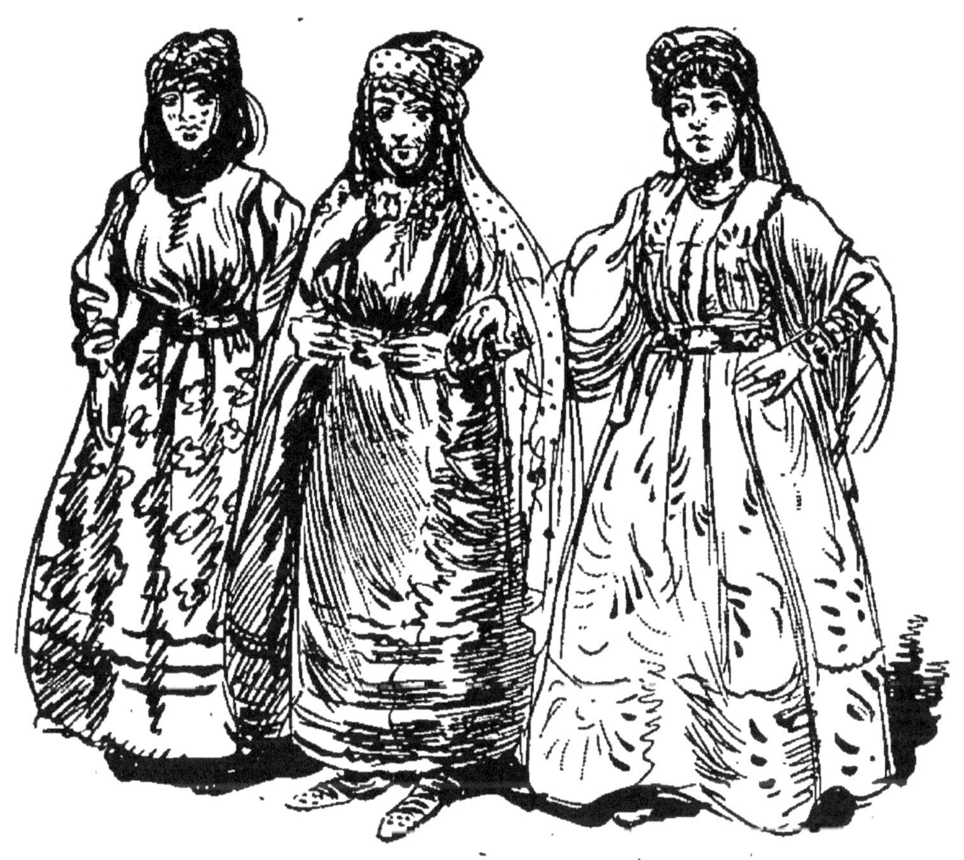

cependant il nous semble que c'est la seconde de ces deux façons de voir qui doit être la bonne, car il suffit de passer un quart d'heure dans la rue du Caire de l'Exposition pour comprendre que les Orientaux obéissent à des principes de couleur instinctifs auxquels nous ne prenons pas garde. Le costume des

hommes, par exemple, est généralement composé de
deux tons similaires, couleur pure et couleur rompue,
que tranche une note vive, dans la complémentaire.
Loti a de même remarqué, dans son voyage au Maroc,

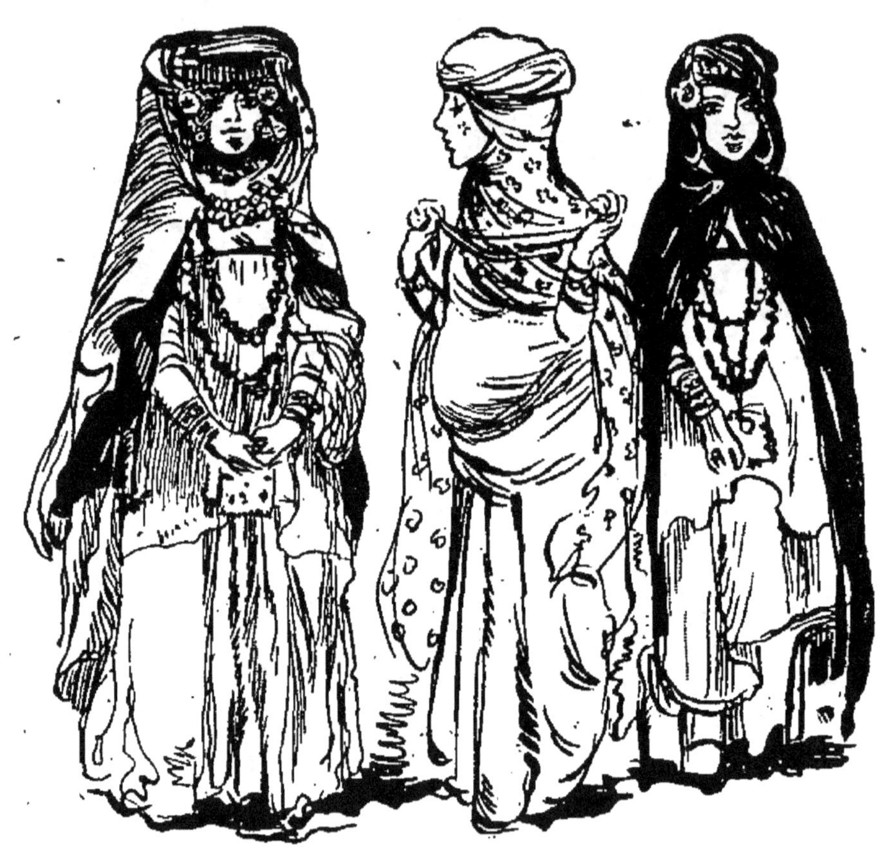

avec quel soin les cavaliers arabes harmonisent leur
selle à la couleur de leur costume : costume rose, selle
verte ; costume jaune, selle violette..., etc. Ces sauvages
s'amusent, comme les artistes, à des choses inutiles.

Dans leurs audaces, toujours heureuses, de cou-

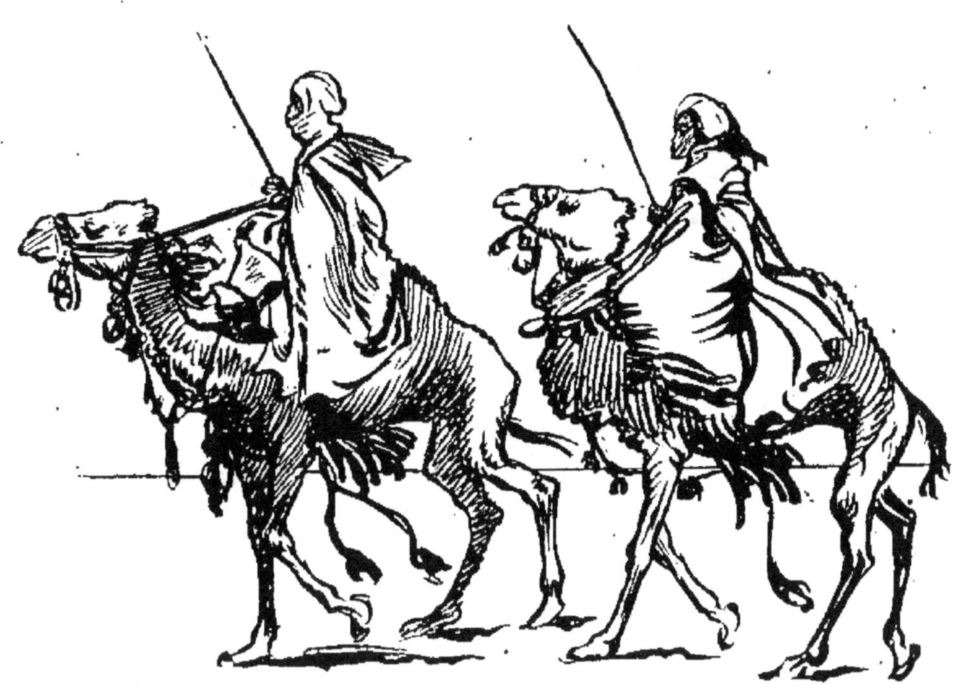

leurs vives, le noir prend une qualité imprévue. Dans
la fête arabe des arènes de *l'Andalousie*, une petite mou-
ker vêtue d'abricot exécute la danse du sabre en agitant sur ses épaules un grand voile noir dont la qualité s'exagère curieusement.

Cette étude de la danse, cette étude de l'art du
costume oriental, c'est le haut intérêt de *l'Andalousie
au temps des Maures;* il y a pour les amis de l'architecture un autre attrait, c'est la reconstitution fidèle
des plus beaux morceaux de l'art arabe. Parmi les
merveilles de la cour de l'Alhambra, devant la Giralda,
sous la porte de l'Alcazar, sous la porte de justice,
devant la Mezquita, le public circule, le public d'Exposition, aveugle et sourd, auquel c'est une tristesse
d'offrir de si belles choses, l'art simple dans ses lignes,

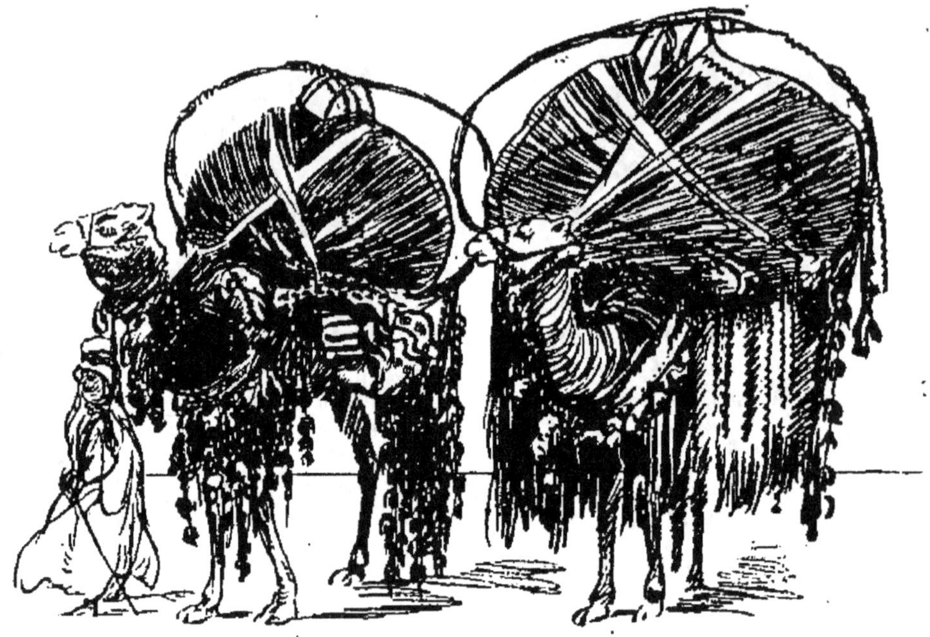

compliqué dans ses détails, qui révèle chez les artistes qui l'ont créé une si rare union de l'esprit de synthèse et de l'esprit d'analyse. Mais il suffit, n'est-ce pas, cher lecteur, que, vous et moi, nous en ayons goûté la saveur.

Il y a dans l'Exposition bien des danses orientales plus ou moins authentiques, celles du Théâtre égyptien sont curieuses : la femme à la bouteille a amusé bien des gens. Nous avouons notre peu de goût pour cet art dont le côté lascif n'a pas ses compléments nécessaires : la grâce et l'esprit. Si la danseuse n'est pas belle comme l'était à ses débuts la célèbre Fatma, le spectacle d'un nombril qui roule et qui saute n'a rien de bien affriolant. A part Mlle Lallah, dont les jeunes

seins frémissants ont la grâce et l'esprit que nous ré-
clamons, les femmes d'Orient ne nous offrent guère
que des exercices entachés de gymnastique malpropre.
Il n'y a vraiment que la danse d'Espagne qui donne
une impression d'art. La flamenca, serrée jusqu'au
cou dans son grand châle, est bien autrement trou-
blante que les moukers dévêtues sous leurs gazes. Sur
les théâtres de l'Exposition, parmi les acrobates
d'Orient, elle apparaît comme une artiste.

Cet article venait d'être écrit quand l'*Andalousie* a
fermé ses portes, — provisoirement, espérons-le. —
Quoi qu'il en soit, la Revue, qui s'inquiète peu que le
sentiment du gros public soit d'accord avec ses préférences, est très heureuse de pouvoir garder dans ses
pages un souvenir de ses intéressants spectacles exotiques.

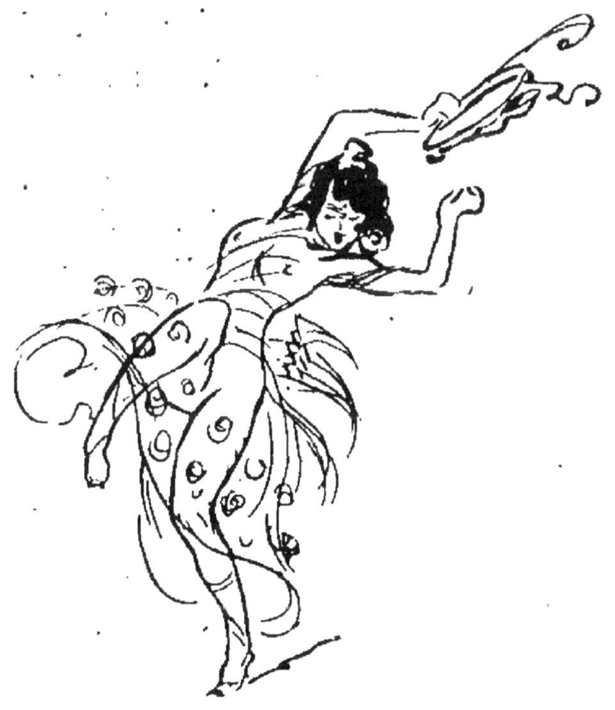

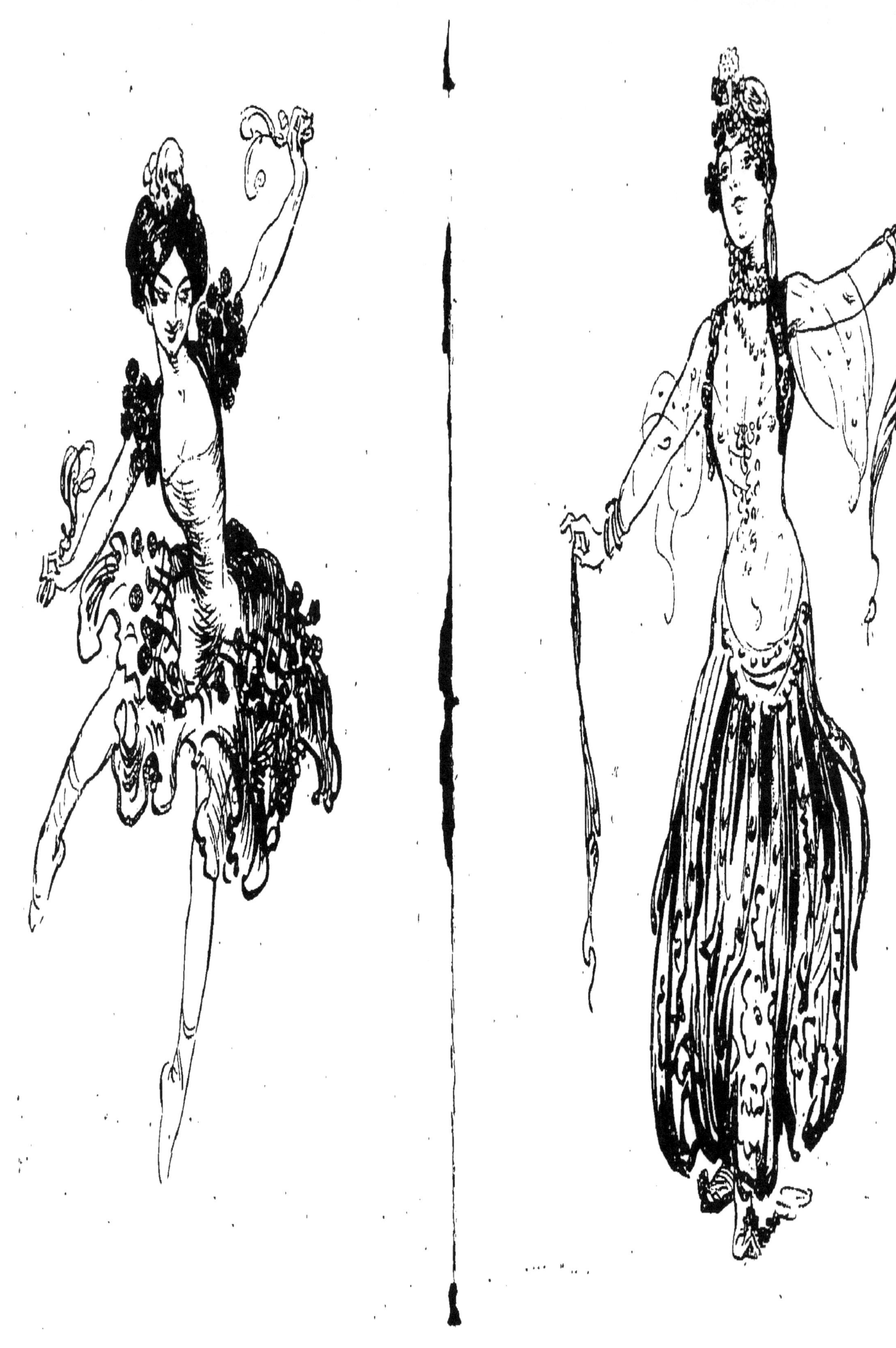

DANSES D'ORIENT

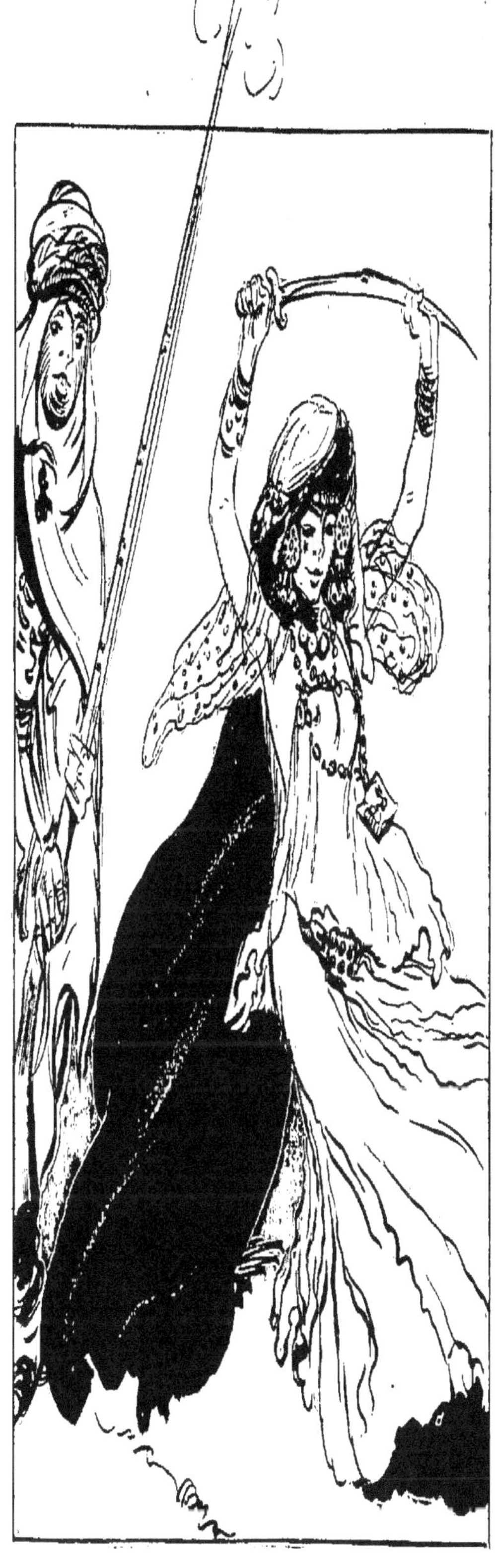
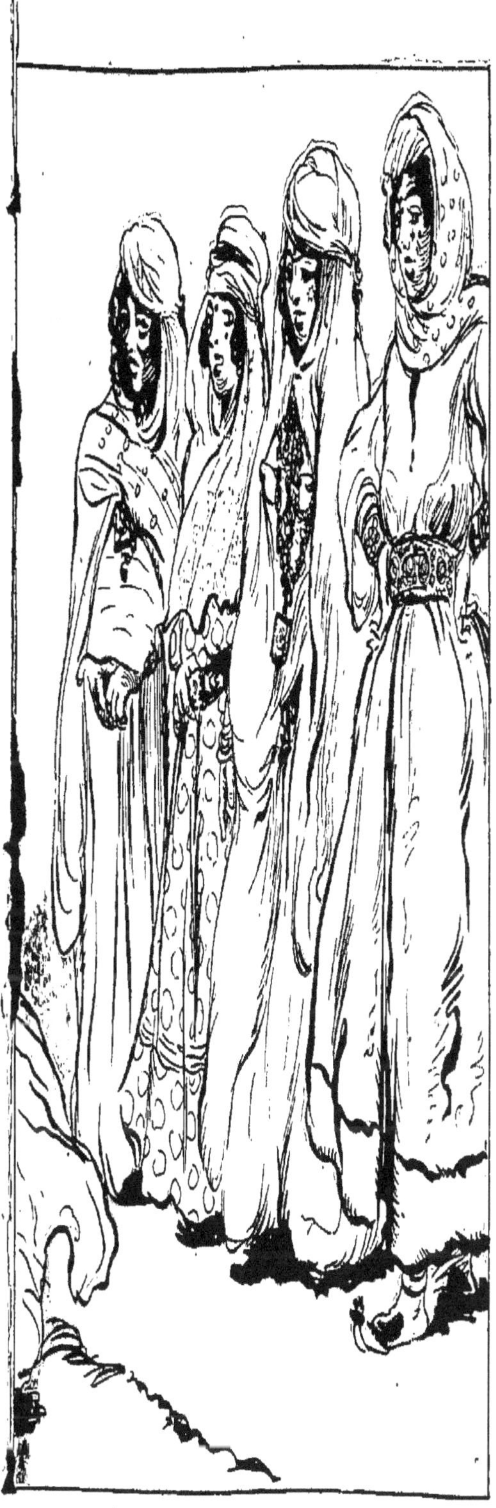

LA DANSE DU SABRE

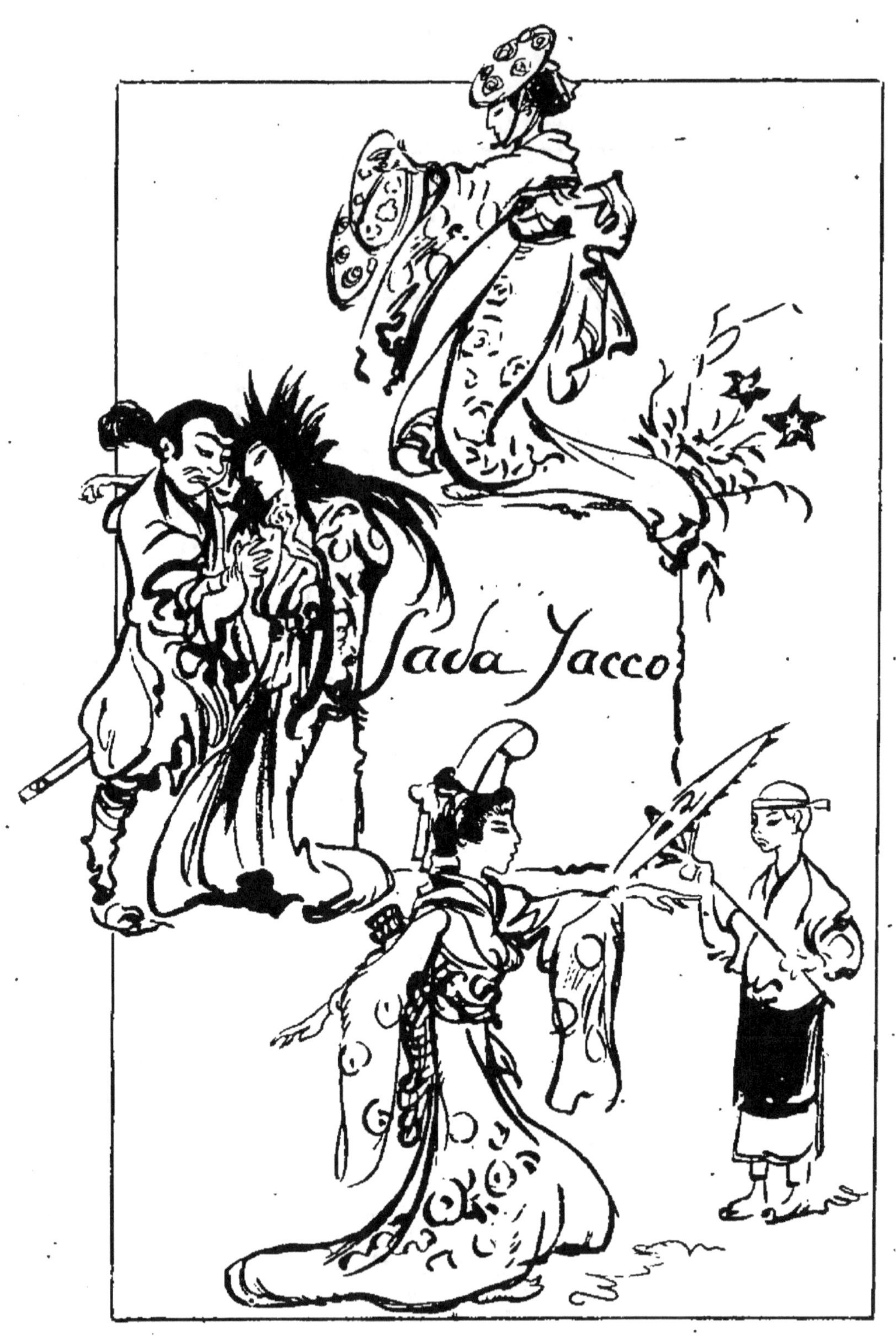

Sada Yacco

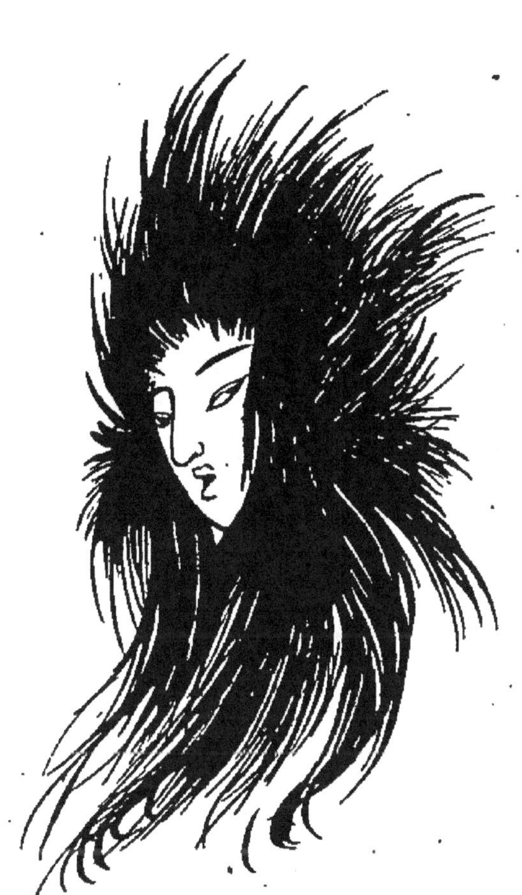

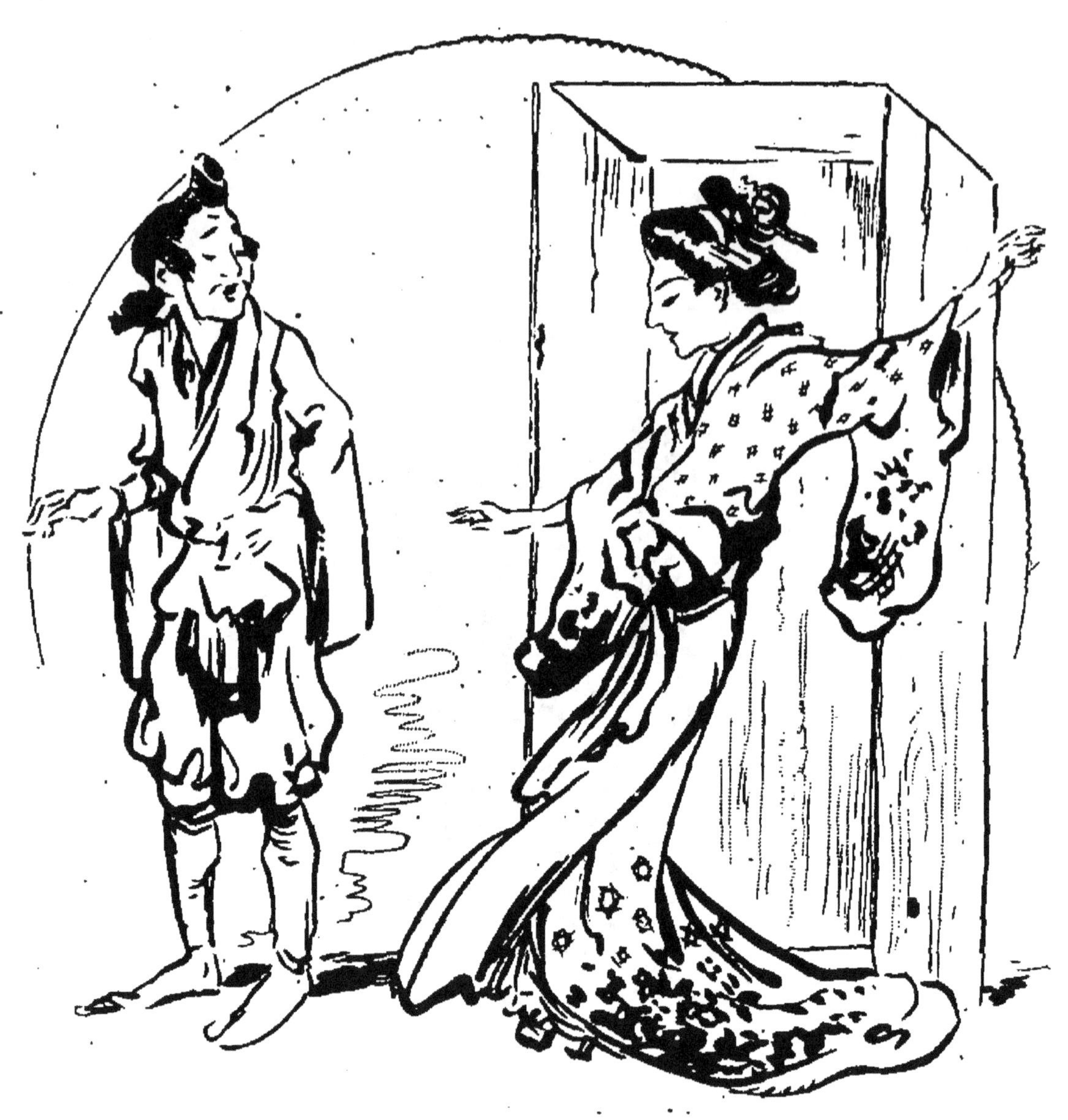

MME SADA YACCO

Le théâtre de Loïe Fuller, à l'Exposition, d'aspect étrange et vraiment nouveau avec son architecture en draperie de plâtre, retenue par des bouquets de plumes, et qui, le soir, se nuance de la couleur harmonisée des lampes électriques. A l'intérieur, tentures de velours bleu préparées pour les *nuits* nécessaires à la danse serpentine, mais que Loïe a trouvé moyen de décorer délicatement avec des peintures éclairées par le dessous des bandes de leur cadre. Et encore par des vitraux où la personne de Loïe paraît très peu, parmi le paraphe compliqué des robes envolées.

Dans le foyer, des maquettes de plâtre, de bronze, de terre, électriquement colorées. Le plâtre, ainsi frappé de deux jets de lumière complémentaire, a les brûlantes couleurs d'un métal en fusion : dans le calme du bleu de nuit, c'est de l'art météorisé.

Mais le rideau s'ouvre, et subitement nous sommes au Japon : non pas dans cet extrême Orient des traducteurs félons, mais au Japon authentique, qui, pour la première fois, est apporté, chez nous, cours la Reine,

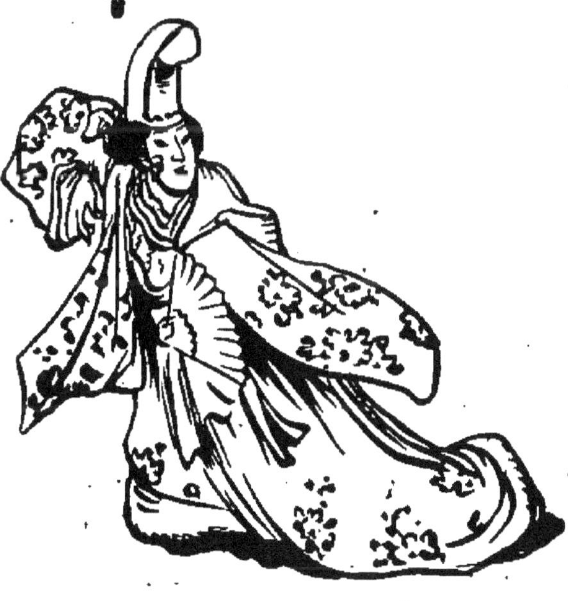

par une petite créature jaune, ni jeune, ni belle au sens parisien, et qui ne sait pas un mot de français, mais qui, parce qu'elle est *une artiste,* réalise et surpasse tous les rêves de japonisme que chacun de nous a faits en feuilletant l'œuvre délicate des Okousaï et des Outamaro.

Dans la Revue du dernier trimestre, nous annoncions témé-
rairement que, dans quelque
coin de l'Exposisition, se révè-
lerait bientôt la femme qui fe-
rait courir tout Paris, la petite
successerice en 1900 des Vakiem
et des Soledad de 1889. Nous
croyions nos pronostics à la
dérive, quand Mme Sada Yacco
est apparue, et il n'a pas fallu
huit jours pour que sa réputation soit faite dans la fraction
du tout Paris qui décide de la
valeur d'art et entraîne la masse.

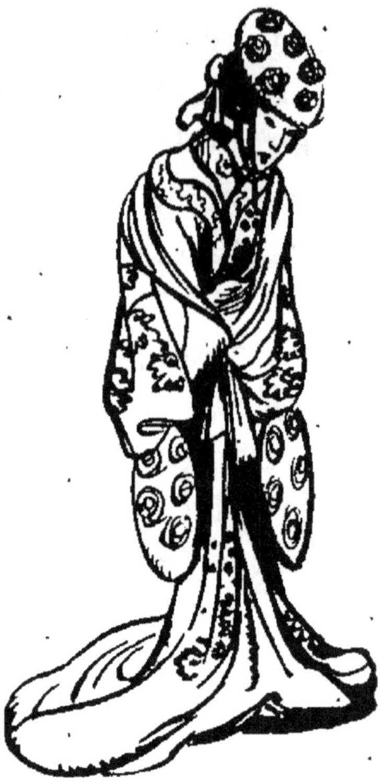

Car c'est quand elle a le chapeau de la parisienne,
la jupe à pli Watteau et le paletot à taille que
Mme Sada Yacco est déguisée : à la scène, dans ses
robes de soie brodées, sous ses fards et sa coiffure
lissée, elle a la beauté de la femme des estampes : ses
yeux, son nez, sa bouche, l'ovale long de son visage
sont modelés sur le type même de la beauté japonaise,
et si, au sortir de la représentation, l'idée vous vient
de feuilleter le trésor de la Mangua d'Okousaï, vous
retrouverez cent fois son portrait ; chacun de ses
gestes est pour les japonisants un souvenir et une
explication, et raconte tout au long le poème de la
grâce des mousmés, que nous ne connaissions que
par fragments, au hasard de la notation de ses

peintres ordinaires. Par sa mimique, nous comprenons bien des gestes inexpliqués, nous rendons justice aux dessinateurs japonais, qui, par ci, par là, nous avaient paru un peu conventionnels. De même, pour la première fois, nous pouvons vérifier sur nature la véracité des mouvements de lutte ou de combat, les torsions des mains, le rictus étrange des figures.

Cette réalité, nouvelle à nos yeux, s'accentue par l'accent du dialogue, inouï pour nos oreilles européennes. Nous n'avions point idée d'une langue pareille, plus près, semble-t-il, du parler des chats que de celui des hommes. Les *roumoumiaou* de Mme Sada Yacco et de ses partenaires sont très variés, il y en a pour l'amour et pour la haine, et leurs imprécations sont toujours accompagnées du chit...chit... particulier des promeneurs de gouttières.

Mais il est certain que c'est nous qui avons tort de

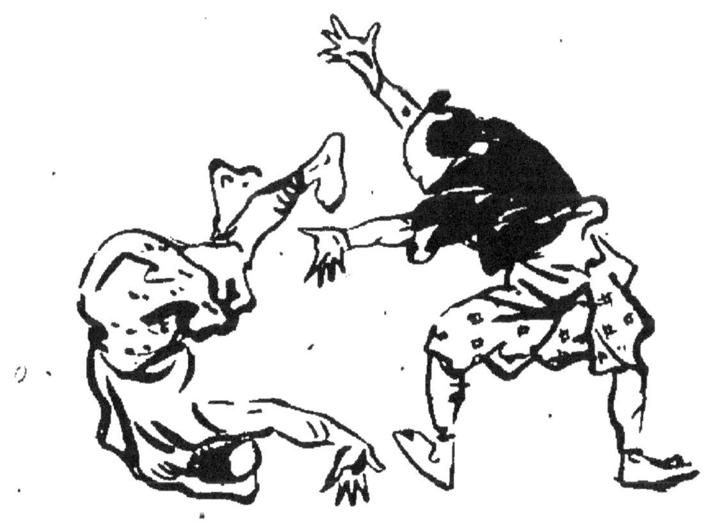

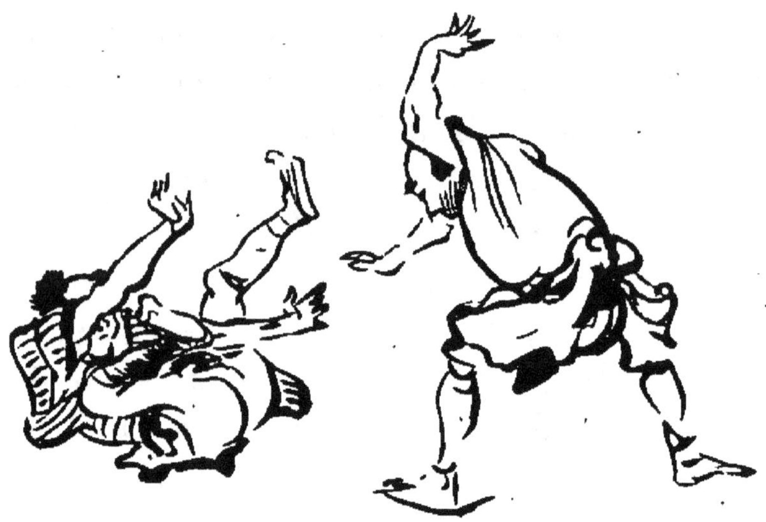

trouver cela drôle : nous sommes, là, Européens, comme d'autres sont provinciaux ; et Mme Sada Yacco n'en est pas moins une grande artiste : la grâce de sa danse, pour ignorer les pirouettes et les entrechats, n'en a pas moins de saveur, au contraire ; quand elle glisse, les pieds en dedans, son petit corps se plie à des gestes d'enfant qui eussent ravi Joseph Chéret, le sculpteur des tout petits.

Et la danse n'est pas son seul triomphe, elle nous révèle aussi la câlinerie japonaise, quelque chose dont Loti nous avait donné un avant-goût, le frôlement amoureux que possèdent aussi certaines petites femmes de chez nous, parmi celles qui, à vingt ans, ont gardé les mignardises de leurs huit ans ; sa mort, au bras du Samourai chéri, est un délice d'agonie légère, la mort du papillon qui expire sans qu'on sache trop pourquoi, dans un frémissement qui a l'air d'une extase.

Et la tête échevelée de la comédienne d'Orient, ses
yeux chavirés parmi les roses de son fard, ce sera
peut-être le plus persistant souvenir d'art de cette
Exposition.

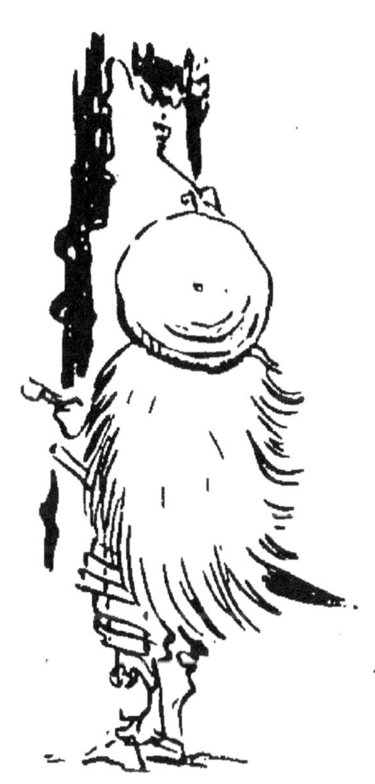

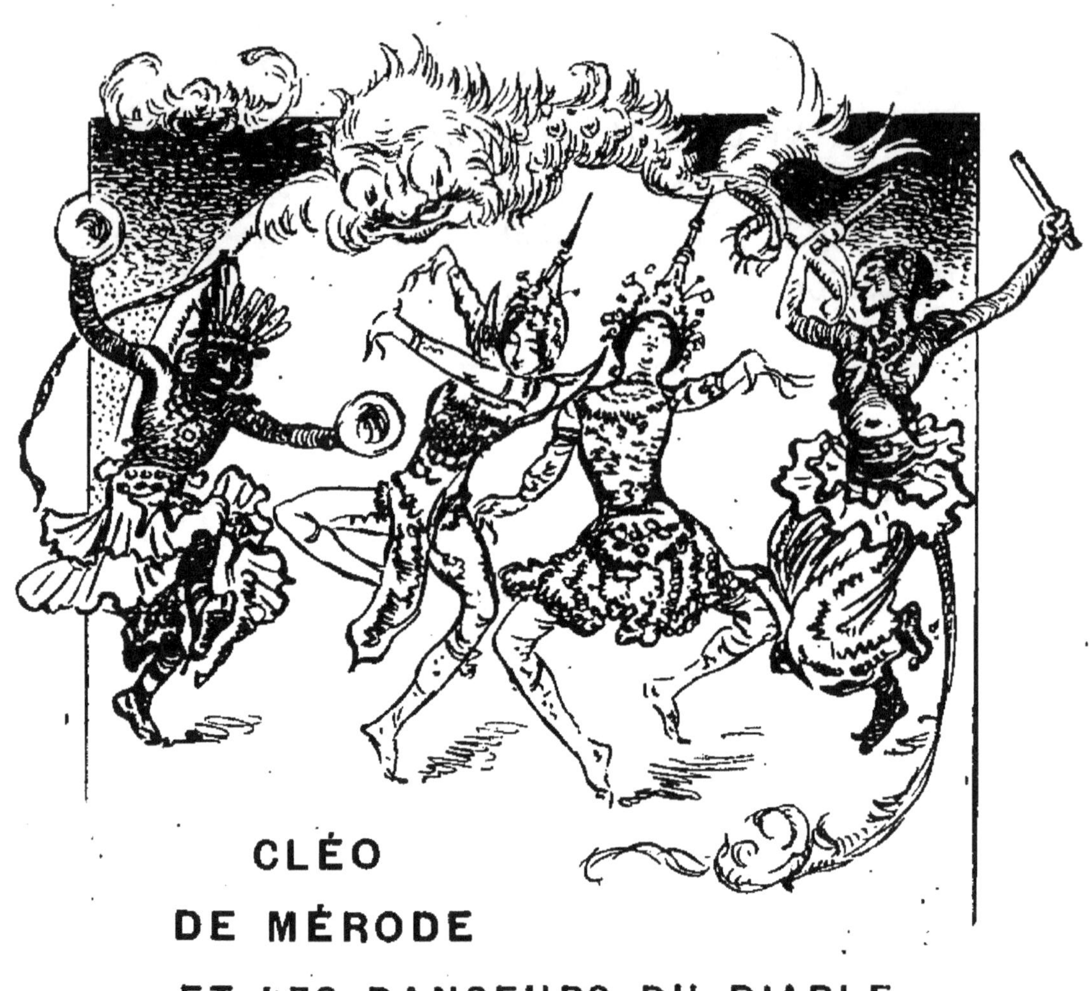

CLÉO
DE MÉRODE
ET LES DANSEURS DU DIABLE

Mais en voici bien d'une autre! Cléo de Mérode,
notre ballerine rose et fuselée, au milieu du bronze
mouvant de ces enragés Cinghalais, les Danseurs du
diable! La terreur que veulent semer leurs clochettes,
leurs plaquettes de métal, et leurs casques historiés, et
les petits jupons que semble leur avoir prêtés Cléo elle-
même, et leurs coquillages, et le cuir déchiqueté en
nageoires de chien de mer de leurs ceintures n'a pas
beaucoup d'action sur nous, mais ils servent d'amu-

sant contraste aux grâces parisiennes de la danseuse.

Les Vénitiens d'autrefois, — la comédie fiabesque le prouve — s'amusaient beaucoup d'imaginer leurs personnages de comédie : Pantalon, Pierò, le Docteur, ou Narcisin de Malalbergo, à la cour d'une Chine fantastique où le baroque le disputait au terrible, parmi les amours des princesses jaunes et la poursuite des eunuques armés de coupe-têtes. Les organisateurs du théâtre indo-chinois ont eu d'analogues fantaisies en échouant Cléo, à son retour d'Amérique sans doute, dans l'île où les Danseurs du diable se sont donné la mission de terrifier les petits Indous, et c'est amusant de voir pirouetter au milieu du décor cauchemardant de la faune de potiche, sous le regard arrondi des dragons de l'Annam, les grâces qui ne sont d'ordinaire dévorées que par l'œil concupiscent des abonnés de l'Opéra.

Au point de vue sculptural, il ne fallait pas moins que le modèle de Falguière pour représenter l'académie française (par un petit a) à coté de l'académie des danseurs indous, ces torses merveilleux, souples et musclés, et d'une si belle patine, qui font rêver les artistes, les femmes... et les fâcheux antiphysiques !

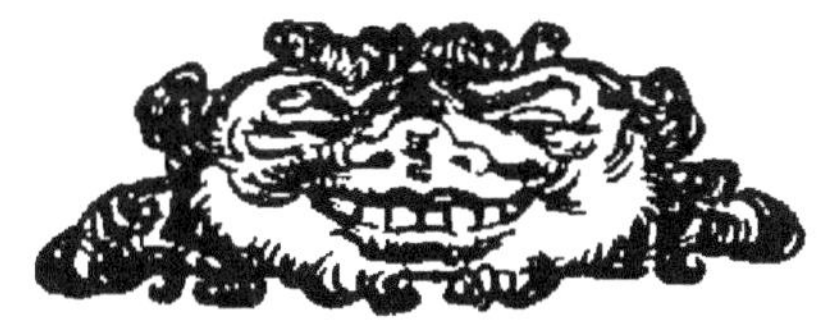

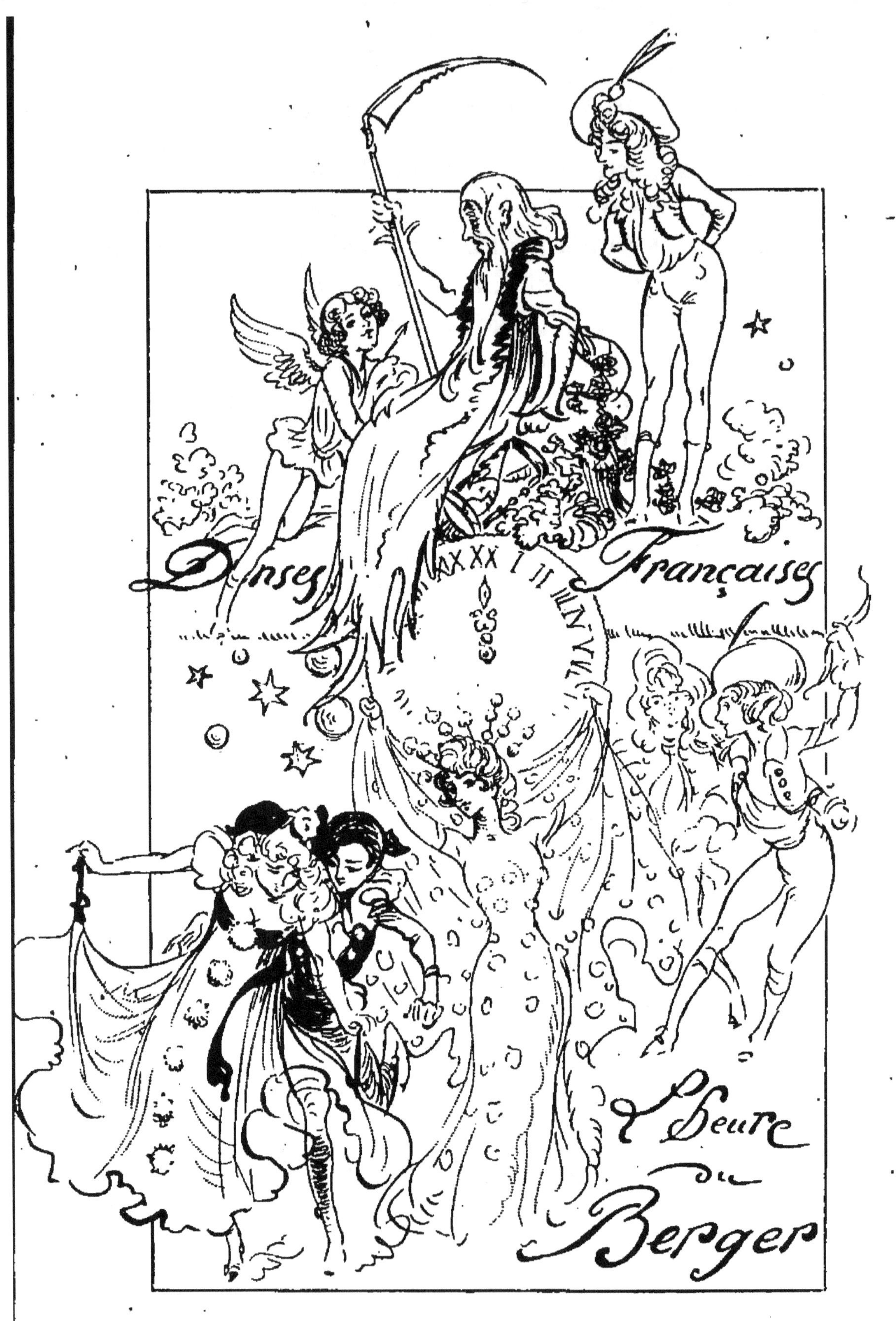

Danses Françaises
L'heure du Berger

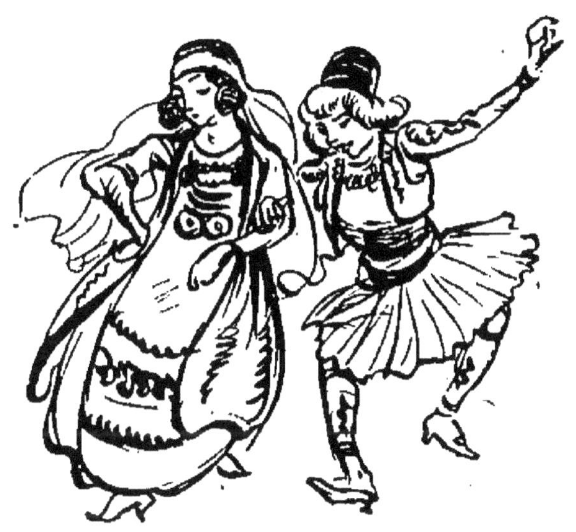

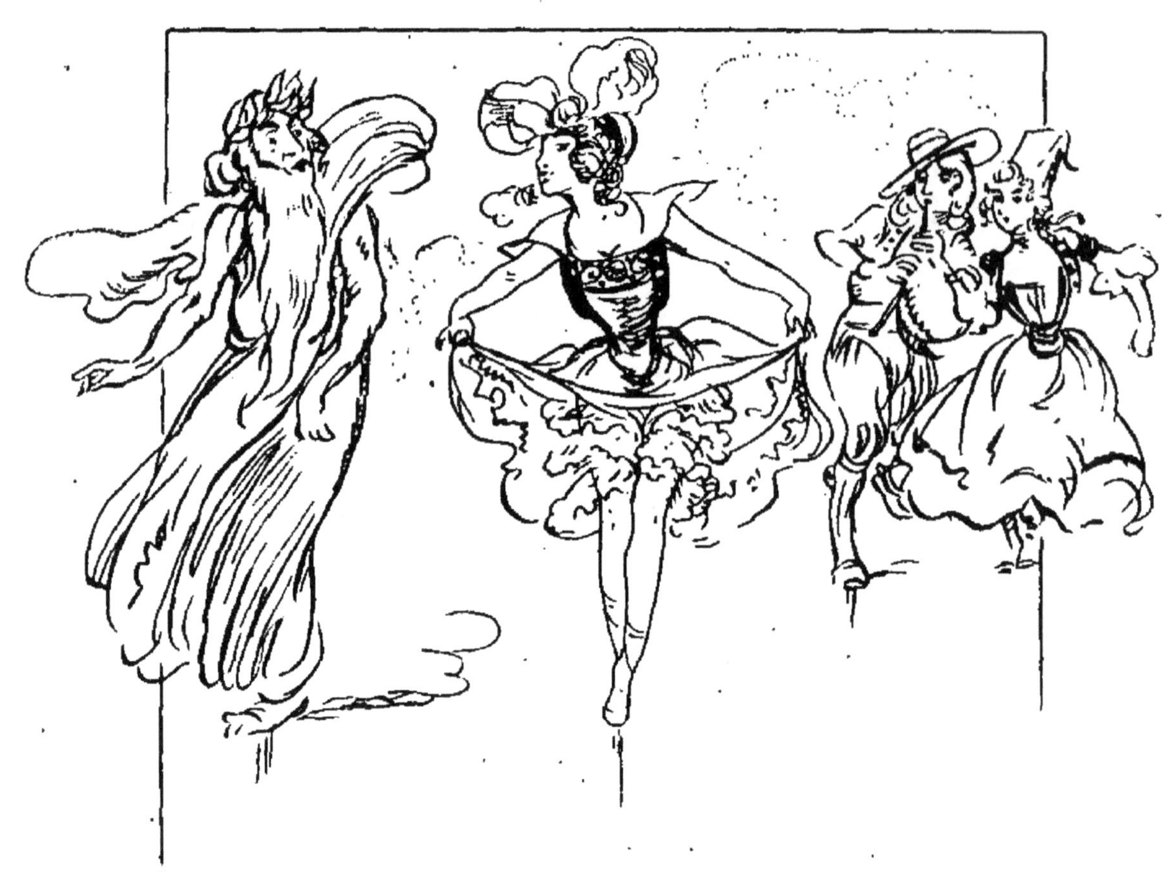

L'HEURE DU BERGER

TERPSICHORE

Après de si nombreuses excursions dans le domaine de la danse exotique, il était reposant de passer quelques heures au Palais de la danse, où le spectacle est composé sans autre souci que celui de plaire aux yeux par des formes et des couleurs. Cet art simpliste est celui de la danse française. A bien réfléchir, les raffinements qui plaisent tant à l'élite du public, le piment des spectacles étranges, inconnus, ne sont point du tout l'affaire des grands théâtres où la foule des spec-

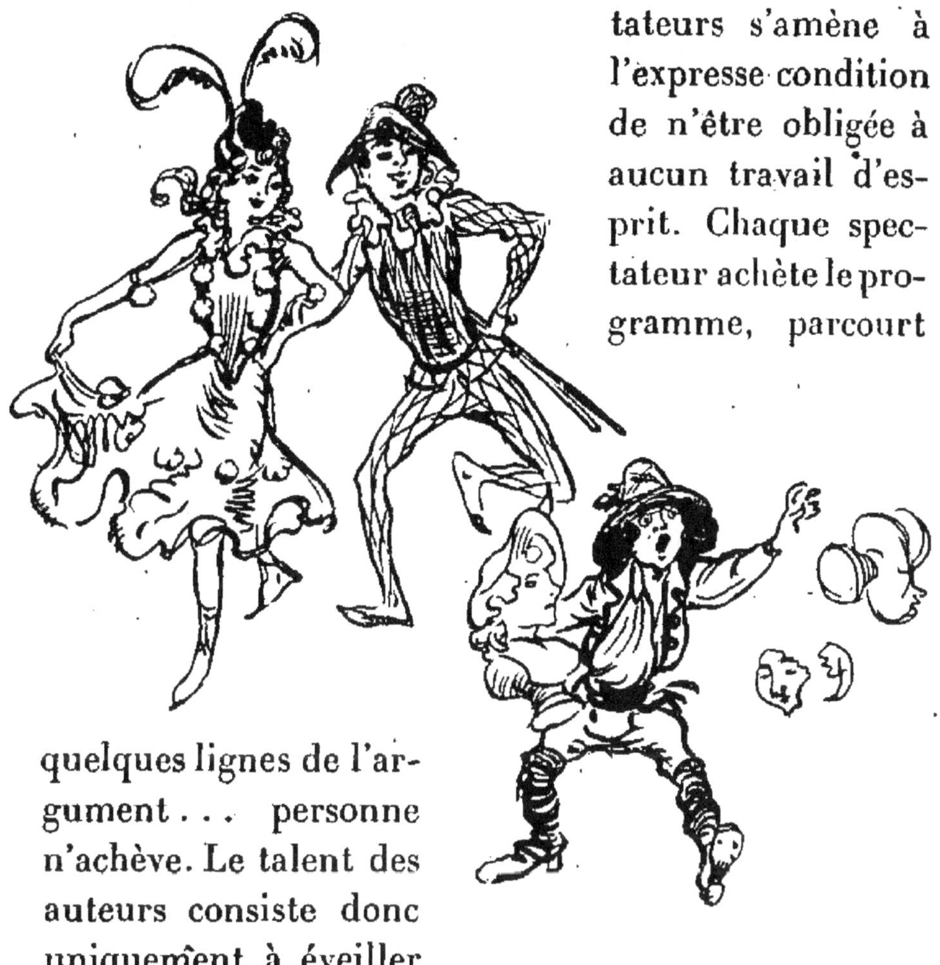

tateurs s'amène à l'expresse condition de n'être obligée à aucun travail d'esprit. Chaque spectateur achète le programme, parcourt

quelques lignes de l'argument... personne n'achève. Le talent des auteurs consiste donc uniquement à éveiller les imaginations du musicien, du décorateur, du costumier, du metteur en scène, de la maîtresse de ballet et du chef électricien. Une musique légère, qu'on puisse à volonté écouter ou ne pas entendre, de la couleur à la colle, des soies, des satins, des velours, des dentelles, le goût des ensembles, un dessin agréable pour les pirouettes des premiers sujets, d'habiles jeux de lumière, de la jolie chair adroitement dévêtue, et souple au point de ne jamais paraître

lassée, de n'éveiller dans l'esprit du spectateur aucune
idée de peine ou de souffrance, — cela suffit pour le
ballet. Ces travailleurs fiévreux que sont les Parisiens — pour la plupart — goûtent en le regardant le
repos auquel ils ont droit. C'est le délassement français par excellence.

Allez-y dans cet esprit, avec la ferme intention de
ne pas perdre de vue que vous êtes dans le royaume
de la convention, et vous sentirez les bouillonne-
ments de votre cervelle s'apaiser peu à peu, dans
une sorte d'engourdissement délicieux. Ces costumes
bretons sont fantaisistes? Qu'est-ce que cela fait. Vous
avez compris qu'ils sont bretons, cela suffit; vous
n'avez pas besoin de vous occuper d'autre chose;
pour ceux qui, plus engourdis que vous dans leur
voluptueuse paresse
d'esprit, n'auraient
pas encore bien saisi,
voici les sonneurs de
biniou et le calvaire
qui déterminent le
lieu de la scène, dont le sujet,
du reste, comme vous savez,
importe très peu.

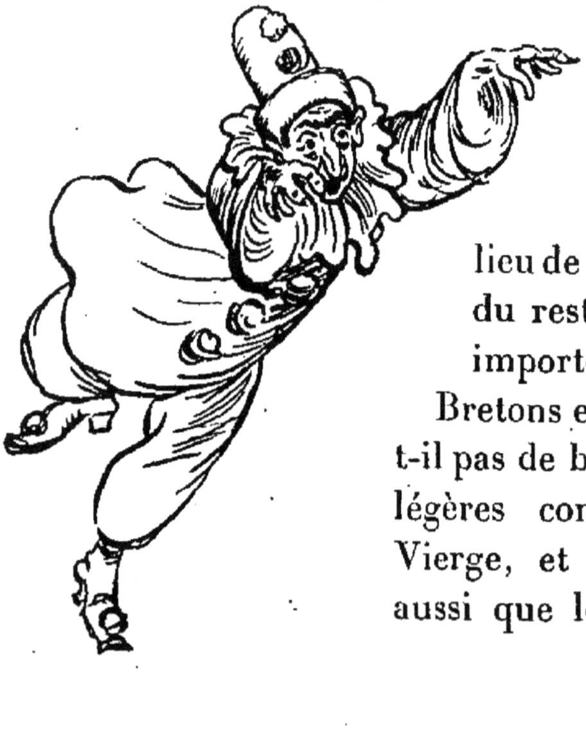

Bretons et Bretonnes, ne voilà-
t-il pas de belles petites créatures,
légères comme des fils de la
Vierge, et vous plaindrez-vous
aussi que les hommes soient ici

figurés par des femmes, jolies comme des cœurs.

Mais la direction a pensé à tout : non contente d'attirer la foule, par les moyens ordinaires que l'on sait, elle a pensé aux artistes et aux amateurs de danses exotiques. Parmi les danses de pure convention, Écossaise, Chiote, Épirote, Thessalienne, Ionienne, Klephte, parmi les Tarentelles et les Cachuchas, voici la troupe russe des Skopinoff, qui ne vole pas le tonnerre des applaudissements qui salue sa sortie. Miracle! ces gens ont le costume de leur pays, ils secouent leurs chiffons d'habits, leurs pieds enroulés de bandelettes grossières, sur le parquet où craquaient tout à

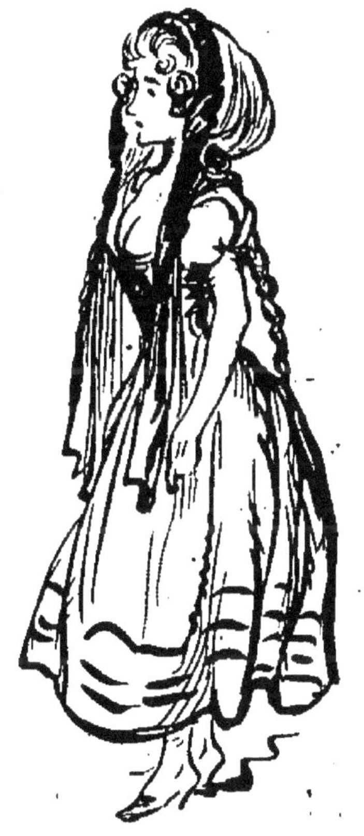

l'heure les chaussons de satin.

Nous connaissions ces danses russes, que bien des troupes ont courues sur nos scènes parisiennes, mais nous ne les avions pas encore vues exécutées avec un tel élan, de semblables tours de muscles. Il y a un Petit-Russien, coiffé d'un singulier chapeau haut-de-forme, vêtu d'une inénarrable redingote, qui a bien l'une des plus bizarres silhouettes que l'on puisse voir. Et les belles Russes qui ont eu le louable

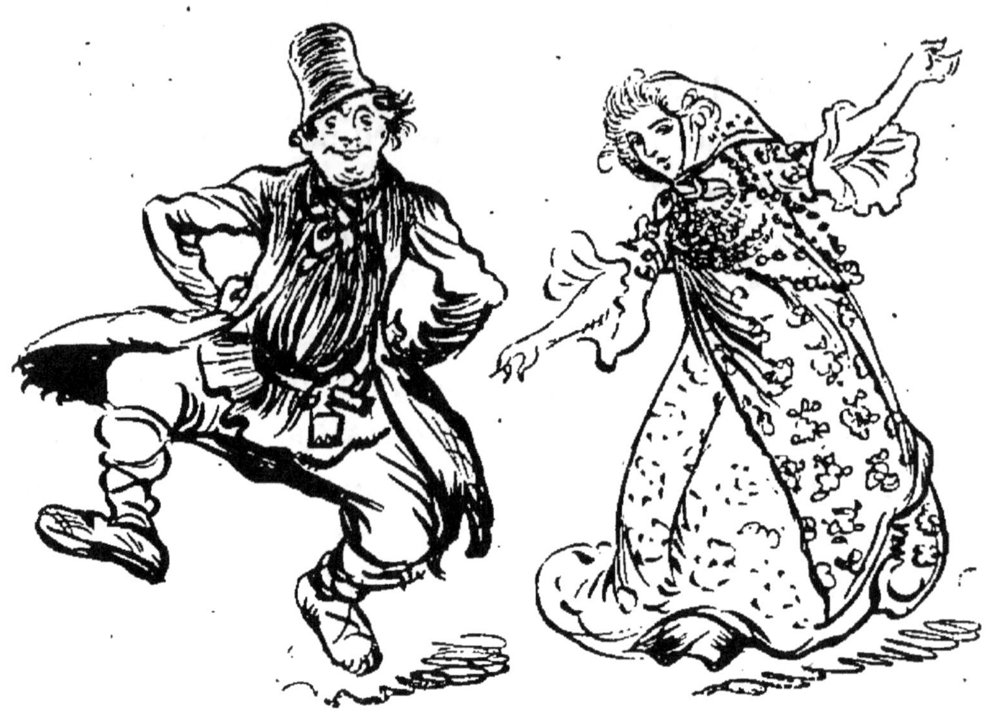

courage de garder leurs tailles hautes et larges et
leurs mouchoirs de tête !

L'applaudissement du public, un moment réveillé
de sa torpeur voluptueuse, prouve qu'il n'est tout de
même pas si indifférent qu'on veut bien le dire aux
curiosités d'art exotique. Dans ce petit Opéra de
l'Exposition, il est ravi de trouver autre chose que la
danse d'Opéra. Costumes étranges, mouvements in vus,
rythmes inouïs, c'est, en somme, le meilleur attrait
d'une Exposition décennale, une chose dont les gens
intelligents, mais qui ne peuvent pas courir la terre,
sont privés en temps ordinaire. Ils n'ont plus, pour
se délasser du pâté d'anguilles parisien, que les ateliers d'artistes. Quelques-uns sont comme des colo-

nies d'art lointain où les soins d'un amateur avisé a
réuni les objets les plus curieux de couleur ou de
forme, ces chefs-d'œuvre qui sortent des mains naïves
et savantes du fabricant de tapis d'Orient, du potier
d'Espagne ou du bijoutier d'Arabie. Tel, par exemple,
l'atelier du peintre orientaliste Dagnac-Rivière, le
musée charmant de tapis aux belles nuances et
d'étoffes délicates où la critique pourrait trouver le
secret de la riche palette du peintre, cette chaude
couleur si bien en harmonie avec les sujets qu'il aime
à traiter. Une promenade à travers certains ateliers
de Paris peut donner l'illusion d'un petit voyage
autour du monde, il n'y manque que les personnages,
et ce sont ceux-là qu'il faut nous hâter d'étudier à
l'Exposition, car nous ne les reverrons plus que dans
dix ans... et encore!

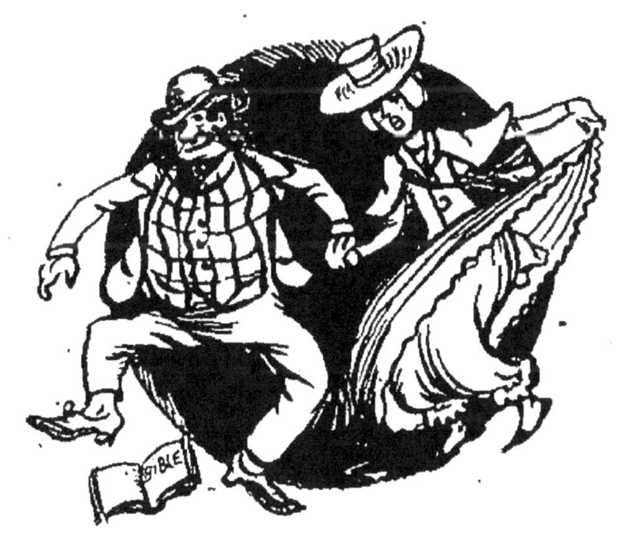

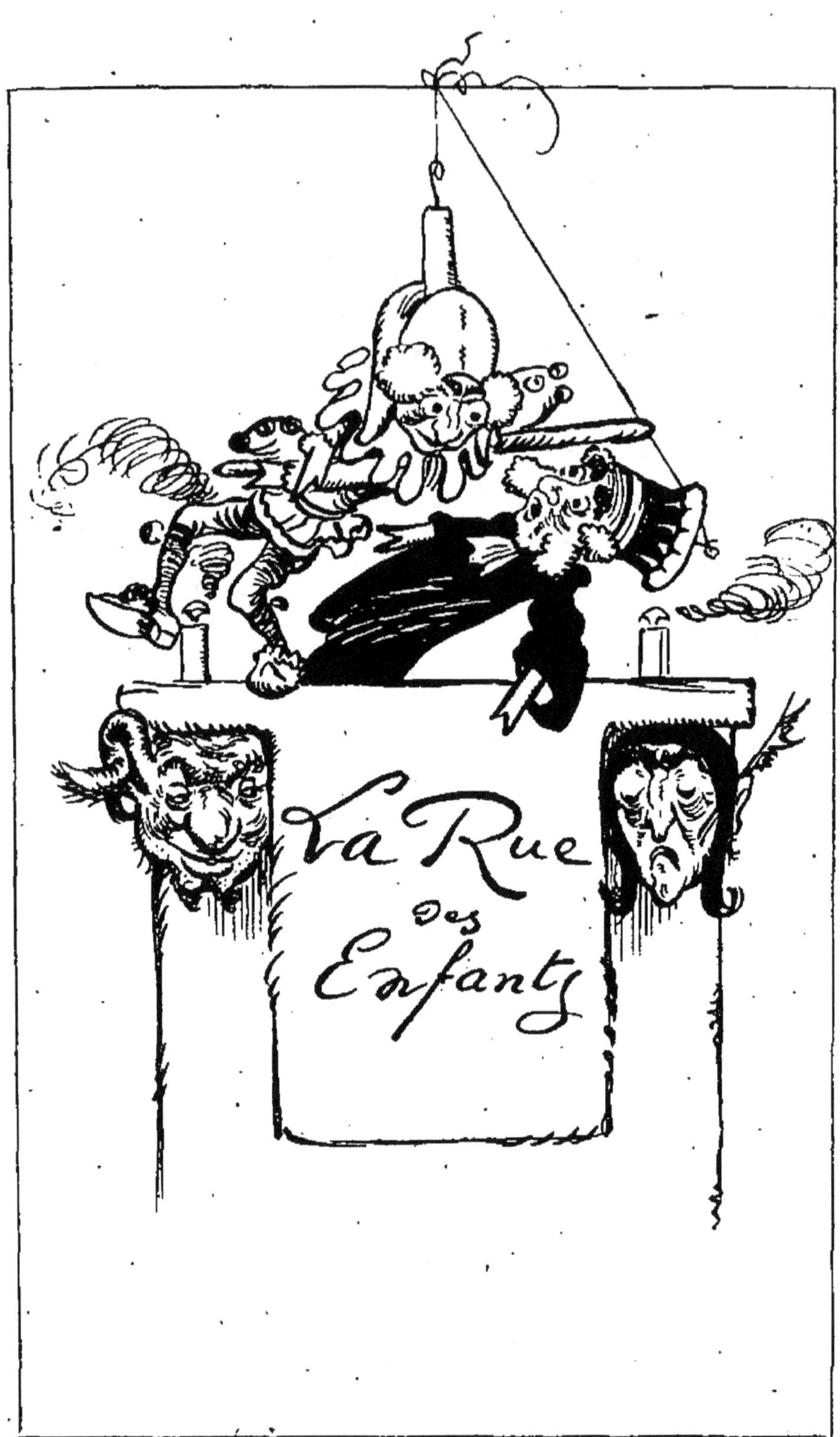

La Rue
des
Enfants

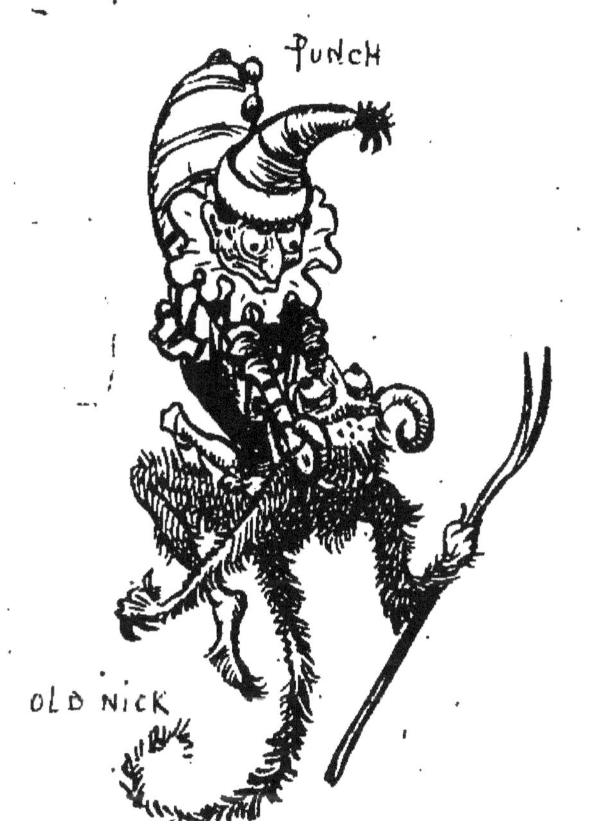
PUNCH
OLD NICK

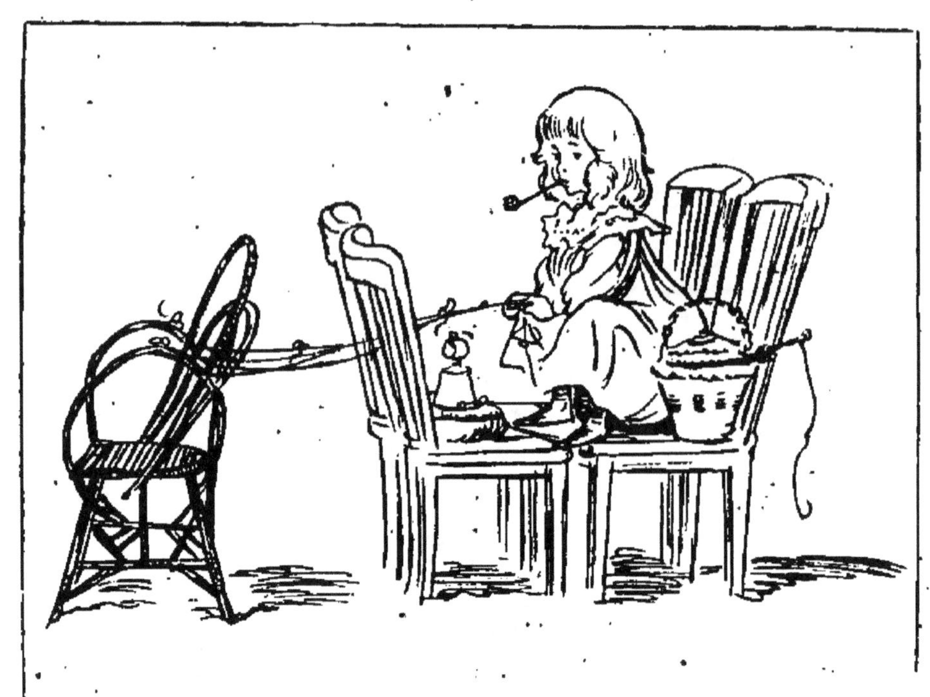

LA RUE DES ENFANTS

Jean, qui a quatre ans, est sévère pour M. Picard.
Il manifeste sa mauvaise humeur en refusant nettement d'aller se promener à l'Exposition. Il préfère
donner une journée de plus à son jeu favori : quatre
chaises de jardin, trois coussins superposés, voici la
voiture, et le cheval est un fauteuil de bois tordu que
relient des guides de ficelles. Sur cet attelage impro-
visé, la pipe au bec, faite d'un marron fiché dans un
bout de bois, Jean part en voyage, on ne sait où,
dans dés pays de rêve qui doivent être merveilleux,
si l'on en juge par l'expression de ses yeux ravis.

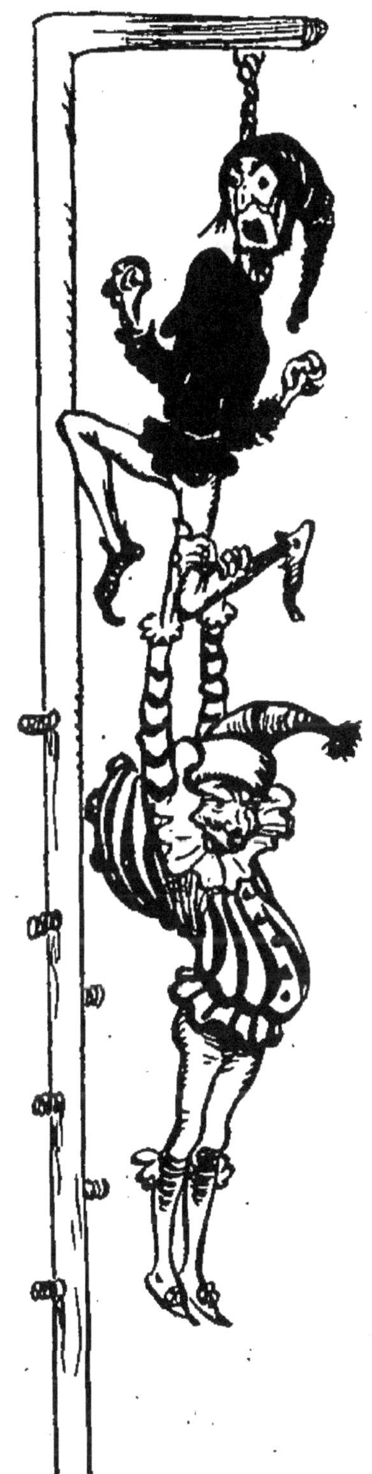

Jean n'a été que deux fois à l'Exposition : ça lui a suffi. Les jouets de Nuremberg, les jouets français, voilà tout ce qu'il y a pour lui dans l'immense bazar, et la revue en est bientôt faite. L'architecture, la mécanique, les tissus, les danses du ventre, Loïe Fuller et Cléo ! il n'en a cure. Jean est désappointé : il doit trouver confusément que M. Picard a oublié tous les ci-toyens français qui comptent de 2 à 15 ans. Ces citoyens n'étant pas électeurs, vous pen-sez si on a songé à eux une minute.

Pour des gens moins préoc-cupés des affaires que ne le sont nos administrateurs, et da-vantage du plaisir de leurs invi-tés, petits et grands, une *Rue des enfants* était tout indiquée, et l'excellent M. Ernest Main-dron en avait apporté l'élément principal : la reconstitution des marionnettes de tous les temps et de tous les pays. Mais l'Admi-nistration veillait, attentive à mettre ses bâtons dans les roues. Le chariot de Thespis de nos gosses, entravé comme bien d'autres, versa lamentablement. C'est dommage : quelques marionnettes étrangères auraient pu donner à nos enfants des leçons utiles et pratiques. Punch, par exemple, l'admirable entêté qui ne cède jamais et qui arrive à pendre le bourreau, à étrangler le diable ! Notre Polichinelle n'est point d'un si utile exemple de volonté et d'énergie : il se met en colère, bat le commissaire: c'est fort bien, mais il finit toujours par se laisser mettre les menottes. C'est un polichinelle

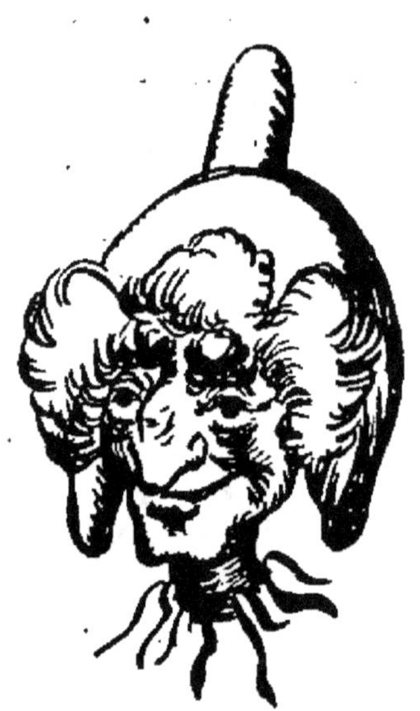

français. Regardez ses faces, son toupet et la forme en demi-lune de son chapeau : il date de la Révolution, c'est peut-être un de ces terroristes enragés qui, quelques années plus tard, devaient plier si humblement sous la poigne du plus terrible des commissaires.

De l'utile et amusant projet de Maindron, un beau livre va rester : *Marionnettes et Guignols,* que Jean pourra feuilleter à loisir, pour se dédommager de ses déconvenues de 1900.

C'est égal, l'Exposition s'est privée d'un élément de succès de bon aloi. La Rue des Enfants, — dans laquelle on aurait pu grouper les expositions de jou-

joux, de vêtements de fillettes et garçonnets, comme
disent les catalogues, les couveuses d'enfants, etc., etc.,
qu'il faut aller chercher aux quatre coins de l'Exposition, sous la tour Eiffel, au Champ-de-Mars, à l'Es-
planade, partout où la main de notre Disséminateur
général les a éparpillées, — la Rue des Enfants, pour-
vue d'un petit square et des pâtisseries obligatoires,
serait devenue le rendez-vous de toutes les mamans
de Paris et d'ailleurs, et il y a bien des papas qui seraient allés s'y reposer gentiment, parmi le rire des
bambins, d'une séance au Congrès d'Economie sociale
ou d'une tournée dans les établissements de danse du
ventre.

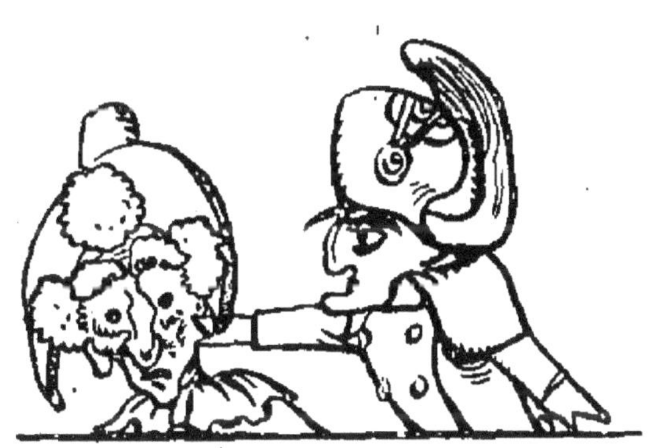

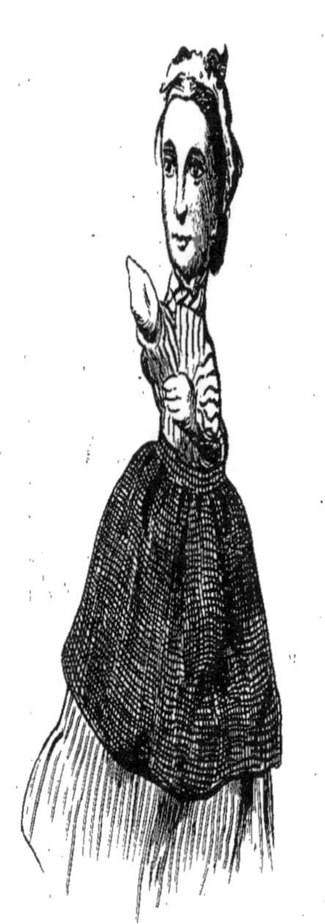

MADELON

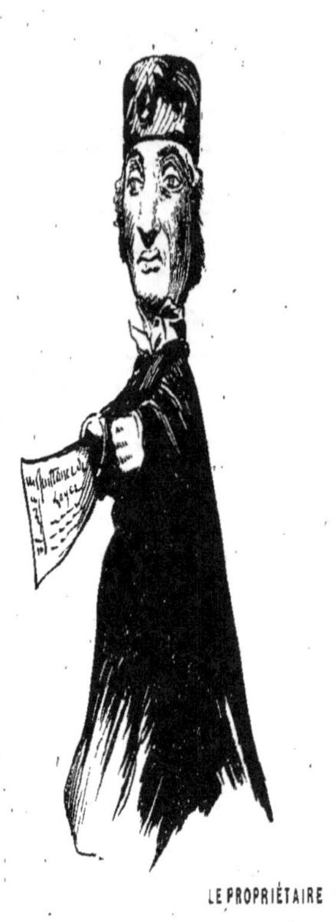

LE PROPRIÉTAIRE

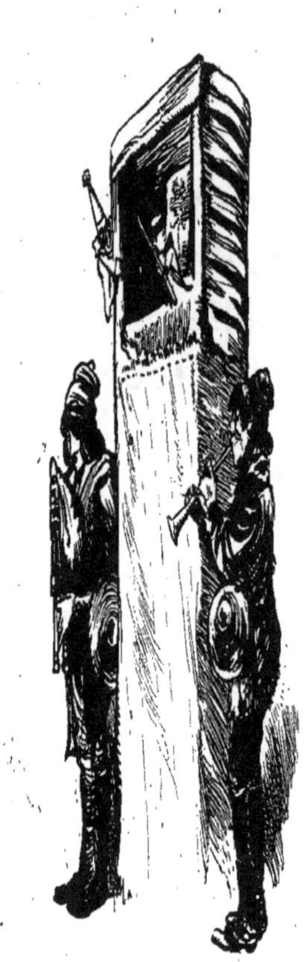

PULCINELLE NAPOLITAIN

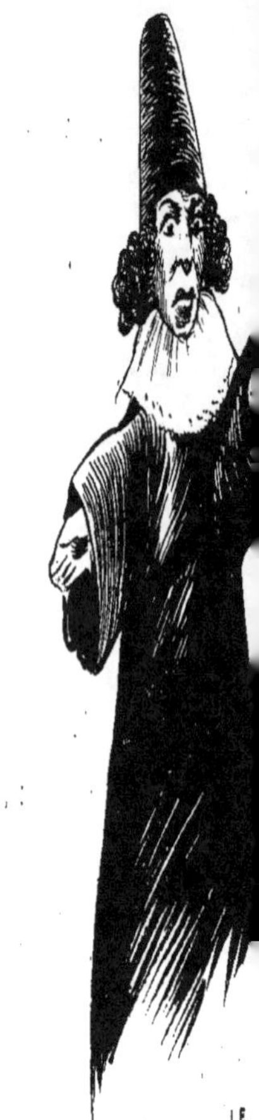

LE

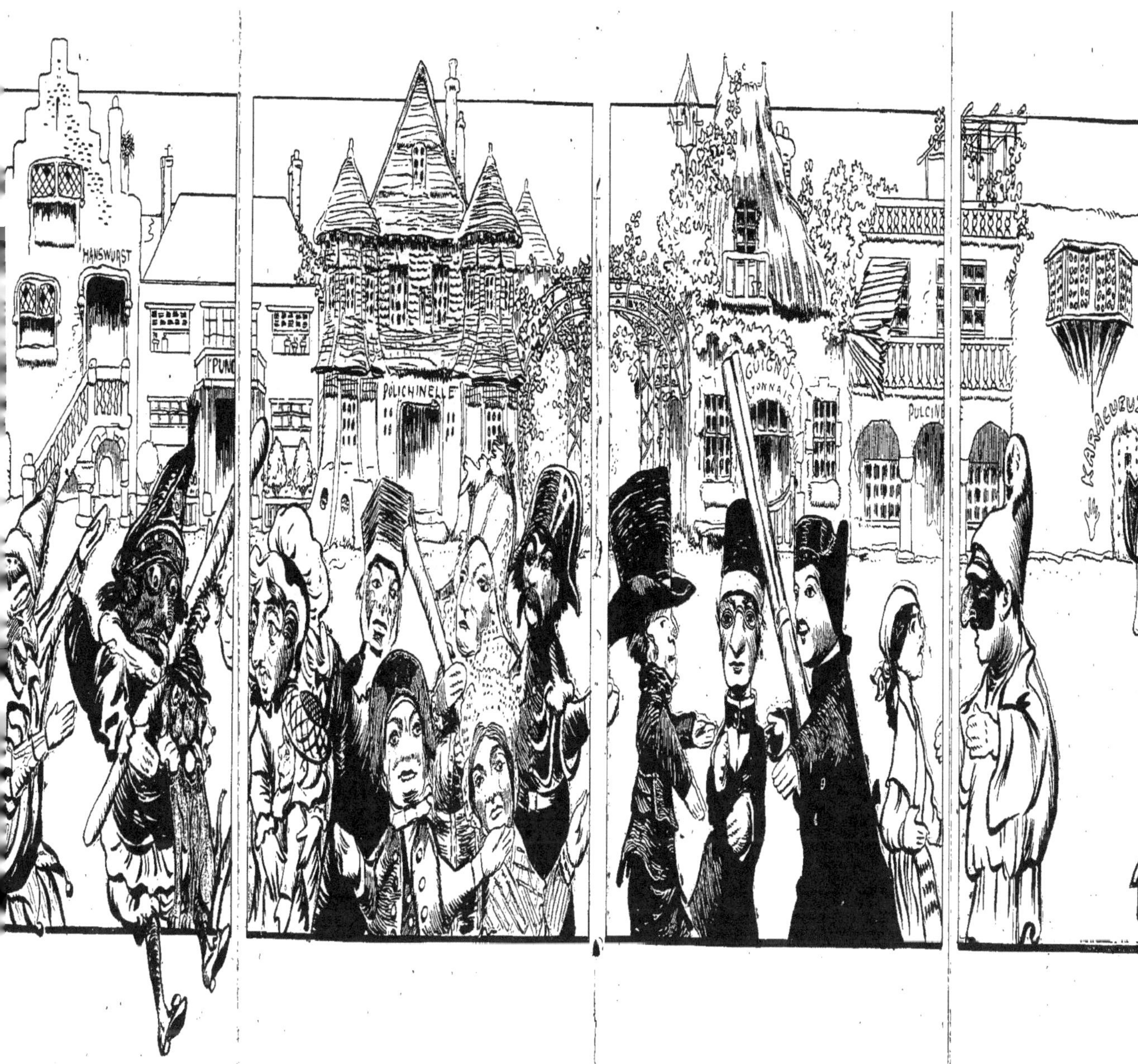

LA RUE DES ENFANTS

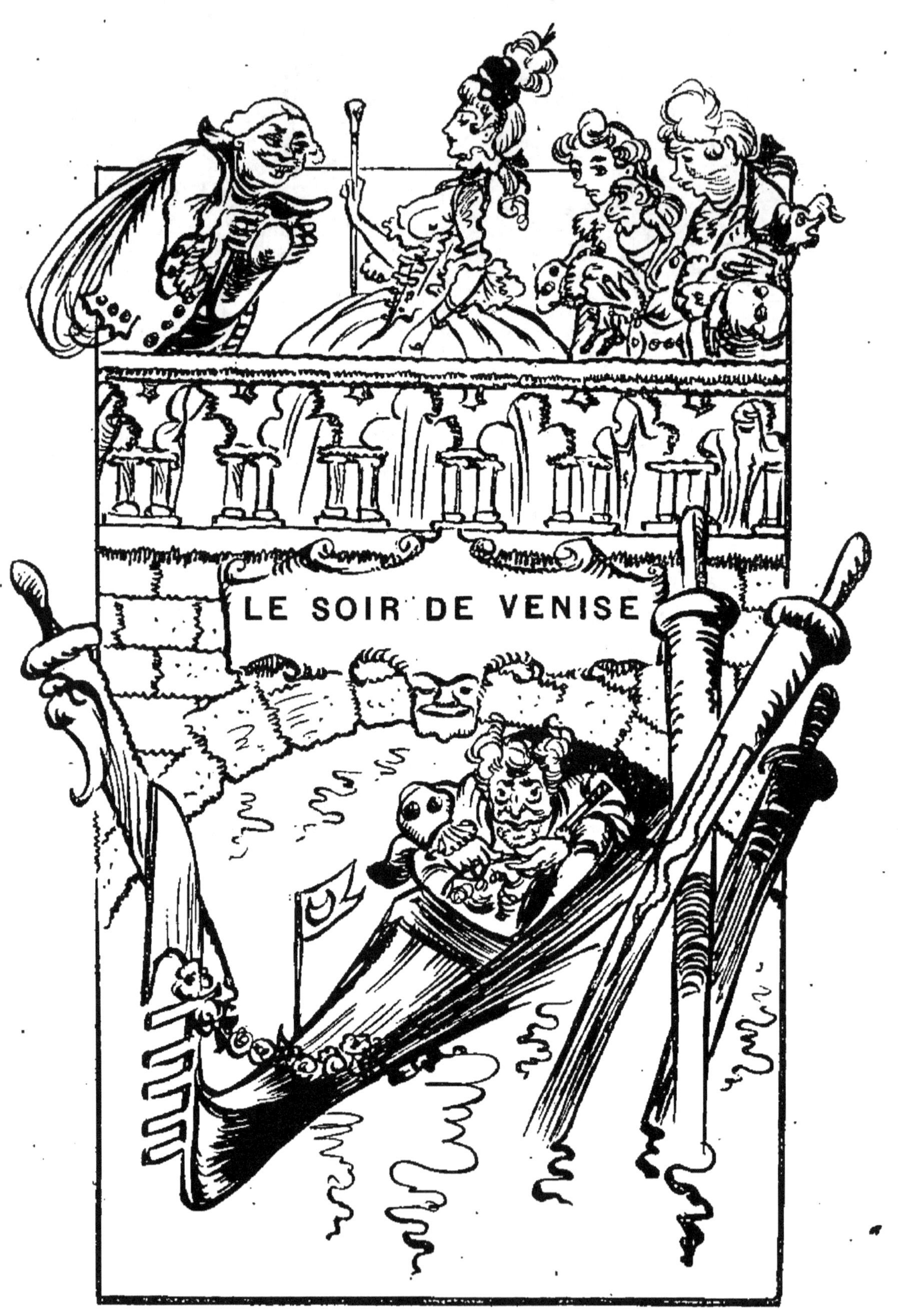
LE SOIR DE VENISE

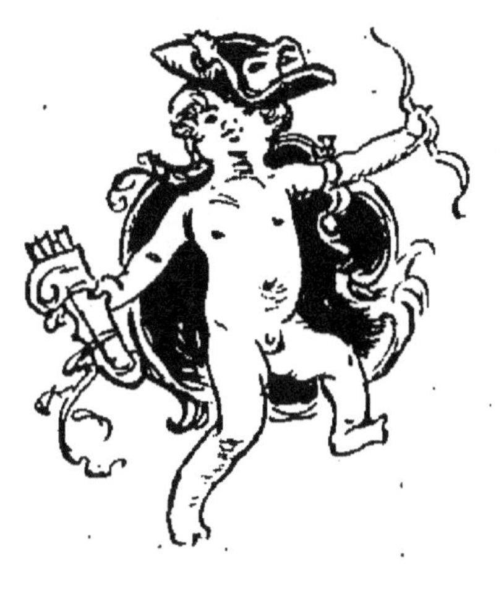

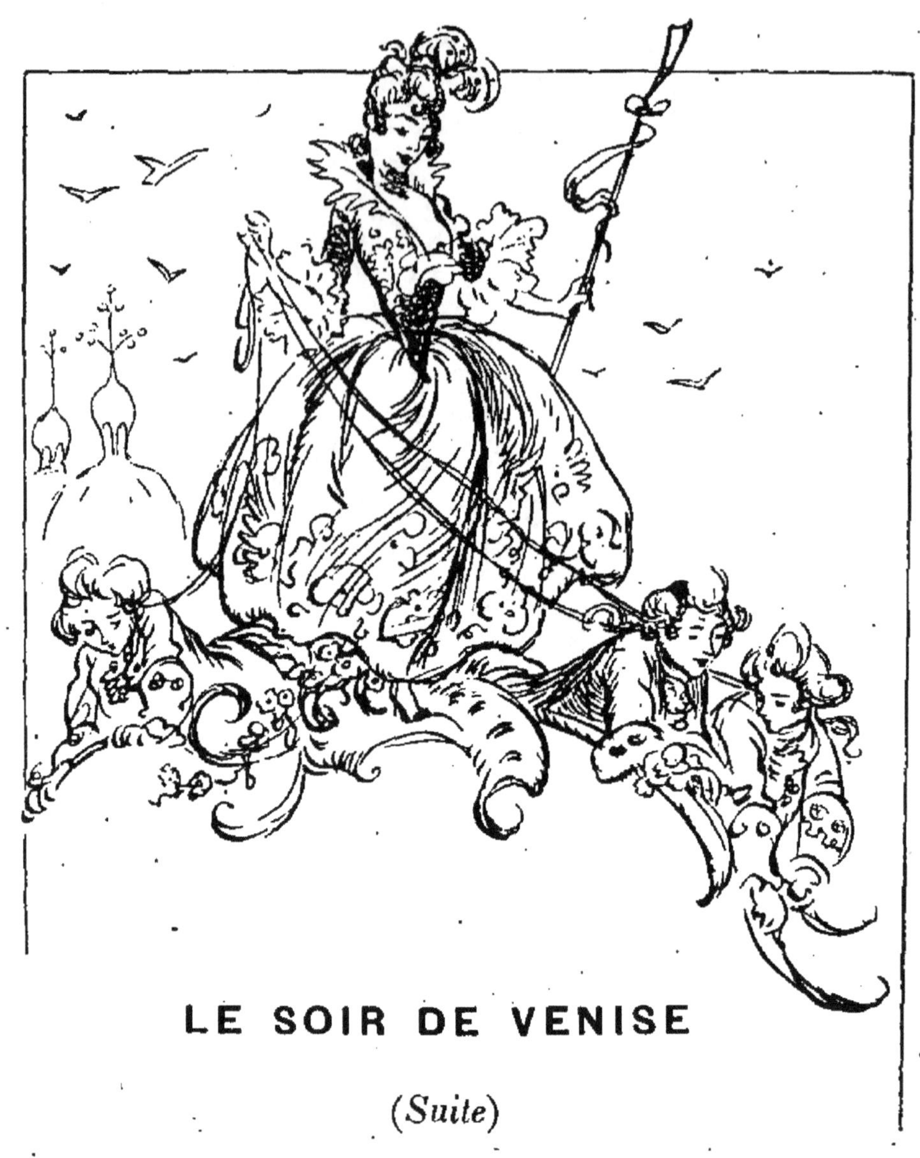

LE SOIR DE VENISE

(Suite)

Mais laissons-là ce Casanova libertin, et demandons l'avis du sieur de Saint-Didier, narrateur prudent, personnage réservé, Français, diplomate, qui promenait sa vertu sur la Piazzetta vers 1680. Le Carnaval, tout jeune encore, en faisait déjà de belles : « Les gentils-donnes qui ont des galanteries, trouvent, dans cette saison, mille moyens de tromper leurs

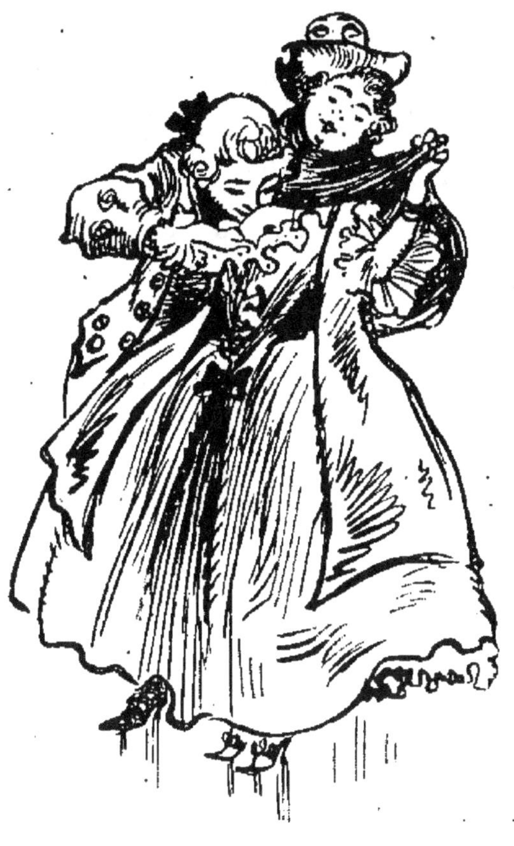

maris et leurs surveillants ; car il n'y a presque point de lieu où l'on ne se puisse introduire à la faveur des masques ; de sorte que le carnaval est la véritable moisson des amours. On y cueille les fruits de toutes les intrigues qu'on a tramées dans une saison moins favorable ; l'on y établit de nouvelles correspondances avec les Dames mesme les plus soigneusement observées, et l'on prend des mesures justes pour les pouvoir entretenir longtemps après. »

Voilà qui va fort bien, et les damerini auraient tort de se plaindre. Mais les maris...?

Mon Dieu ! Les maris, dans le même temps, servent la femme d'un collègue, vont faire conversation chez la Berenice ou la Bagatina, ou bien filent en gondole vers San Lorenzo, donner l'aubade à quelque jolie nonne. Point de colère, aucune bile. La molle sagesse vénitienne, l'habitude de sourire au plaisir entrevu, l'intérêt aussi (car il faut se pousser dans les charges) mènent doucement la troupe des cornards affectueux et ravis. Ils s'en tirent d'ailleurs, avec un spirituel clin

d'œil, par la fable du Bœuf et de l'Ane. — *Bah! bah!*
disait le Bœuf, *méglio è portare la corna che la sóma!*

Oh! nous sommes loin de l'antique Venise, mère
des jaloux furieux et trucidateurs. Fini, le noir
zandaletto qui recouvrait les femmes, à la mode
d'Orient! Disparus, les hauts patins qu'on leur mettait aux pieds, pour éviter qu'elles courussent trop
vite! Comme Othello paraîtrait ridicule, avec ses
roulements d'yeux et son oreiller!

Au temps présent, le plaisir étant toute la vie, les
hommages de Venise vont à celles qui détiennent le
plaisir et l'administrent, et le concèdent. Depuis la
pointe de Quintavalle jusqu'à la pointe Sainte-

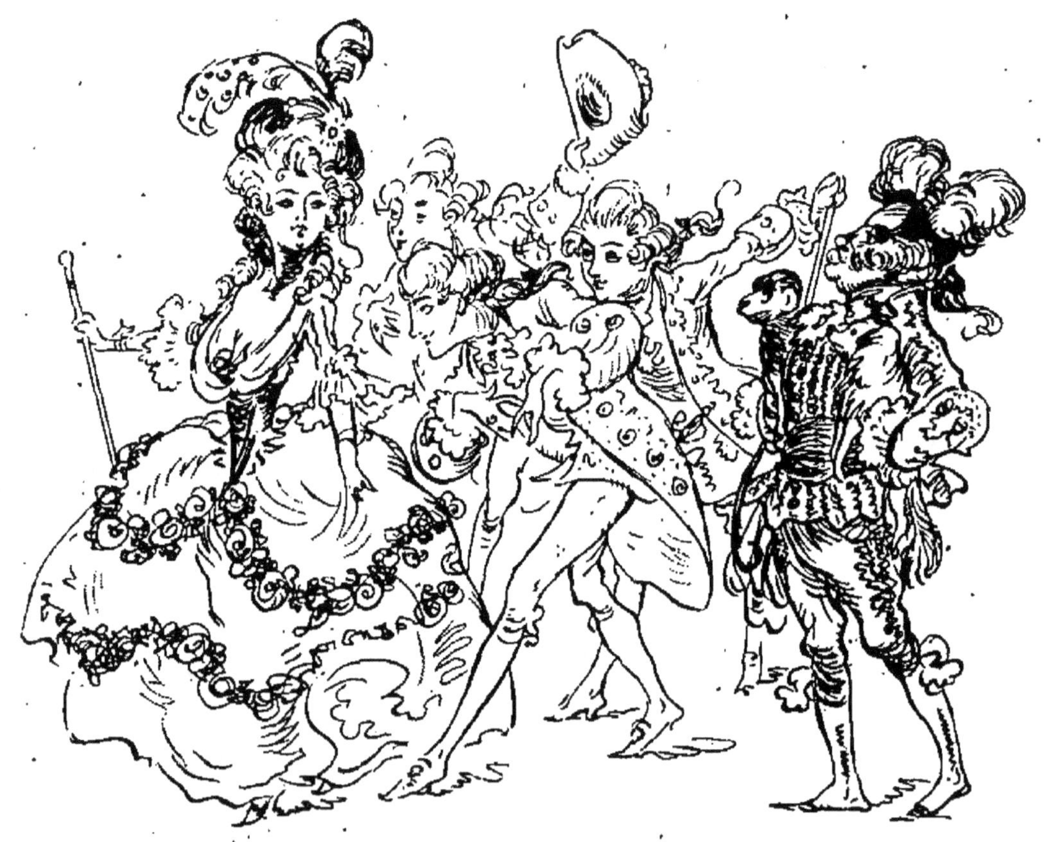

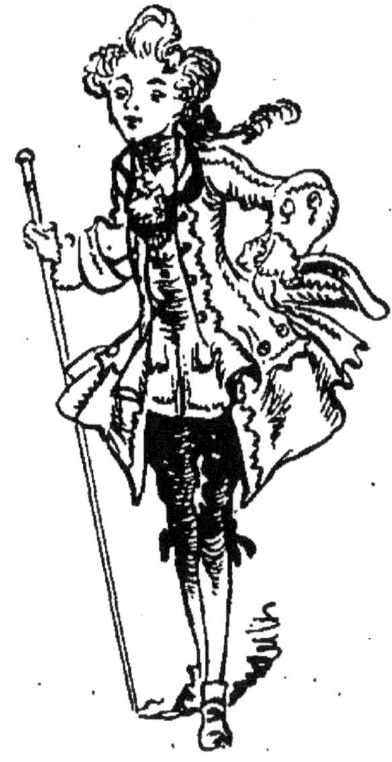

Marthe, une patricienne ne paraît plus sans traîner après soi, comme un butin de guerre, l'escorte énamourée des Cavaliers servants.

Amants?... Pas toujours; mais adorateurs légitimes. Ils sont si bien la propriété d'une femme que, très souvent, on les insère et stipule dans les contrats de mariage, comme paraphernaux d'amour. Or, choyés ou transis, qu'ils soient à la colombe sensible ou bien à l'hyrcanienne tigresse, les bons sigisbées n'accomplissent pas moins leur fonction d'exister avec ivresse, avec extase, dans le froufrou des falbalas; parce qu'il faut que la femme règne, se sente idole, ne manque, en aucune occasion, de soupirs, d'yeux blancs, de grands saluts à traîne-perruque et de « *schiavo suo* ».

Vivant la vie des belles dames, nerveux comme elles, ces souffre-caprices formaient un petit peuple falot et pâmé, conduit à coups d'éventail, sujet aux larmes pour la mauvaise humeur d'un perroquet, ou pour le rhume d'un sapajou. Venise s'amusait de leur esclavage, et, certains jours, quand la Poupée de Paris inaugurait une mode, riait de voir la course essoufflée des cavaliers servants, lancés vers la Merceria comme un état-major bouffon.

Mais régenter ces fantoches n'est qu'un menu régal
pour les gentils-donnes; leur petite main mène la
République. Peu à peu, le Doge, le Conseil des Dix,

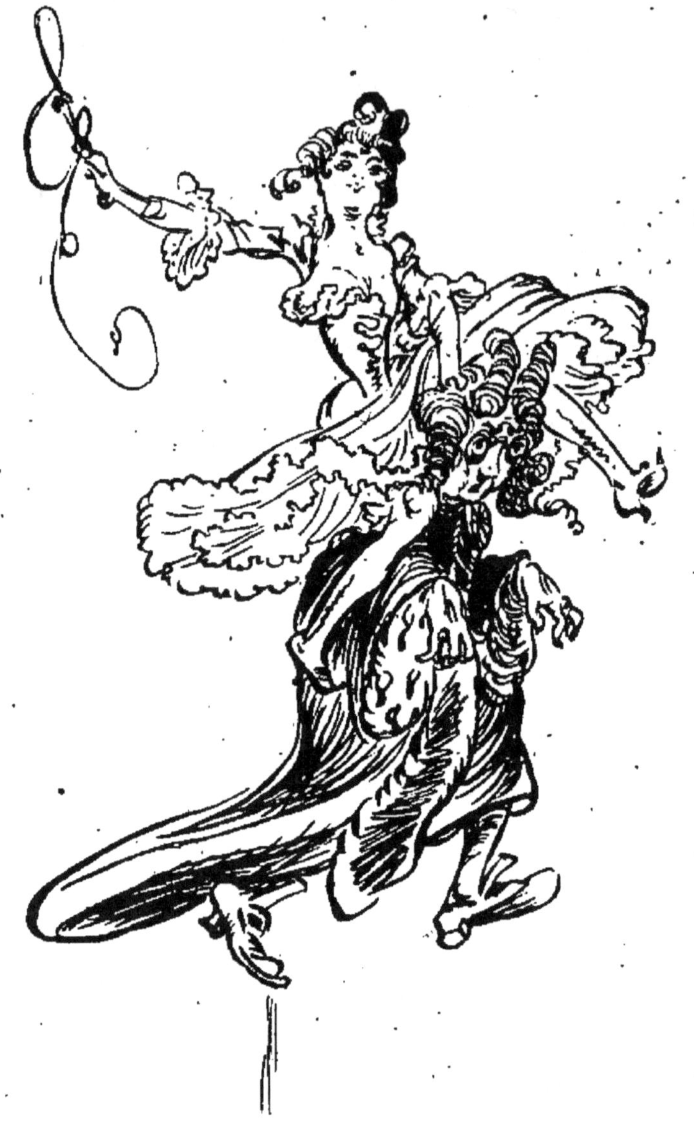

Saint-Marc lui-même sont devenus petits garçons
auprès des belles personnes; et s'il reste une autorité
qu'elles craignent encore, c'est celle des perruquiers

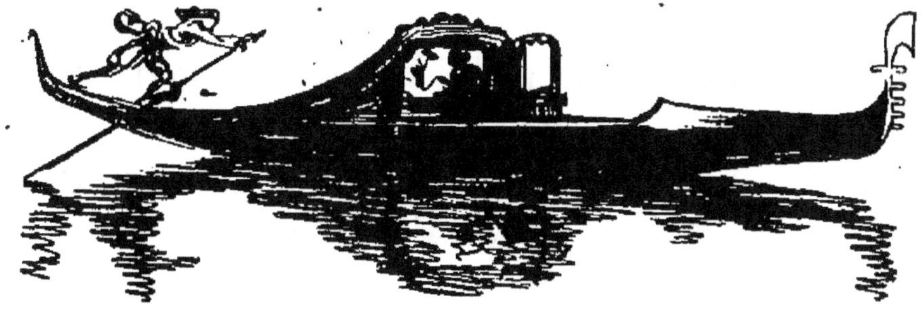

français. Les drôles, importants et gonflés, se font donner de l'*Illustrissimo*.

En conséquence de cette tyrannie nouvelle, l'état d'amour est décrété. Il importe qu'un citoyen soit amoureux ou croie l'être; et, dans la fourmilière bariolée de Canaletto, le même tendre délire est blotti sous tous les chapeaux à trois cornes.

...Ces légers seigneurs en habit de soie zinzoline, savons-nous pas où ils vont? S'embusquer derrière un pilier de Saint-Marc; là, faire un signe convenu, d'où suivra la rencontre de mystérieuses gondoles. — Ces autres, qui font penser aux fantômes masqués de Longhi, complotent une aventure en quelque casino secret des îles, sous l'étincellement des glaces à biseau et des lustres à pendeloques. — Et voici des mollets d'abbés, des abbés nez en l'air, ruminant un sonnet : toute la mythologie s'y promène, pour louanger la Courtisane émergeant des brocarts, dans son palais sculpté par Scamozzi ou par Sansovino. D'autres s'en vont, par le labyrinthe des *calle*, vers la maison de leur mie, petite Vénus de lagune, fille de gondolier, qui réunit les trois vertus de la Vénitienne : *bionda*, *bianca e grassota.* Chez cette belle s'assemble une petite compagnie de gentilshommes, amoureux à la mode du pays ; et leur humeur est si paisible et conciliante, ils ont la volupté tellement patriarcale que tous, d'aimer la même, s'aiment entre eux de plus caressante amitié... Noyés dans la béatitude, ils sourient aux propos obligeants, à Zabetta qui les câline du regard, aux tranches glacées de la pastèque dont un marasquin de Zara, très ingénieusement, a parfumé la pulpe...

Ceux-là sont les jouisseurs de petite allure, mais il en est d'étonnamment vifs, qui grouillent de tous côtés.

L'amour du XVIIIe siècle, immédiat et gourmand

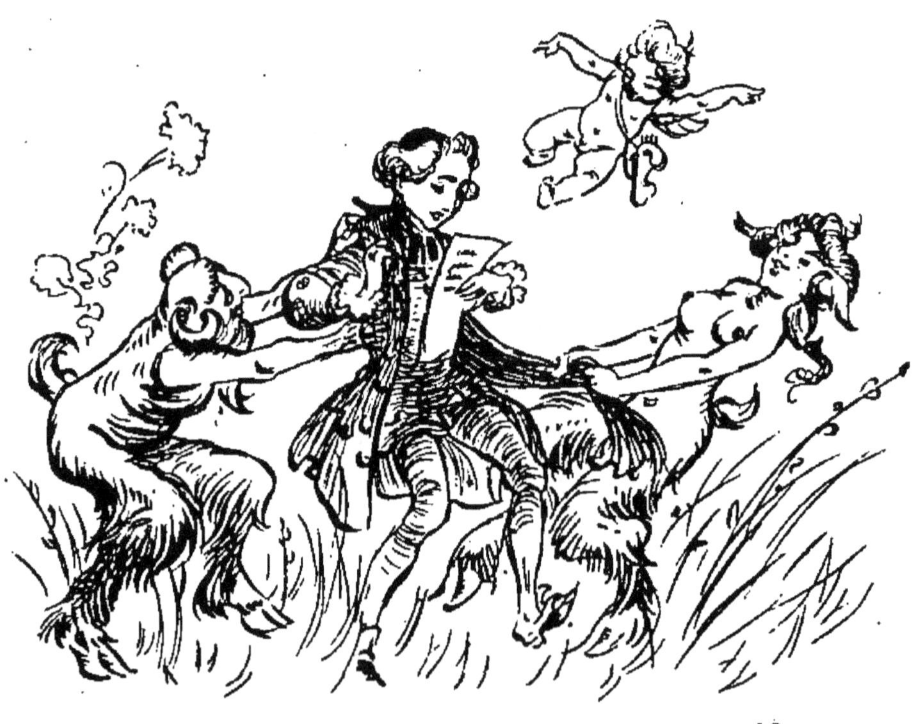

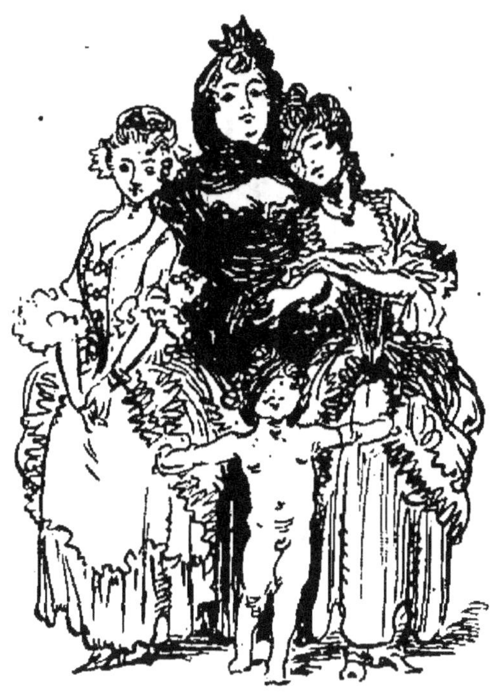

comme ailleurs, frétille ici d'une ardeur plus fantasque. Qui pourrait démêler de telles combinaisons sentimentales, où la tendre émotion, le désir subit, la sincérité, la scélératesse, chantent l'ariette à l'unisson? Mixture déconcertante, carnaval du cœur, que l'on retrouve dans toutes les confidences du temps, et dont une historiette rapide saura peut-être donner quelque idée :

Gentilhomme de bonne mine, Lorenzo Da Ponte aime deux sœurs qui le lui rendent avec une politesse extrême ; et chacune se croit seule chérie. Mais la mère, qui est belle encore, mérite aussi d'être promenée en gondole, quelquefois. Démasqué à la fin, inondé de larmes par six beaux yeux, pressé de choisir, le voilà dans une grande affliction. Hélas! faire le malheur de deux aimées sur trois!... Il préfère filer à Vienne, part désolé, laissant à la maman ces bonnes paroles : « Puisse le ciel répandre ses grâces sur vous et votre famille! »

Dirons-nous que cet amant fut perfide? Il fut Vénitien, aima le bonheur sans plus d'affaires, et lui fit triple fête en enfant étourdi. Si l'on distingue un peu

de sentiment dans son cas, c'est la tendresse d'alors,
dont les larmes sont à peine amères ; c'est le piment
du plaisir, si fort en usage qu'on ne fait rien sans lui.

Les courtisanes elles-mêmes en mettaient un petit
grain, s'étant fait une loi de ne rien accorder qu'à la
seconde visite : « Car il faut, disaient-elles, connaître
avant que d'aimer ! »

Ainsi dansait Eros, à la cadence des vieux airs
vénitiens, qui soupirent et gambadent.

Mais ce qu'Il fit de plus illustre, on hésite à le dire.
Non content d'être doge, il coiffa le bonnet de patriarche, et mit ses ministères dans les couvents de
femmes.

... Bien que ceci paraisse énorme, gardons-nous
d'en concevoir du scan-
dale, et notifions à M. Ho-
mais, avant qu'il ne ba-
dine, que ces religieuses-là
n'eurent jamais de sacré
que le nom. Il faut penser
que nous sommes à Ve-
nise, au soir de la république galante, quand ciel et
terre, ingénûment, sont
regardés à la païenne. Le
lys d'une vocation monas-

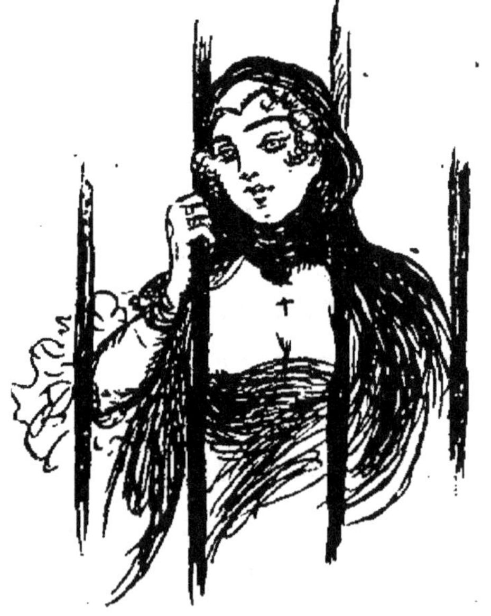

tique ne peut fleurir ici ; leur madone est Cypris ;
elles chérissent, et bien fort, « les roses de la vie ». ...

Alors pourquoi des couvents?... Parce qu'une partie de la noblesse, épuisée par le luxe, trouvait là le placement de ses filles sans dot; parce que le lien conjugal, encore qu'il fût bénin, semblait trop dur à d'avisées personnes, et qu'elles préféraient, derrière des verrous indulgents, vivre en toute bienséance « hors du mariage et du célibat. » Peut-être escomptaient-elles aussi le prix qu'une grille de fer ajoute à la beauté.

Quoi qu'il en fût, les rencontrer était une appétissante aventure. Elle échut au président De Brosses, qui ressentit du coup certaine chaleur...

« En vérité, dit-il, ce serait du côté des religieuses que je me tournerois le plus volontiers, si j'avois un long séjour à faire ici. Toutes celles que j'ai vues à la messe, au travers de la grille, causer tant qu'elle duroit et rire ensemble, m'ont paru jolies au possible et mises de manière à faire bien valoir leur beauté. »

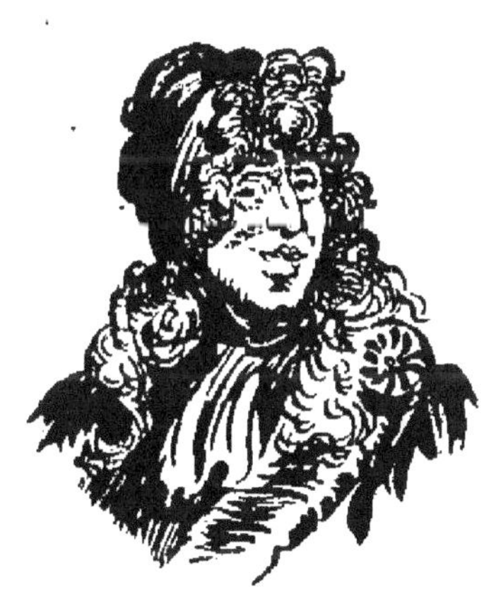

Une robe blanche, une coiffe petite et coquette, un corps bien busqué; la gorge nue, offerte dans une gentille chapelle de crêpe ou de dentelle noire; au corsage, ou crânement sur l'oreille, quelqu'une de ces larges fleurs qui s'épanouissent si bien dans l'air humide et tiède de Venise... Voilà-t-il pas, si l'on est jolie fille, de quoi donner un agréable avant-goût du paradis ?

Un curieux dessin de Domenico Tiepolo, et mieux
encore le Longhi du musée Correr, nous montrent

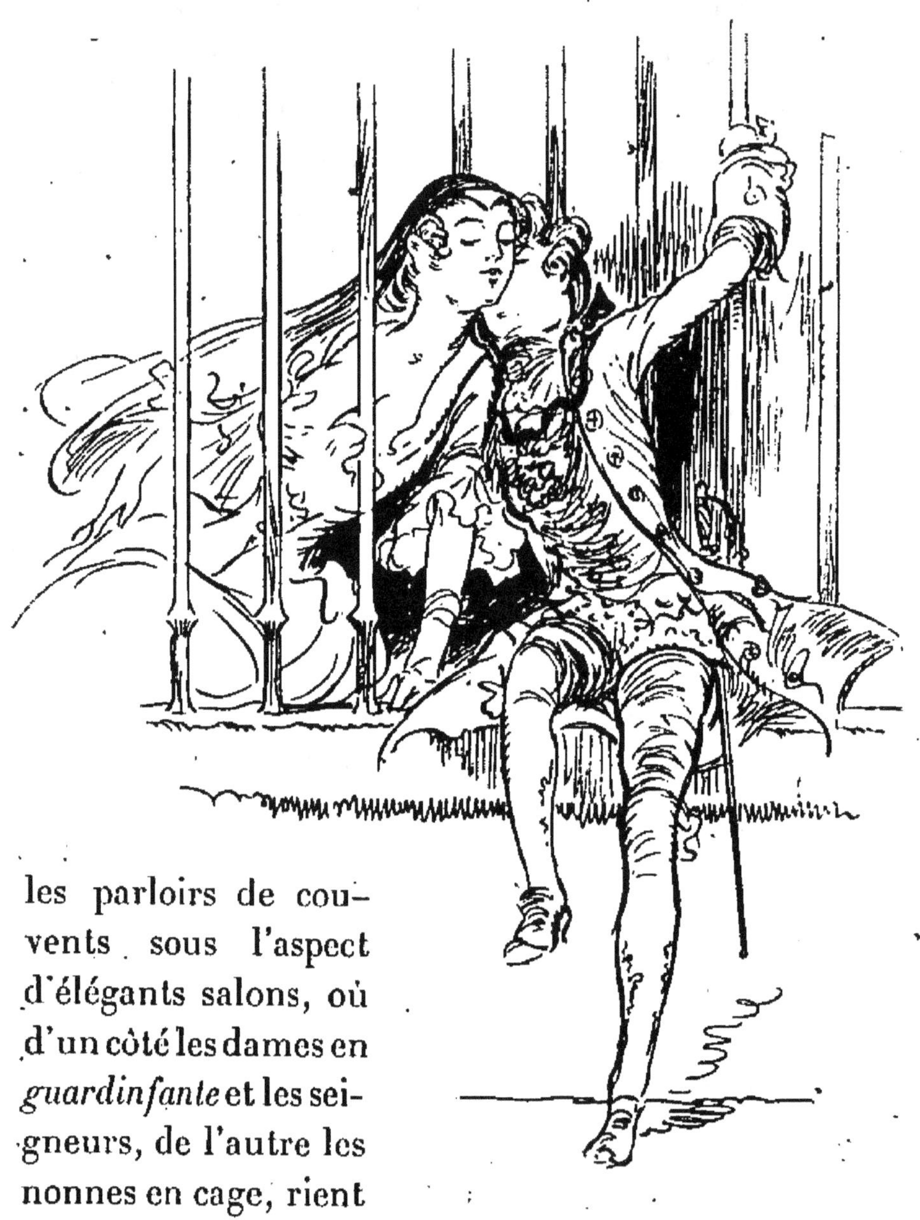

les parloirs de cou-
vents sous l'aspect
d'élégants salons, où
d'un côté les dames en
guardinfante et les seigneurs, de l'autre les
nonnes en cage, rient
et babillent en prenant des sorbets. Là s'élaborent,
s'il faut croire les écrits, toute une diplomatie senti-

mentale, d'où sort la belle ordonnance des baisers ;
là d'exquises magistrates, expérimentées, prudentes,
assurent ce résultat, très utile à la République, de ne
laisser nul cœur en peine.

Encore ces images ne sont-elles que mondaines. Il
se raconte qu'à certaines heures secrètes Venise, qui
raffolait des nonnes, donnait aux grilles un tel assaut
d'amour que jamais fer forgé ne fut à pareille fête.
Grilles fortunées, barreaux dignes d'envie, qui écou-

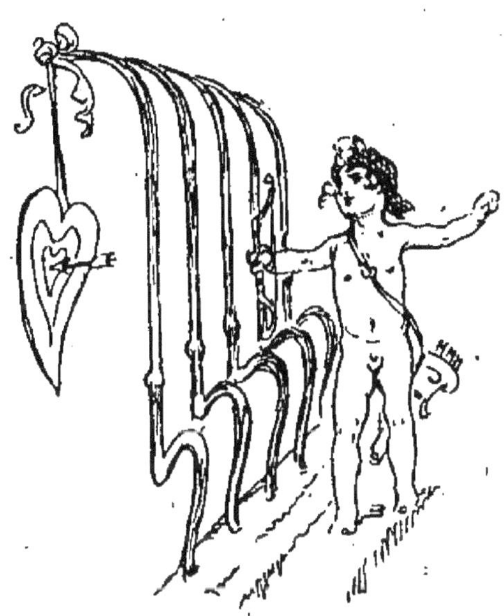

tèrent le secret des
belles chuchoteuses...
Mais ce qu'on leur mon-
tra, l'effronterie d'un
Casanova seule pourrait
le redire.

Le soir, aux grands
poteaux ornés des armes
de l'abbesse, venaient
s'amarrer des gondoles
pleines de musiciens ; et
c'était des chansons dans
la nuit pour cajoler les nonnes. En carnaval, toute
mascarade honnête se devait la tournée des couvents.
On entrait sur un air d'ariette : violons, menuets,
fourlanes, trémoussements et gambades. Là s'échap-
pait en fantaisies burlesques tout le saugrenu des
cervelles, pour appeler le rire des jolies encagées, et
leur offrir, comme un encens d'amour, l'antique et
maternelle bouffonnerie de Venise.

Parfois les mémoires du temps nous font voir la scène d'une mère supérieure, intervenant avec des bras scandalisés, parmi les Colombines et les Scaramouches en délire. A son arrivée la verve pétillait de plus belle ; on trouvait pour elle

des farces irrésistibles, de telles incongrues pantalonnades qu'enfin la bonne abbesse, Vénitienne aussi, tombait dans un fauteuil toute secouée d'allégresse.

Et quand on est accoutumé à ces mouvements d'une jovialité naïve, rien n'étonne. plus. — Des nonnes ont été vues courant le carnaval, avec l'habit, les culottes et le tricorne de leurs sigisbées... Quoi de plus adorable? — Deux autres se sont battues, avec de vrais poignards, pour l'abbé de Pomponne... Ah! les petites bravissimes! — A quel couvent est-il juste, selon vous, que revienne l'honneur de donner une maîtresse au nouveau nonce ?... Vous tenez pour San Zaccaria?... N'allez pas le dire au moins chez Florian, car il se fait une intrigue furieuse, un broglio de tous les diables. San Lorenzo tient ferme, et son abbesse montre, *sangue de Diana!* de ces fossettes qu'on peut appeler divines!...

LÉON BORDELLET.

(*A suivre.*)

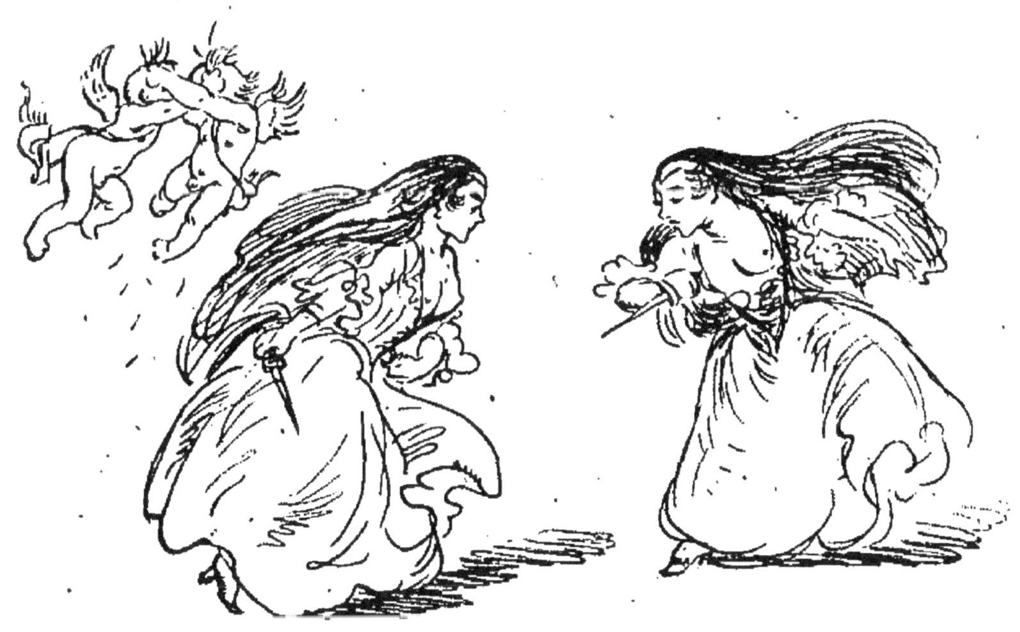

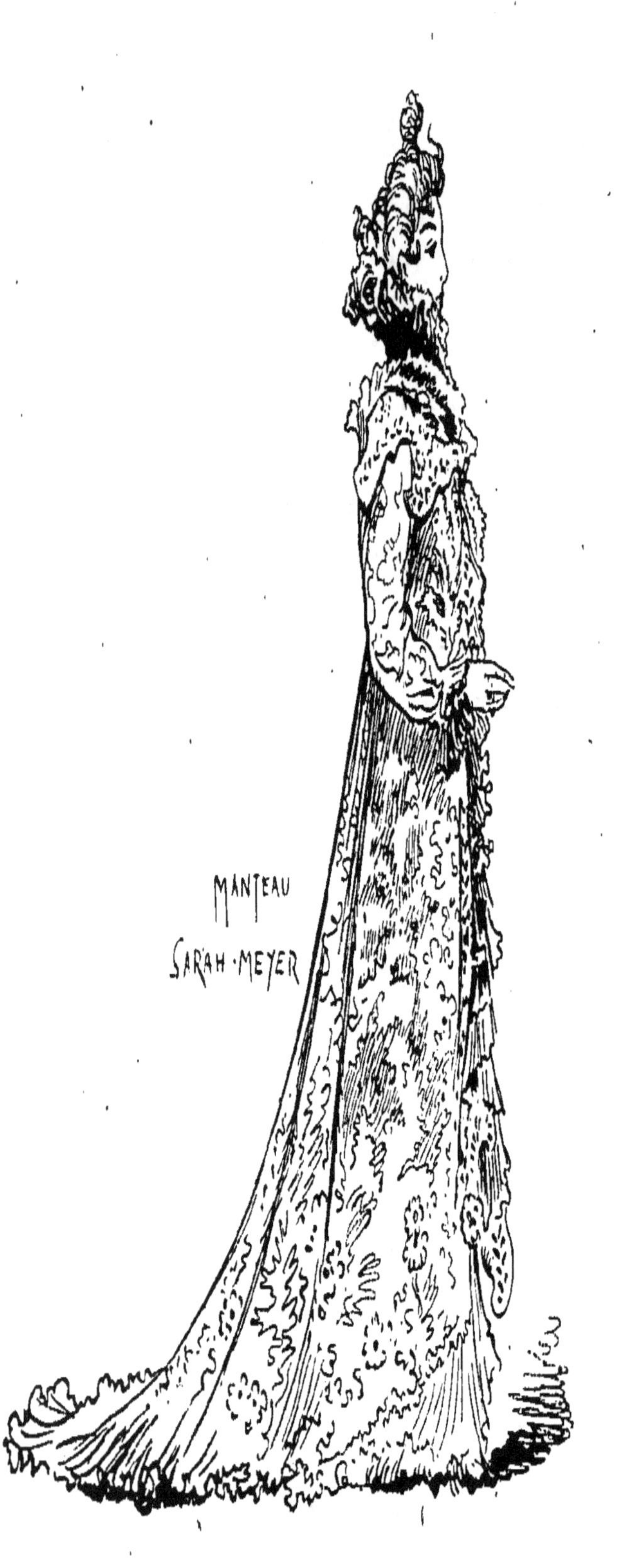
MANTEAU
SARAH·MEYER

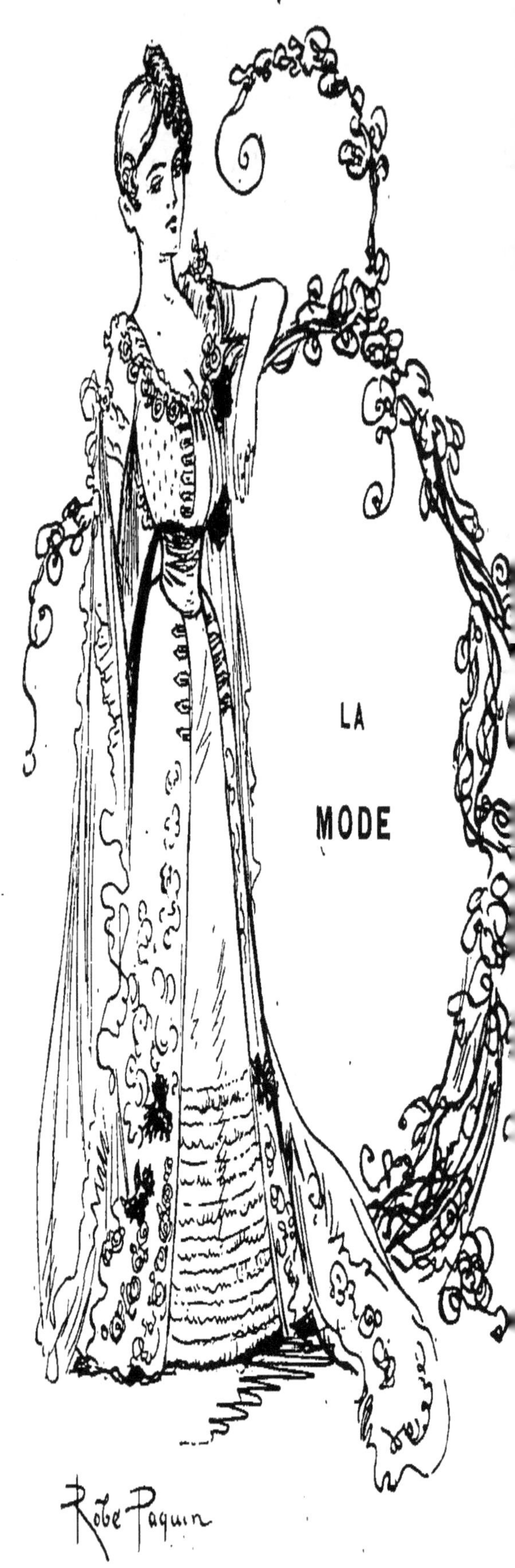
LA
MODE
Robe Paquin

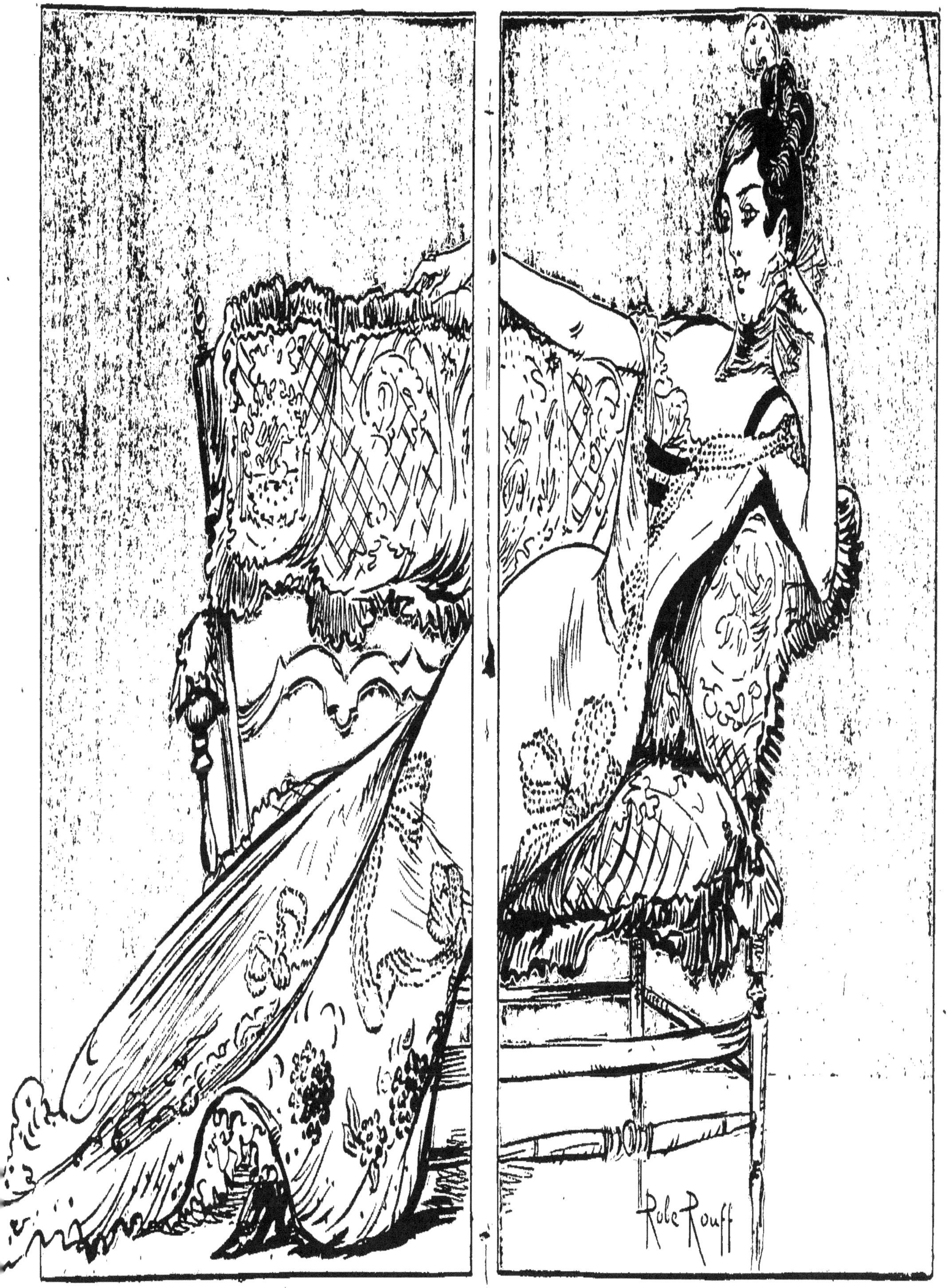

Rob Rouff

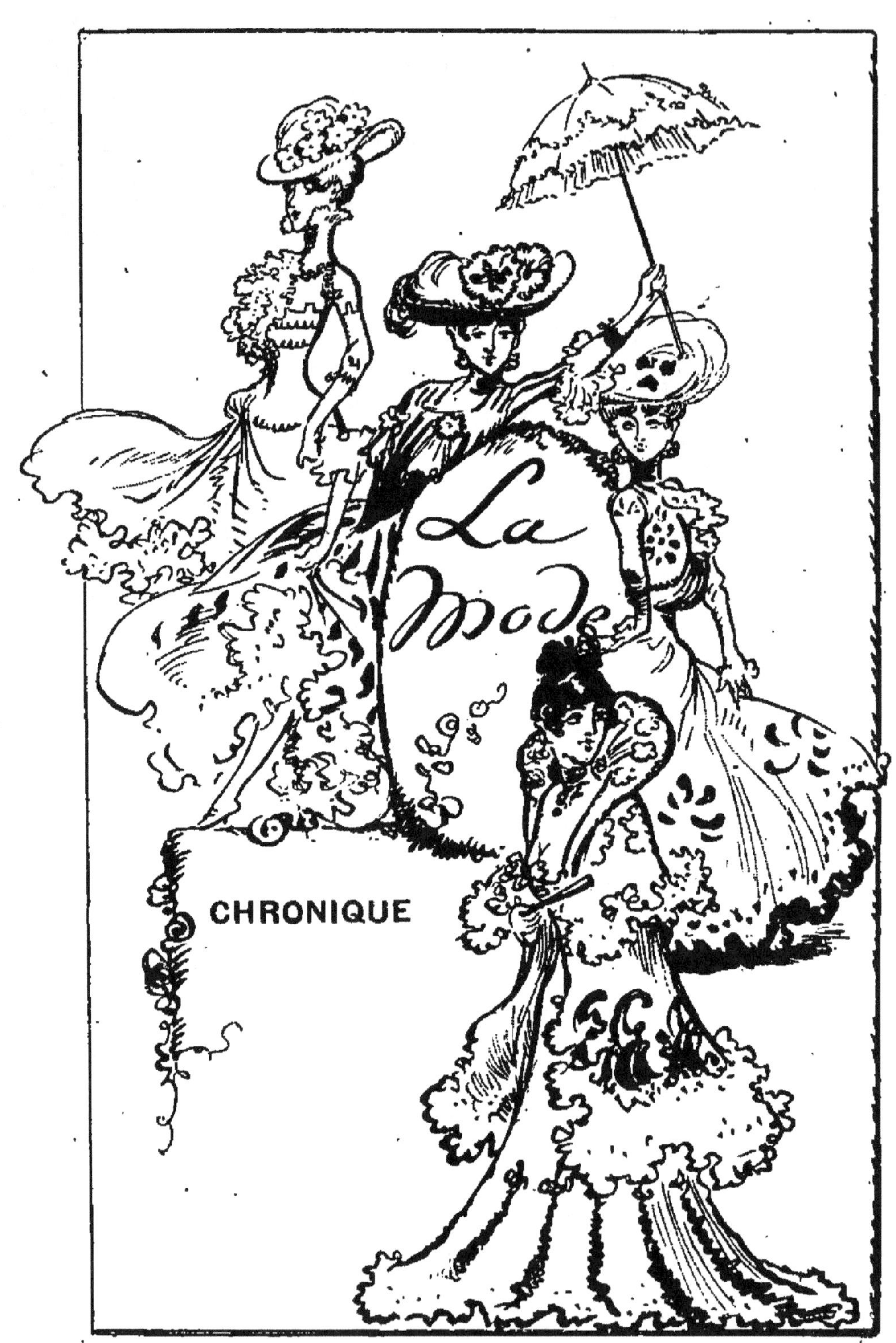
La Mode
CHRONIQUE

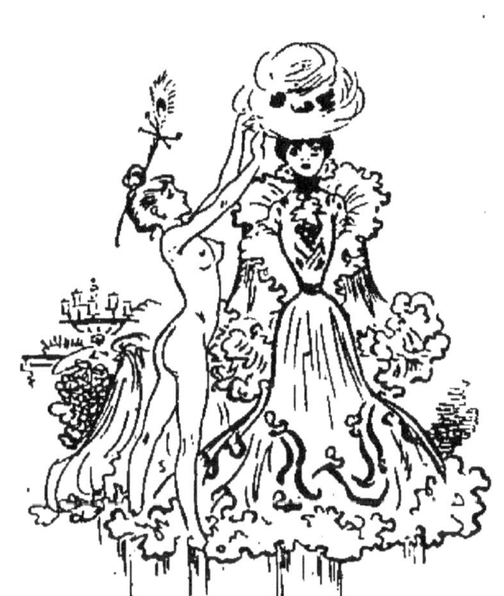

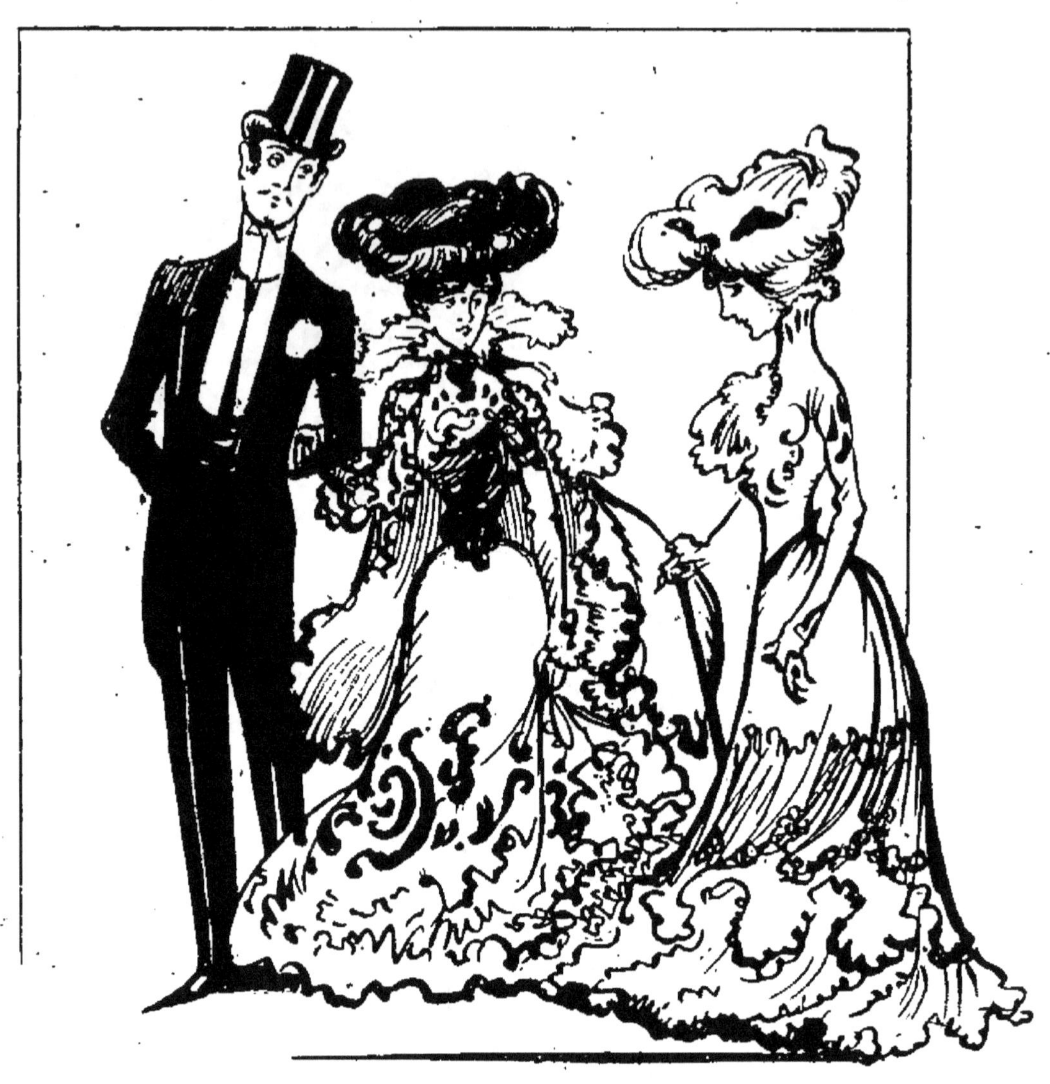

CHRONIQUE

Le salon de lumière. L'un des coins les plus amusants de l'Exposition. C'est le saint des saints de la Classe du vêtement féminin. La foule effervescente des visiteuses s'y écrase. Quelques hommes parmi les femmes, l'air plutôt ennuyé, entraînés vers les plus belles vitrines ou abandonnés dans le milieu des travées.

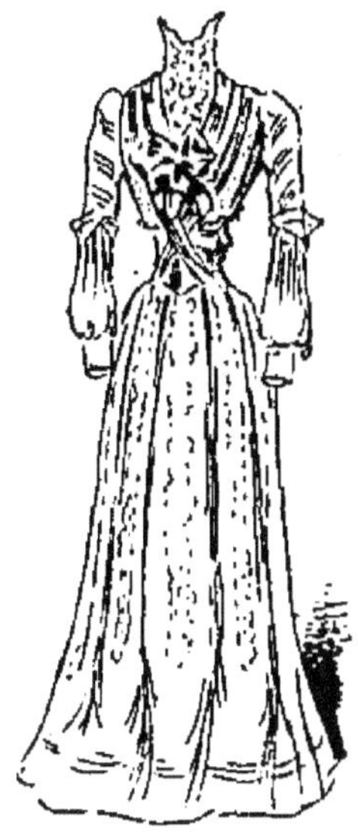

ROBE BARROIN.

Car ici l'homme ne compte plus — si ce n'est quant au porte-monnaie — et l'Amour oublié peut rester à la porte. La folie sacrée de la dernière religion, la religion de la toilette, saisit toutes les femmes. Elles viennent là comme les détraquées vont à la messe noire, lés yeux dilatés, la poitrine haletante, et la balustrade de velours est mise à point pour le petit instant où la tête tourne et où les paupières se ferment.

C'est que, dans ce sanctuaire si joliment disposé, et où il ne manque que la musique et les encens, et des petits prie-Dieu rocaille, les chefs-d'œuvre s'entassent, divers comme la vie : chacune peut y choisir la robe qu'elle mettra, tout au moins en rêve ; le choix est grand, depuis les distinctions aristocratiques de Worth jusqu'au parfait comme il faut de Barroin. Quelques toilettes ont la gloire de retenir les visiteurs devant leur vitrine en foule si compacte que, pour les contempler, il faut subir, nouveau Clarence, le martyre d'un étouffement qui pourtant n'est pas sans charmes : la robe jaune de Rouff, un triomphe mérité, un chef-d'œuvre de dessin par le découpé simple et original de la taille et l'arrangement des nœuds pailletés, un chef-d'œuvre de couleur par le placement des noirs. — La robe rose de Paquin, d'une grâce délicate, avec ses petites roses, ses mousselines

noires bien posées et ses petits galons, deux à deux, qui
évoquent un léger souvenir de l'époque Louis XIII.
— Le manteau de Sara Mayer, somptueux, compliqué, fanfreluché, d'un goût savant, et qui a l'air, avec
ses teintes de mousse et de fougères, du manteau de
cour de la Belle au bois dormant. La toilette de
Dœuillet, découpages blancs sur dentelles roses, le
dernier mot du raffinement des élégances. Et les merveilles que Félix a pu distraire de ces merveilles en
tas, merveilles de costume moderne, merveilles de
reconstitution, de ce Palais du costume qui est à juste
titre un des plus grands succès de l'Exposition !...

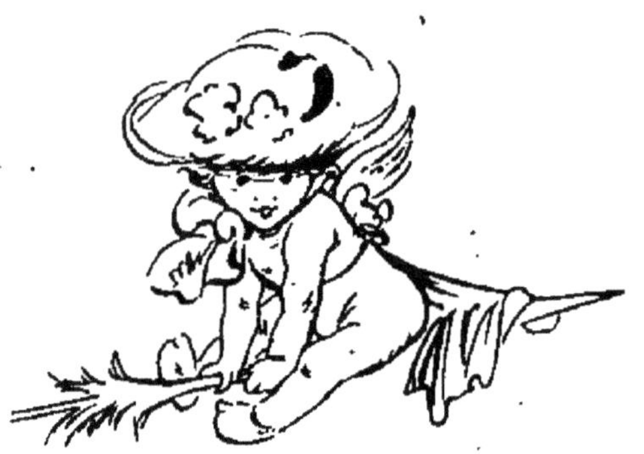

Le salon de lumière est temple de la mode. La rue
de Paris en est le Longchamps. Et c'est là que l'on
peut apprécier à quel point la mode est ondoyante et
diverse. La *branloire perenne* de Montaigne.

La mode qui marche est déjà loin de la mode exposée. Un mouvement s'est produit : les chapeaux ont
grandi, les ruchés, les dentelles ont davantage envahi
les manteaux, les corsages et les jupes se sont ornés
de dessins d'un trait lourd où il y a quelque chose du

modern style expirant. On était parti pour le second
Empire, en route on a trouvé autre chose, et c'est ma
foi très bien ; les peintres de portraits de notre époque
auront de quoi s'amuser, avec l'heureuse simplicité
des lignes de la taille, que font si bien valoir l'exa-
gération des garnitures, l'orgie des ruchés, des fes-
tonnés et des comètes.

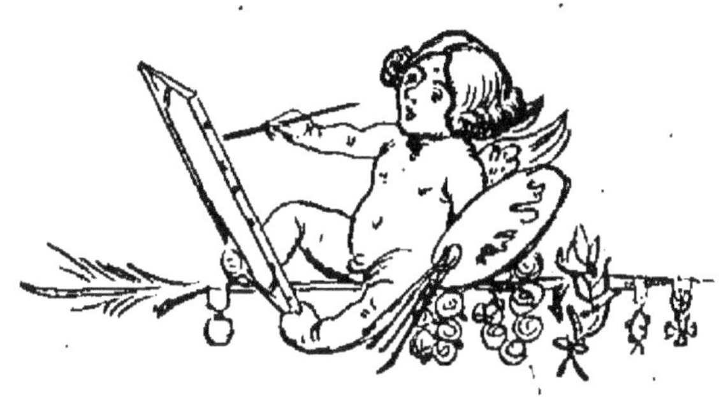

Il faut bien s'amuser à cela. Au milieu du débal-
lage exotique et des revenances de la rétrospective,
l'art et la librairie chôment. On se recueille pour la
rentrée d'octobre. Nul trimestre depuis dix ans n'a
été si peu productif de tableaux, de statues ou de
livres. J'en profiterai pour prendre la place réservée à
la critique d'art et pour quereller sans aigreur mon
ami Jérôme Doucet, l'auteur de ce charmant recueil
de pantomimes, *Notre ami Pierrot*, au sujet du trop
aimable article qu'il me consacre dans la *Revue Illustrée*, sous la signature Montfrileux.

Montfrileux me reproche de soutenir les dessinateurs
parisiens au détriment d'une élite cosmopolite qu'il
énumère et au milieu de laquelle je relève les noms

de Caran d'Ache, Grasset, Steinlen, Vierge et Marchetti.

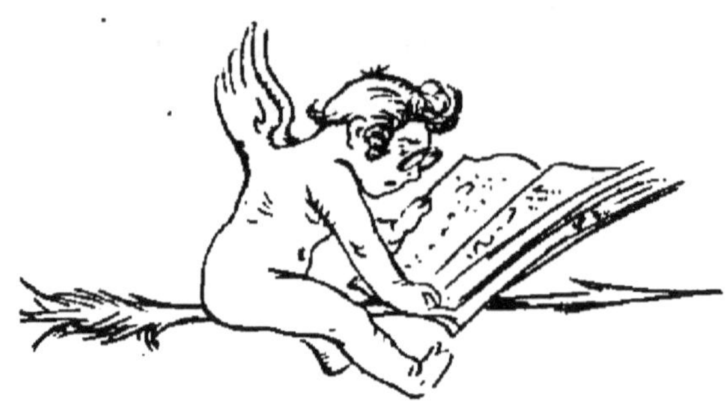

Il est tout naturel que je m'intéresse davantage à
mes *pays*, qui ne connaissent pas les bienfaits de la
protection du conseiller municipal, du député et du
sénateur de leur *patelin*, ou l'aide toute-puissante
d'un ambassadeur. Cependant je tiens à rappeler que
j'ai consacré :

— A Vierge, dans *French Illustrators*, dans
l'*Artiste* et dans *Quelques artistes de ce temps*, de longs
articles (les premiers parus en France sur ce bel
artiste) où je n'ai pas caché mon admiration pour
lui.

— A Grasset, à Steinlen et à Marchetti, des articles
chaleureux dans ce même *French Illustrators*. Leur
place dans ce recueil indique du reste assez la noir-
ceur de mes sentiments à leur égard !

Quant à mon vieux et cher camarade Caran, où
Montfrileux a-t-il pris qu'il fût étranger, ce petit-fils
de grognard qui, à vingt ans, est accouru faire son
service en France? Caran sait bien l'amitié que j'ai

pour lui et l'admiration que j'ai pour son œuvre. Inutile de rappeler combien de fois et en quels termes j'ai parlé de lui.

S'il ne s'était agi que d'appréciations sur mon humble personne, je n'aurais pas protesté, car il faut laisser à la critique toute liberté de tailler et de rogner dans notre peau, et ne pas nous émouvoir, mais il était utile d'avertir les artistes mis en cause que je n'ai nullement changé de sentiments à leur égard.

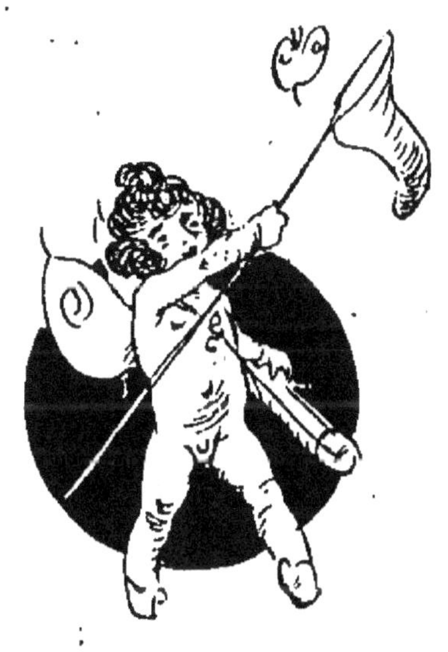

N° 3.
JUILLET-OCTOBRE
1900

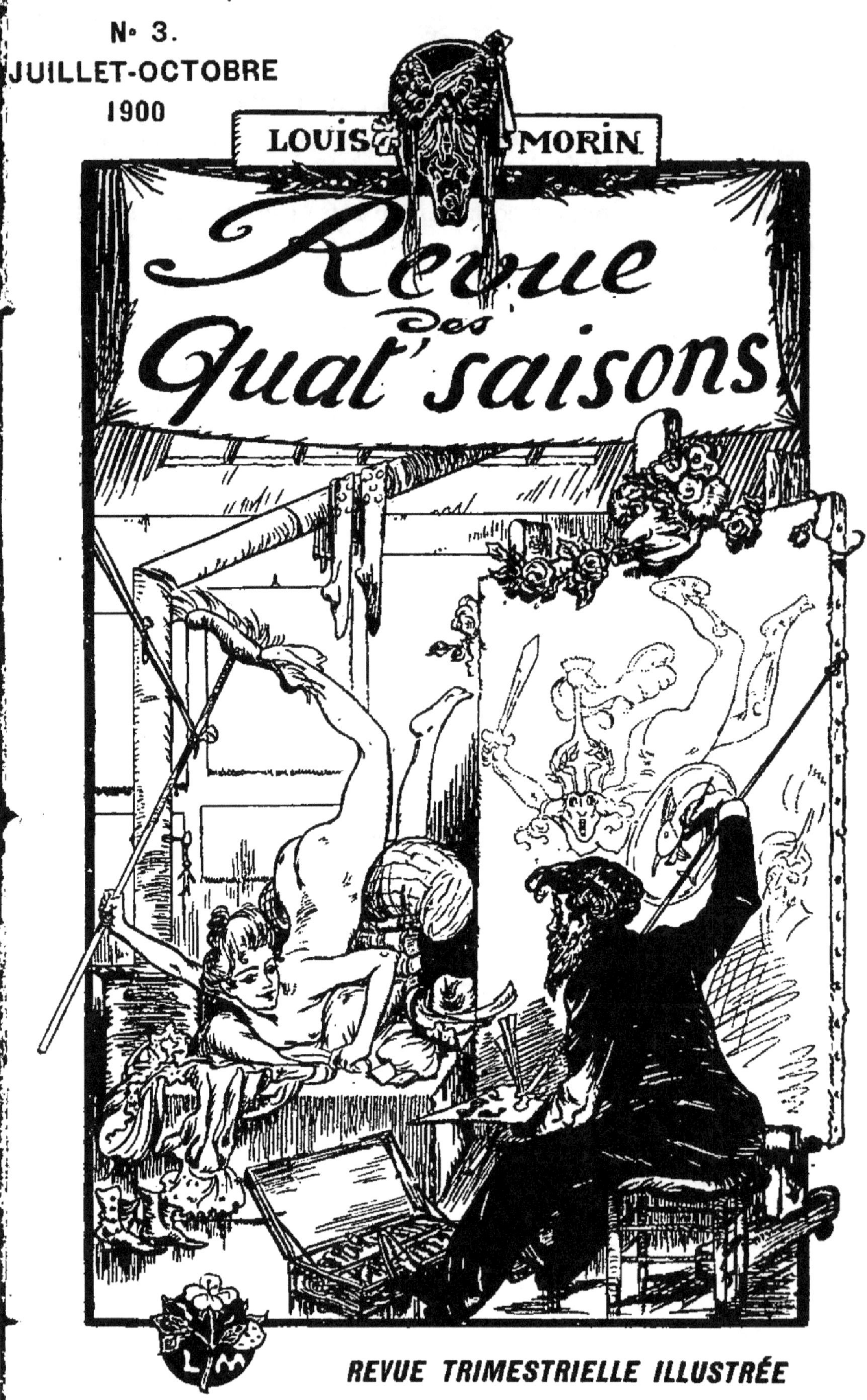

REVUE TRIMESTRIELLE ILLUSTRÉE

SOCIÉTÉ D'ÉDITIONS LITTÉRAIRES ET ARTISTIQUES
Librairie Ollendorff
50, CHAUSSÉE D'ANTIN, 50
PARIS

REVUE

DES

QUAT'SAISONS

Sommaire

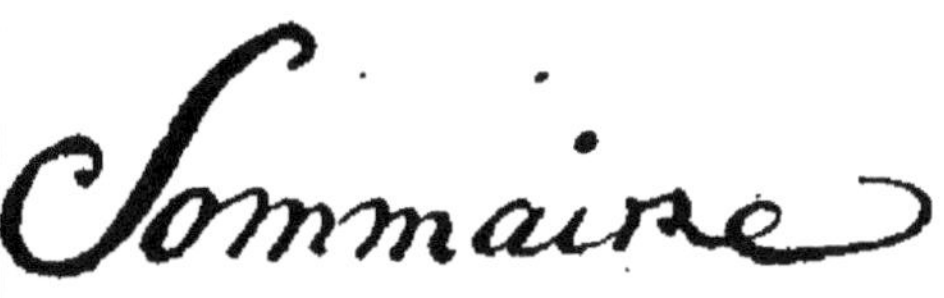

———

IL A ÉTÉ TIRÉ

5o Exemplaires sur papier vélin

*Contenant une suite complète
des fumés sur Chine*

1oo Exemplaires sur papier du
Japon

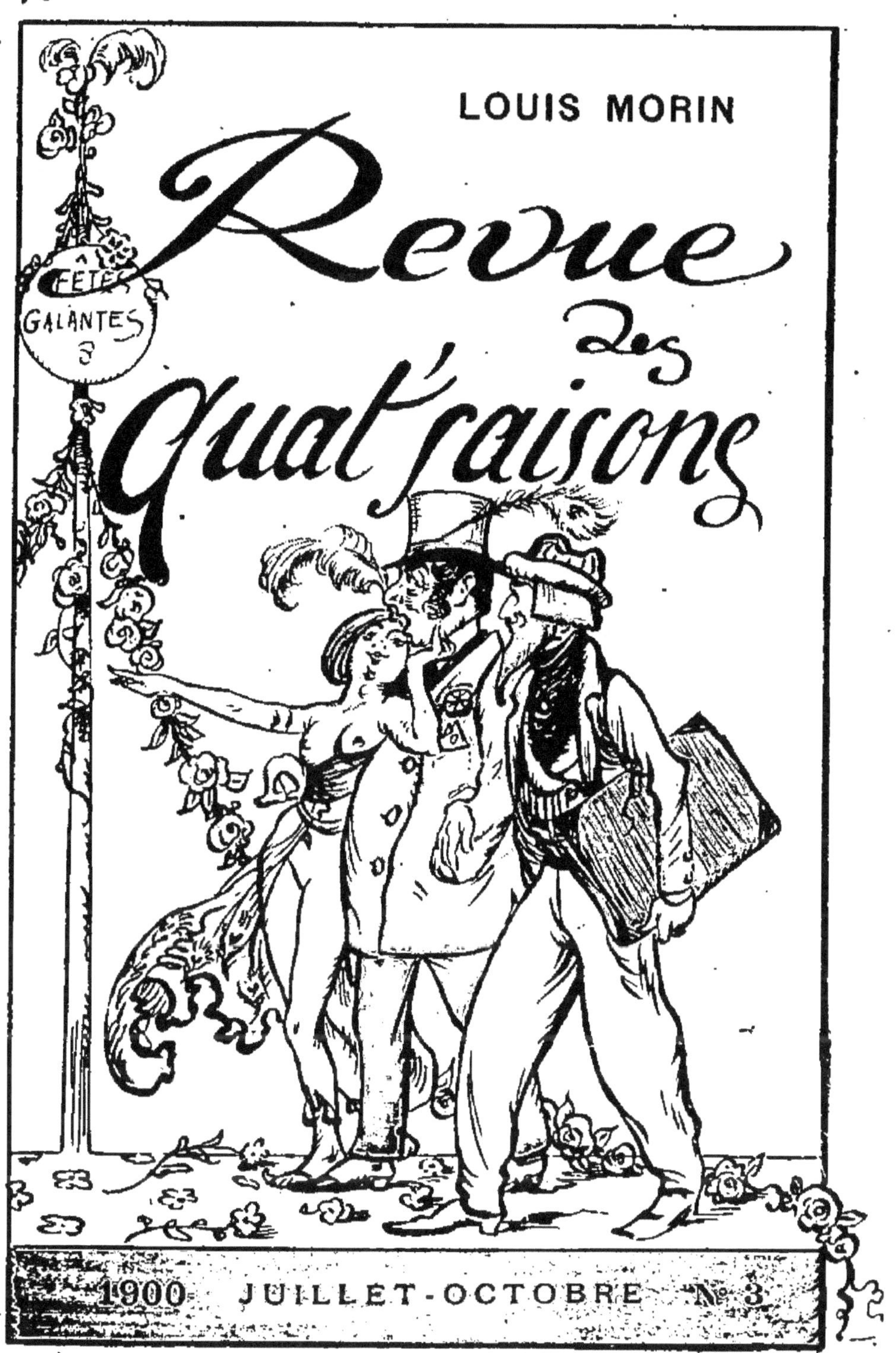

PARIS

SOCIÉTÉ D'ÉDITIONS LITTÉRAIRES ET ARTISTIQUES

Librairie Paul Ollendorff

50, CHAUSSÉE D'ANTIN, 50

Tous droits réservés

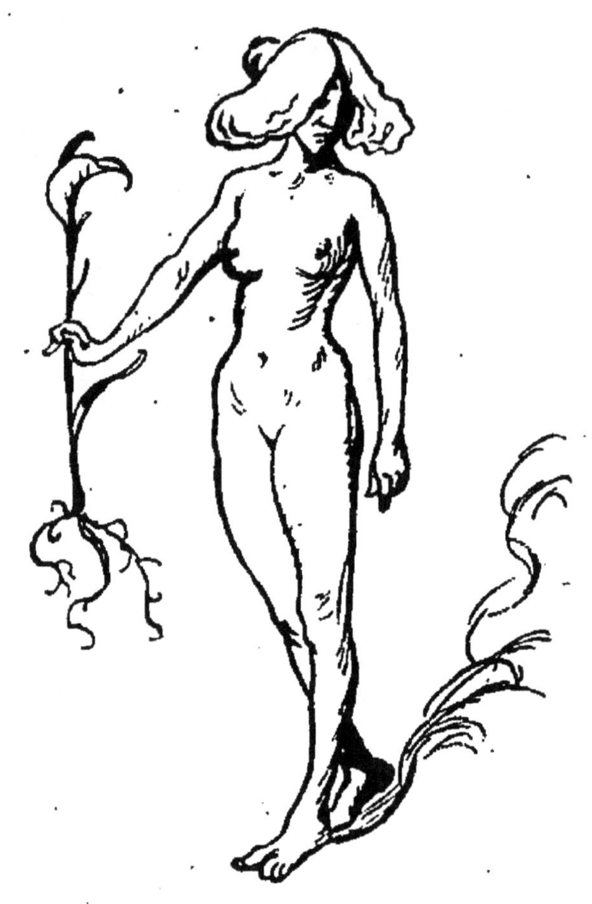

«... CE BON SENS QUI CONFINE A LA
BÊTISE...»
                    MAUPASSANT.

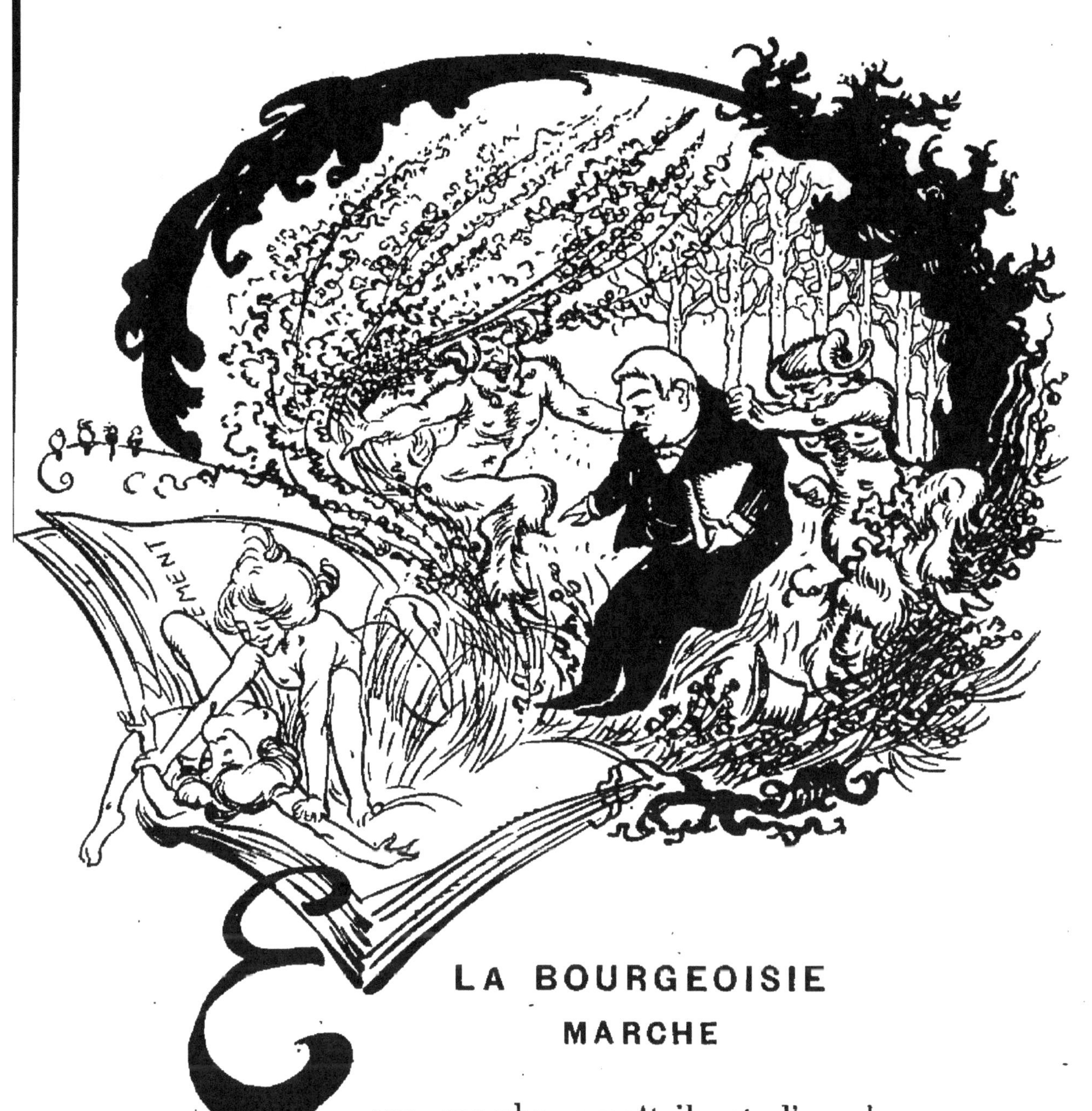

LA BOURGEOISIE
MARCHE

LLE marche, paraît-il, et d'un bon
pas, c'est un savant qui me l'a affirmé.
Si longtemps rétive à la compréhension de la fantaisie
des artistes, la voilà qui s'est éprise de leurs caprices,
et surtout des plus étranges. Elle est comme ces vieux
messieurs dont la jeunesse a été trop sage et qui, passé

la cinquantaine, sont pris d'une frénésie qui ne connaît plus de bornes. Les audacieux peuvent jeter leurs folles graines dans un terrain si bien préparé. Des fleurs étranges germeront, pareilles à ces fleurs mortelles dont Nathaniel Hawtorne avait garni le jardin de son vieux docteur, des fleurs auprès desquelles les *Fleurs du mal* de Baudelaire ne sont que d'innocentes marguerites. En attendant, il paraît que l'impudique orchidée orne déjà la boutonnière de M. Prudhomme.

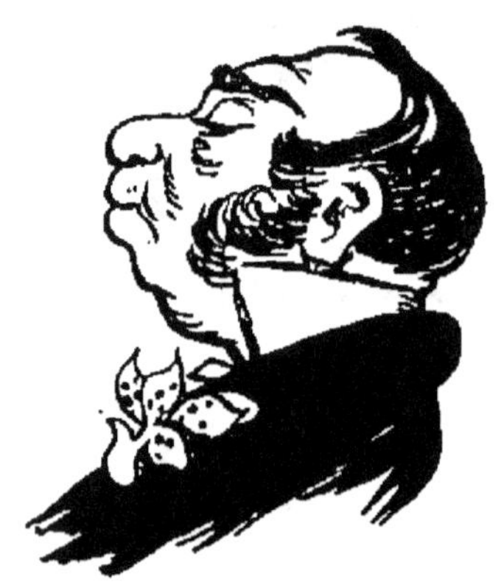

Quel moyen de connaître les goûts littéraires de la classe dirigeante? Il n'en est pas de meilleur, — je l'ai reconnu sous l'inspiration du membre de l'Institut dont je vais parler, — que celui qui consiste à inspecter les banquettes des chemins de fer, première classe, sur le parcours de Paris aux stations balnéaires, pendant l'été.

En l'an de grâce 1900, chaque banquette était piquée d'une fleur jaune et d'une fleur blanche. La couverture des *Mémoires d'une femme de chambre* accompagnait invariablement celle de *Quo vadis*. Ce jour-là, je montai dans le seul compartiment qui m'offrît une place vide, et précisément à côté de

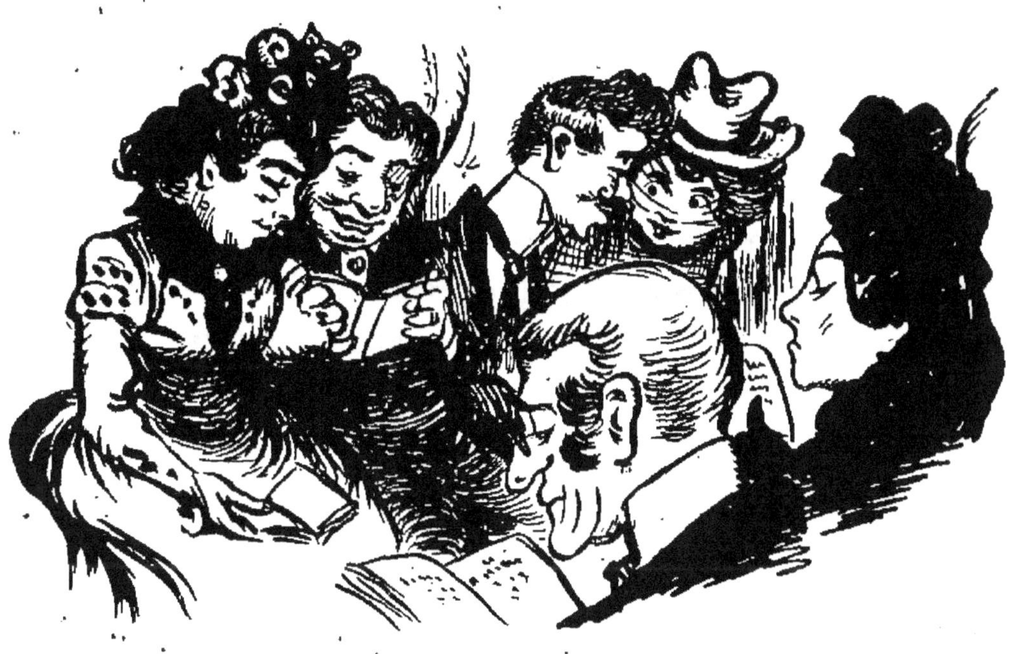

. M. X... l'homme le plus instruit de France. A ce point que c'est l'Institut lui-même qui est sa maison et que devant sa porte, annuellement, arrivent les voitures de bois de chêne que l'État confère à ses savants officiels.

C'est toujours un plaisir que de rencontrer un homme de cette importance et d'avoir l'honneur de causer avec lui, mais, ce jour-là, ce fut davantage.

Deux couples et deux personnes seules complétaient notre wagon : un ménage de vieux bourgeois cossus, deux tourtereaux en voyage de noce, un grave personnage qui devait pour le moins présider un tribunal de commerce, et une dame seule, d'allure austère.

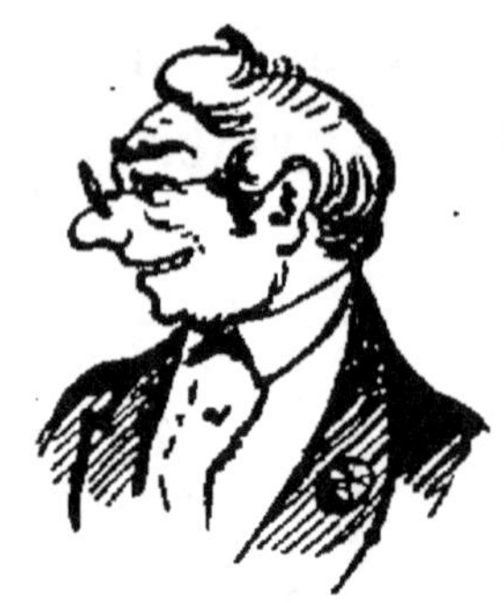

Et toutes ces personnes, d'aspect si différent, tenaient la couverture jaune ou la couverture blanche, et toutes feuilletaient, pour trouver les clous de ces livres, les passages attrayants dont leur avaient parlé les amis et connaissances : — Comment, vous n'avez pas lu *Quo Vadis?*, oh, il y a un Pétrone!.. et des petits enfants cousus dans des peaux de bêtes et qui crient sous la patte des lions; mais il faut lire cela, c'est étonnant!... C'est comme *Les Mémoires d'une femme de chambre*... Comment, vous n'avez pas lu non plus?.. Célestine et monsieur Georges... le pus mortel... l'écrin de velours rouge.... vous n'êtes pas du tout dans le mouvement!

Ce fut le jeune marié qui trouva le premier, sous la couverture jaune, le passage qu'il voulait communiquer à sa petite femme : elle lut, rougit un peu, demanda tout de même de longues explications qu'elle accueillit avec des mines effarouchées, et disparut derrière des feuillets du roman des temps néroniens, pendant que son mari, amusé, faisait de nouvelles fouilles dans les *Mémoires*.

Les vieux bourgeois se passaient les livres en s'indiquant du doigt les passages intéressants, avec des clins d'yeux entendus, des sourcils circonflexes, avec des mimiques variées où la rigolade succédait à l'épouvante. La dame seule lisait sagement son *Quo vadis?* comme elle aurait lu la Vie des saints; quant au Président, il avait bien essayé de suivre quelques lignes dans l'un et l'autre ouvrage, mais trois minutes de cet effort intellectuel l'avaient épuisé et il somnolait doucement, en serrant les volumes sur son ventre, tranquille, sûr d'être un petit homme qui se tient au courant du mouvement intellectuel de son époque.

M. X... suivait ce manège, et, penché auprès de moi, la voix si basse qu'elle ne dépassait pas la périphérie de notre banquette, il appréciait la manière dont nos voisins se tenaient *au courant.*

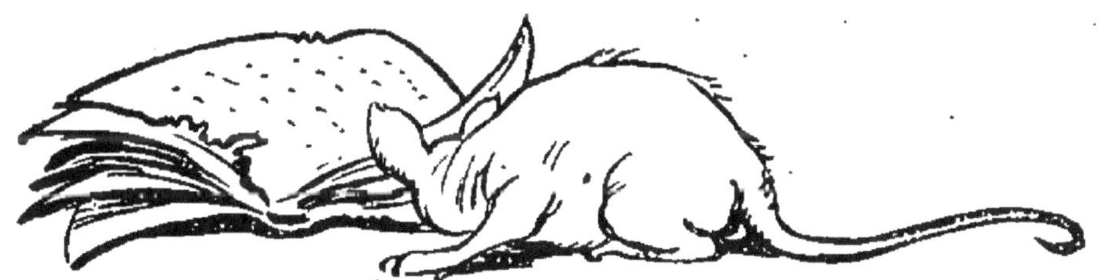

— Voyez comme ils lisent, c'est dégoûtant!... on ne sait plus lire en France, aujourd'hui. Ils ne cherchent que les passages croustillants et les horreurs. Croyez-vous qu'ils s'aperçoivent que l'écriture de Mirbeau est excellente, solide, claire, coulante, bien française, totalement dépourvue de ridicules

précieusetés. Croyez-vous qu'ils prennent en consi-
dération le réel intérêt de ce *Quo vadis?* qui s'efforce
de faire revivre le monde romain de la décadence?...
    Il s'arrêta, avec une réticence.

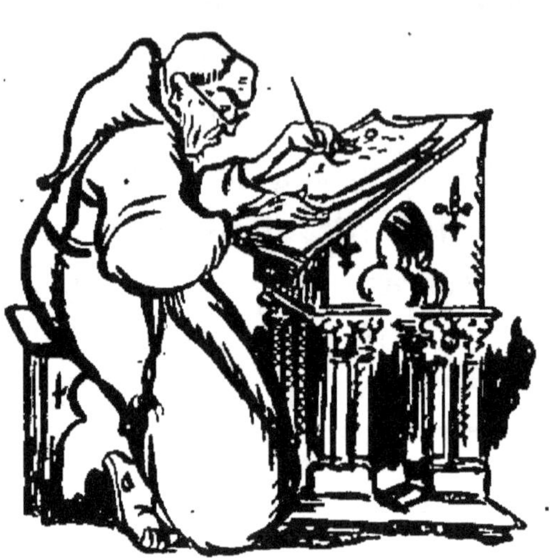

— Qui s'efforce...
et ne réussit guère...
j'ai peur que Sienkie-
wicz ne se soit pas
donné la peine de se
documenter et qu'il
ait préféré spéculer sur
l'horreur.. sans con-
trôle sérieux. Com-
ment peut-il ignorer
les doutes récents de
la science sur des textes latins qui font de Néron le
monstre complet qu'il nous présente? Vous savez
qu'il n'y a guère que Tacite, Pline et Suétone qui
aient parlé des horreurs du cirque et des flambeaux
vivants. Suétone, il faut tout de suite le mettre de
côté, c'est un pamphlétaire : l'histoire que l'on a
faite d'après lui a la valeur de celle que l'on pourrait faire, dans cinq cents ans, sur Louis XV, avec
les gazettes de Morande et, sur les Napoléons, avec
les récits de Magen. Les lettres de Pline à Trajan
sont tellement étranges qu'elles semblent apocryphes;
quant à Tacite, qui, comme les précédents du reste,
nous arrive par les copies qu'en ont faites les moines
du moyen âge, il semble avoir été retouché, et remanié

sans pudeur. Il serait bien étonnant qu'il eût,
traversé, indemne, depuis la dynastie constantine, les
époques où les autorités chrétiennes luttaient encore
contre le paganisme. Au xv⁰ siècle le voici retrouvé
par un écrivain suspect, Poggi, l'auteur des *Facéties*,
lequel s'embrouille si bien dans les récits de sa découverte que le témoignage du grand écrivain, présenté
par lui, perd singulièrement de sa valeur. Si vous
voulez vous amuser et vous convaincre une fois pour
toutes que l'histoire n'est ni une science ni un art,
mais l'opinion d'une époque sur les faits incertains
d'une autre époque, lisez les beaux ouvrages de Ho-
chard sur la question. Vous en tirerez pour votre
peine la conviction consolante que la société romaine
a été calomniée à plaisir et que jamais les chastes

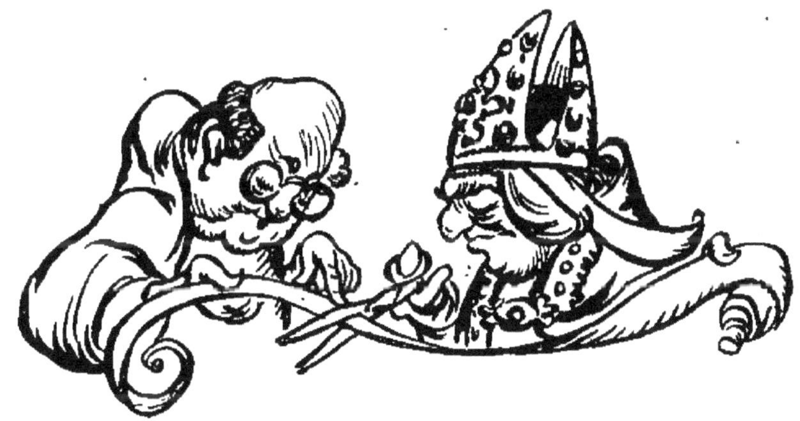

vestales et les pudiques matrones romaines n'ont pris
plaisir au viol public des chrétiennes par des gladia-
teurs vêtus de peaux de bêtes et à l'écartèlement des
fillettes impubères.

Aux Imprimés, prononça gravement M. X., dont la

mémoire est telle qu'il se souvient de la cote des volumes qu'il a lus à la Bibliothèque, vous demandez 8° J.5897 et 80 H. 994.

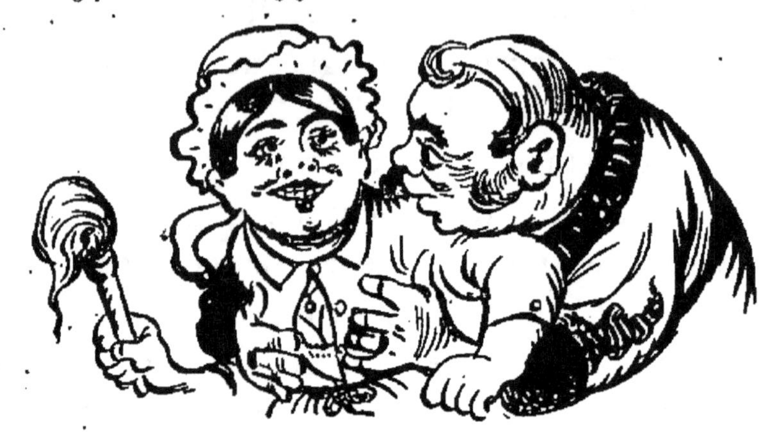

.· Quant aux potins de Mlle Célestine, je ne puis les juger. J'ai bien une femme de chambre qui s'appelle aussi Célestine, mais elle n'a pas le style élégant de la Célestine de M. Mirbeau, elle écrit serin *crin*, et elle est incapable de raconter ce qui se passe chez moi, puisqu'il ne s'y passe rien du tout. Ma femme, ajouta M. X. avec une certaine fierté, n'a pas besoin d'étui de velours rouge ; moi-même je ne me jette jamais sur Célestine en criant : « Ah ! bougre ! Ah ! bougre ! » Chez mes amis, également, je ne soupçonne rien de semblable. Donc, dans l'impossibilité ou je suis de contrôler scientifiquement, je me déclare incompétent.

Quoi qu'il en soit, reprit aussitôt mon savant, ce serait manquer de sagesse que de s'opposer à un courant aussi violent que celui qui emporte, à la fois, les six personnes que nous avons ici devant nous. Leur

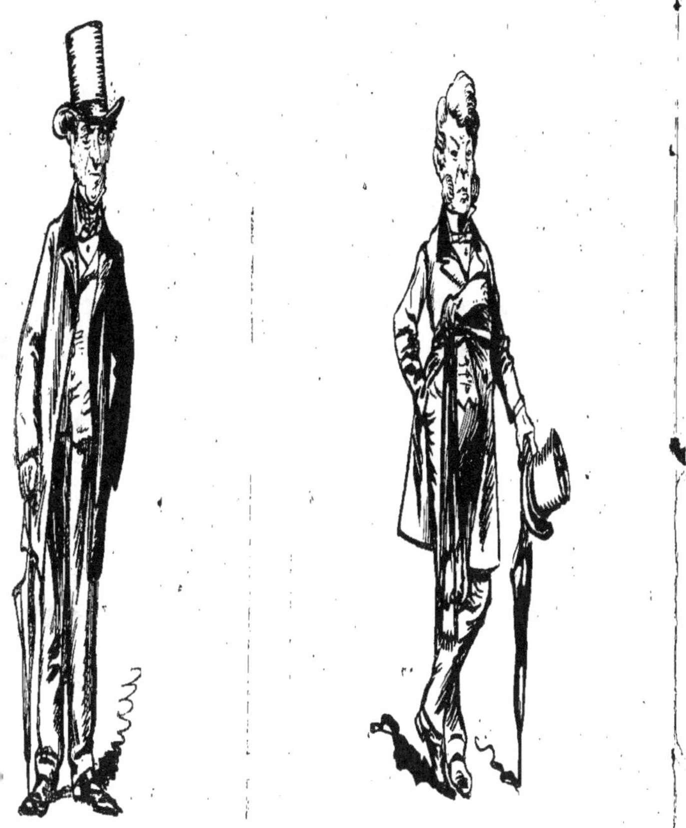

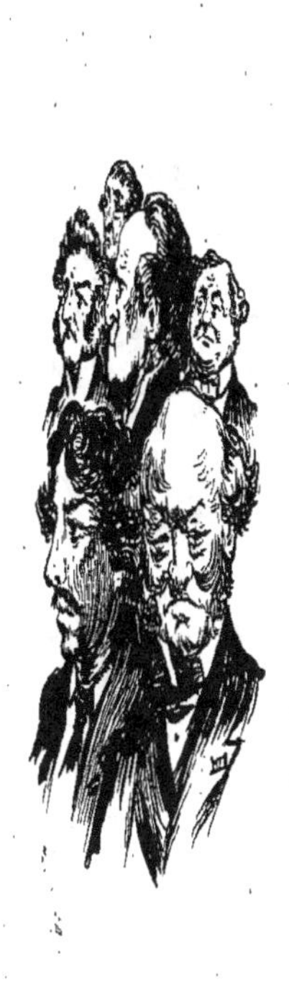

BANQUET DES MAIRES

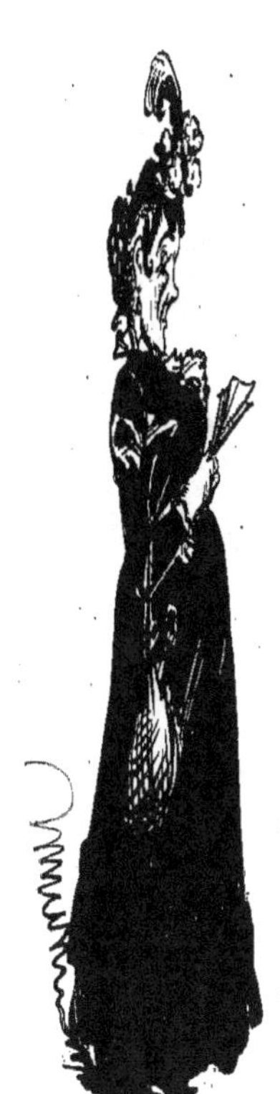

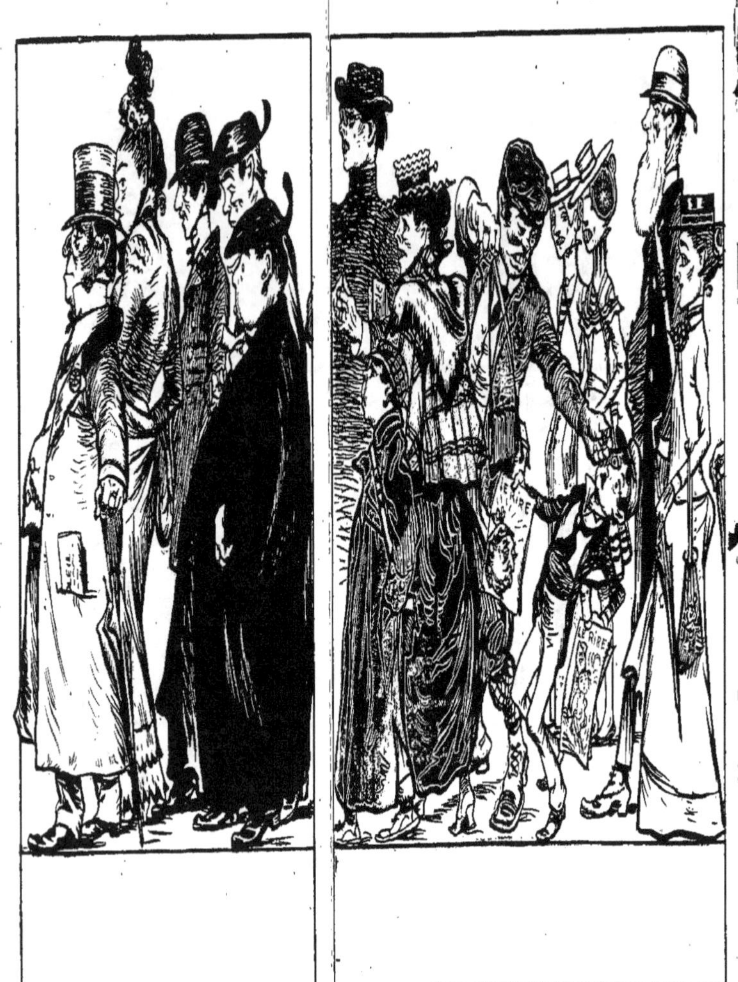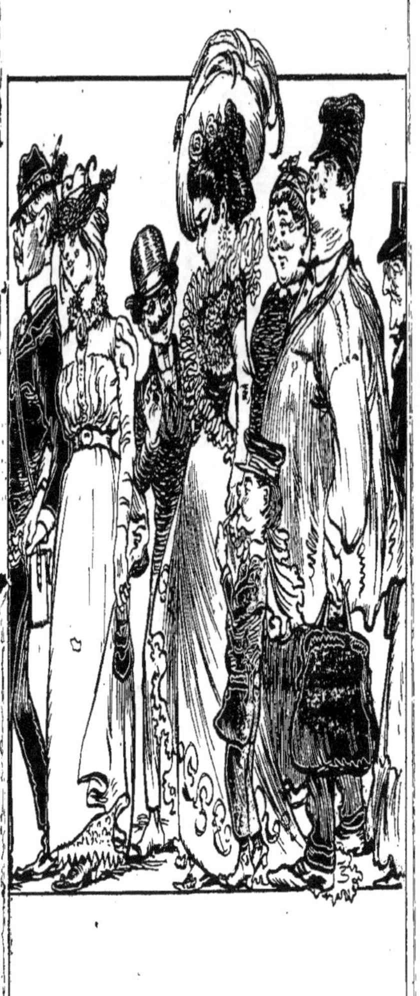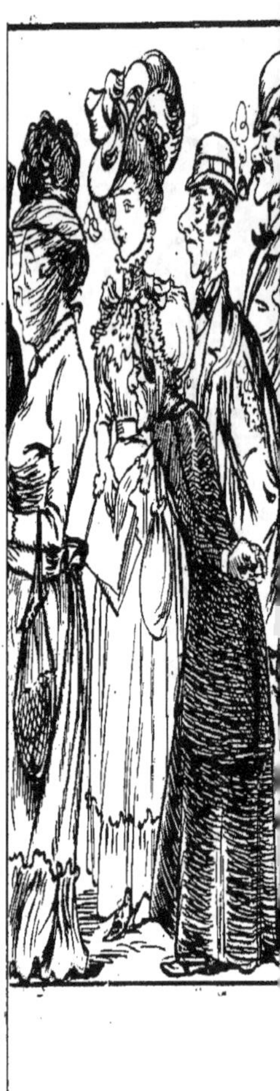

LES GENS POUR LESQUELS ON AVAIT FAIT UN EFFORT D'ART, RUE

réunion fortuite et leur semblable préoccupation
sont un indice certain que les deux ou trois cent mille
personnes qui composent la haute bourgeoisie ont en
ce moment les mêmes besoins intellectuels. Il vaut
mieux nous demander si nous ne sommes pas arrivés
à un tournant de l'histoire de l'art. Le lecteur ne
cherche plus que la sensation vive et nouvelle : il est
certain que la préoccupation de ce nouvel objectif va
lui faire perdre de vue certaines qualités que nous
exigions jadis dans une œuvre d'art. Nous voulions
qu'une œuvre historique, et même de fantaisie historique, fût rigoureusement do-
cumentée : le lecteur s'en moque. Nous prenions plaisir aux
parnassiennes recherches du
style, il s'en moque! Nous prenions le bon sens pour une
règle souveraine : Maupassant
a découvert que *le bon sens
confine à la bêtise,* et le lecteur
est de son avis. Nous aimions
en art les formes nobles, pures,
gracieuses, les mouvements
équilibrés, mais le public a été
pris tout à coup de satiété, car
nous avons probablement abusé
de tout cela ; c'est le gongorisme et le cultisme qui recom-
mencent.

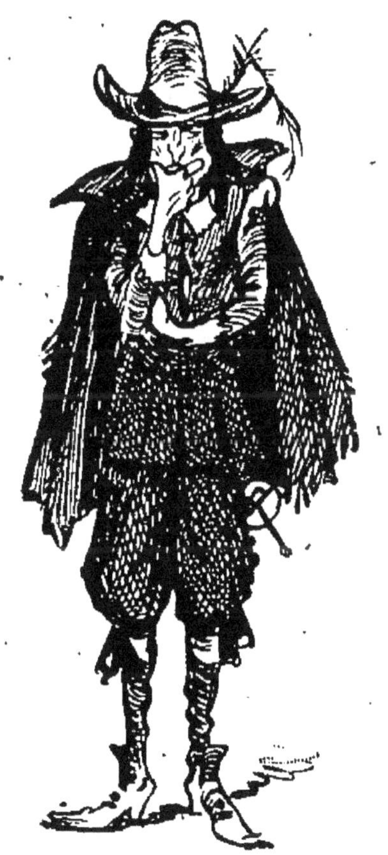

Et, comme j'avais, sans doute, l'air un peu surpris.

— Oui, je voudrais écrire l'histoire de Gongora; elle est amusante et instructive en ce moment. Gongora étais un poète espagnol qui versifiait noblement, selon les règles anti-ques ; il faisait de jolis vers, que personne ne lisait : Gongora battait la dèche. A 45 ans il n'avait pas pu décro-cher le plus mince bé-néfice. Un jour Gon-gora fut éclairé d'une lueur subite, il perçut que, jusqu'à ce jour, il n'avait offert à sa clien-tèle que de la mar-chandise démodée, et, tout d'un coup, chan-gea de manière, mais là, carrément, du tout au tout. Sa simplicité fit place à l'hyperbole,

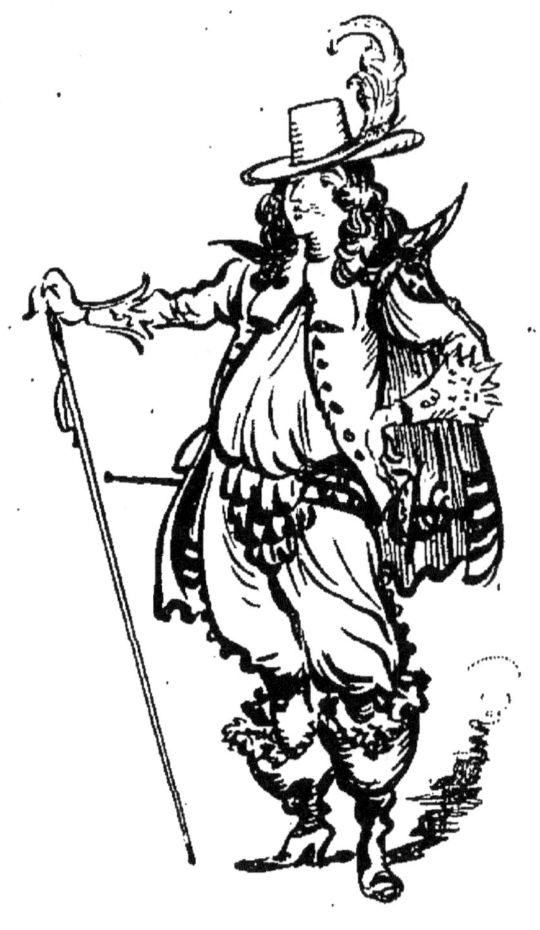

sa grâce à la pesanteur, sa décence au dévergon-dage, etc. Cela suffit, Gongora devint célèbre du jour au lendemain, il eut des éditeurs, des élèves, des protecteurs et, comme dans les contes de fées, le roi le couvrit d'honneurs et de charges, c'est tout juste s'il ne lui offrit pas sa fille en mariage. Bien plus,

Gongora fit école non seulement en Espagne, mais en France, où ses disciples prirent le nom de *cultistes* (de *Cultura*, culture intellectuelle, — ne prenez pas mal le mot!) et furent les devanciers des Précieux. Enfin, de nos jours, le gongorisme eut l'honneur d'être rappelé par Théophile Gautier, dans sa défense des *Fleurs du mal*.

Gongora avait compris la lassitude du public et qu'une saute du vent était nécessaire. En effet, il arrive un moment où Minerve s'ankylose dans la noblesse de son geste, elle a besoin de se grouiller un peu,

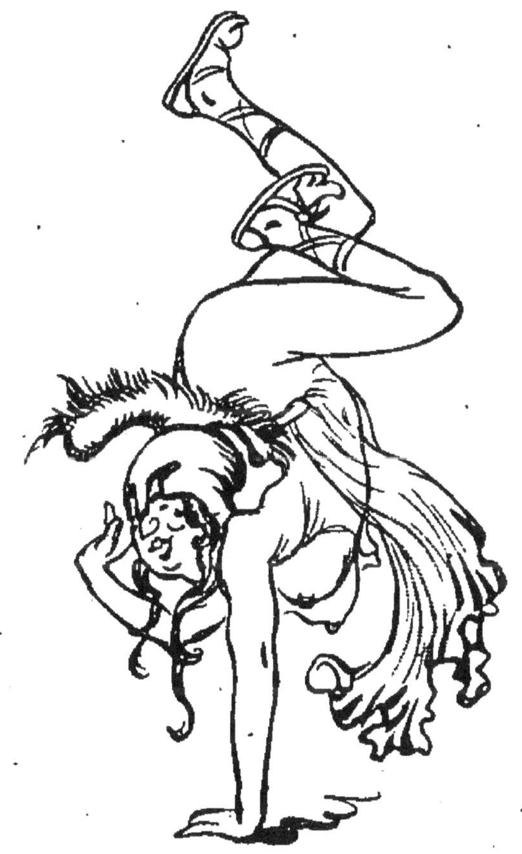

selon le langage de Montmartre, et de faire la cabriole. Aujourd'hui elle est descendue de son piédestal et s'en est allée faire un petit tour au bal des Quat'z-arts ; mais, ne vous y trompez pas, ce n'est pas une déguisée que vous voyez marcher sur les mains et qui a orné son casque avec les crins d'un vieux balai ; c'est Minerve elle-même et, en ce moment où elle est en folie, soyez certain qu'elle ne protégera que ceux de la troupe folâtre qui l'accompagne. En même temps elle a eu soin de modifier la vue des gens qui sont curieux d'art et de leur mettre au nez des lunettes spéciales. Il y a longtemps du reste que j'ai prévu ces choses. Quand Huysmans a jeté ce cri : *A rebours !* et Donnay cet autre cri : *Ailleurs !* je me suis douté que les artistes allaient jouer au jeu du contre-pied ; cela n'a pas manqué, je n'ai plus qu'à attendre maintenant, — si je puis vivre jusque-là — que la Déesse soit fatiguée de sa posture anormale et qu'elle consente à marcher sur ses beaux pieds, comme auparavant.

Quant à vous, qui aimez *les époques de décadence où l'art éclôt plus librement sur le fumier du gâchis social* (j'acceptai la pointe sans sourciller), vous allez être servi à souhait. Le frisson nouveau de Baudelaire, la petite secousse de Barrès sont joliment dépassés. Charlot et Bilitis peuvent continuer à s'amuser, les chèvre-pattes eux-mêmes n'ont plus guère d'attraits, puisqu'ils n'ont même pas réussi à entraîner le mi-

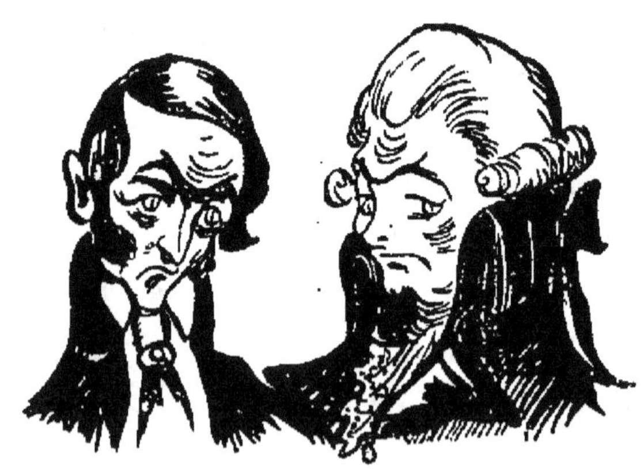

nistre dans les bosquets de lauriers-roses de *Parallè-
lement;* le public veut des sensations plus vives : un
peu de sang, quelques supplices ne lui déplaisent pas,
au contraire, et l'on entend de nouveau, dans l'ombre,
chanter Maldoror et ricaner le Marquis.

La bourgeoisie *marche,* comme on dit sur votre
butte, elle ne sait trop dans quoi, ni vers quoi ; c'est
un peu comme cela que les vers marchent dans le
fromage.

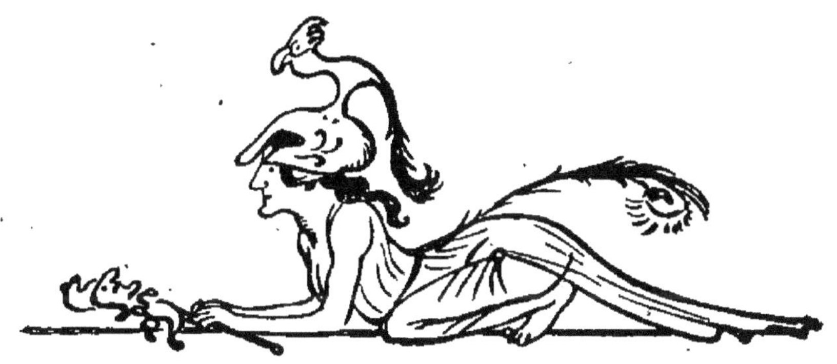

Ayant fini sur ce médiocre brocard, mon savant
chaussa ses lunettes d'or et, se plongeant dans la
lecture d'un texte hébraïque, il oublia totalement ma
présence jusqu'à la poignée de main de l'arrivée, de
sorte que j'eus le loisir de méditer sur sa conférence
aigre-douce, et d'en tirer les conclusions les plus favo-
rables à mes préférences, comme chacun fait en pareil
cas. J'étais flatté surtout d'avoir entendu sortir de
sa bouche cet aveu que la déesse des arts a quitté la
coupole de l'Institut et qu'elle fréquente chez les
fantaisistes et chez les outranciers.

Il m'avait bien semblé, en effet, la reconnaître de-ci,

de-là, dans quelques ateliers de peintres et de sculpteurs, dans quelques mansardes de dessinateurs, dans

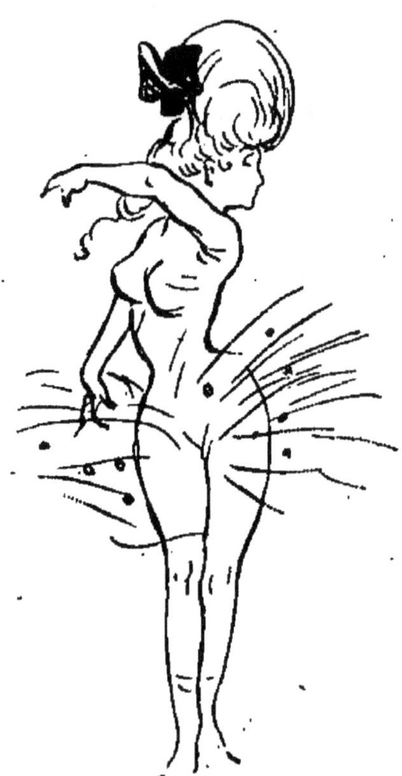

le cabinet de travail de certains poètes, écrivains et
musiciens, et même (cela
vous étonne?) dans le somptueux *studio* de quelques ar-
chitectes, tantôt sous les
espèces de modèles délicieux,
tantôt sous celles, câlines,
de petites amies, ou même
tout simplement de dames
en visite.

Elle avait revêtu, pour
s'introduire chez Chéret, des
vêtements de satin cassé,
coupés à la mode moderne
et qui rappelaient cependant
ceux des personnages de
Watteau; sur ses cheveux fous s'étalait un grand
feutre, en bataille, relevé d'un coquelicot, et elle riait
d'un rire si jeune et si frais que, malgré le temps gris
de décembre, l'atelier semblait plein de soleil, de
fleurs et de lointains bleus.

Chez Willette, dévêtue, elle posait pour sa nuque
d'or, pour ses épaules à fossettes et pour ses jarrets
divins. Chez Louis Legrand, c'était une aimable
danseuse, tordue sur la barre et qui lui inspirait
l'audace de ses raccourcis. Chez Léandre, la Reine

elle-même, avec sa couperose et ses pantalons à volants.

Un autre jour je la retrouvai chez Bellery-Desfontaines, plus grave, assagie un peu par le voisinage de l'Institut, et j'eus grand'peur qu'elle ne nous quittât, mais le lendemain elle était chez Henri Rivière, en Bretonne, avec des sabots et une pleine brassée de genêts fleuris, et le surlendemain chez Henri Guillaume, en grande dame, commandant au jeune architecte une salle de théâtre idéale, de marbres roses et de treillages contournés, pour jouer les féeries d'Eugène Morand.

Je la revis encore chez quelques poètes, puis elle a disparu et le bruit court qu'elle visite en ce moment les *hommes de demain :* des sculpteurs qui sculptent l'idée sans avoir besoin de la forme, des peintres qui peignent *par le dedans* (pour accompagner ce mot, que vous prononcerez avec l'*assent*, étendez la main, la paume en l'air, et faites quel-

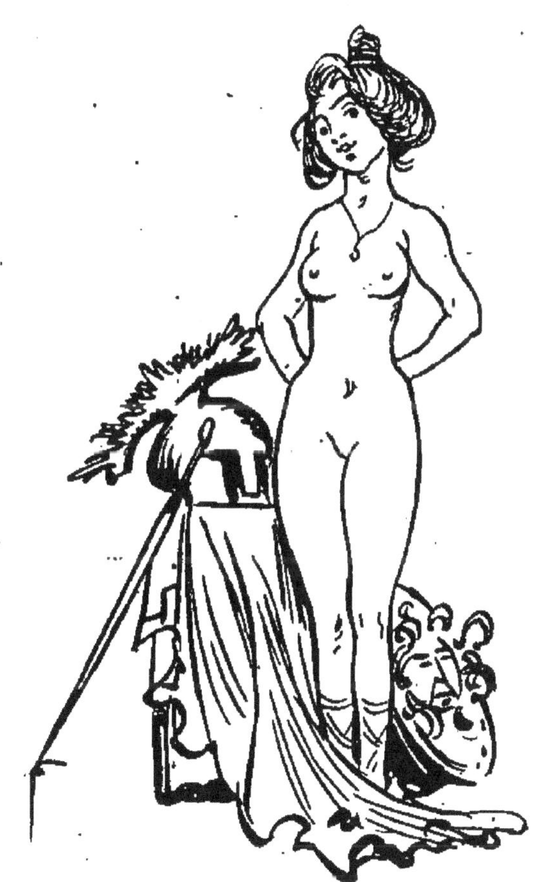

ques mouvements avec les doigts à demi fermés), des
dessinateurs qui déforment jusqu'à retrouver la mo-
nade primitive, etc., etc. C'est peut-être de ces limbes
que va sortir l'école des voluptueux sanguinaires,
l'école du Marquis, dont nous menace M. X...

Mais qu'importe, pourvu que le sang ne soit que
de la laque carminée : l'art n'a rien de commun
avec la vertu, il peut fort bien se passer d'elle.
Souhaitons surtout que Minerve, dans ses transformations, n'aille jamais s'aviser de prendre le rôle
d'éducatrice populaire. Nous voulons que l'Art soit
comme un jardin clos de haies vertes, où chacun
puisse venir, de temps en temps, se reposer de la Vie,
dans l'oubli des lois, des mœurs, des devoirs, des
préjugés et du Temps...

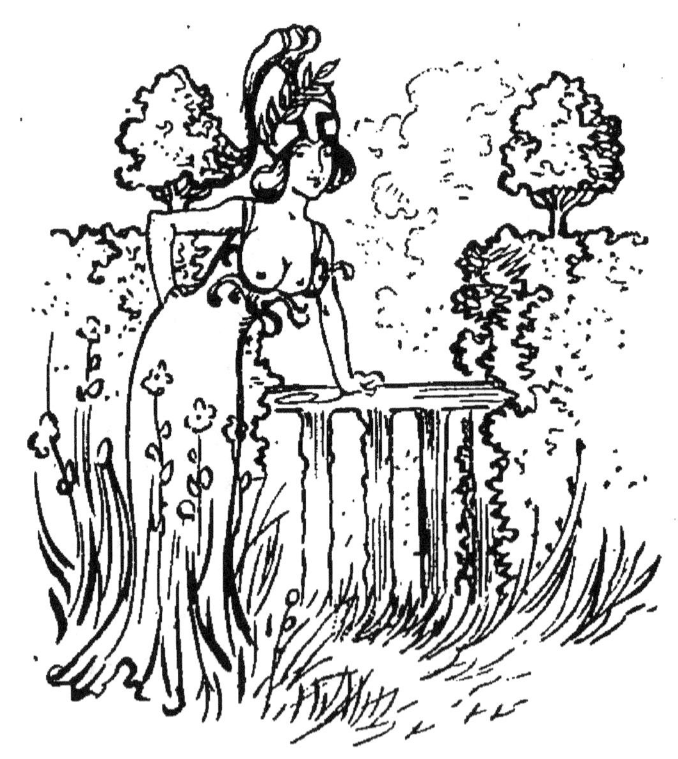

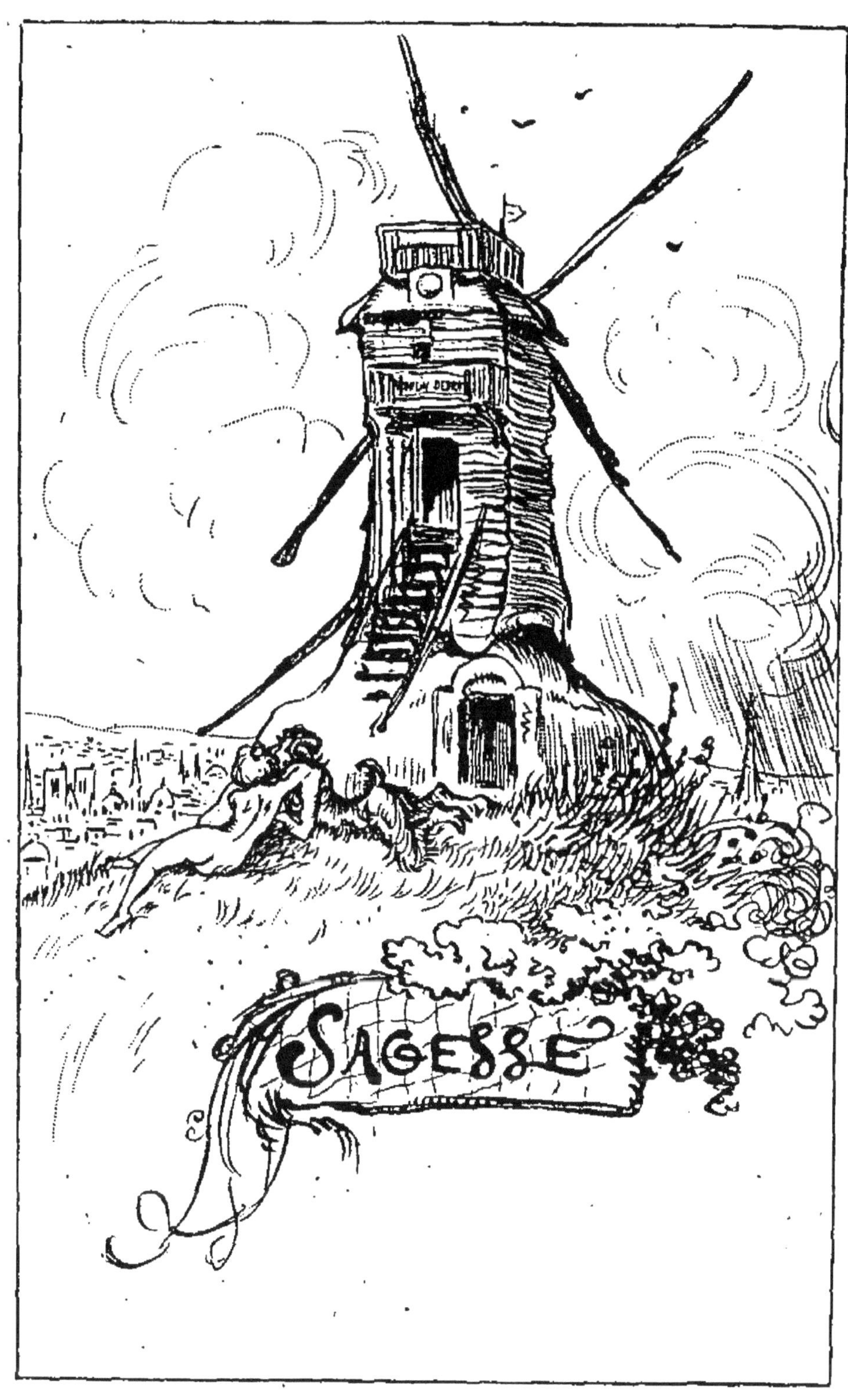
SAGESSE

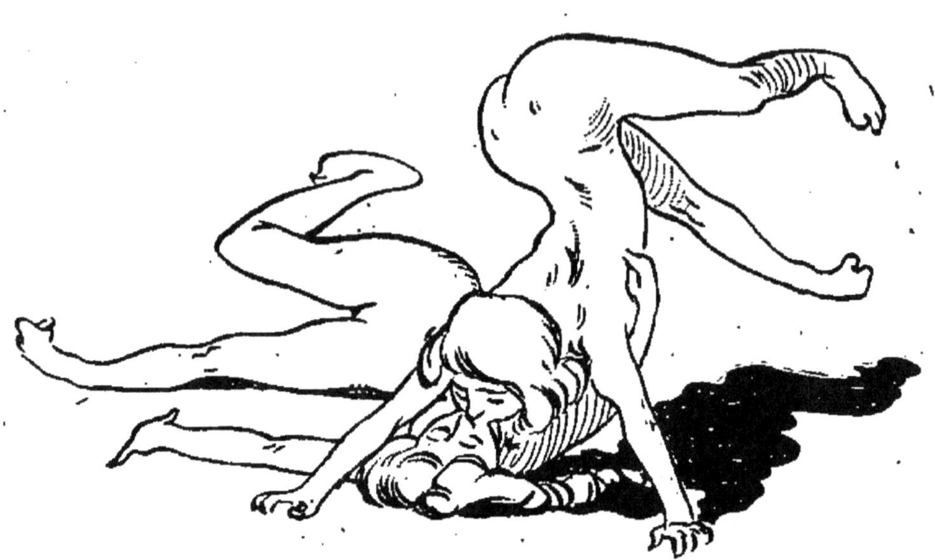

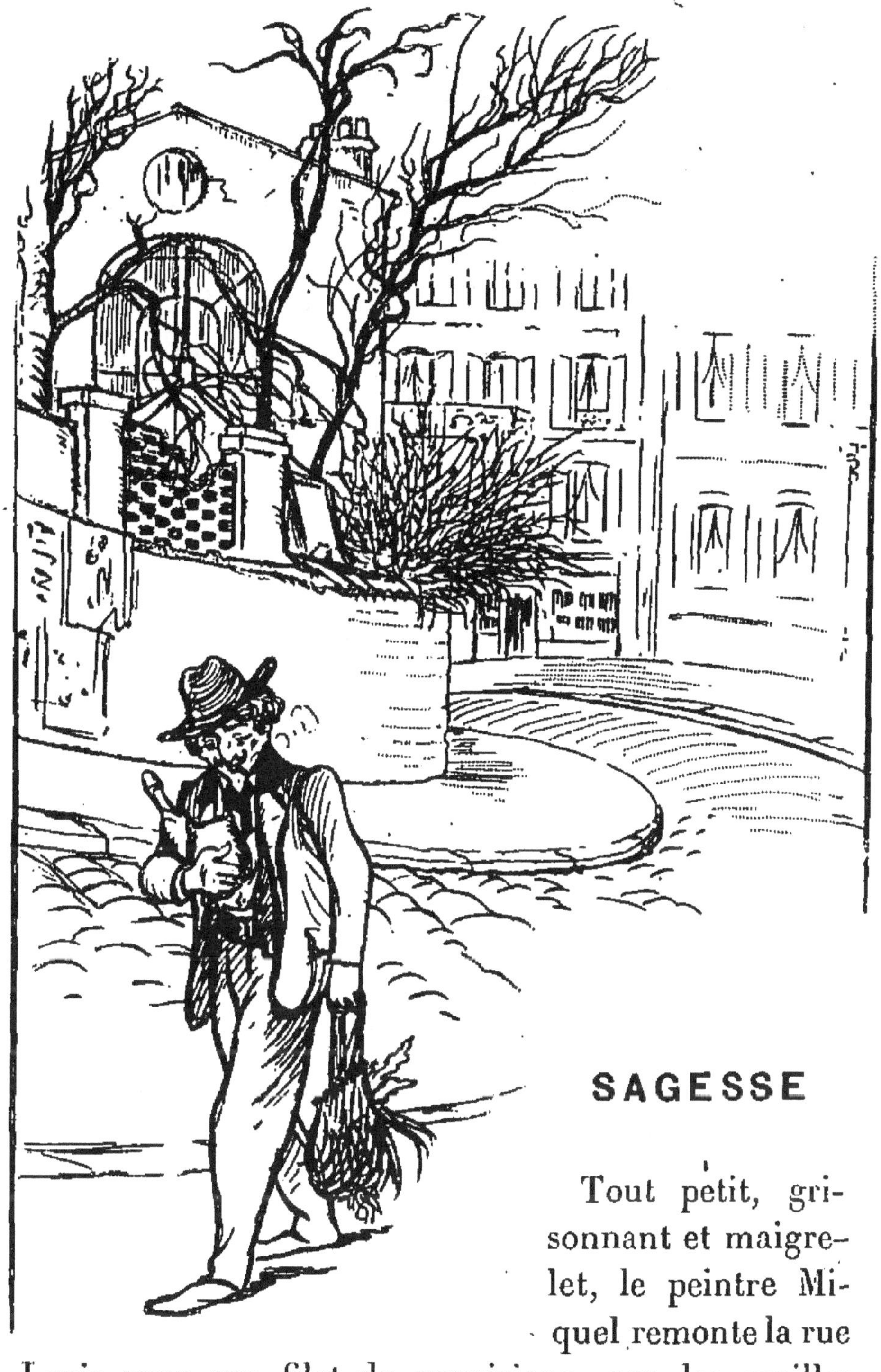

SAGESSE

Tout petit, grisonnant et maigrelet, le peintre Miquel remonte la rue Lepic avec son filet de provisions, par les mailles duquel passent des racines de carottes et des fanes de poireaux. Arrivé près de moi, il tire de ses lèvres une cigarette de tabac blond (three castles), il rit de ses yeux clairs et me demande, pour me faire plaisir sans doute, des nouvelles de la Ville.

Car Miquel ne se considère pas du tout comme un habitant de Paris; il a même une nuance de mépris pour les gens qui se préoccupent de ce qui se passe sur les boulevards, et, par-dessus toutes choses, il s'abstient de lire les journaux. La Ville, il lui suffit de la voir de ses fenêtres, qui dominent la butte, et par

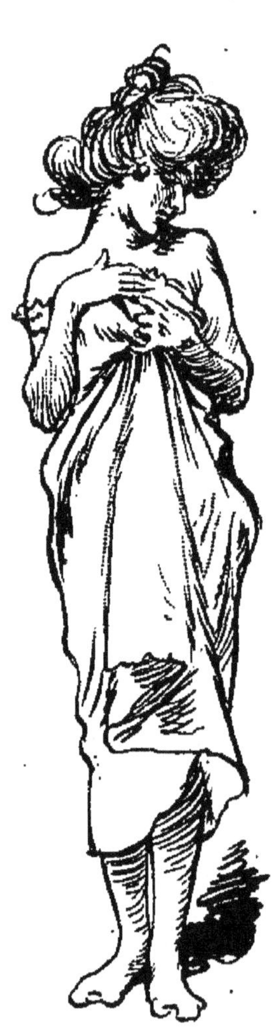

conséquent l'océan gris des maisons où moutonnent les fumées légères.

Miquel est le plus sage des artistes : voilà trente ans qu'il habite le petit atelier qu'il a choisi et dans lequel, par une baie pratiquée au midi, peut entrer à flots le soleil. Car Miquel aime à peindre la chair des jeunes femmes, sur laquelle jouent des effets d'ombre et de lumière. La plupart des fillettes du moulin de la Galette se sont dévêtues pour lui, à raison de cent sous les quatre heures, avant de devenir les femmes haut cotées dont les minutes se payent avec des rivières de diamants et des équipages, et, chaste satyre, qui se contente d'admirer les nymphes, sans avoir envie de les *perpétuer*, comme dit Mallarmé, il a pris, dans de longues contemplations recueillies, le meilleur d'elles, ce que ne percevront jamais leurs riches amants, la grâce de leurs attitudes, la fleur de leur chair, les délicatesses de leur modelé.

Miquel pourrait gagner beaucoup d'argent s'il voulait se déranger, faire faire sa cote, visiter les cri-

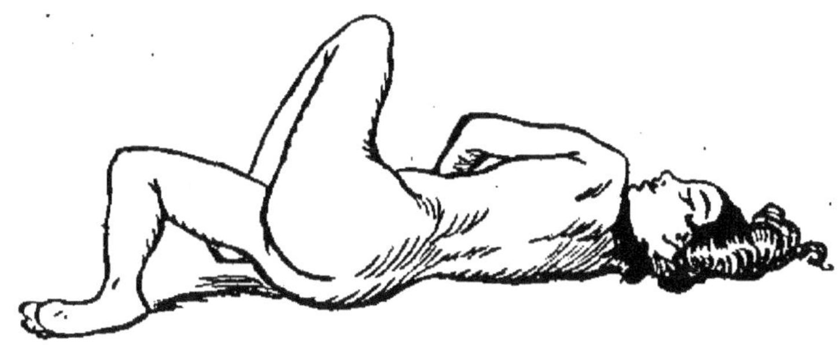

tiques, mettre en jeu la réclame; mais il préfère gagner très peu et mener, avec l'excellente femme qu'il a choisie, une toute petite vie de bourgeois de Montmartre. Et, en remontant la côte, comme je lui racontais la conférence de M. X. et les conclusions que j'avais essayé d'en tirer, il m'a donné de sa vie les raisons suivantes, que j'estime excellentes.

— Votre jardin clos, qui me semble une succursale du paradis terrestre, il n'y faut entrer que de temps en temps, car nous ne sommes pas assez solides, intellectuellement, ou assez parfaits, — moi du moins, — pour savourer continuellement le bonheur, fût-ce un bonheur d'art; la folie arriverait vite, ou la déliquescence des moelles, ou quelque autre vilaine maladie du cervelet, à moins que ce ne soit tout simplement la fâcheuse satiété. Malheur à ceux qui sont

tellement riches qu'ils peuvent se passer toutes leurs
fantaisies. Voyez la fin malheureuse du roi Louis de
Bavière, le souverain artiste qui réalisait tous les
jours, dans ses jardins, les belles fêtes d'art que vous
voudriez voir instaurer en France. Peut-être ce Néron,
que défend votre vieux savant, était-il en effet tout
bonnement un empereur très raffiné, dont les fantaisies déplurent extrêmement à l'austérité des nouveaux chrétiens. J'ai bien rencontré l'autre jour un
dentiste protestant, qui, sans avoir jamais vu le bal
des Quat'z-arts, m'a affirmé que c'était une immonde
orgie, l'opprobre des temps modernes. Vous le voyez,
c'est de l'histoire qui commence. Si mon dentiste

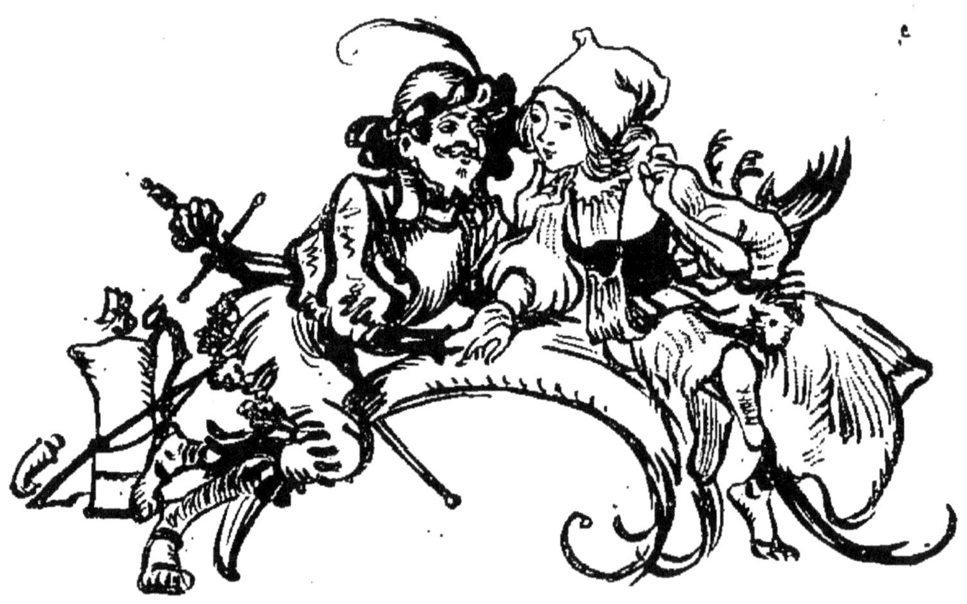

était Suétone, notre compte serait clair, et notre
réputation faite, dans deux mille ans !

J'ai lu quelque part que Néron avait fait bâtir des

palais d'or, et que, dans leurs immenses jardins, il
avait fait disposer des champs, des fermes, des bois,

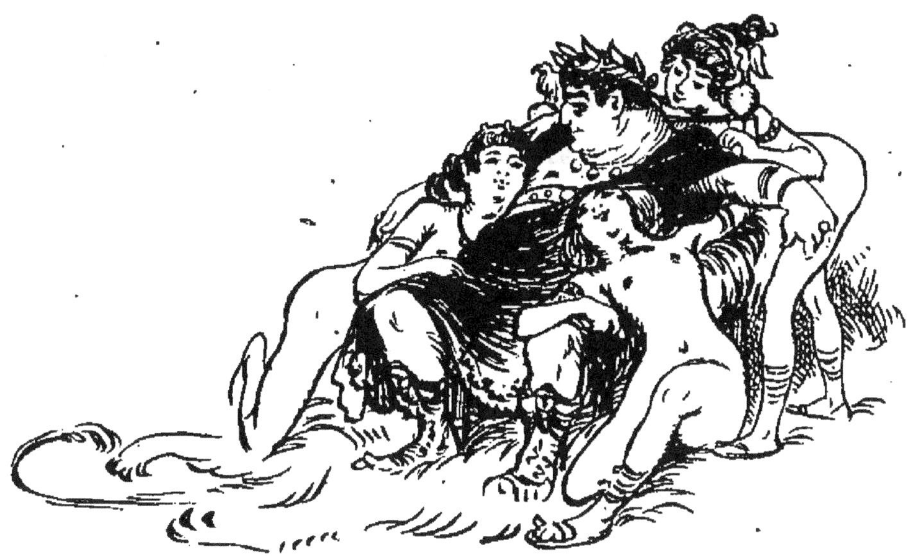

des étangs, des forêts, des rivières ombragées. Ce goût
de la belle nature n'indique guère le méchant homme
des légendes, et l'on ne voit pas bien, parmi ces
choses charmantes, les flambeaux humains d'où cou-
lait la graisse puante et le sang. Peut-être aussi ce
César esthète est-il devenu fou à force de plaisirs et de
luxe, et la folie toute-puissante est terrible.

Il faut donc, chacun dans sa sphère, modérer ses
visites au jardin des rêves, et donner à la vie réelle
la grande part de nous-même à laquelle elle a droit.
C'est pour cela que, ce matin, vous me voyez avec
mon filet, mes carottes et mes poireaux; tout au fond
du sac, il y a un sou de mou pour mon chat. J'ai con-
versé avec mon boulanger, qui est un homme de sens
rassis, et avec mon charcutier, qui est plutôt un ami

qu'un charcutier. Cette après-midi, j'ai séance ; j'ai vu
mon modèle, je sais que j'aurai sous les yeux un
remarquable échantillon de la beauté suprême et
peut-être la joie d'en fixer sur ma toile une parcelle.
Ce soir, pendant que je dessinerai, cherchant la composition de mon tableau de demain, ma femme me
lira quelques *douzaines* de la *Lanterne magique* de
Banville, ou du Henri Heine ; et voilà bien assez de
jouissances pour une journée ; plus, ce serait abuser
et courir à la folie, ou à l'ennui ! C'est pour cela que
nous ne sortons jamais et que nous ne cherchons pas
d'autres plaisirs que ceux que nous avons sous la
main.

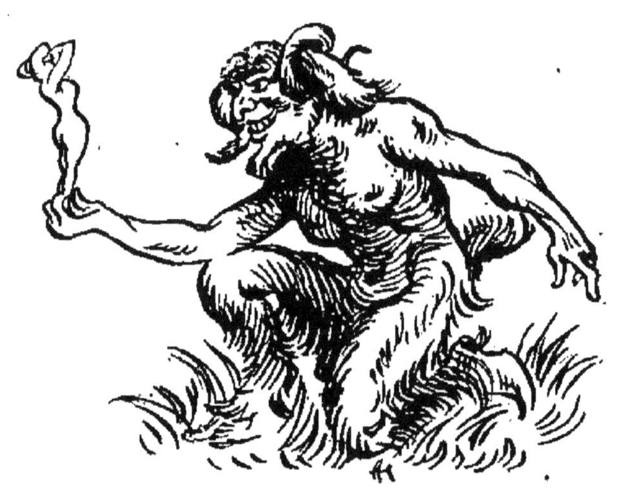

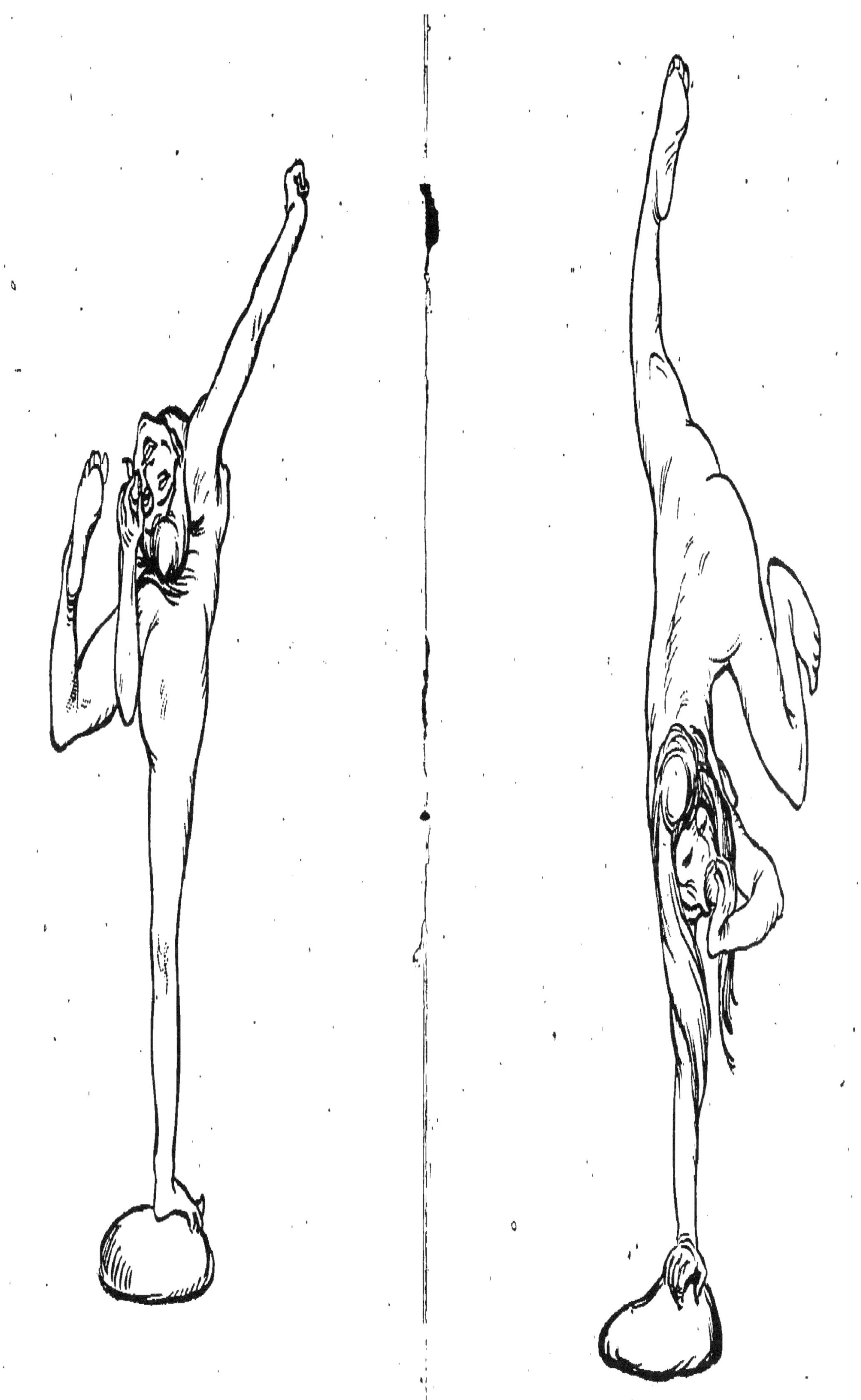

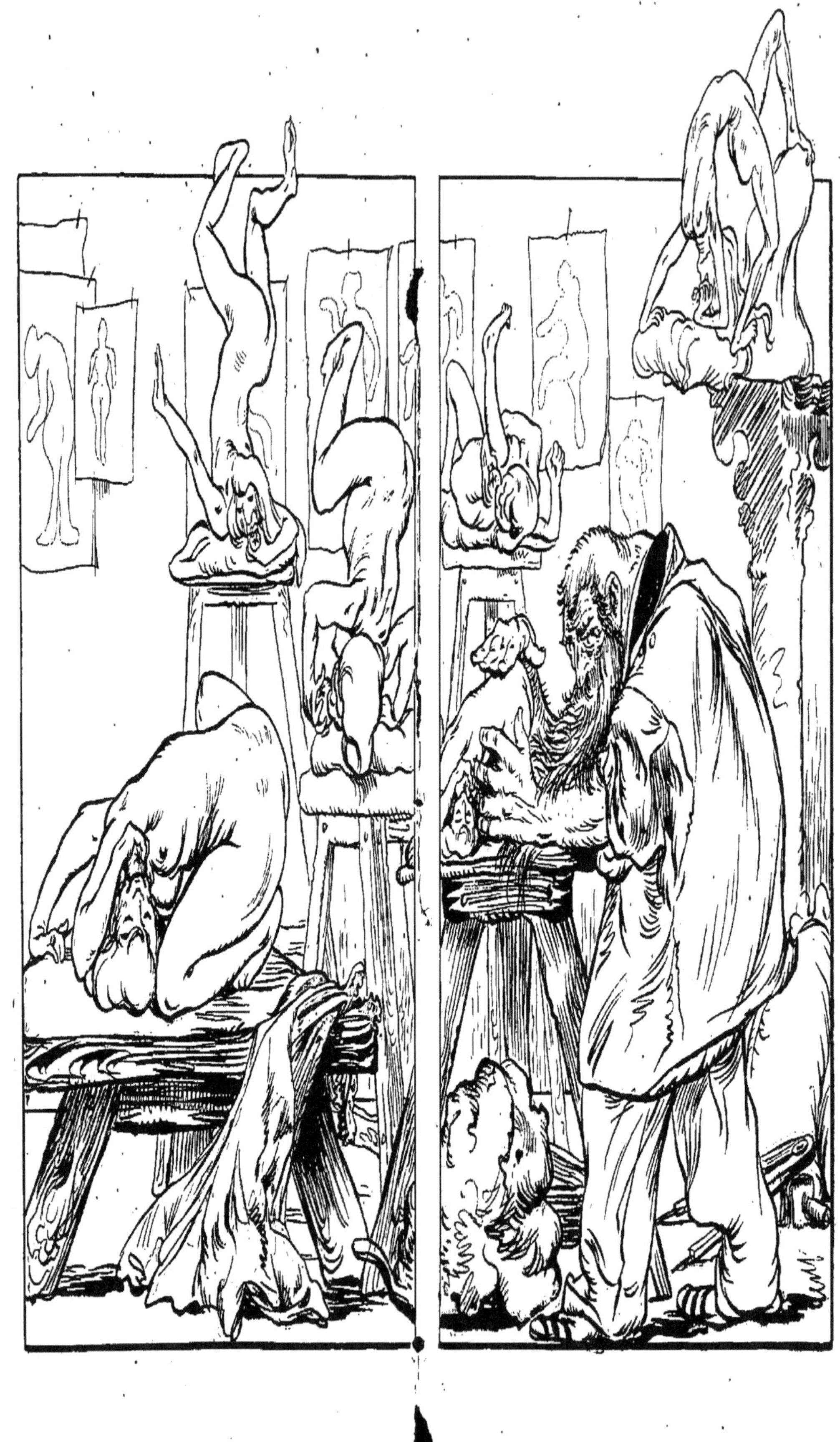

LA SCULPTURE MODERNE

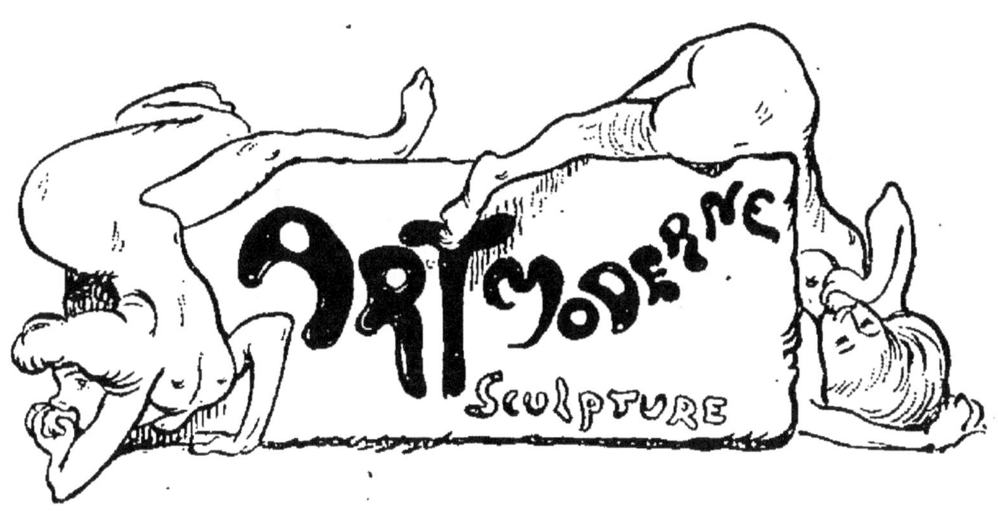

LE RAID RODIN

Cette furie nouvelle qui entraîne le public à la suite des artistes et lui fait adopter aussitôt leurs fantaisies, cet entrain qui alarmait notre savant, c'est la liberté de l'art devenue possible, les sculpteurs en ont profité les premiers, et ils ont agi avec une folle sagesse, en poussant tout de suite les choses à l'extrême. L'exposition de Rodin en fut la preuve évidente pour les gens de bonne foi, et aussi bien pour ceux qui ont souri des exagérations de la première heure. Il y a en art des incursions sur le territoire étranger qui ressemblent à ce raid Jameson, lequel, en fin de compte, était une tentative hardie pour arriver au but que se proposait l'Angleterre, en évitant l'odieuse hécatombe qui ensanglante le Transvaal. Nous avons eu plusieurs raids artistiques, au xix\ :* celui de Manet, qui réussit merveilleusement, comme vous savez, pour ses imitateurs. Celui de Préault, qui échoua,

Celui de Hugo, qui emplit le siècle. En musique, nous avons eu le bruyant raid Wagner. L'audacieux qui piétine crânement les plates-bandes du jardin des préjugés est quelquefois un génie, comme Wagner, quelquefois un artiste sans grand talent, comme Manet, doublé d'un raisonneur inflexible; c'est toujours un prophète et un précurseur, qui risque gaiement et bravement le ridicule, et il a bien mérité de l'art si

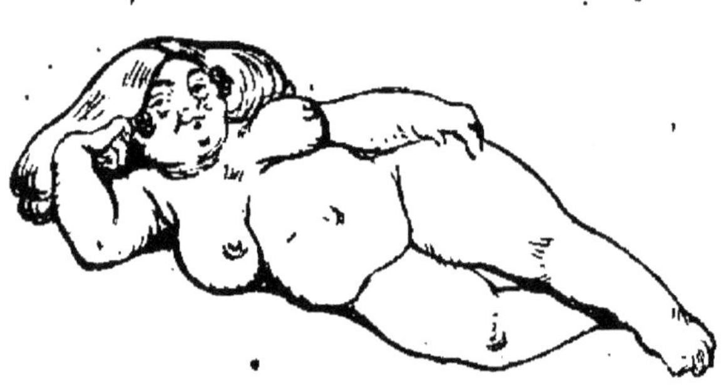

le territoire qu'il nous a conquis contient de riches filons, que d'autres sauront exploiter.

Rodin a rendu à l'art des services immenses : il a affranchi la sculpture de la pondération du mouvement, que la nature ignore en effet, et, il a entr'ouvert, pour de délicieux gestes, inobservés jusqu'ici, les cuisses féminines, qui depuis les premiers âges de la sculpture égyptienne étaient restées hermétiquement closes.

Il a bien fait, parbleu! Le — *Ah! tenez, tenez...
Messieurs!..* qu'il a dû crier pour attrouper la foule
des badauds n'empêche pas que son — *Trêve de plai-
santeries!..* ne précède l'offre de délicates, puissantes
et nouvelles vérités. Parfois il semble que revive en
lui l'âme de Rabelais, abstracteur de quintessence,

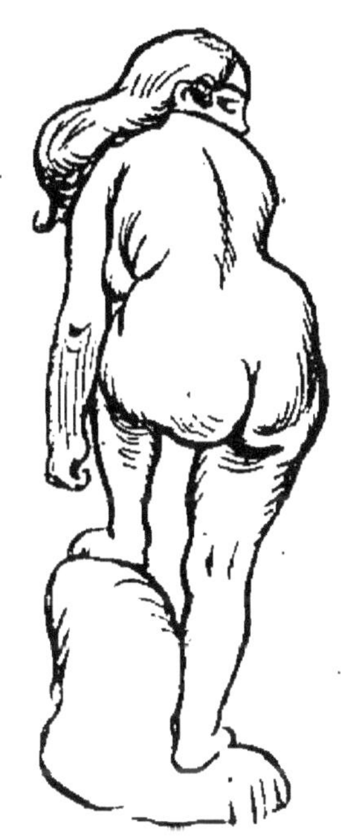

qui, lui aussi, aimait les malices de pince-sans-rire.

L'un des dévots de Rodin lui demandait pourquoi
il faisait sceller de travers, à deux mètres de haut, sur
une colonne, un groupe dont le spectateur ne pouvait
voir que l'intérieur, fait de plâtre gâché et de soutiens
en bois bourru, et, tout de même, un petit bout de
fesse, d'un délicat modelé.

Il paraît que Rodin lui répondit doucement : « Ne voyez-vous pas, mon ami, que c'est bien plus Cartha-ginois ! »

Voilà de ces enseignements qui vous ravissent, et qui tout de suite révèlent l'homme qui suit son idée et

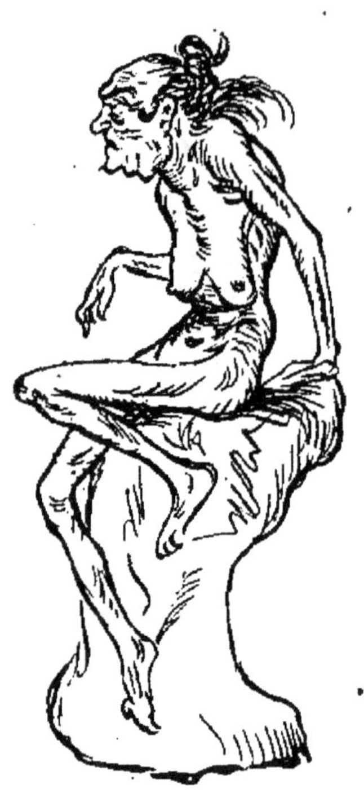

possède sa propre confiance jusqu'à négliger ces expli-cations de soi-même par quoi les médiocres nous rebattent les oreilles. Il faut admirer, même dans ce qui nous paraît voisiner avec l'incohérence, l'amour de Rodin pour le *pas encore vu*. Cette tournure de l'esprit, qui fait table rase de toute convention, est plus propre qu'aucune autre à l'éclosion d'une œuvre vraiment nouvelle, où la personnalité prend son ampleur tout entière.

Et enfin ce désir d'autre chose est l'obéissance à la loi de Nature, qui condamne tout ce qui ne croît pas à dépérir. Quand nous jetons un regard en arrière et que nous regardons la succession des styles et des modes d'art, croyons-nous voir le cycle tout entier, et qu'il est à tout jamais fermé? Les styles futurs seront créés par les audacieux qui mépriseront les formules anciennes (comme Shakspeare a méprisé la loi des

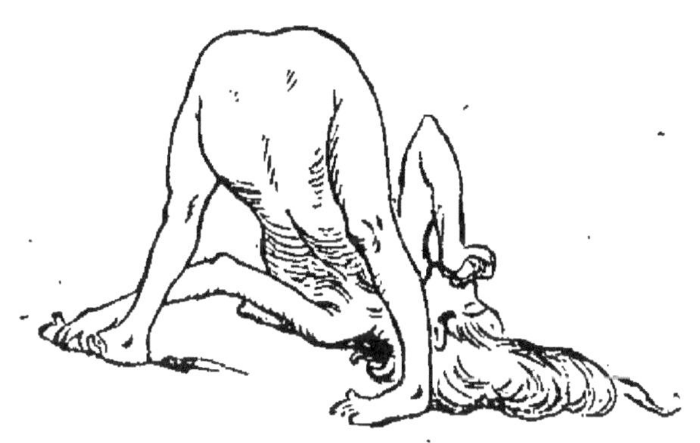

trois unités), et arriveront à voir sous un angle nouveau les beautés de l'inépuisable nature. Souhaitons seulement qu'ils le fassent sans gravité inopportune : une pointe de gauloiserie et de mystification ne messied par à l'esprit français. Il n'est pas besoin de prendre des allures et de crisper les badigoinces pour pratiquer l'art nouveau. Un jour Rodin a été pris de dégoût pour la *convention* sculpturale qui, jusqu'à présent, n'a guère cherché que la beauté des propor-

tions, la joliesse des figures, la grâce banale du mouvement et du groupement : la série conventionnelle
lui a semblé complétée depuis longtemps, et tout
bonnement il a regardé la nature avec un œil prévenu
contrairement à la vision coutumière. Particulière-
ment, il a étudié tous les nus réputés indignes de
l'ébauchoir, au même titre que, avant Hugo, certains
mots paraissaient indignes du vers; il a étudié tous
les nus, la grosse femme, la fillette grêle, la vieille
aux chairs vidées, etc. Dans ce vaste champ, il a
trouvé des beautés nouvelles, des proportions inat-
tendues, des drôleries vivantes, des joliesses inex-
primées, des grâces d'attitudes qui nous font, le premier sursaut d'étonnement passé, prendre en grippe
les trouvailles cent fois trouvées de ses devanciers.

En résumé, la sculpture, grâce à la chevauchée de
Rodin, jouit d'une liberté que la peinture n'a pas

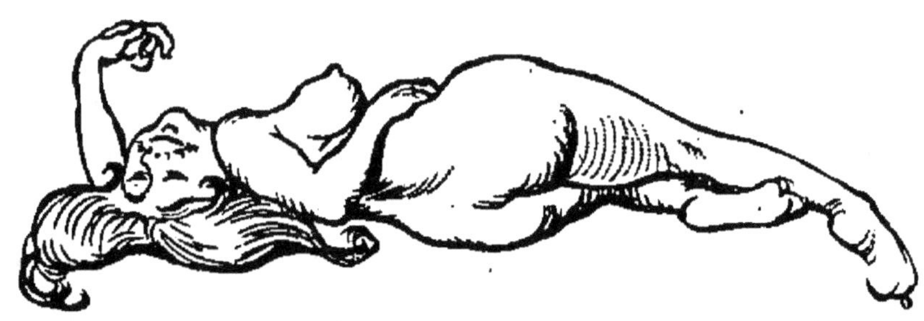

encore acquise. Carpeaux, adorable précurseur, qui le
premier modela de la chair vivante, mais ne put
jamais oublier entièrement l'École et s'empêcher de

balancer ses figures selon les formules, nous semble
aujourd'hui quelque faune à demi sorti de sa gaine

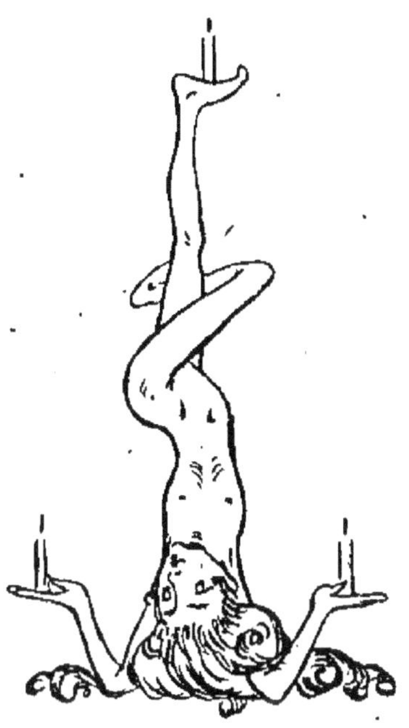

de marbre, et dont le torse vit et palpite, pendant que
ses jambes sont figées dans la borne aux rigides arêtes.
Rodin a sauté dans le bois et s'est mis à poursuivre
les nymphes.

Et ce sont des jeux violents ou charmants, que le
public a pris goût à regarder. Volontiers, après les
premiers ricanements, il s'est laissé entraîner dans
les profondeurs de la forêt. Le voici, enfin, pris
d'amour pour ces êtres synthétiques, sortis des doigts
du maître, où semble revivre l'âme obscure des
premiers hommes.

Sur cette géniale esquisse de la future statuaire,

qui vient de sortir des doigts de Rodin, d'autres peuvent travailler désormais en toute assurance, le bon public est maté, ils pourront lui confier, sans crainte de le voir sourire et s'indigner, leurs plus intimes sensations d'art.

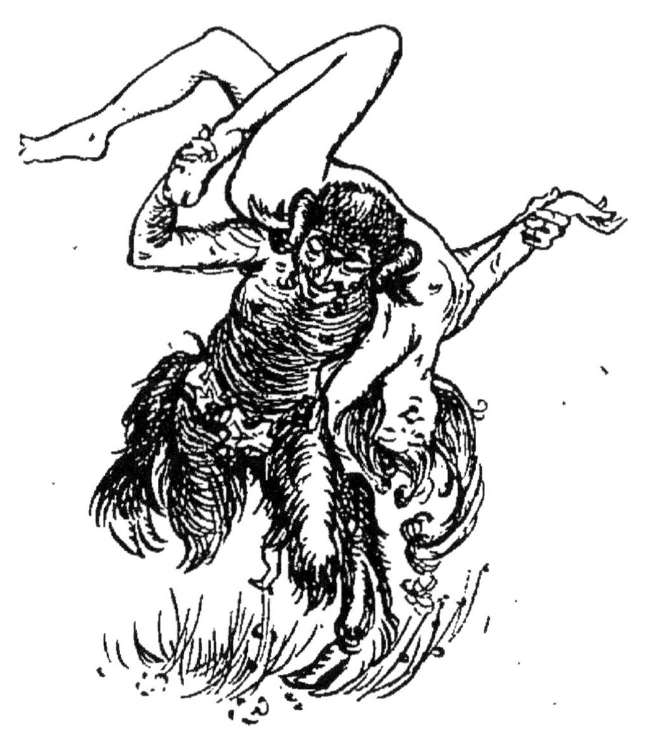

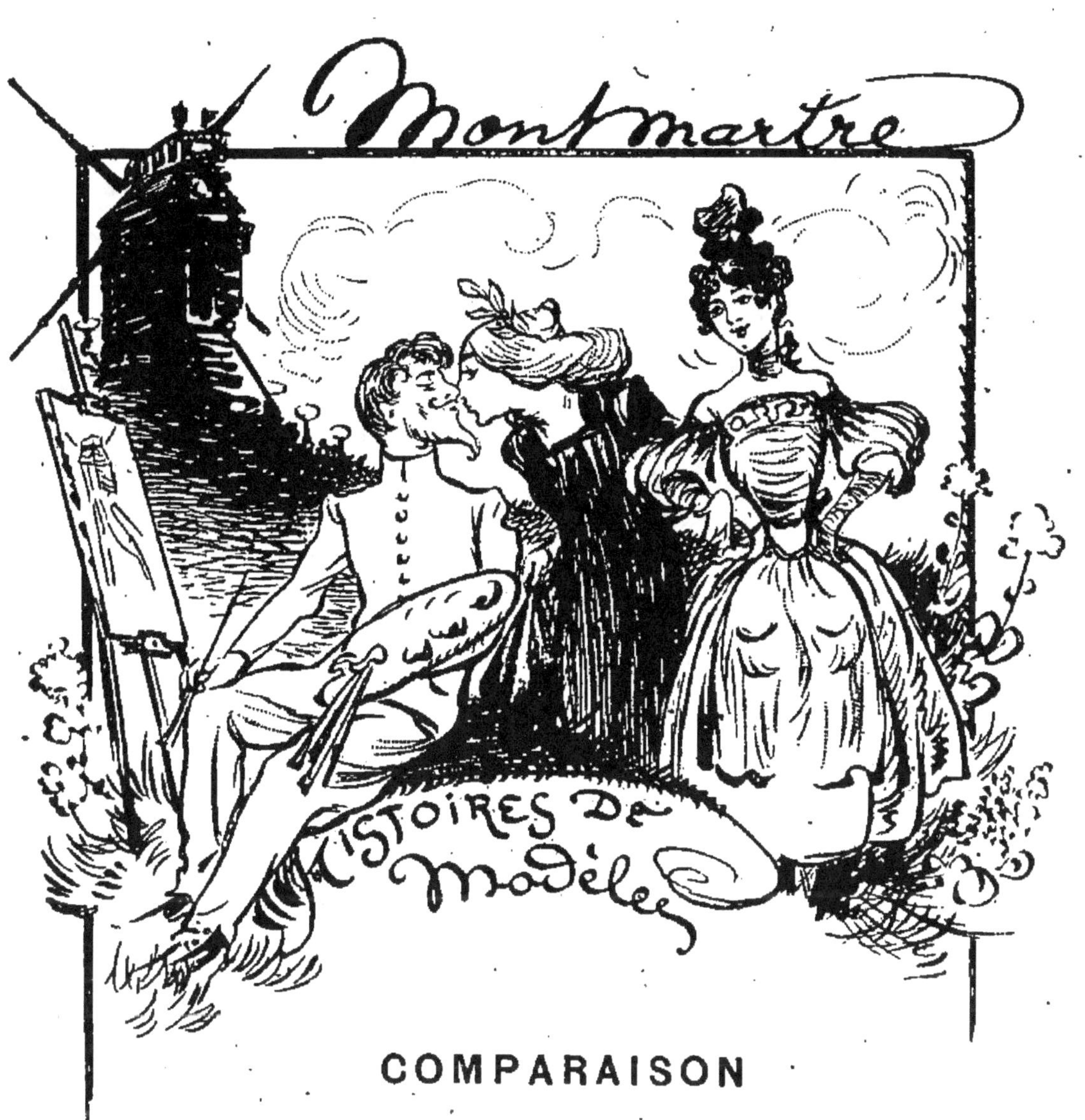

COMPARAISON

Frigolet, peintre, poète, aqua-fortiste et musicien de Montmartre, qui a dédaigné de se *spécialiser* pour tenir boutique de son talent et qui, par conséquent, est très pauvre et très ignoré, a rencontré, par hasard, son ami de collège Mondor, qu'il avait perdu de vue depuis vingt ans. Mondor l'a embrassé, questionné et finalement invité à venir passer la journée dans sa maison de campagne de Chatou, pour être présenté à

Mme Mondor et à Madame la mère de Mme Mondor.

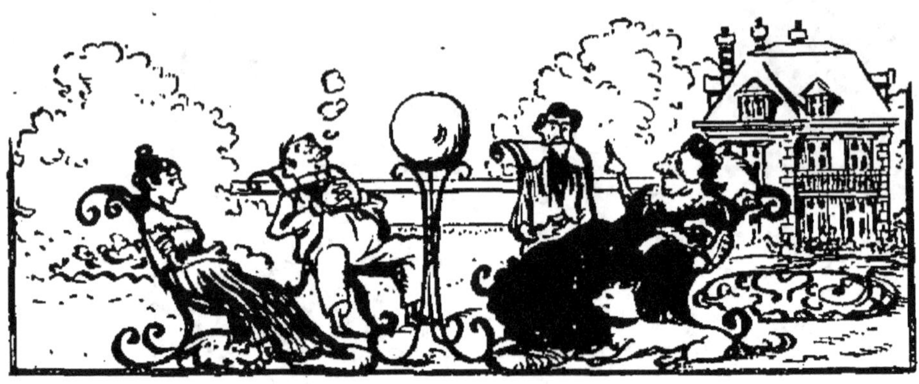

La réception a eu lieu. Frigolet est désolé de la journée qu'il vient de passer ; ses yeux ont erré sans espoir des horreurs d'un mobilier second empire, aggravé par quelques pièces plus récentes de « modern style » parisien, aux tristesses d'un jardin où les horticulteurs du pays semblent avoir réuni leurs plus correctes imaginations, — ses oreilles sont rebattues des potins de Madame la mère de Madame et de Madame elle-même, sur la fortune des gens et leur degré de comme il faut, — son palais offensé par la purée Crécy, le filet madère, la bière en canettes et les chartreuses sucrées.

Il lui a fallu jouer une partie de billard avec Mondor, entendre Madame chanter du Wagner, répondre aux questions de Madame mère touchant sa situation, se laisser exhorter au mariage, entendre l'apologie d'un cousin qui est prix de Rome et fait le portrait...

Et, pendant la conduite à la gare, Mondor n'a pu se

tenir de serrer le bras de son ami et de lui dire : « Tu
vois, tout cela, tu pourrais l'avoir, si tu avais de la
conduite ! »

Maintenant Frigolet remonte sur la Butte d'un pas
allègre, il a hâte de retrouver son petit atelier du
sixième, qui domine tout Paris, et il ne sait s'il ne va
pas tout embrasser chez lui.

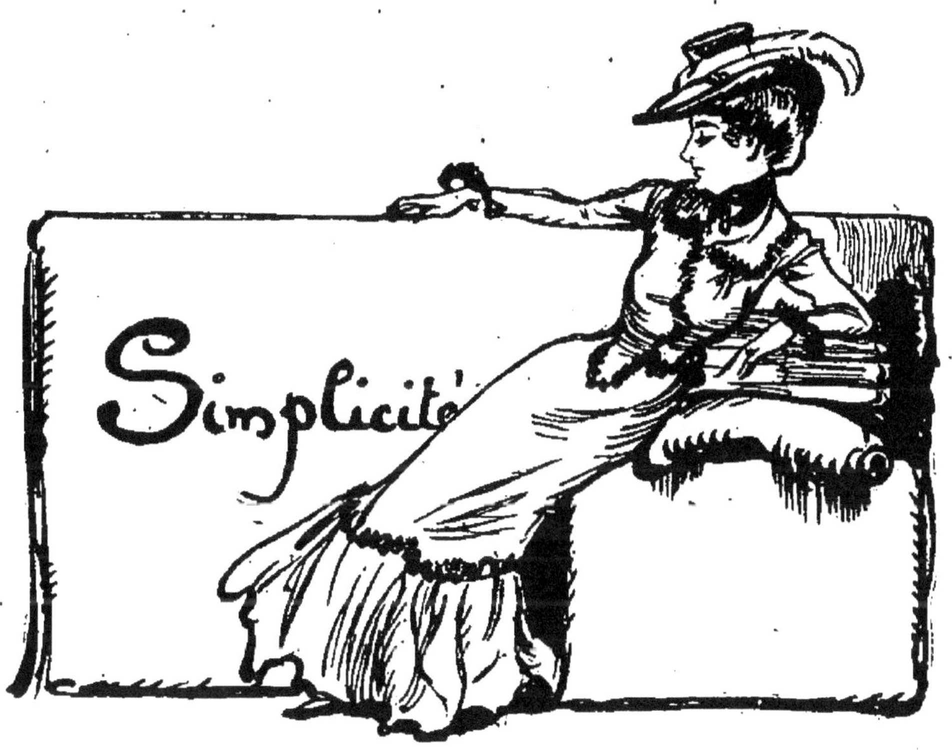

A l'atelier, les élèves se tordent et la petite Jeanne,
surnommée MnO^2, à cause de ses prétentions scienti-
fiques (elle eut sans doute un chimiste pour premier
amant), pleure sur la table à modèle. Le sujet de son
chagrin, c'est que son amant, le graveur Z, qui porte,

avec tant de chic et d'aisance, le costume de velours gris des artistes de la Butte, lui est apparu hier soir en *sifflet*, le pli du pantalon à la pattemouille, avec cravate blanche et gilet en lyre, prêt à partir pour une soirée du grand monde.. Il croyait faire grand effet sur sa maîtresse, mais MnO^2 s'est mis les poings dans les yeux en lui criant qu'il avait l'air d'un *miché*, et qu'elle ne pourrait plus l'aimer si elle le voyait encore comme cela.

Et, au souvenir de l'horrible spectacle, le petit modèle est repris d'une crise de larmes.

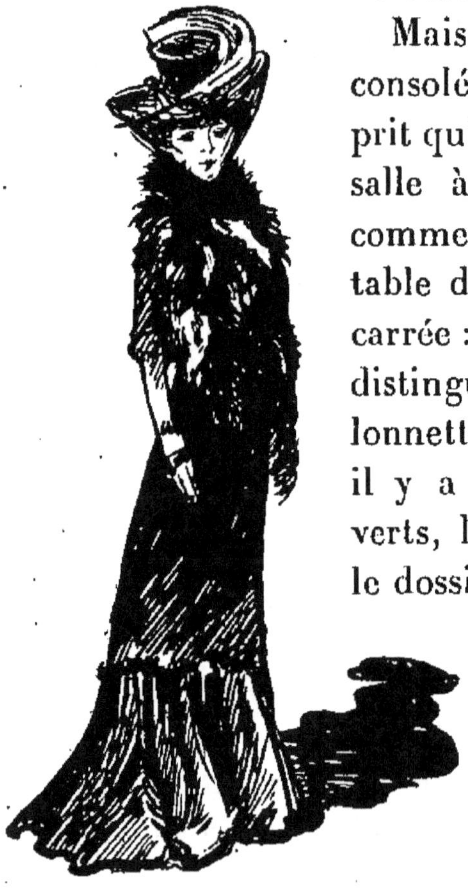

Mais, brusquement, la voici consolée, il lui est revenu à l'esprit qu'elle va peut-être avoir une salle à manger, et elle raconte comment elle la demandera. La table du milieu pas ronde et pas carrée : entre les deux, c'est plus distingué; le buffet avec des colonnettes et des petits vitraux où il y a des cabochons, rouges et verts, les chaises avec du cuir sur le dossier...

— Enfin quoi, lui demande un des rapins, est-ce Louis XIII ou Henri II, ta salle à manger?

— Henri II, c'est bien cela, *système* Henri II!

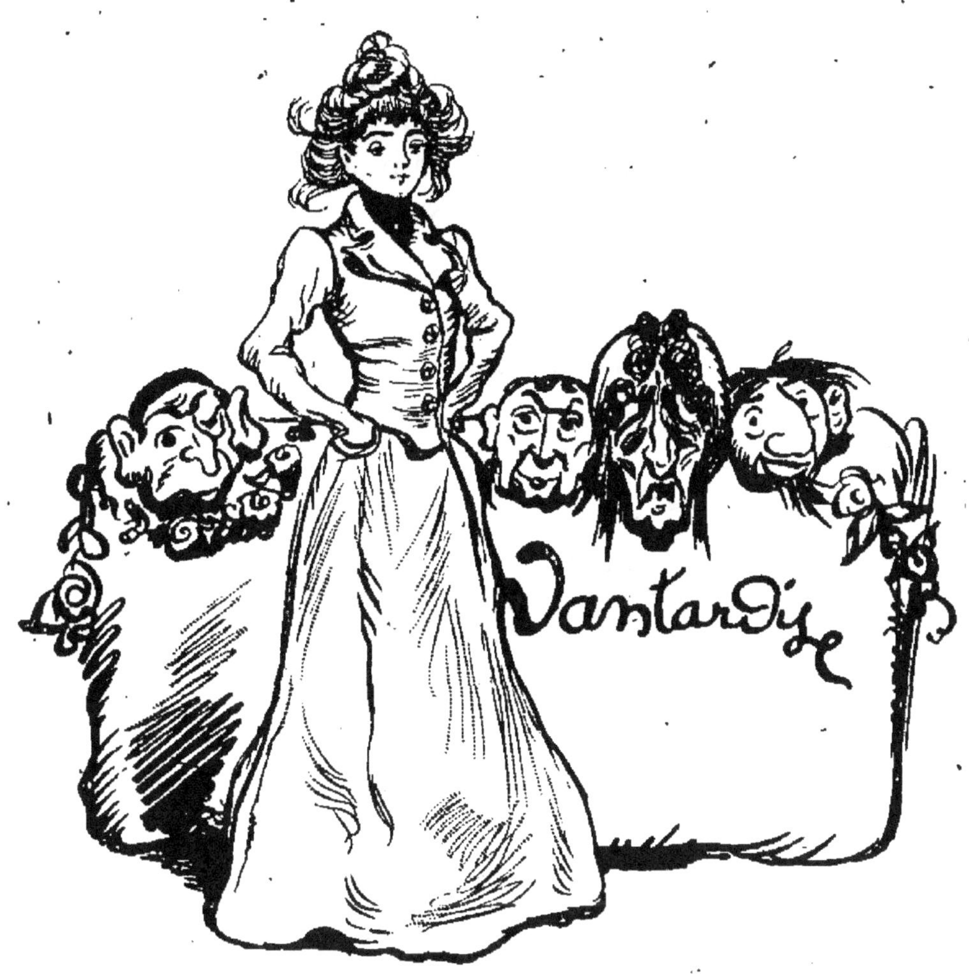

A l'atelier, la conversation languit, car Élise a
fini de chanter ses propres louanges. Elle pose immobile, petite statue de chair rosée, et le peintre
s'acharne à rendre le geste de son pied, un de ces
difficiles mouvements en dedans qui donnent au pied
de la femme un ressouvenir de la grâce des pieds
d'enfants.

Mais voilà Élise qui reprend la parole : elle a
trouvé pour le poème d'elle-même une strophe de
plus.

— Quand j'étais chez ma mère, dit-elle, on a
voulu m'apprendre le piano... je n'ai pas pu, j'avais

la main trop petite, je pouvais bien faire les dièses, à la rigueur, mais pas les bémols!...

Et, voyant que le peintre se tord, le nez sur sa palette, Élise s'arrête de parler, un peu interdite, et s'efforce de comprendre pourquoi il rit.

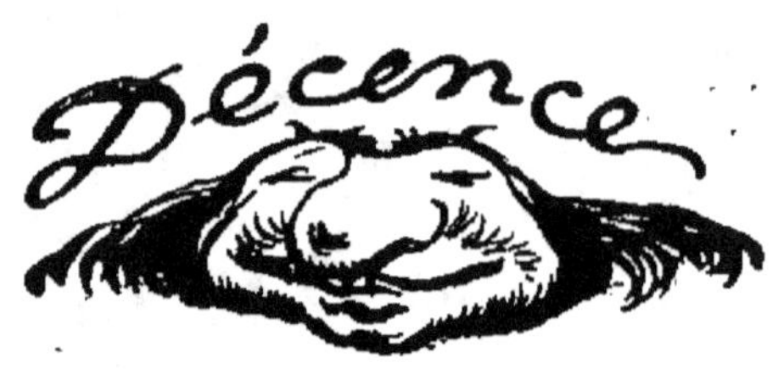

C'est Élise qui, par lettre, se plaignait au massier d'une blague qu'on lui avait faite à sa sortie des ateliers : ... *rhabillée, je demande à être respectée!..*

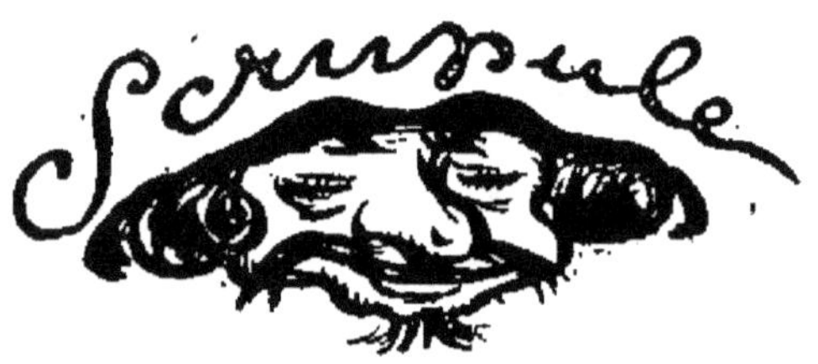

— Pourquoi, Élise, n'as-tu pas choisi ton bon ami pour être le parrain de ton fils?

— Vous n'y pensez pas! un jour, il sera peut-être son père!

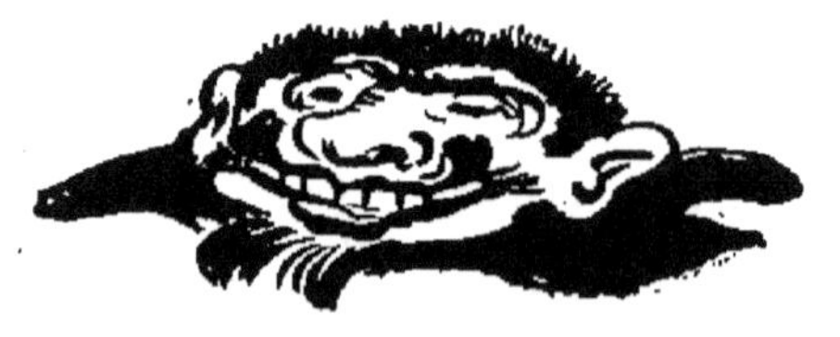

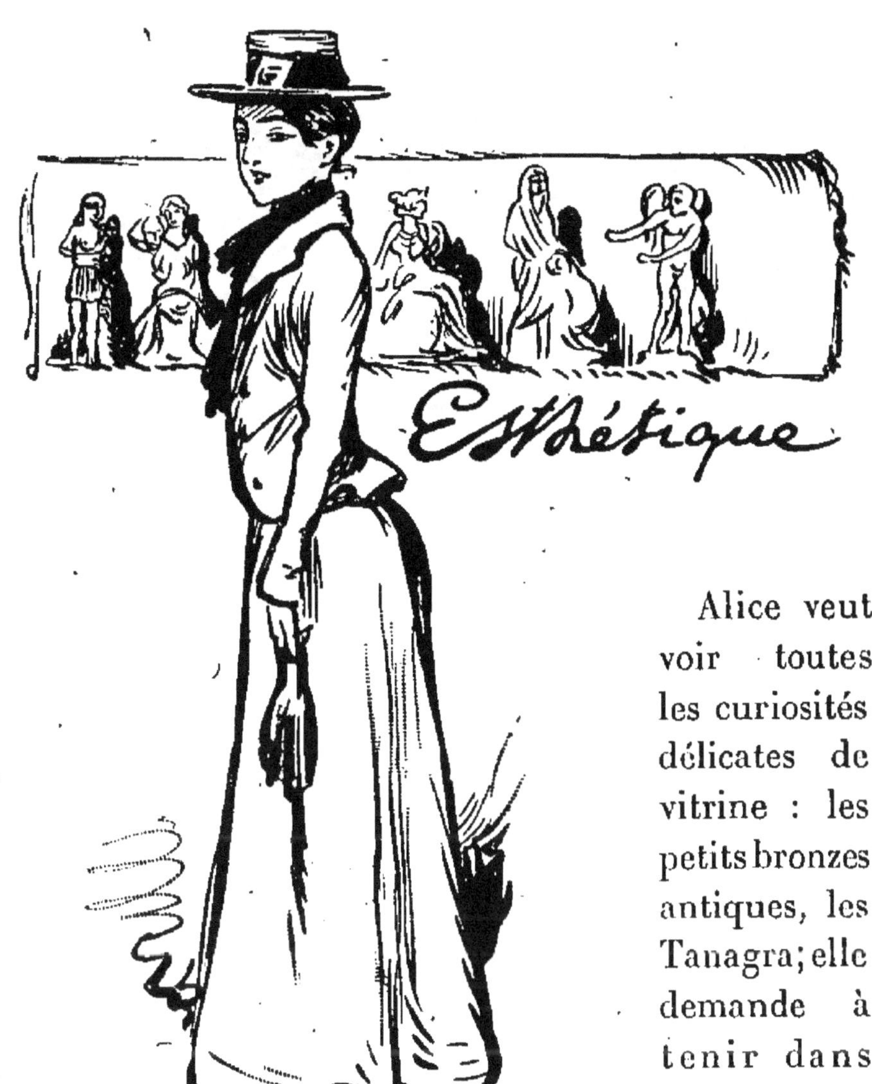

Alice veut voir toutes les curiosités délicates de vitrine : les petits bronzes antiques, les Tanagra; elle demande à tenir dans ses mains les médailles florentines et les verres de Venise, les reliures anciennes et les ivoires japonais... puis, lassée tout de suite, elle prononce :

— C'est pas joli, tout ça, mais c'est des objets d'art!

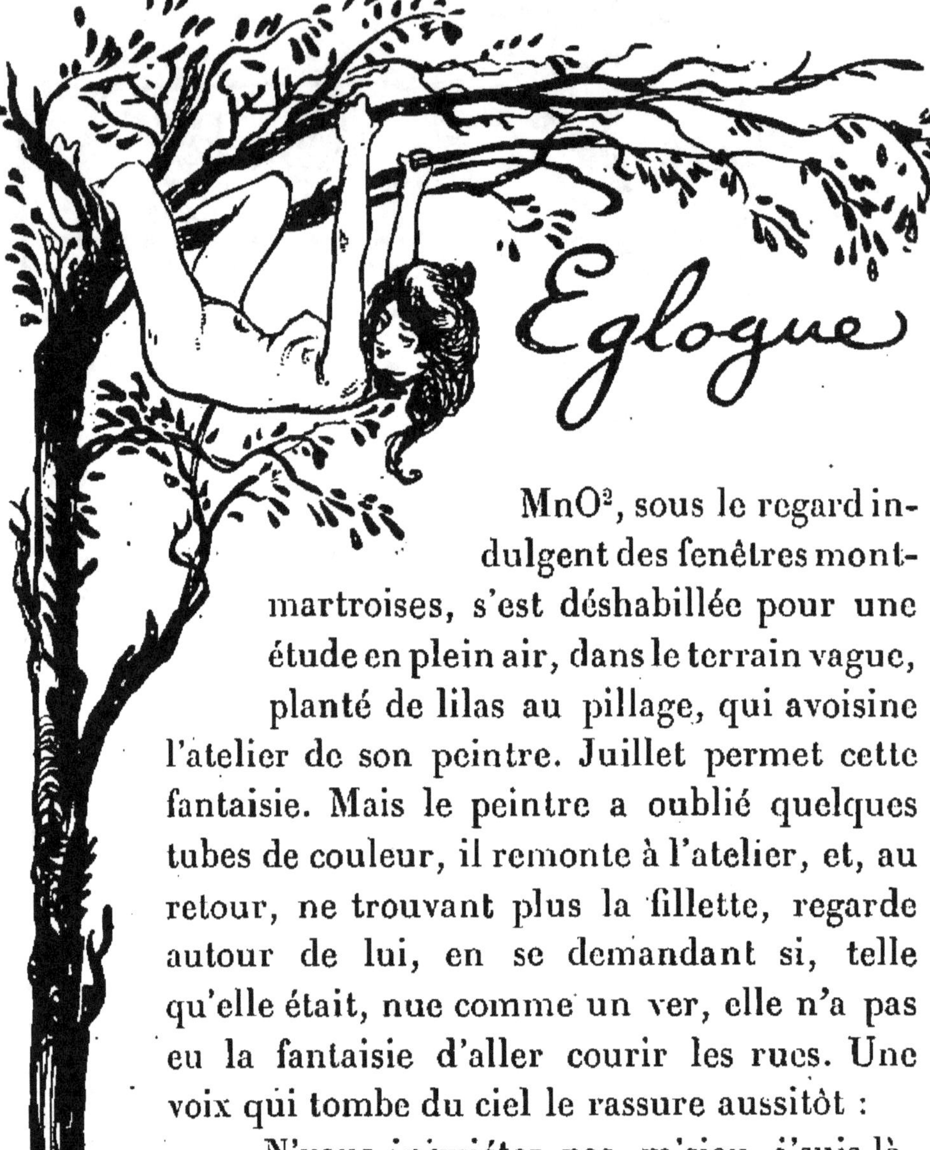

MnO^2, sous le regard indulgent des fenêtres montmartroises, s'est déshabillée pour une étude en plein air, dans le terrain vague, planté de lilas au pillage, qui avoisine l'atelier de son peintre. Juillet permet cette fantaisie. Mais le peintre a oublié quelques tubes de couleur, il remonte à l'atelier, et, au retour, ne trouvant plus la fillette, regarde autour de lui, en se demandant si, telle qu'elle était, nue comme un ver, elle n'a pas eu la fantaisie d'aller courir les rues. Une voix qui tombe du ciel le rassure aussitôt :

— N'vous inquiétez pas, m'sieu, j'suis là, dans l'arbre, j'cherche des nids!

Elle redescend, rose et rousse, et, c'est un petit écureuil qui glisse le long des branches.

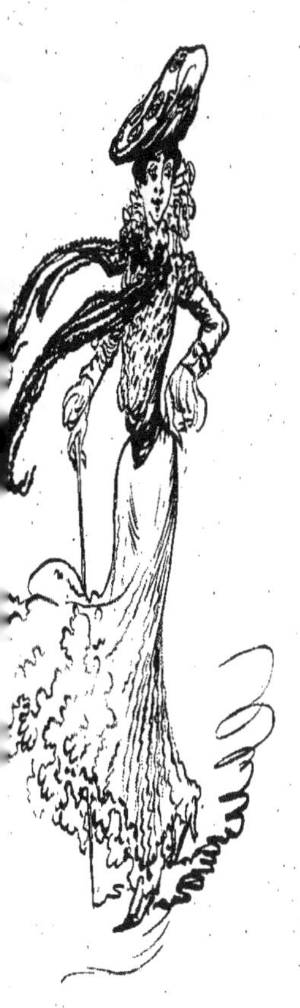

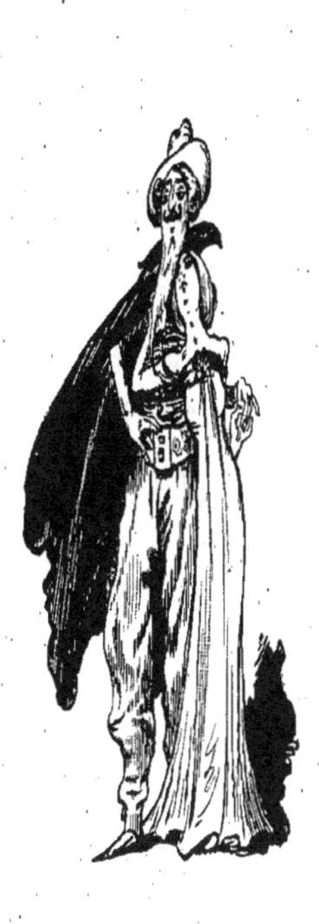

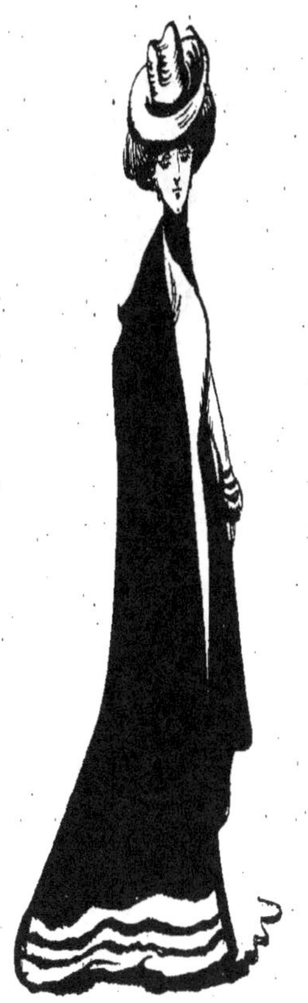

A MONTMARTRE

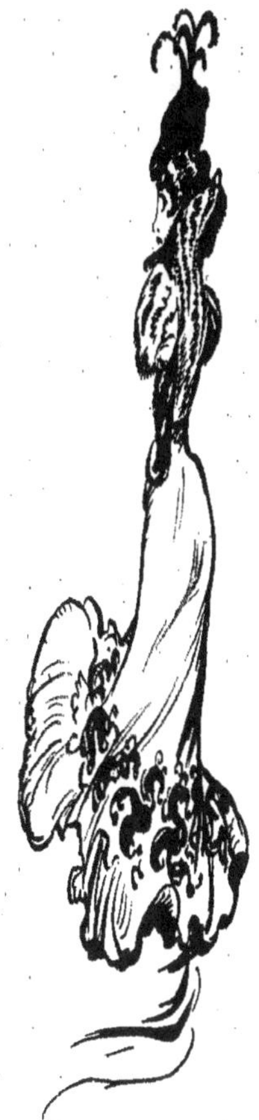

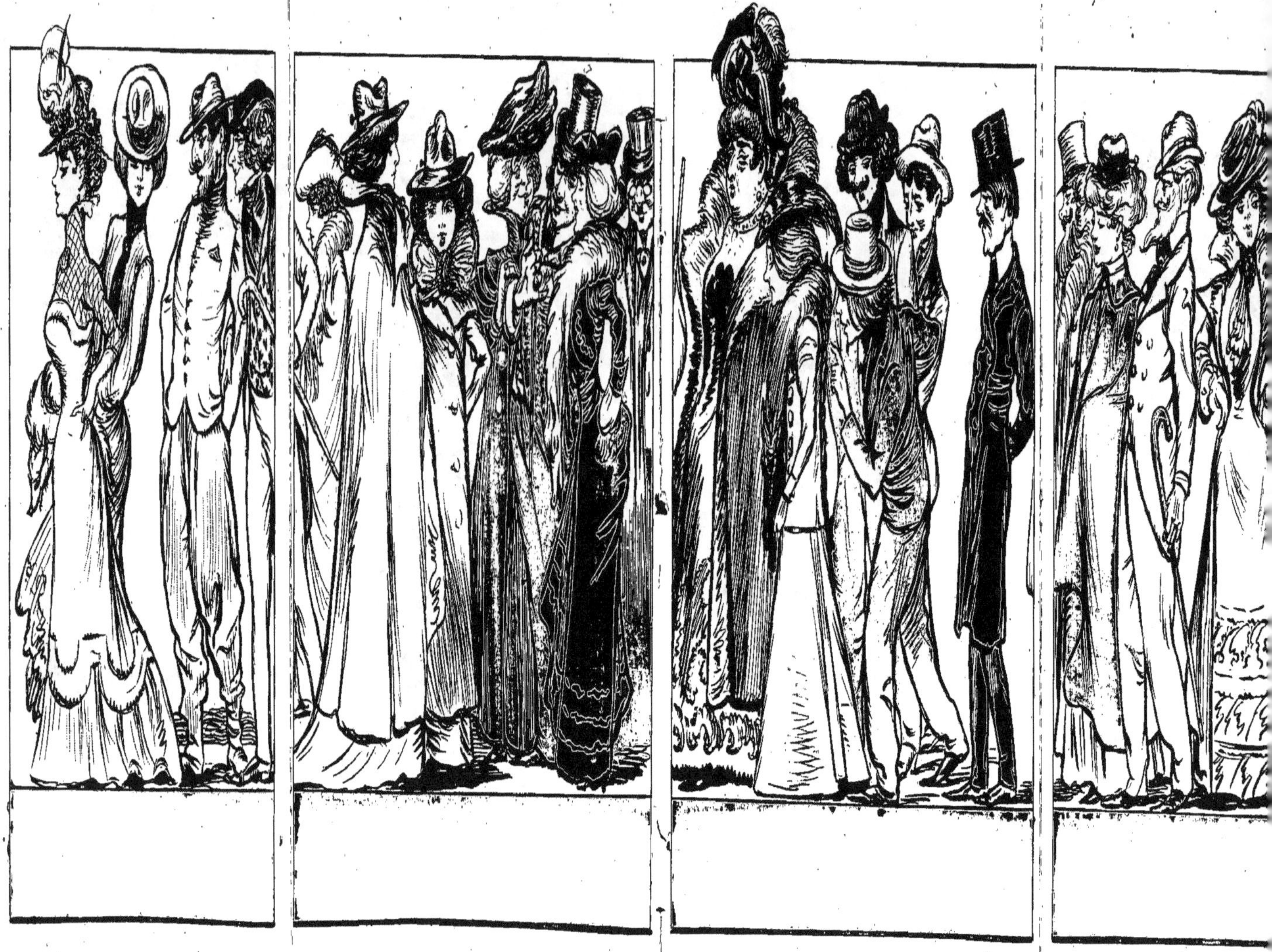

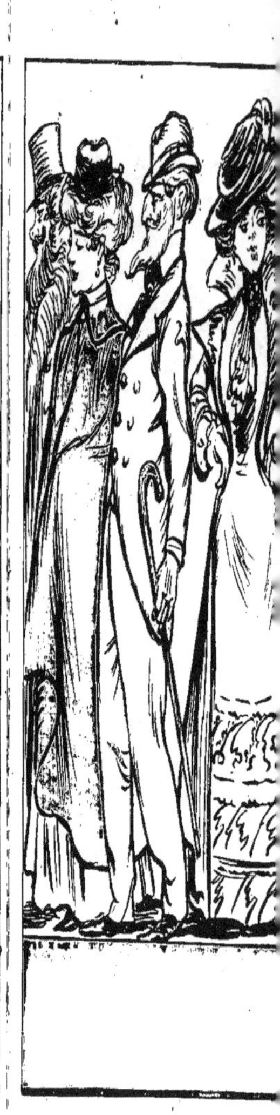
GENS DE

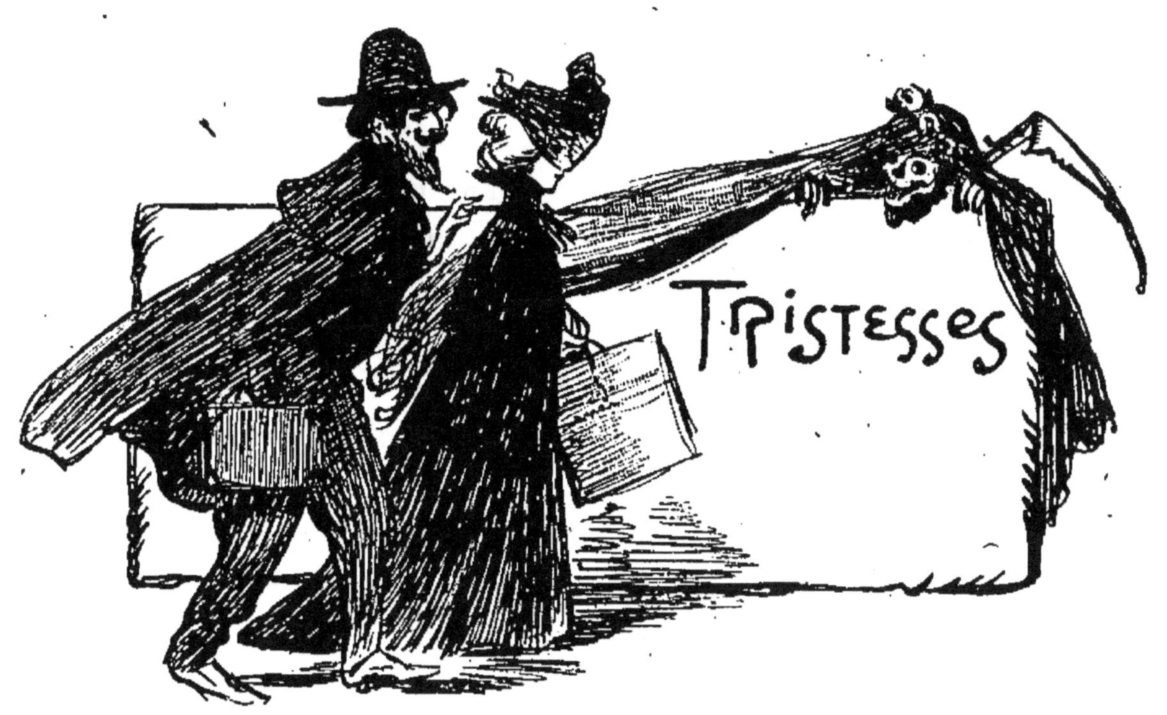

Suzanne est morte — pas volontairement — mais
elle a aussi bien fait. Elle était venue à Paris pour
apprendre la couture : au bout de son apprentissage,
elle devait épouser un brave confectionneur d'Issoudun (Indre). Les parents du jeune homme avaient eu
cette belle idée d'envoyer leur future bru dans la
capitale. La maison pourrait doubler d'importance, si
elle faisait *la toilette de Paris.*

A Paris, Suzanne était restée sage, malgré la recherche enflammée du plus chevelu des esthètes de
Montmartre : pantalon de velours tirebouchonnant,
bandeaux lissés sur les tempes, large ceinture de cuir
pyrogravé, souliers minces et vernis, veston sans col
ni revers, gilet boutonné jusqu'en haut, cravate de
velours à trois tours, piquée d'une main de Fatma en
or, chapeau mou, barbe en pointe, causerie d'artiste, pleine de blagues et de câlineries, parmi l'amu-

sante confusion des bibelots de l'atelier, les toiles ébau-
chées que finissent en l'air quelques gestes du pouce
et quelques théories d'art nouveau... rien n'y avait
fait. Suzanne avait regardé, souri, compris à moitié,
puis, son apprentissage fini, elle avait repris le train
pour Issoudun, où l'attendait, plein de joie et d'espé-
rance, l'amoureux confectionneur.

Mais voilà que, tout à coup, le *patelin* retrouvé lui
fit horreur, et le confectionneur aussi, avec sa redingote étriquée, ses locutions du pays, et ses horribles
projets de petits gains, de petites économies, de plaisirs à pleurer d'ennui, et la suite de la vie, jusqu'à la
mort, telle qu'il se plaisait à l'organiser d'avance
pour lui et pour sa future terrifiée.

Suzanne, un matin de mai, sans en avoir rien dit
à personne, reprit le train, et quatre heures après, elle
tombait comme une bombe, rue Girardon, dans les
bras du rapin stupéfait.

Mais il était dit que la pauvre Suzanne ne pourrait
jamais s'associer aux rêves de ses amoureux : le rapin
avait l'esprit trop large, si le couturier l'avait trop

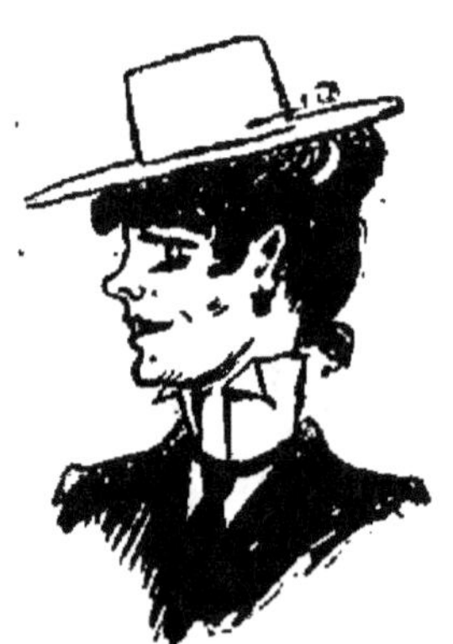

étroit; Suzanne ne sut pas prendre
goût aux voluptés de son amant,
l'homme aux bandeaux plats, qui
trouvait tout naturel de faire une
petite place, dans *leur* lit, à des
jeunes personnes, cravatées de ré-
gates, qui s'amenaient parfois au
milieu de la nuit, après la fermeture

du Rat mort. Le rapin tenta de faire comprendre à son amie qu'il était élégant d'être *amoral*, puis, voyant que Suzanne tenait mordicus pour l'amour rationnel, il se dégoûta d'elle et lui signifia son congé.

Retourner à Issoudun?.. travailler?.. Suzanne ne le pouvait plus; elle s'est mise à poser pour les peintres, et la semaine dernière, ayant pris froid dans le jardin d'une école de dames anglaises, où ces vieilles folles ont exigé qu'elle posât nue, elle a pris la pleurésie dont elle est morte hier.

C'est étrange comme les histoires vraies ont l'air de scénarios de romans.

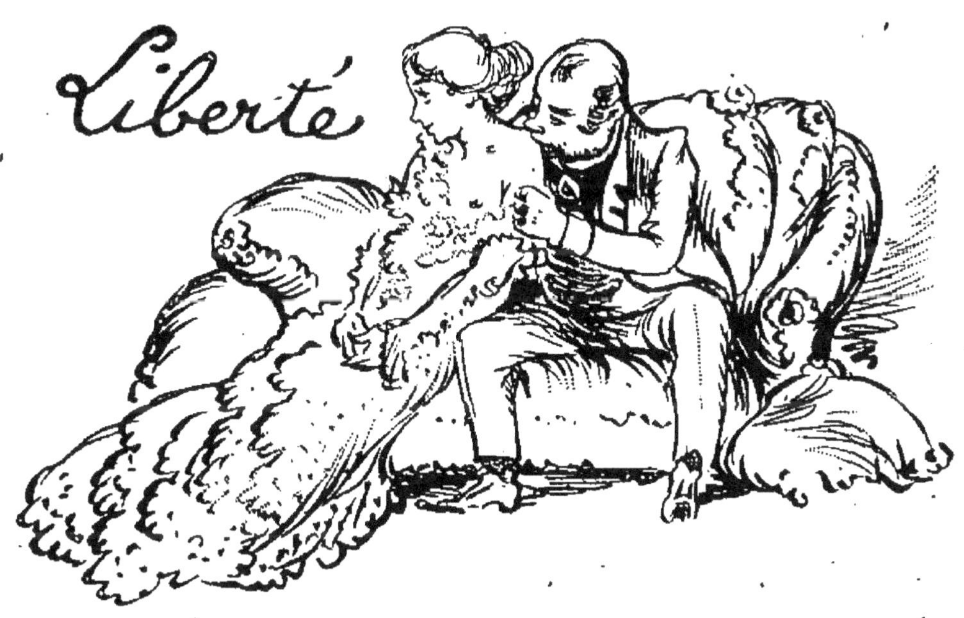

Le banquier Clitorel possède, entre autre richesses, la jeune Séverine, et c'est la plus enviée de toutes ses propriétés, car Séverine est un miracle de blondeur, et sa chair savoureuse fait penser à la chair des pêches bien mûres. Clitorel, pour garer son bien de la maraude, a établi près de Séverine une garde plus vigilante et plus sûre que celle de dix eunuques armés de cimeterres : deux femmes de chambre et une cuisinière terribles répondent sur leurs gages (et quels gages!) de la vertu de Séverine. Il faudrait être plus riche que Clitorel, ce qui n'est pas possible, pour tenter l'assaut de cette place bien gardée. Clitorel jouirait donc en paix de sa favorite s'il ne sentait que, précisément, aux instants où il voudrait Séverine toute à lui, Séverine ferme les yeux, s'échappe, s'évade en pensée de son étreinte, et prend son plaisir très loin de lui, avec d'autres sujets de son émotion.

C'est que la petite aime son voisin d'en face, un rapin à la chevelure noire, bouclée, et auquel elle n'a jamais parlé; et, dans cette affaire, pour tout son argent, le banquier n'a que la *peau*.

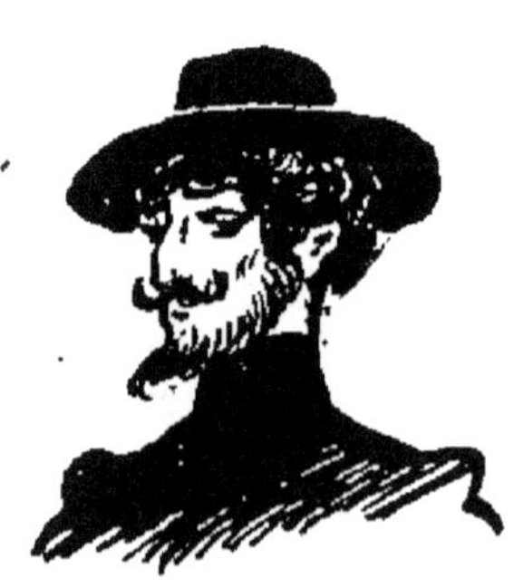

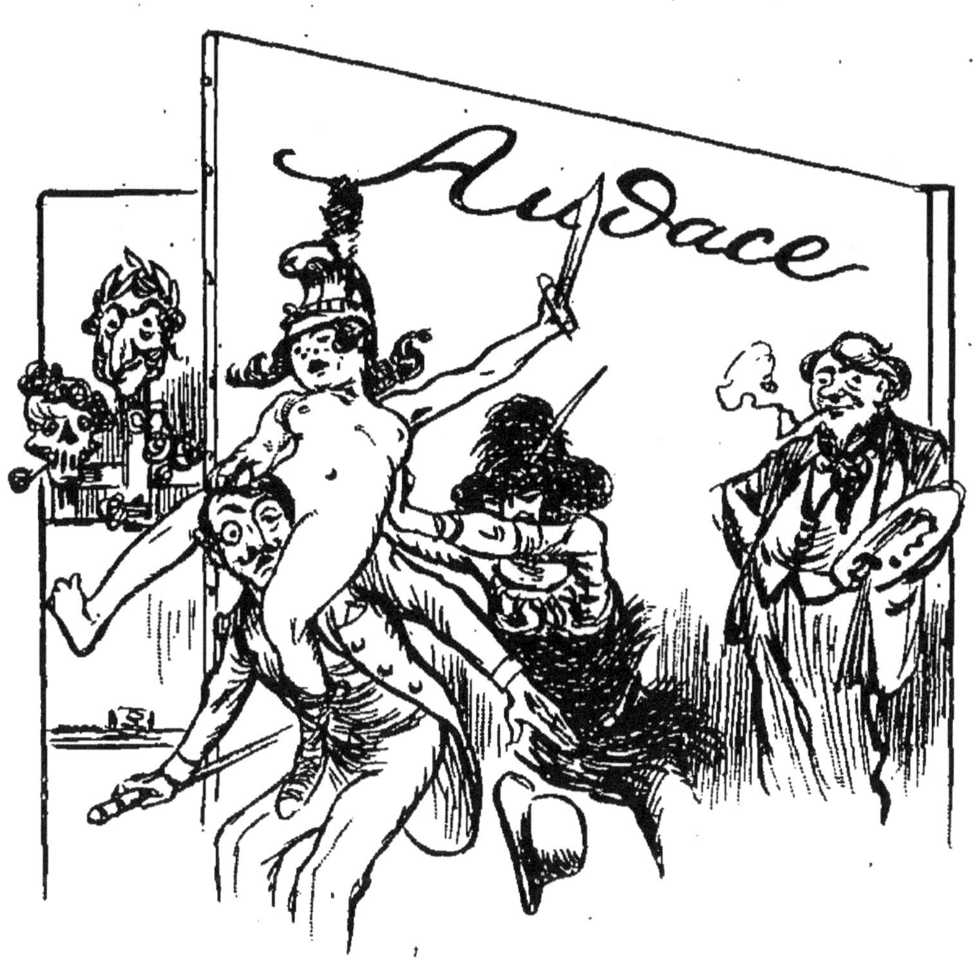

Le baron a osé ne pas suivre les conseils de son
marchand de tableaux, de son libraire et de son marchand de dessins et il a eu le toupet de venir lui-même
à Montmartre, simplement, visiter les artistes dont
il aime les ouvrages et dont il a trouvé, tout bonnement, les adresses dans le *Hachette,* dans le *Tout-Paris*
et dans le *Paris parisien.*

On lui avait dit qu'il serait reçu dans des intérieurs
terribles, où des chats se disputent des tripailles sur le
plancher, par des mégères décoiffées qui, tout d'abord,
lui offriraient de l'eau-de-vie dans un grand verre, et
trinqueraient avec lui — ou bien qu'il tomberait au

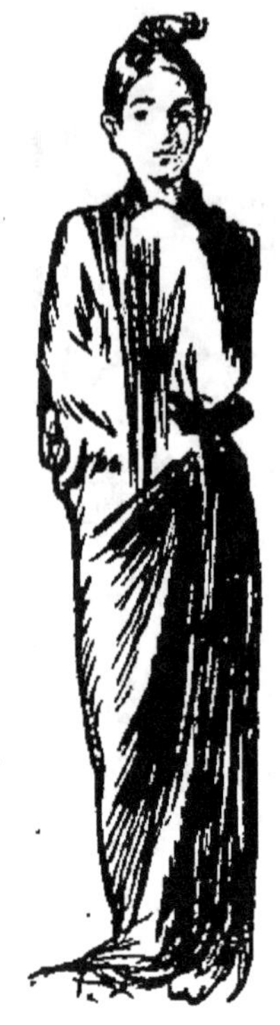

milieu d'une orgie de modèles nus, qui lui feraient de *sales blagues* — ou bien que, triste miché, il se verrait contraint, par menaces ou autrement, d'acheter très cher les horribles rossignols dont les plus minces marchands ne veulent plus, et qu'enfin il sortirait, de ce ghetto, grisé, dévalisé, humilié, battu.

Mais pas du tout ! Le baron a été reçu dans des petits intérieurs délicieux, spirituels et simples. — On a recouvert, à son entrée, la nudité des modèles (ce n'est même pas ce qui l'a le plus amusé), — il a fouillé les cartons, trouvé des pièces rares, des croquis dont il enrichira ses livres. Ici, c'est la femme du peintre qui l'a accueilli gentiment, et il a pu apprécier comme son discours est amusant, vif, plein d'images et d'aperçus nouveaux, combien les petits potins naturels aux femmes sont chez elle ouatés d'indulgence et de bonne humeur. Là il est tombé dans un bal d'enfants costumés délicieusement avec des chiffons de soie et des loques de velours, et il a dû faire un tour de valse avec les gentilles mamans. Là encore, il s'est trouvé au milieu de gens qui causaient de politique sans dire de bêtises, et de femmes, sans laisser croire des choses...

Et le baron, ravi, ivre de joie seulement, est rentré au Faubourg en criant qu'il a découvert la moderne Thélème.

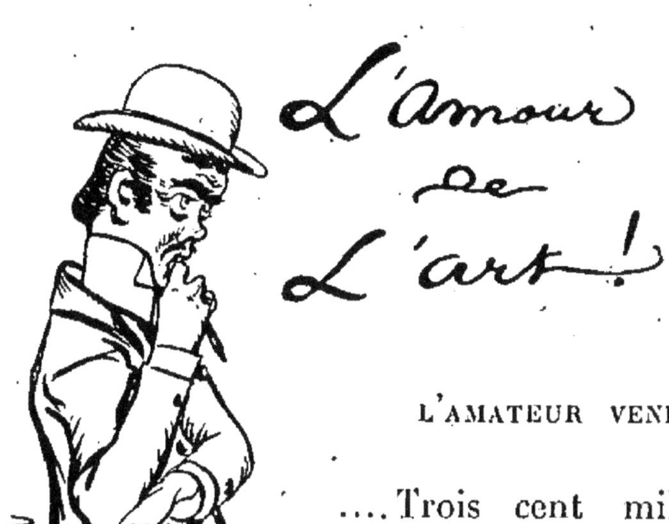

L'AMATEUR VENDEUR.

.... Trois cent mille d'achat, quatre-vingt mille de commande, vingt mille de réclame et frais, cela fait quatre cent mille, bien juste. Si mes calculs sont exacts, ma vente doit produire huit cent mille. C'est du cent pour cent. Il n'y a rien de tel que d'être un homme du monde pour faire du bon commerce.... en s'amusant... dans un fauteuil !

L'AMATEUR ACHETEUR.

J'irai jusqu'à cinquante mille pour ce Frago, car cette chambrée est la plus belle qu'il soit possible de voir. J'aperçois Camondo, Rochefort, Rothschild, Chauchard, Groult, Menier, Goldschmidt, tous mes créanciers, tous mes commanditaires, et comme les journaux chics rendront compte de la vente, donneront les prix des tableaux et le nom des acheteurs, c'est le meilleur, le seul moyen que j'aie de rétablir

mon crédit.... si ébranlé, hélas!... Mes cinquante
derniers mille francs seront bien placés.

LE PEINTRE, à l'amateur acheteur.

Comment, mon ami, vous allez pousser le Frago,
paraît-il? Mais vous perdez le sens! Jamais ce Frago
n'a été de Frago! Vous n'avez donc pas remarqué que
toute cette série : Frago, Watteau, Boucher, etc., est
de la même main.... Chef-d'œuvre de contrefaçon,
mais contrefaçon !

L'AMATEUR ACHETEUR, distrait.

Croyez-vous?..

LE PEINTRE.

Comment, si je crois; mais voyez donc la pâte!... la
façon dont les coups de pinceau sont donnés,... ce ton

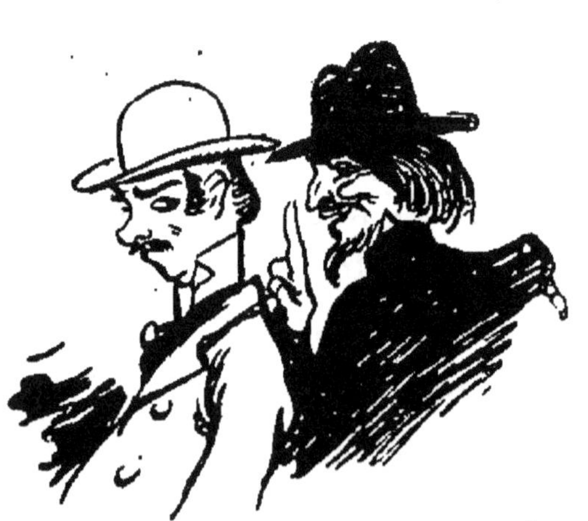

qui sent l'aniline à
plein nez!... N'ache-
tez pas, n'achetez pas,
je vous en prie!...

L'AMATEUR ACHETEUR.

Mon ami, vous m'a-
gacez, vous revenez de

Montmartre, et vous ne comprenez rien aux choses du boulevard : je sais très bien ce que vous me dites, personne ne l'ignore, ici; tenez, voyez là-bas ce petit gros que chacun complimente à demi-mots, c'est sa journée de triomphe discret; soyez bien élevé, comme tout le monde, allez féliciter, à la muette, le maître pasticheur;...... je vous quitte, voilà mon Frago qui va passer!...

LE COMMISSAIRE PRISEUR.

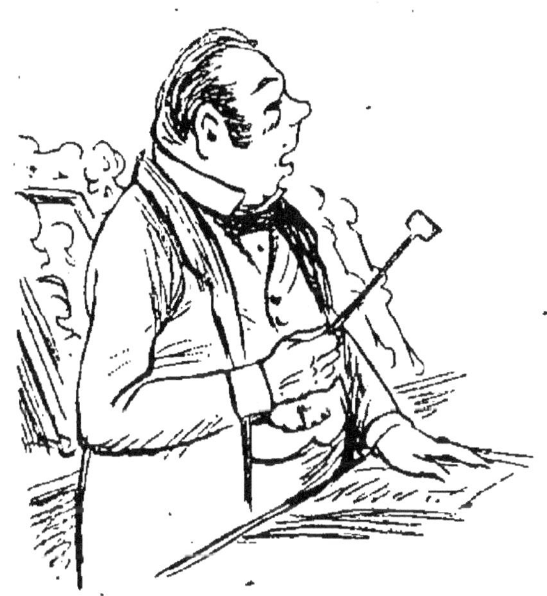

Messieurs, nous mettons en vente un très beau Fragonard. Trente mille, on demande!.... Trente-cinq!...quarante!... Suivons, messieurs,.... suivons!... Cinquante mille! Personne ne dit mot! Une fois!...Deux fois!... Trois fois!... Adjugé! A Monsieur...?

LE PEINTRE.

N. d. D. de N. d. D....

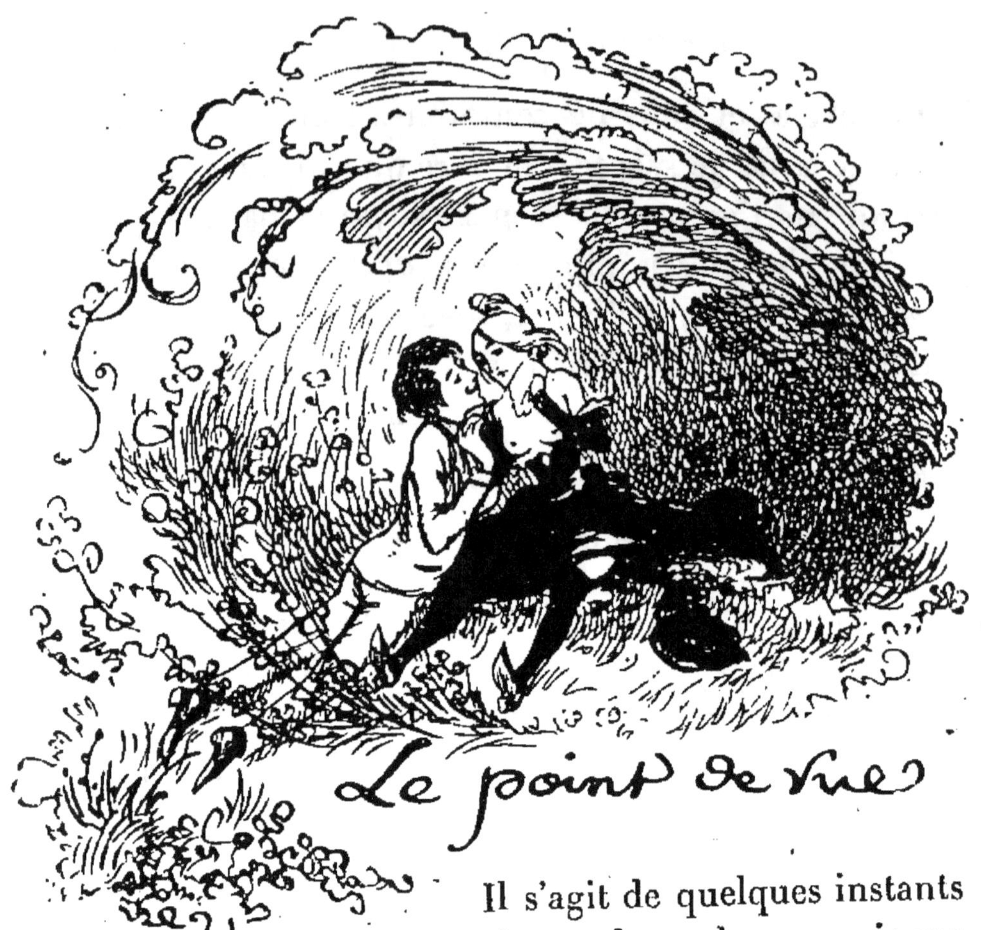

Il s'agit de quelques instants pendant lesquels un jeune hommé et une demoiselle ont succombé, dans un bosquet d'aubépine, à ce délire que notre vieil et fallacieux ami Schopenhaüer appelle plaisamment la manifestation du *génie de l'espèce*.

LA DEMOISELLE.

Qu'ai-je fait, mon Dieu! je l'aime tant que je n'ai pu lui résister; c'était terrible... et exquis! Mais que va-t-il en résulter?... et m'aimera-t-il toujours?... Oh! oui.... Mais si j'allais avoir un bébé!.... Pendant un mois, je ne vivrai plus!

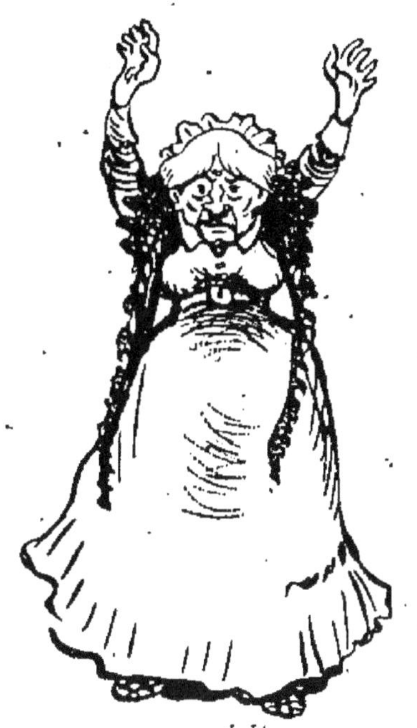

LE JEUNE HOMME.

Une de plus... Pas encore les mille et trois de don Juan. Mais c'est un petit commencement,... et je vais le laisser entendre à tous mes amis... Bonne petite demoiselle, elle est folle de moi!

LA MAMAN DE LA DEMOISELLE.

Mon Dieu! quel malheur!... quel crime abominable!... Malheureuse enfant! Quelle honte!... Que mon ange de pureté soit tombé à ces basses ordures, voilà qui me confond! Et si le misérable allait ne pas l'épouser, que ferais-je d'une fille perdue!....

LE PAPA DU JEUNE HOMME.

Ah! le farceur!.. je parierais qu'il a croqué cette poulette... Bon sang ne peut mentir, et je me sens revivre en lui... Qu'il s'amuse, c'est fort bien, mais qu'il n'aille pas faire de bêtises, au moins;... Du reste je suis là pour veiller au grain, et je n'accepterai pour bru qu'une jeune personne iréprochable et dont la dot soit

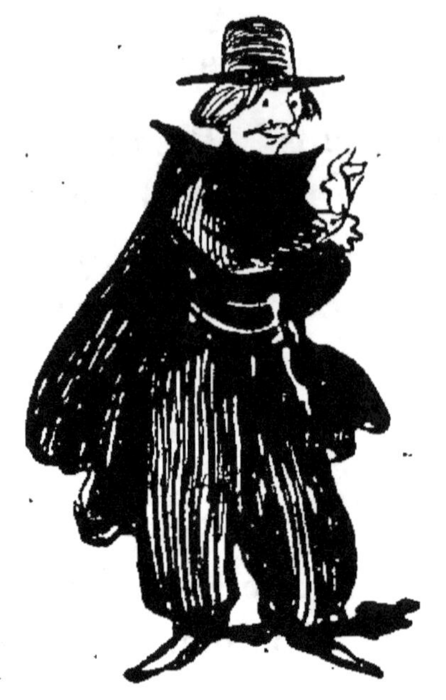

bien ronde…. Et je la placerai sur ma maison de commerce.

UN ARTISTE.

J'ai tout vu. C'était délicieux !… Un Fragonard !… Mieux que cela : celui des Boucher secrets du cabinet de l'Empereur dans lequel la fillette a les yeux pleins d'amour et de larmes… C'est divin l'amour ! Il n'y a pas sous le ciel de plus beau spectacle… Je me suis rincé l'œil… et je me suis sauvé pour les laisser aimer en paix.

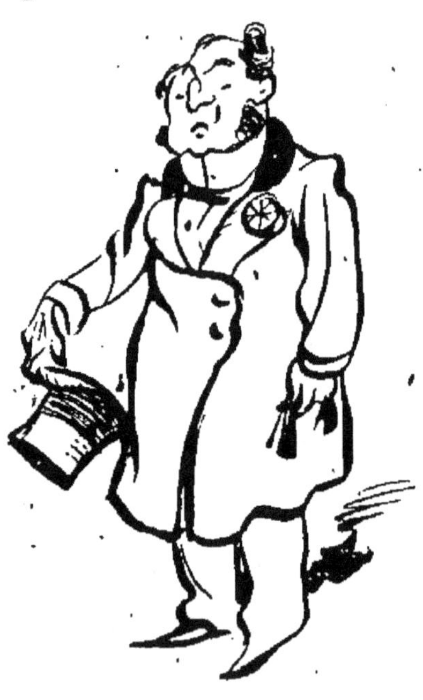

UN VIEUX MONSIEUR DÉCORÉ.

J'ai tout vu… et mon front est resté rouge depuis ce temps : se conçoit-il que de pareilles saletés puissent se présenter à vos yeux, inopinément, c'est le mot, au détour d'un chemin. Je suis resté cloué au sol, à me repaître douloureusement du spectacle de cette turpitude, qui m'était pourtant familière

autrefois, mais qui maintenant me fait horreur, —
jusqu'à ce que, le tricorne d'un gendarme ayant
apparu, j'aie laissé place au représentant de la Société
vengeresse... Et j'ai poursuivi mon chemin, peu sou-
cieux du reste de m'exposer aux ennuis du témoignage en justice.

LE GENDARME, écrivant.

...Ayant perçu dans le fourré des craquements sus-
pects et subvertifs, je me suis approché et j'ai constaté de visu que les personnes en question se rendaient
conjointement coupables, en public, du délit d'atten-
tat à la pudeur caractérisé, avec cette aggravation que
leur état de licence était tel qu'elles n'ont pas remarqué ma présence, non
plus que celle de deux
particuliers qui se sont
défilés à ma vue. Je
me suis alors égale-
ment retiré, et connais-
sant les noms et pro-
fessions des contreve-
nants, ainsi que leur
domicile, j'ai dressé le
présent procès-verbal,
pour servir ce que de
droit.

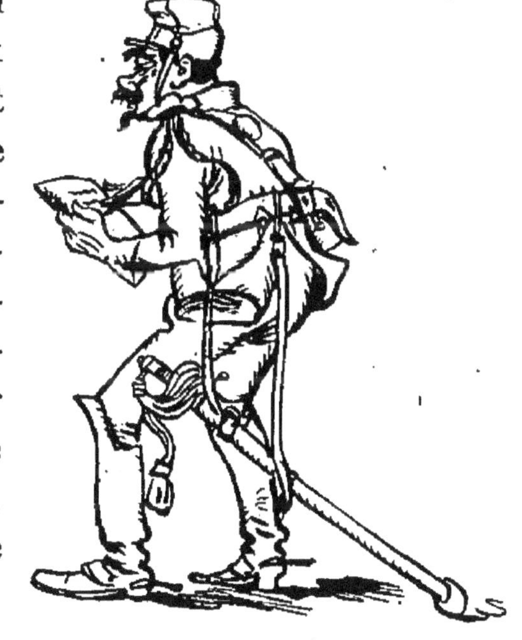

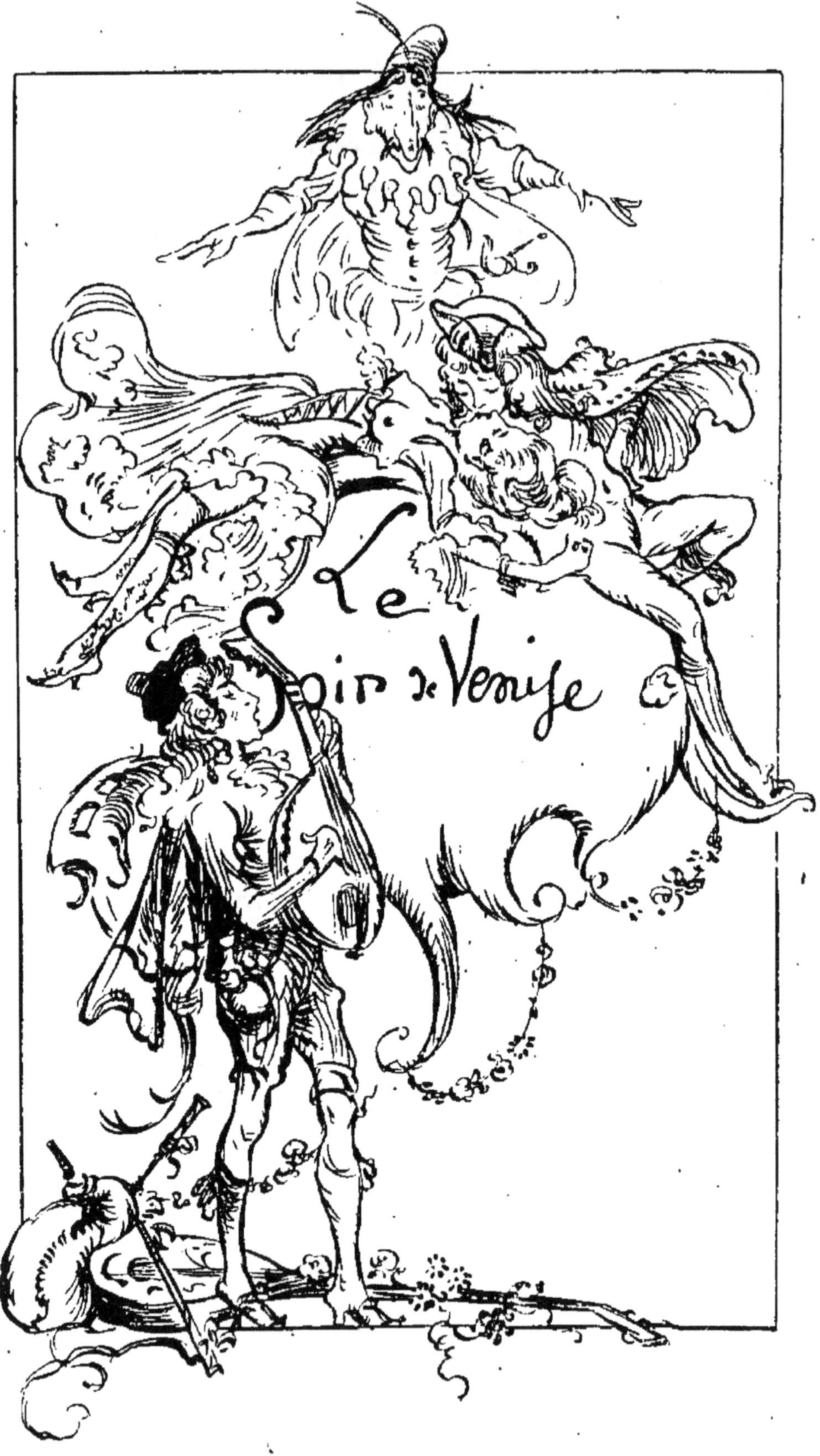
Le
Soir de Venise

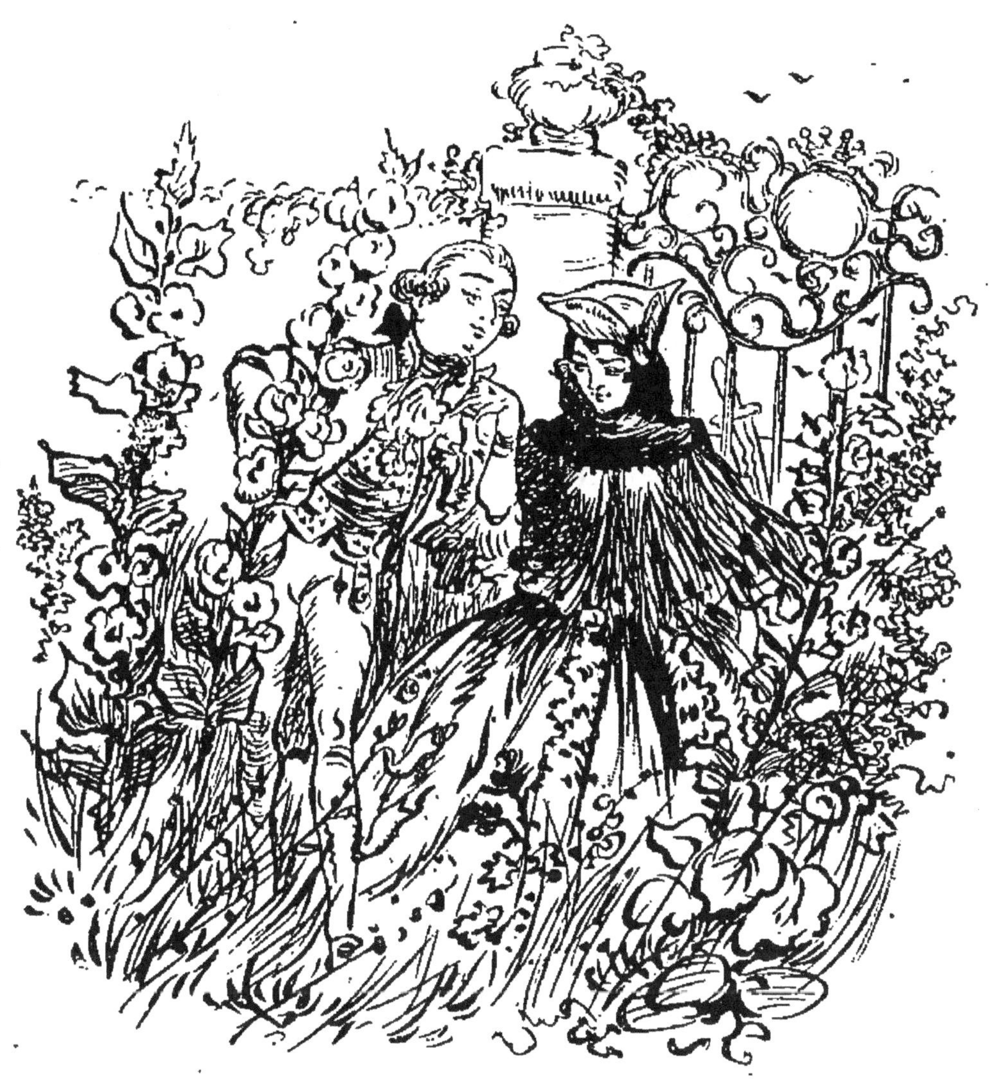

LE SOIR DE VENISE

(Suite et fin.)

*Il ne faut pas que l'homme s'imagine n'avoir de devoirs
que ceux qui flattent ses sens.*

Qui parle ainsi? Casanova de Seingalt! Pour l'amener à une découverte morale de cette importance, il a
fallu la vieillesse, la misère; la révolution, la chute de
Venise. Mais cette maxime, par son ingénuité même,

jette un curieux jour sur l'âme vénitienne au xviiie, âme si bonne fille, et qui trouva si légitime que les sens fussent flattés ! C'était le temps où la vie exemplaire tenait en trois diminutifs :

Alla matina una messeta, al dopodisnar una basseta, e alla sera una doneta.

— Bref, Monsieur, ces Vénitiens n'étaient que des hommes de plaisir... Gens peu recommandables.

— Monsieur, il faut s'entendre. De nos jours, celui qu'on appelle « un homme de plaisir » fait un peu la figure d'un sot; et cela vient, sans doute, de ce que nos plaisirs sont rarement intelligents. Mais à Venise...

D'une lignée prodigieuse de héros et d'artistes, ils avaient hérité certaine humeur noble, qui ne leur permettait point de vivre sans beauté. Cela est estimable. Tant d'autres sont vulgaires sans être plus vertueux !

Si l'on parcourt la Venise attristée d'aujourd'hui, l'émotion qui se lève partout, de l'eau et des marbres penchés, porte insensiblement l'esprit vers ce Vénitien d'autrefois, dont chaque heure fut belle.

On le revoit, l'heureux homme, dans ces petits jardins de palais, minuscules et charmants, sertis d'architectures légères. Souriant, il ne veut que complimenter et plaire, et *dire des roses,* en ce mol parler de Venise, gracieusé d'un zézaiement qui donne aux mots quelque chose d'une enfance câline. Autour de lui, c'est une floraison de joliesses : rire des *donne* masquées sous le tricorne impertinent, frisson des

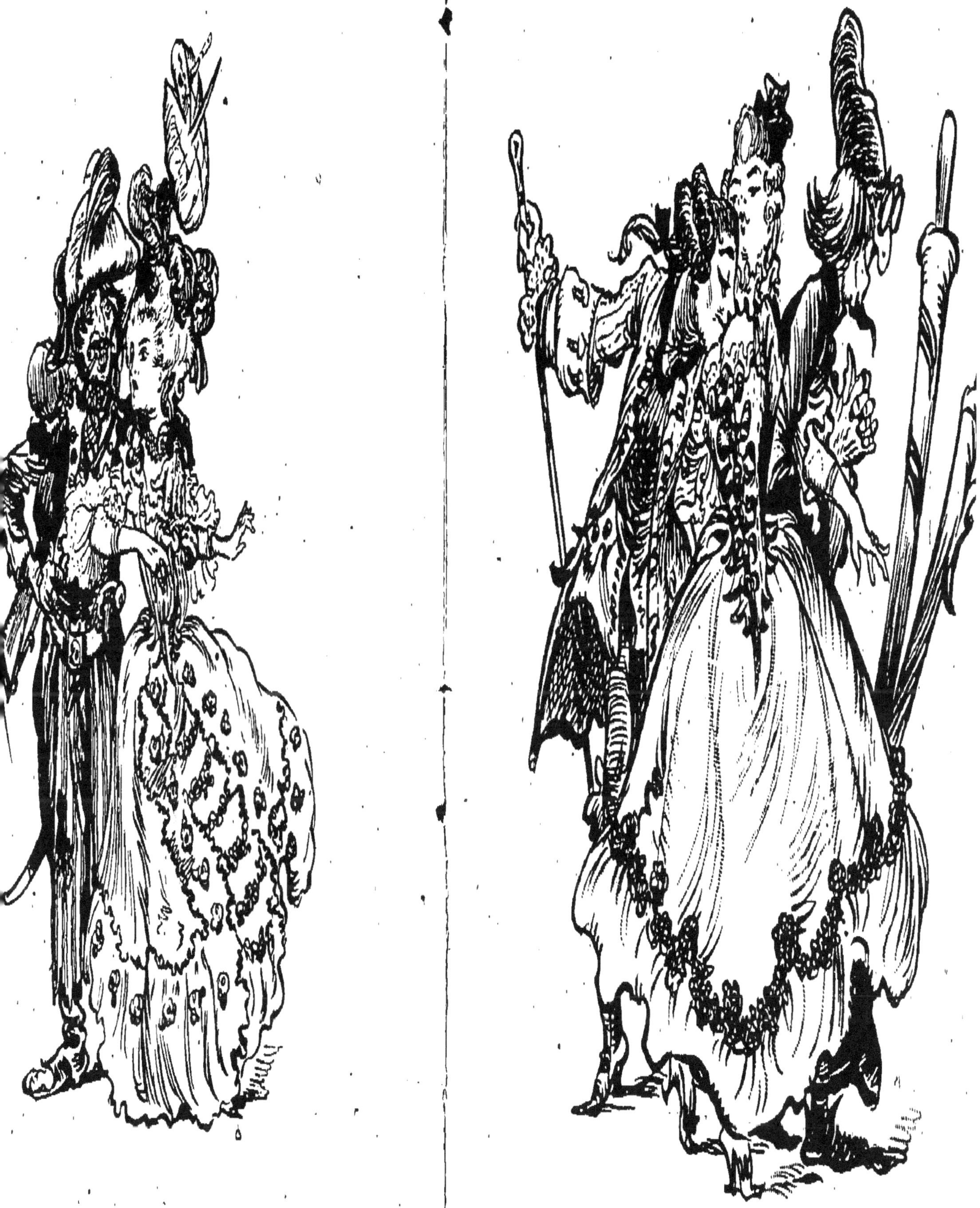

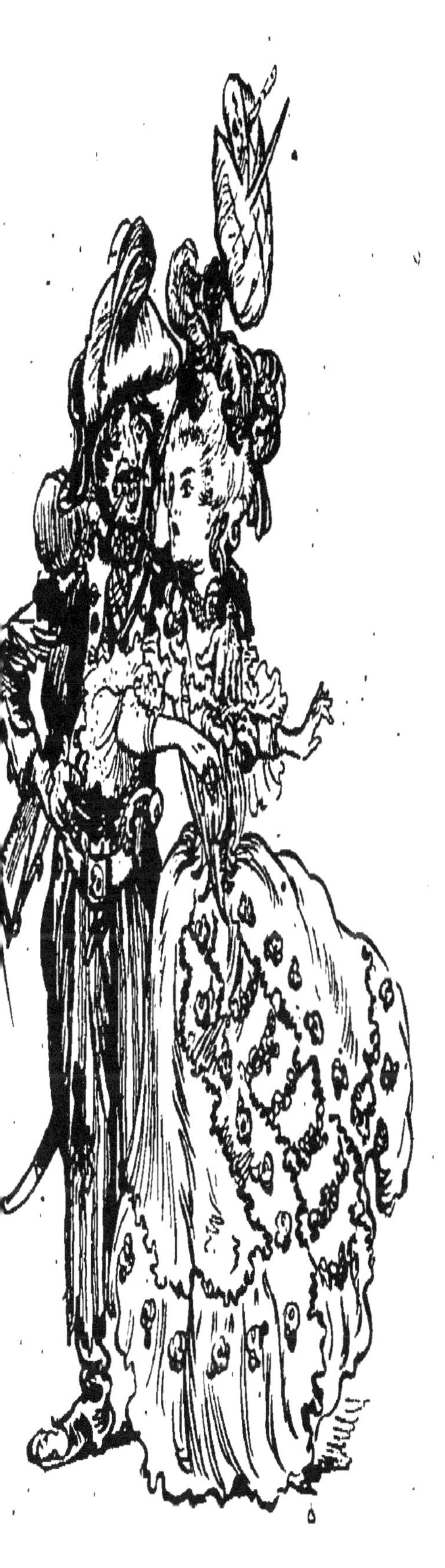

LE SOIR DE VENISE

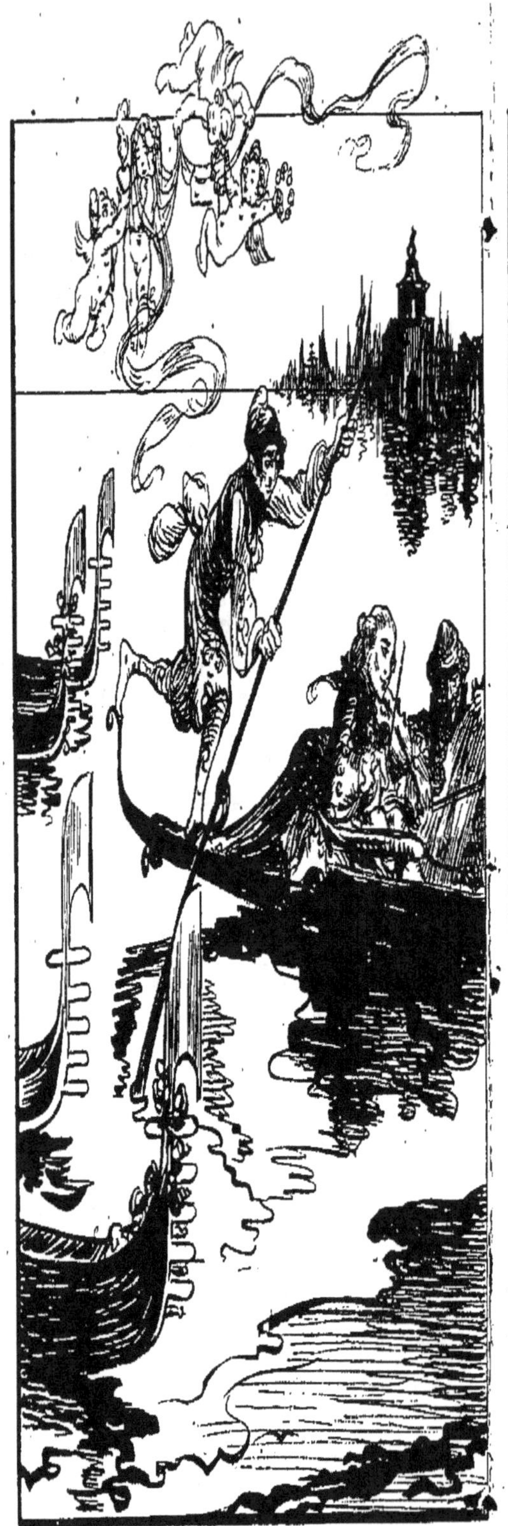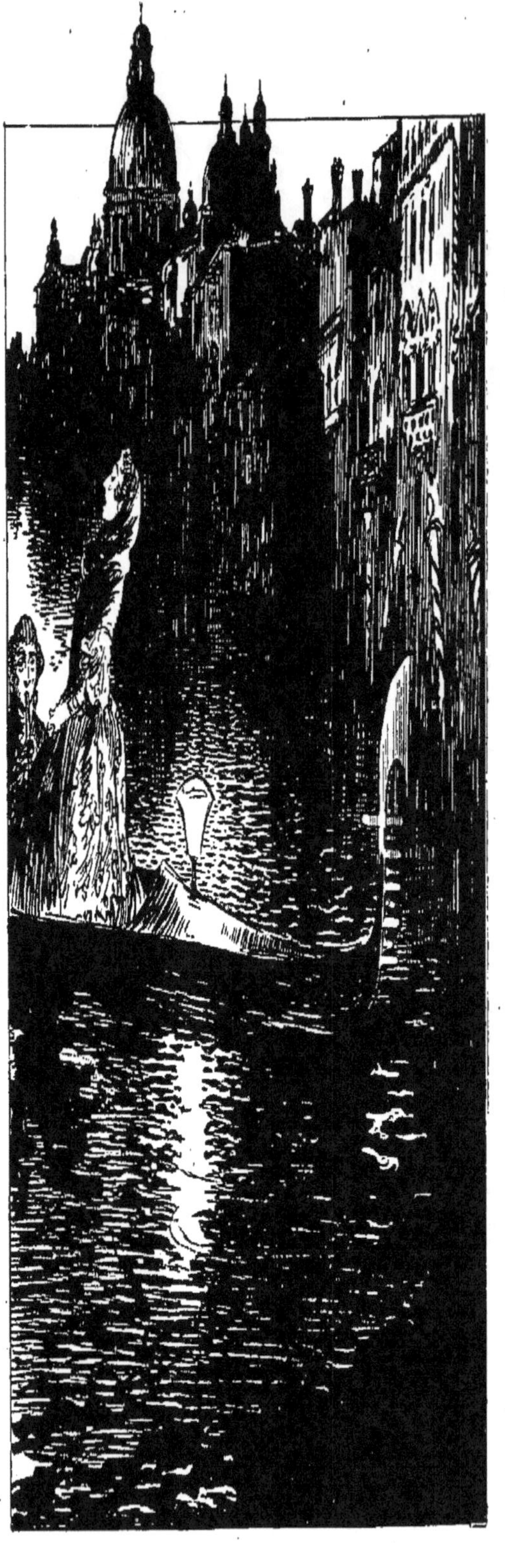

LE SOIR DE VENISE

grandes jupes ballonnantes, qui passent parmi les
tapis de verveine, les buis ingénienx, les marbres
libertins, ciselés à la gloire de l'Amour content.

Jusqu'à la dernière heure, quand les grands ami-
raux, quand les doges conquérants sont morts, quand
la richesse du monde a pris d'autres chemins, l'Art
fidèle continue de bercer Venise en son rêve enchanté.
Après Giorgion, Titien, Véronèse, voici Giambattista
Tiepolo, rayon de génie sur l'allégresse des derniers
temps.

Venise à son déclin, menant sa belle farandole,
trouve l'horizon qu'il faut dans la lumière tiépolesque,
parmi les grâces aériénnes et les baisers divins. Les
grand'salles des palais fleurissent tout entières d'une

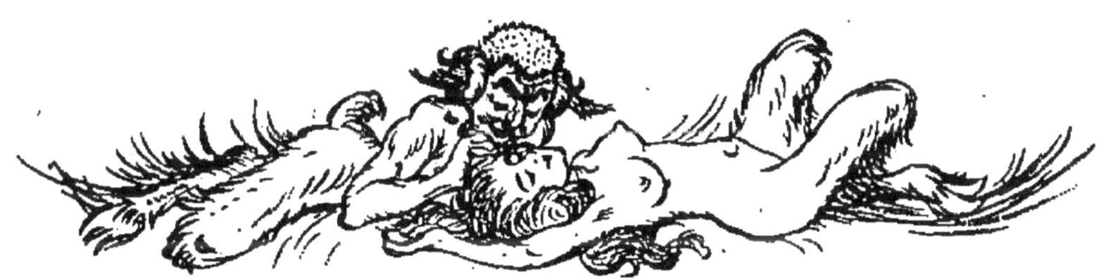

vaste gaîté mythologique. Aux amours de ces
masques, les dieux donnèrent le clair pays des
fresques, comme aux bergers antiques les grands bois
d'oliviers et les sources chantantes.

Joie dans l'Olympe et joie dans le Ciel catholique!
Il n'est question que de béatitude. Lorsque le Vénitien doucement dévot (*alla matina una messeta*) lève
les yeux vers la voûte de son église, la voûte a disparu,

supprimée par le pinceau du maître... Et c'est un paradis charmant, fleur de lumière où les anges passent à tire-d'aile.

Qu'une dévotion vénitienne est ici bien à l'aise, dans le clair sur clair des figures, des nuages et des draperies tourbillonnantes! Qu'elle adore volontiers les saintes blondes, qui sont la Cristina, fille du gondolier! Pour une âme coureuse de sérénades, l'espoir, le religieux espoir d'un monde encore plus gai voltige là-haut, dans le ballet des séraphins, grappe de jeunesse envolée par les cieux; gambade sidérale, apothéose de la beauté des jambes!

Mais une symphonie s'élève, de violons, de théorbes et de clavecins : ce sont les filles élevées aux frais de la République, pour être la voix chantante de Venise. Belle et royale fantaisie de la ville artiste, d'avoir voulu la plus savante et la meilleure musique

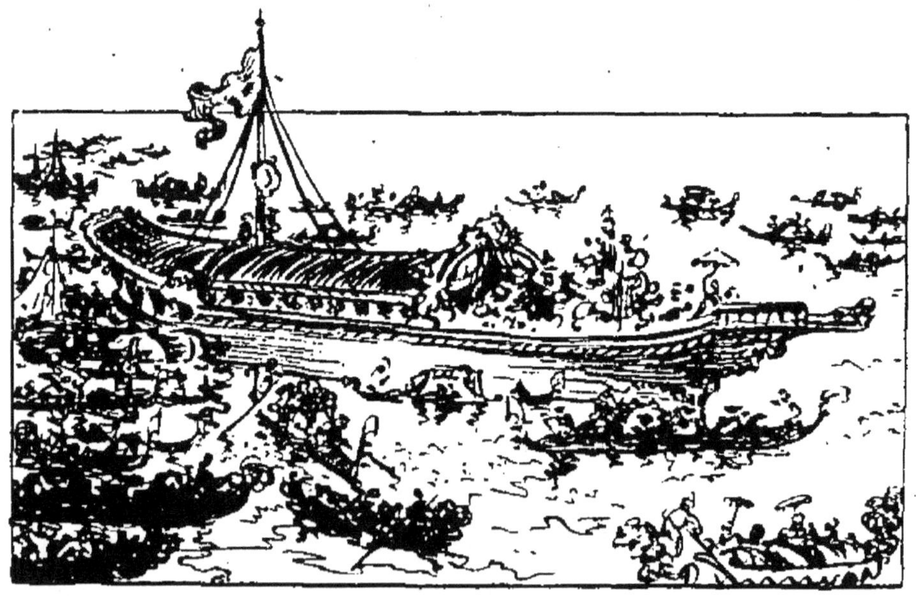

qui s'entende en Europe, et de la demander à ces tant jolies nonnes, aimables de corsage, avec un bouquet sur l'oreille!

— Tous ces divertissements, Monsieur, sentent fort leur aristocrate... Mais le peuple?

— Le peuple a sous les yeux, constamment, la merveille de Venise; et c'est pourquoi les traits qui sont restés de lui sont tous des traits de bonne humeur.

« *Semo a Venezia* », c'est-à-dire : « Nous sommes libres. » — Nul obstacle à ce qu'un marchand de pépins de citrouille, une crieuse d'*aqua fresqua*, prennent leur part d'orgueil dans les somptuosités de la Sérénissime, dont chaque geste est empreint de beauté.

Qu'on imagine la procession du doge quand il

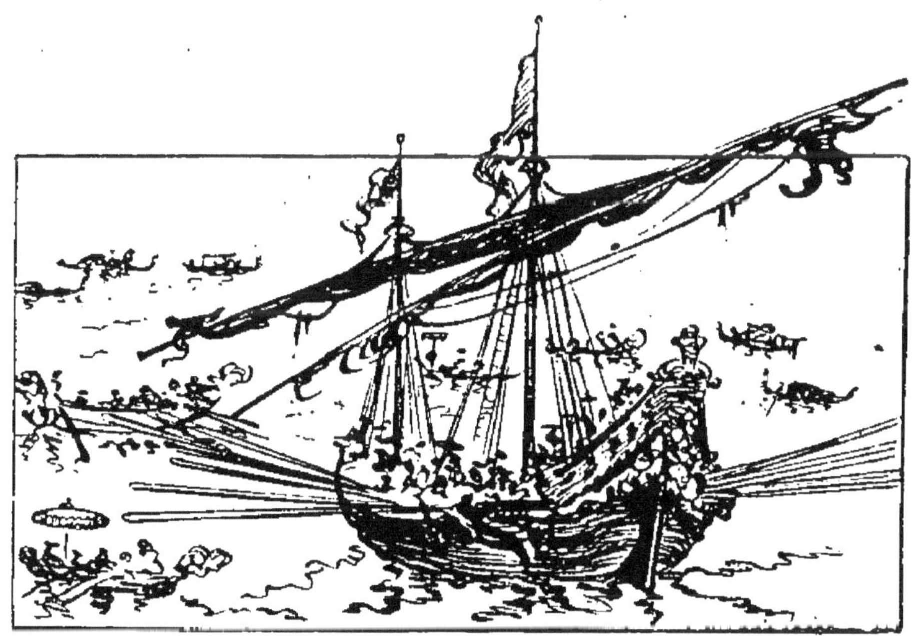

allait, au jour de l'Ascension, donner l'anneau d'or à
la mer... Le *Bucentaure* étincelant de dorures; les
musiques triomphales sur l'étendue des eaux; l'acclamation des barques; les fleurs, les herbes odorantes
qu'on jette à l'Épousée; les rameurs de la République,
droits dans leurs chapes roidies par les broderies d'or;
les gondoles du patriarche et des ambassades, traînant

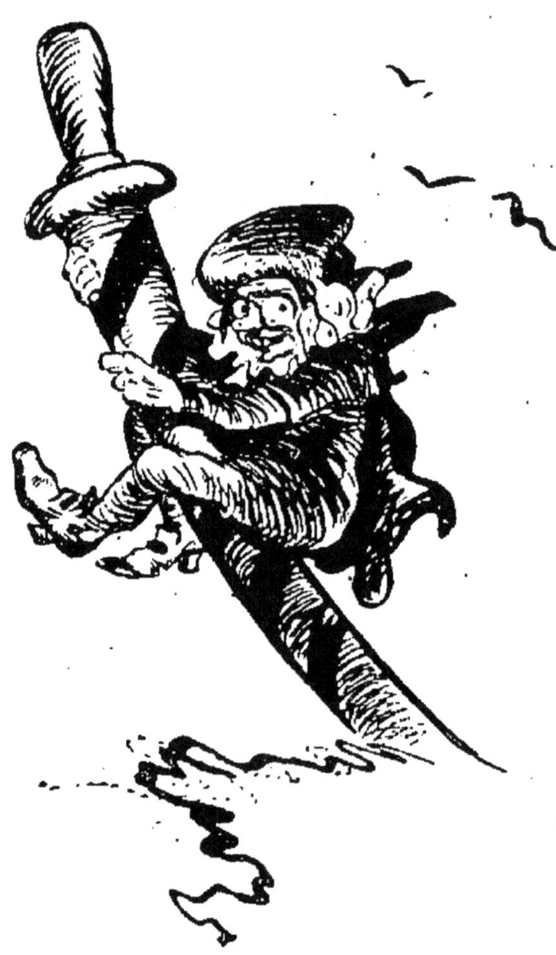

dans l'eau les soies
et les brocarts,
glissant parmi
l'escorte vibrante,
éblouissante et
dansante des cou-
leurs... De telles
visions ne sont-
elles rien pour le
bonheur d'un peu-
ple? Et ces Véni-
tiens n'eurent-ils
pas meilleur sort
que d'autres, à qui
doivent suffire les
mats de cocagne
de la maison Bel-
loir et le velours
penaud des fêtes
officielles?

A Venise, la joie d'art est pour tous et de tous les
instants. Chacun, le soir venu, jouit de la sérénade.

Après le coucher du soleil, quand règne sur les canaux une fraîcheur délicieuse, des barques passent, promenant un feu rouge dans la nuit. Une voix de femme chante, avec les hautbois et les violes; et sa chanson, longtemps, semble traîner sur l'eau morte...

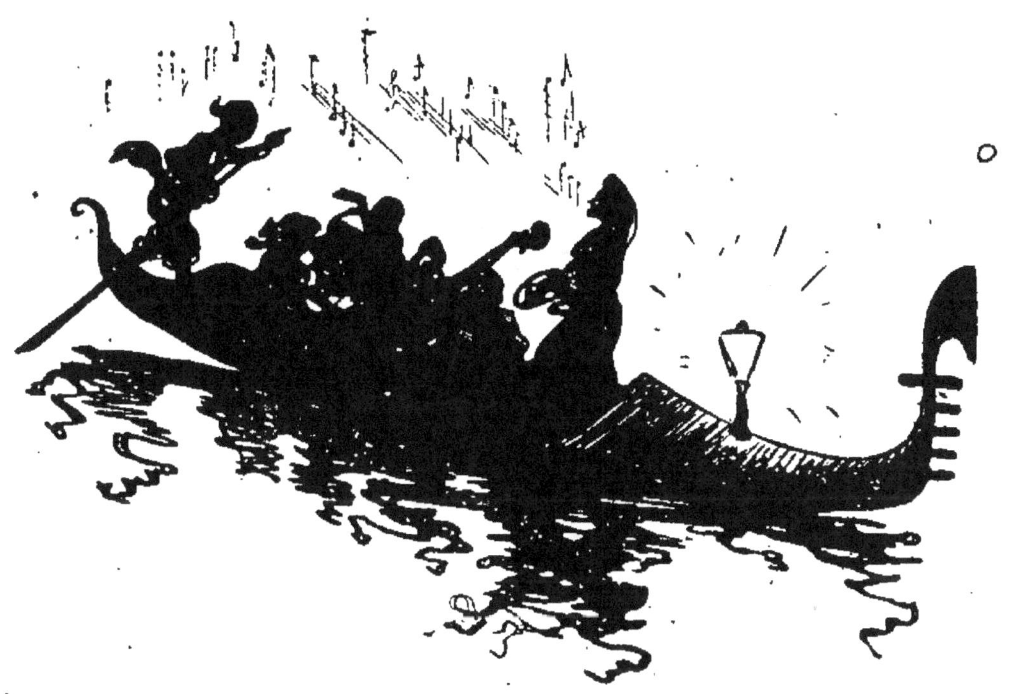

chanson de Venise où parfois, au milieu des strettes et des trilles, passe en une phrase ardente l'âme des vieux écumeurs de la mer.

Cependant, de tous côtés (plainte à peine entendue de cent rames), les gondoles glissent et s'assemblent. Et le concert s'en va sur l'eau... Au fond des noires chapelles d'amour, les couples enlacés goûtent la nuit mystérieuse, et le délice d'être emportés sur un rayon de lune, dans le sillage d'une chanson.

Or ne peut-on pas dire qu'ils continuent, ces Pantalons, ces Lelios, ces Truffaldins, Venise qui sut garder, à travers dix siècles de brutalité féodale, la forme antique d'une vie libre et belle?

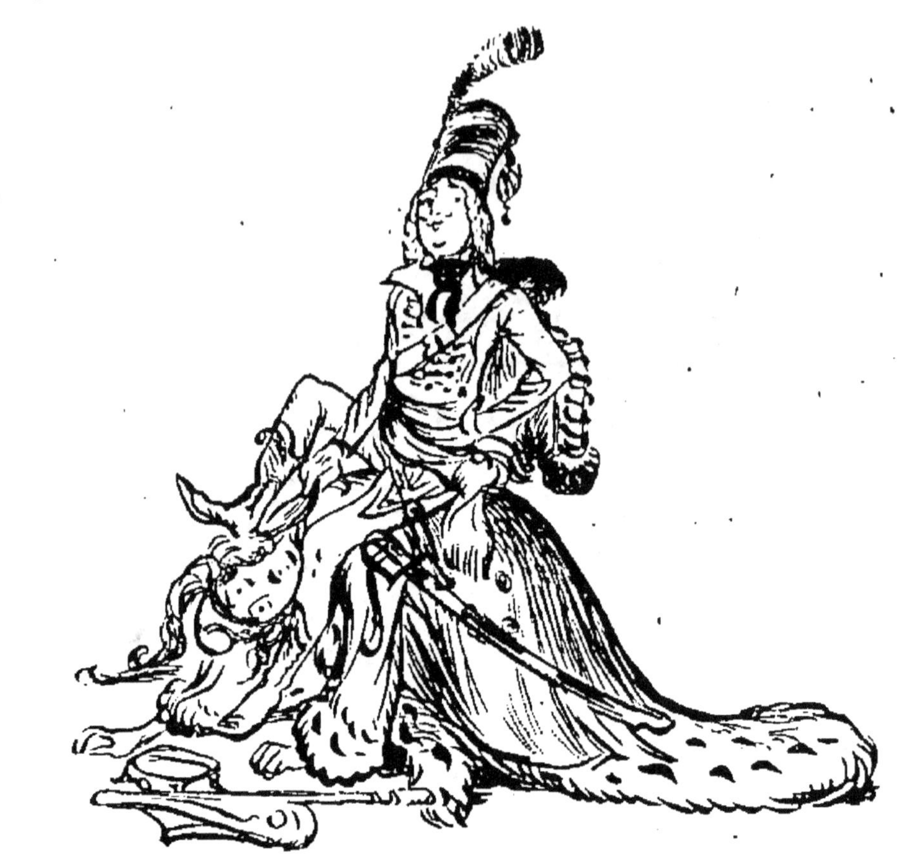

— Et tout cela, Monsieur, les mène à la culbute.

— Hélas, Monsieur! Ces derniers Vénitiens contrevenaient étrangement à la laideur et à l'ennui, qui sont les lois primordiales des sociétés modernes. Une telle absence de maussaderie devenait scandaleuse et ne pouvait durer.

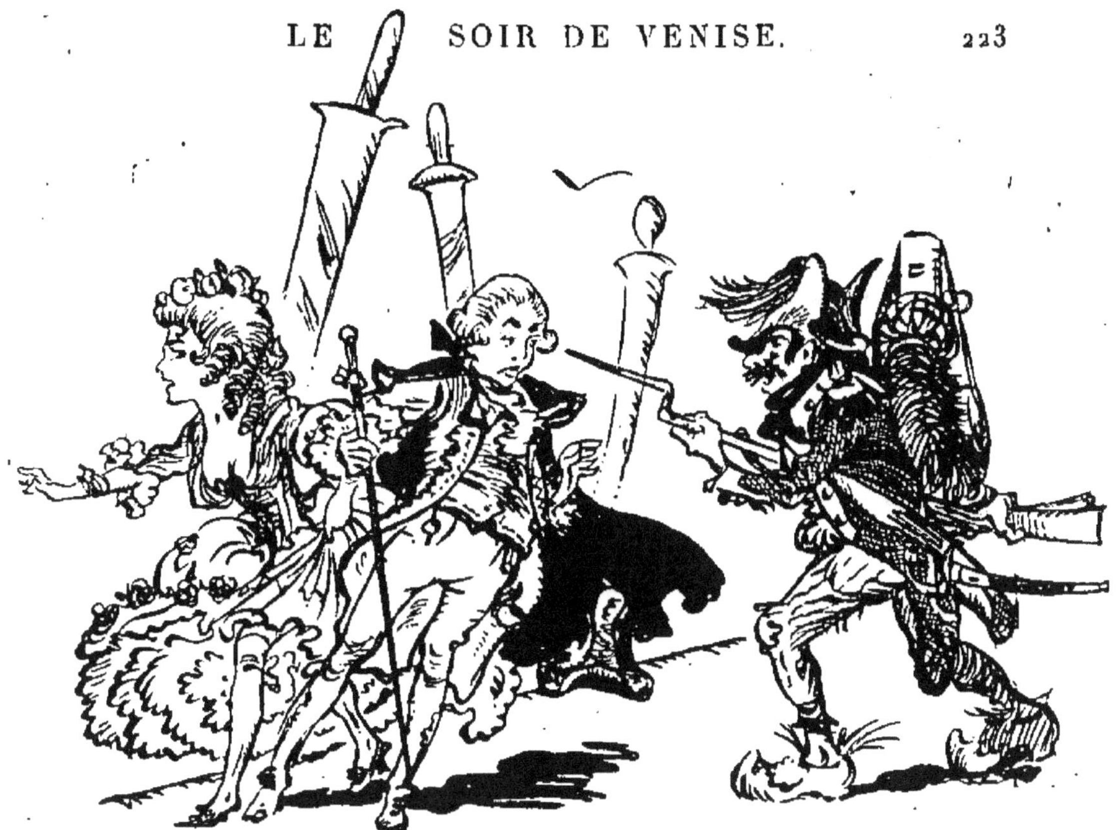

Lentement, à force de jouissances et de réjouissances, ces gais républicoles avaient laissé s'amenuiser leurs âmes, à ce point qu'elles ne purent servir, quand vint le temps des coups et des brutalités.

...Rien ne subsiste alors des temps anciens, ni la vertu de Dandolo, ni la triple énergie de Bartolomeo Coleone, le sacripant de bronze. L'âme de Venise n'est plus à la proue des galères, preneuses d'archipels : c'est une aiguière de Murano, exquise, miroitante et fragile. La pichenette d'un doigt de femme suffirait à briser la frêle merveille... Et c'est le poing de Bonaparte qui s'abat sur elle !

.   .   .   .

Tout de même, nous devons de la reconnaissance à

ces masques par qui l'esprit, l'art et la fantaisie purent habiter un réel petit coin de planète. Et si le vieux Montaigne a raison, s'il est vrai que le meilleur signe de sagesse soit une « esjouissance constante », l'éclat de rire vénitien égale, pour l'honneur et la consolation des hommes, la belle sérénité artiste de la Grèce. Avoir créé la patrie éternellement souriante, la Ville-fée, asile des rêves et *sorella della Luna*, n'est-ce pas la plus certaine gloire de la Sérénissime République?

Et ne fit-elle pas mieux, en vérité, que d'épouser le Grand Turc?

Léon Bordellet.

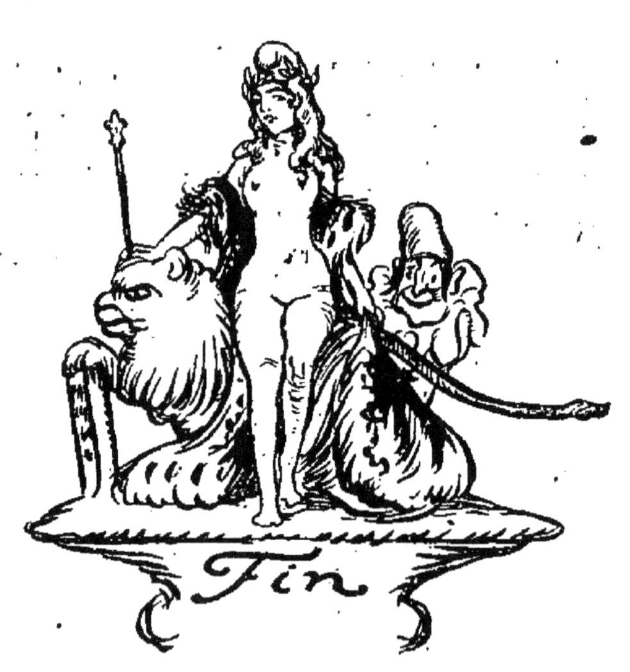

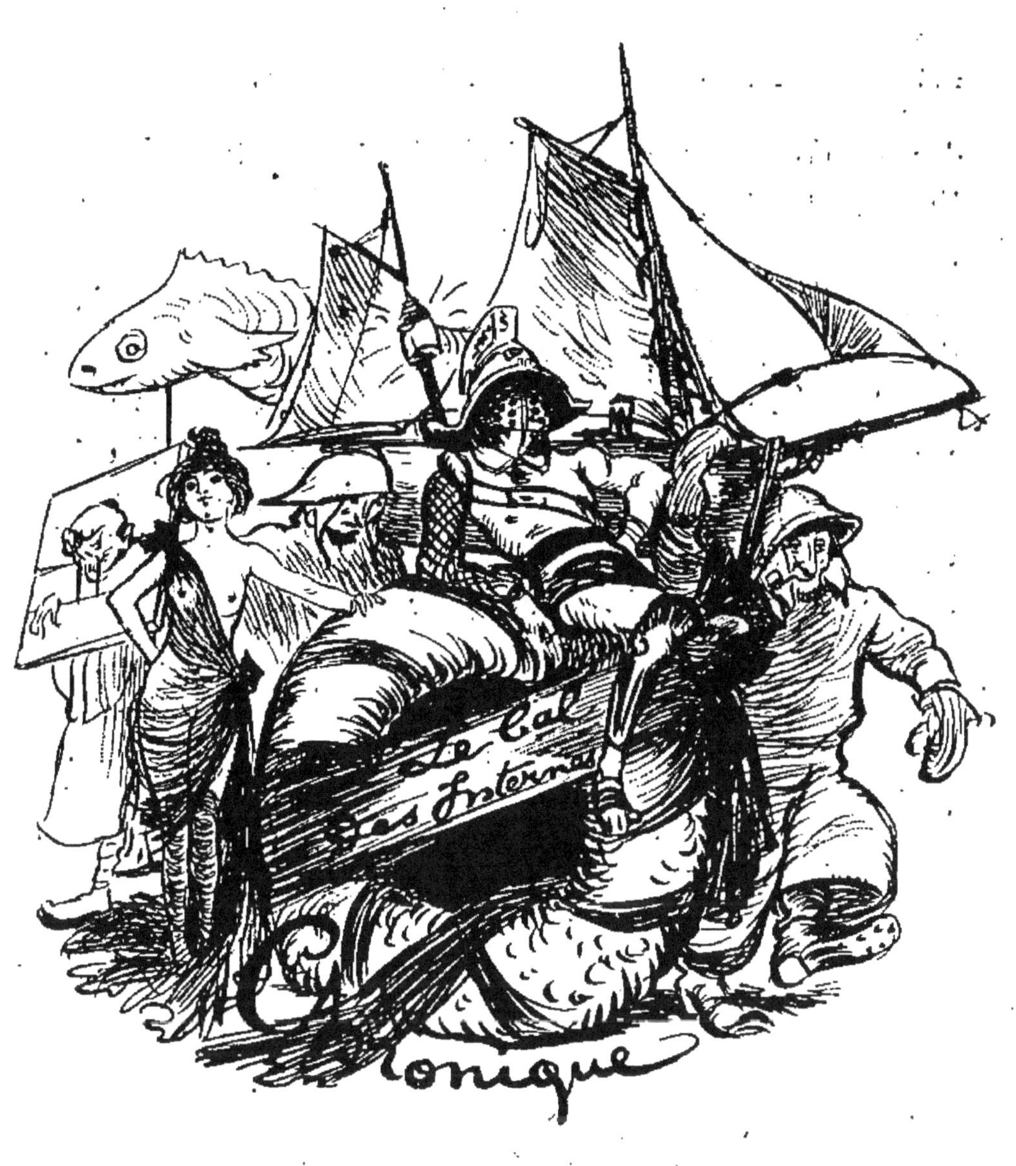

LE BAL DE L'INTERNAT.

Les fêtes de l'Exposition, — autant dire rien du tout. Pendant cette époque néfaste où l'Administration a manqué à toutes ses promesses, il semble que le goût français et parisien ait déserté la Ville. Il y avait pourtant des commissions de fêtes, des présidents et

15

des rapporteurs, des secrétaires et des trésoriers
Comment se fait-il que tout ce monde ait été en même
temps paralysé?

Vers la fin du semestre, nous avions été repris
d'espoir. M. Claretie devait s'occuper de la fête des
Vendanges. C'était une garantie, car M. Claretie est
un artiste délicat, un organisateur émérite, et il est
au courant de l'effort d'art des Quat'z-arts, auquel il
collaborait, il y a quelques années, par un superbe
costume de cardinal et l'honneur de sa présence.

Hélas! M. Claretie, comme les autres, a été frappé
du mal secret qui avait atteint ses prédécesseurs : la
fêtes des Vendanges a défilé sous les yeux attristés des
artistes, bonne seulement pour les amateurs du Bœuf
gras de jadis.

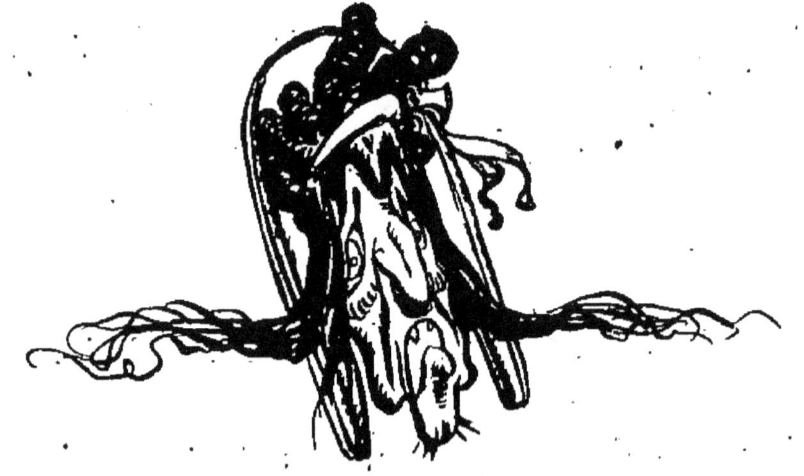

Il en est résulté que les étrangers, les Allemands
surtout, coutumiers, chez eux, de si belles fêtes, ont
avec joie constaté la déchéance de Paris et du goût
français. Pour nous consoler, on a décoré tout le

monde, et Paris aussi. Tout va bien. Pas un journal (à part l'*Écho de Paris*) n'a protesté, et le troupeau de moutons que nous sommes continue à piétiner dans la crotte.

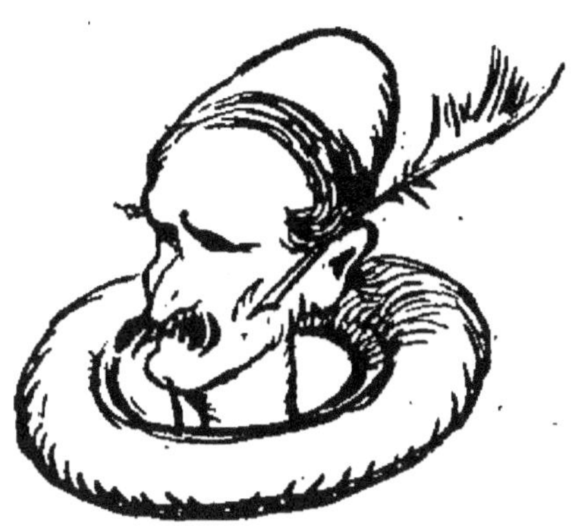

Et ces indices sont pourtant plus graves qu'on n'imagine. Nous avons perdu la force dans le monde; si nous perdons la grâce et l'esprit, ne serait-ce que dans les manifestations extérieures, celles qui frappent le plus les yeux des étrangers, nous aurons descendu d'un échelon encore dans l'estime du monde.

Il nous faut donc chercher ailleurs pour constater que le bon goût français, s'il ne court pas les rues dans un cadre de municipaux et de gardiens de la paix, brille encore d'une lueur discrète dans des petits coins privilégiés. Le bal des Internes, par exemple, a renouvelé cette année et surpassé encore les merveilles de l'année dernière.

Nous avons déjà apprécié, dans le premier numéro de cette revue, l'effort intelligent que ces jeunes gens, si étrangers, en apparence, par leur profession, aux choses de l'art, ont dû faire pour arriver à une telle perfection dans l'invention et l'organisation des cortèges. Cela se fait de bonne camaraderie. Chacun lutte

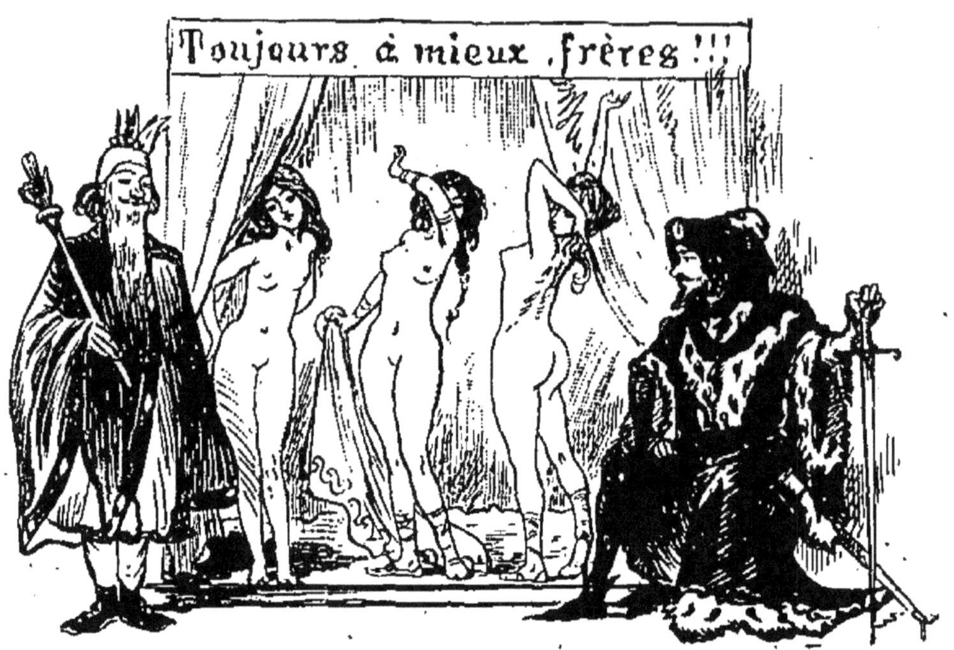

d'imagination et de malice, sans âcreté, et, s'il en est besoin, on demande sans façon quelques conseils et un coup de main aux artistes qui fréquentent les hôpitaux.

C'est ainsi que la fête garde son caractère d'amusement d'art et que les rivalités qui ont tué la *Vache enragée* de Montmartre ne viennent pas mettre leurs bâtons dans les roues fleuries des chars carnavalesques.

Cette année, la Rome de *Quo vadis* avait eu l'honneur d'inspirer trois salles de garde : Lariboisière, la Salpêtrière et la Maison Dubois. Les souvenirs clas-

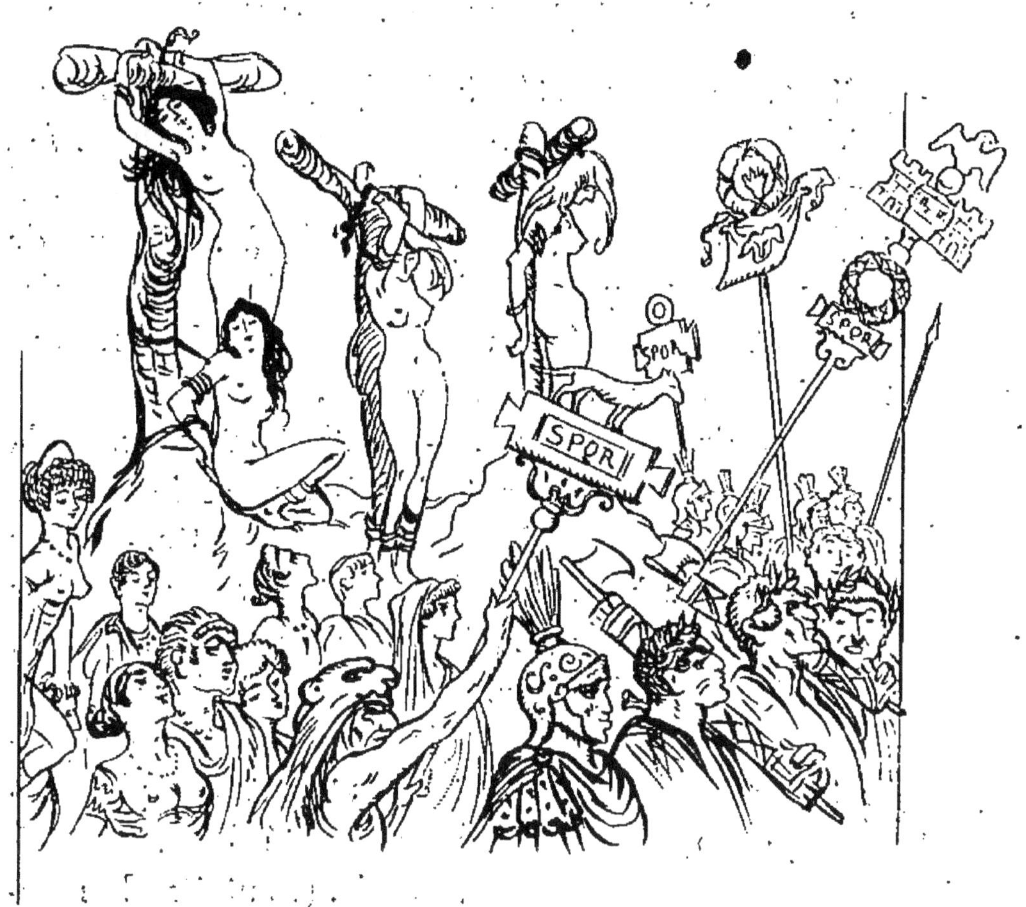

siques plaisent toujours au bachelier qui a été la
première chrysalide du docteur : une époque de sang,
de tortures, de splendeurs et de nu était donc bien
faite pour tenter la fantaisie d'imaginations dont le
terrible et l'académie sont les préoccupations journa-
lières. Lariboisière avait brodé sur *Quo vadis* les plus
riches et les plus nombreuses variations.

Et c'est là la fête moderne : non plus le sujet drolatique, le masque bouffon avec son gros nez et ses
petits yeux, mais la mise en costumes d'une scène
historique ou légendaire reconstituée avec son caractère propre, et tant mieux si ce caractère est intense,

prête aux somptuosités, à la ligne et aux terreurs !

Trois femmes en croix pour ouvrir la marche. Les amies des internes qui avaient accepté ce rôle ont vraiment souffert le martyre ce soir-là : c'étaient de vraies cordes bourrues qui entraient dans leurs belles chairs et qui, pendant une heure au moins, les ont maintenues sur le bois des croix, dans d'anormales positions de bras en l'air. — Ce n'est pas comme cela d'ordinaire que meurent les oiseaux et les petites femmes, si l'on en croit le dessin de Willette. — Mais rien ne coûte à celles qui se sentent assez parfaites pour triompher par la force de leur seule beauté. Ahénobarbe lui-même, l'empereur esthète, se fût déclaré satisfait de ce spectacle et eût complaisamment porté l'émeraude à son œil. (Peut-être le martyre des acteurs par lesquels il faisait représenter les légendes antiques n'était-il pas plus sérieux que celui-là, — les historiens sont si méchants !)

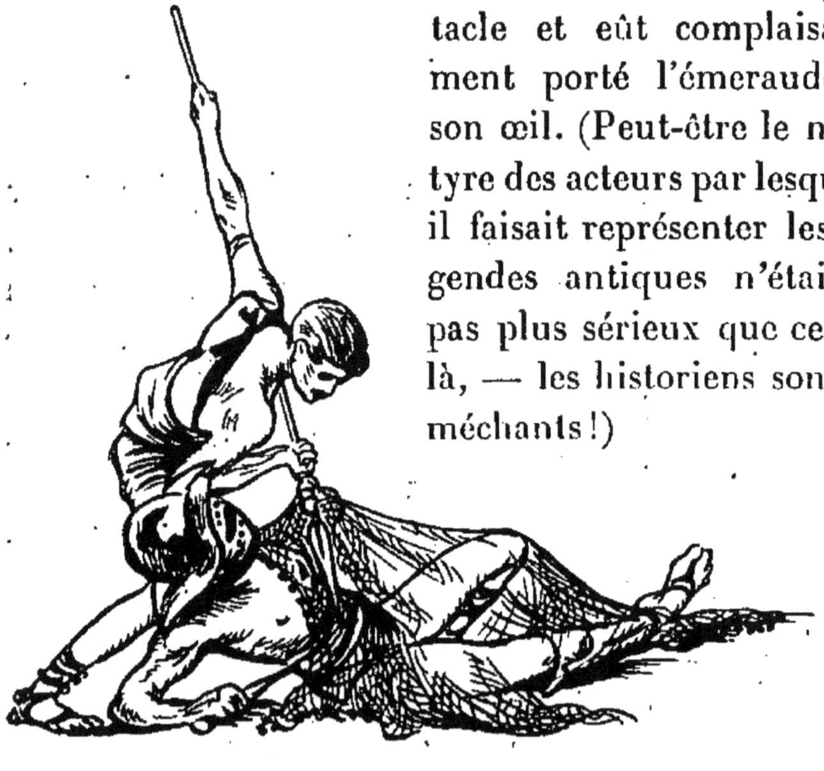

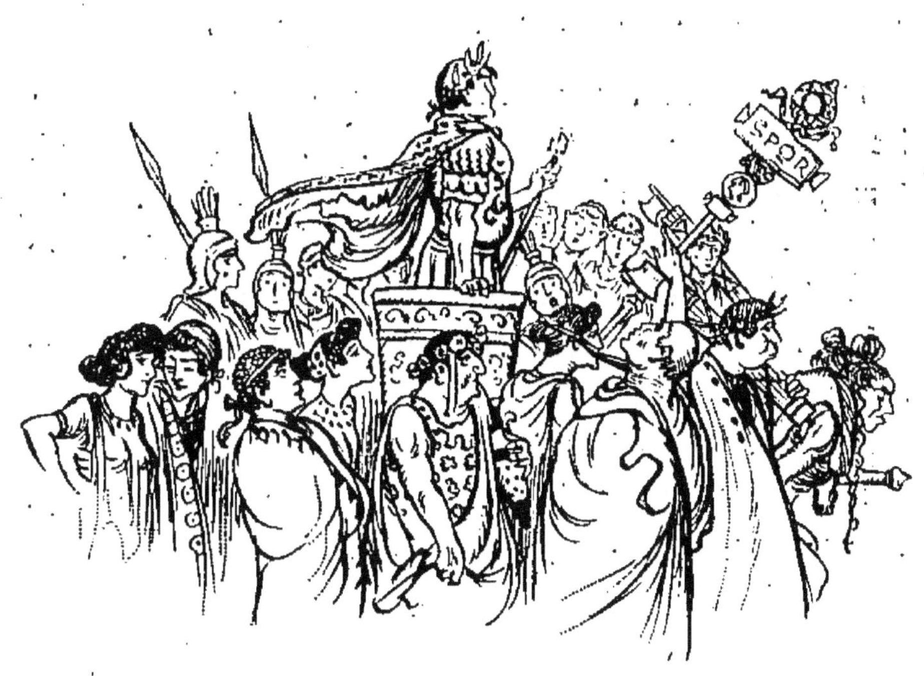

Mais voici son oncle Claude lui-même, dans le cortège de la Salpêtrière : *le Triomphe de Messaline*. C'est M. Moreau-Vauthier, le sculpteur de la *Parisienne*, qui lui prête son profil de médaille antique, et les courtisans se pressent autour de lui, couronnés de roses, vêtus de pourpre et de lin. Et pendant qu'ils passent, cette idée nous obsède que nul directeur, pour mettre en scène le drame de Sienkiewicz, ne pourra réussir une figuration pareille. Des comparses de théâtre ne donnent pas cette joie des visages, cette élégance des corps, ne montrent pas cette variété dans les robes et les toges, n'expriment pas à ce point l'illusion de vivre à l'époque choisie. Les enfants seuls ont cette bonne foi dans leurs plaisirs, et pour cette nuit les graves internes sont redevenus assez enfants pour se prendre à leur jeu.

Passe *l'Orgie romaine,* un char délicieux fait d'un lit antique sur lequel gît, la tête perdue et tombée à terre, le jeune fêtard des temps néroniens. Deux femmes accroupies veillent sur son ivresse, et sur le devant du char, un vase brûle des parfums dont les minces fumées forment pour la scène un dais léger de panaches transparents.

Passent les licteurs, les augures, les aigles romaines portées par des centurions, les vestales en longues silhouettes de lin, toutes blanches, plus fines que

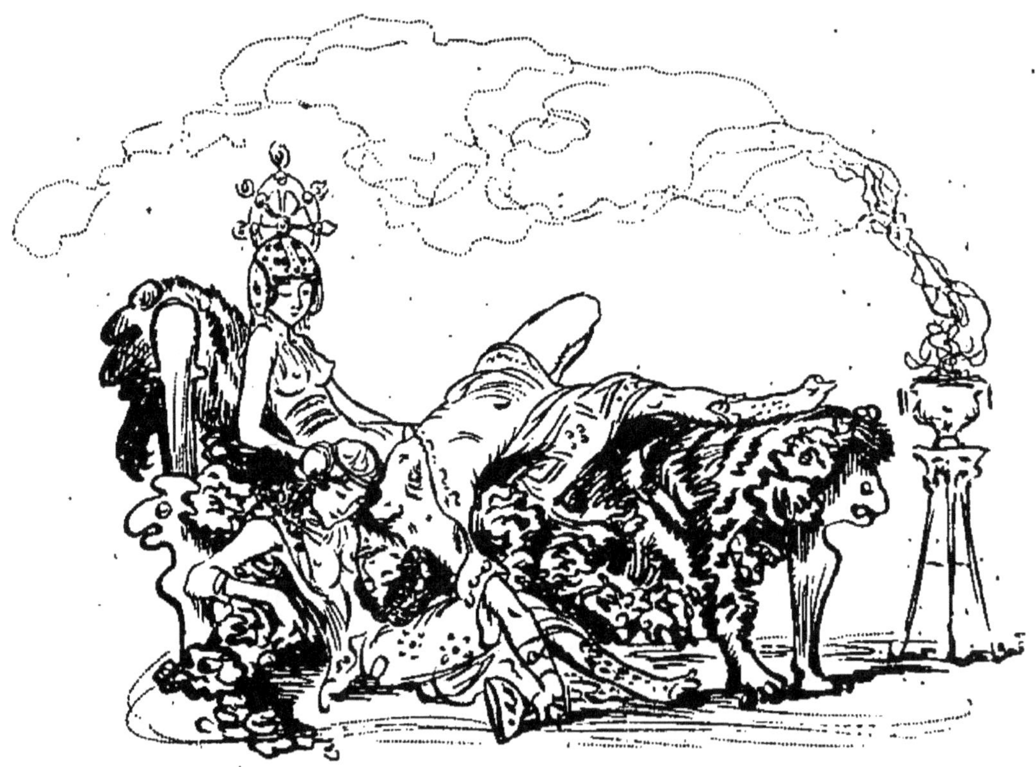

nos communiantes et nos [mariées, parce que leurs voiles sont à même la chair et descendent à plis droits, comme il convient: (Oh! les comparses d'*Alkestis,* au

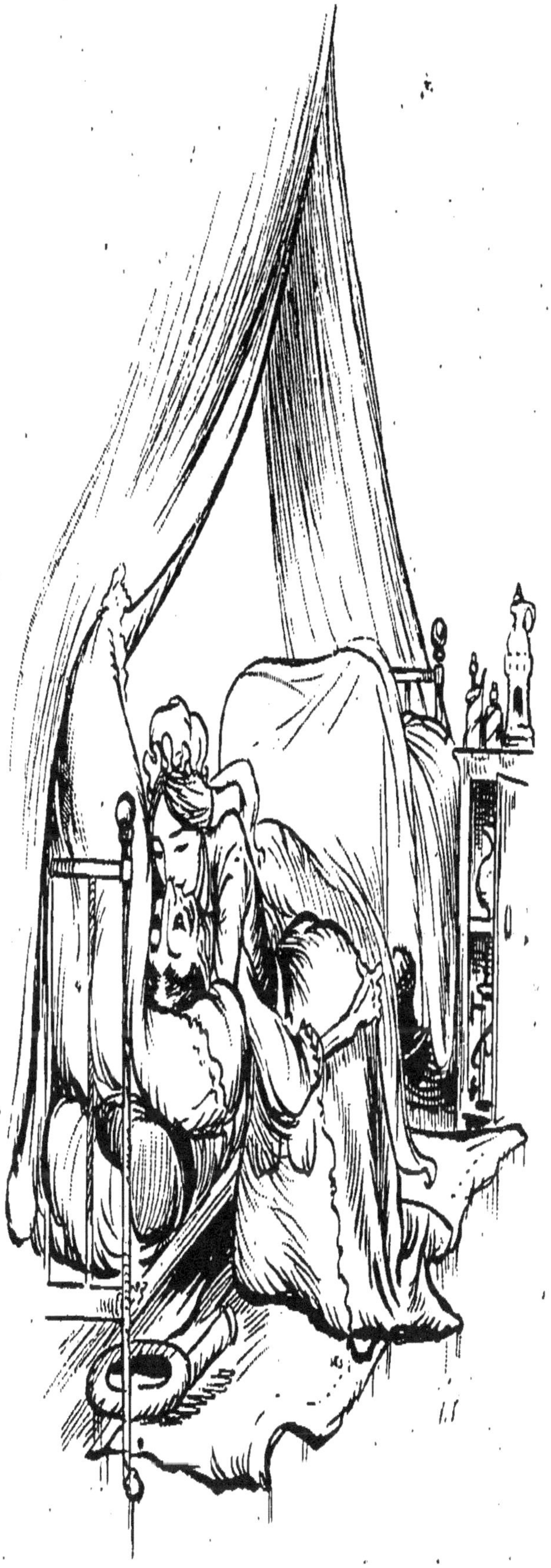

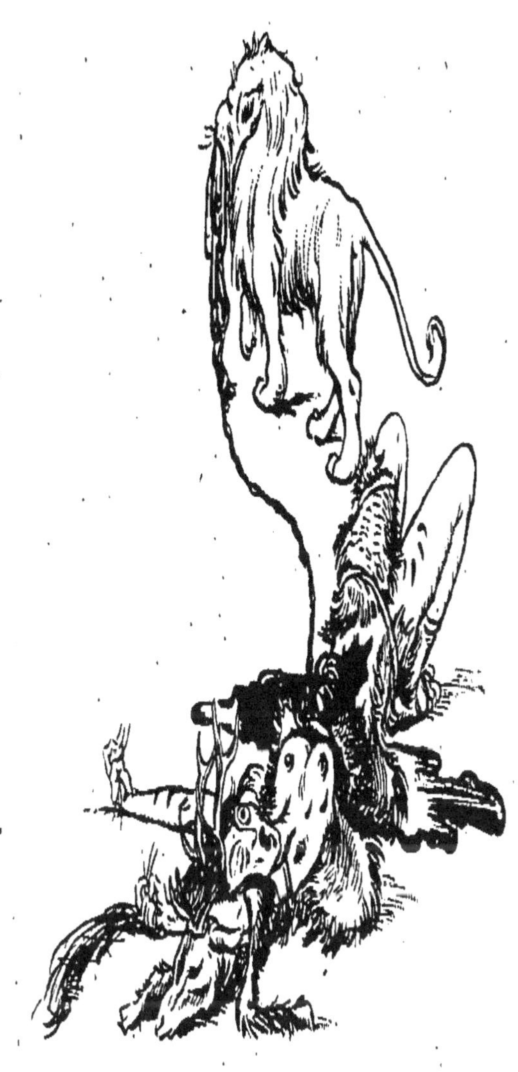

QUO VADIS ?

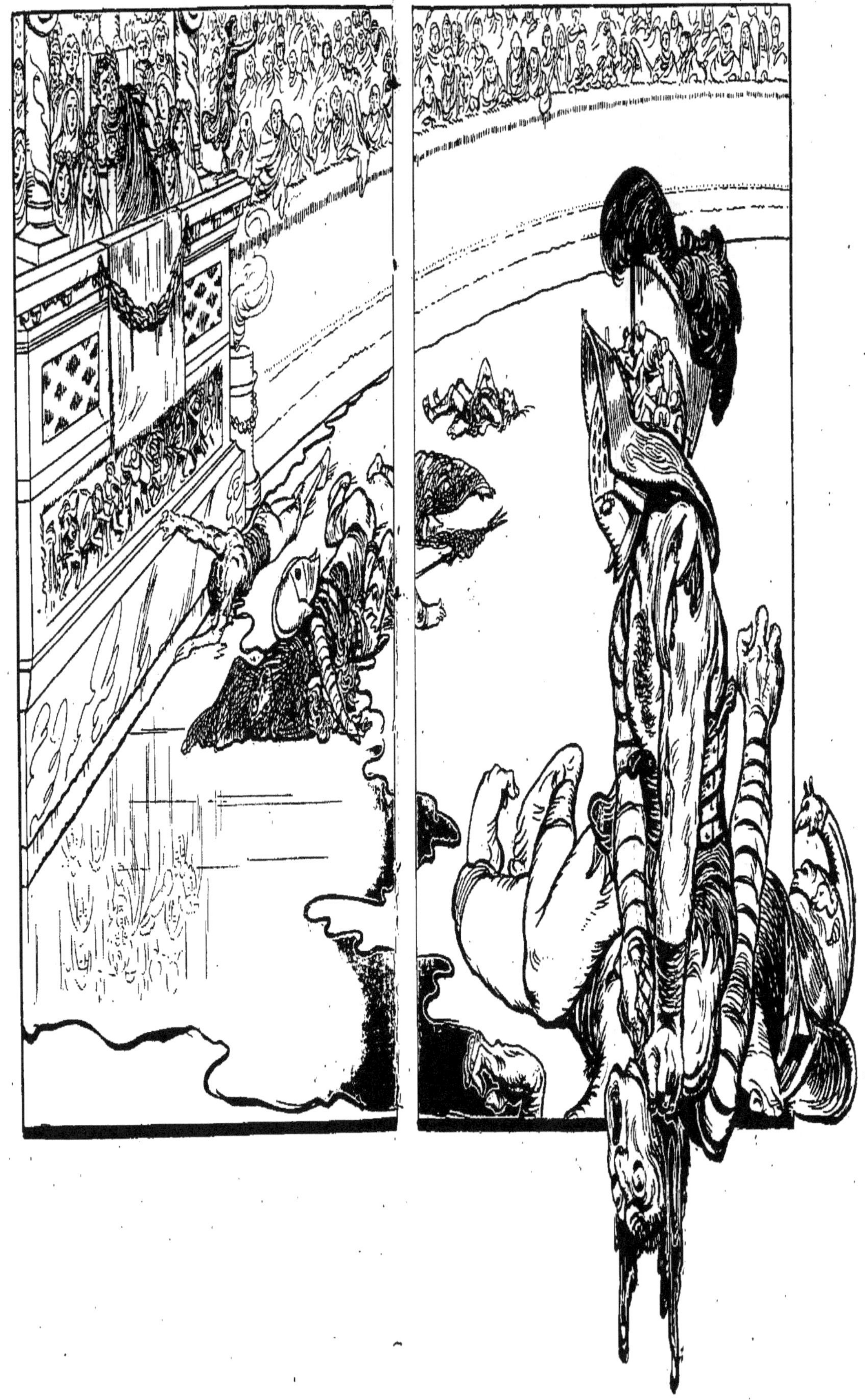

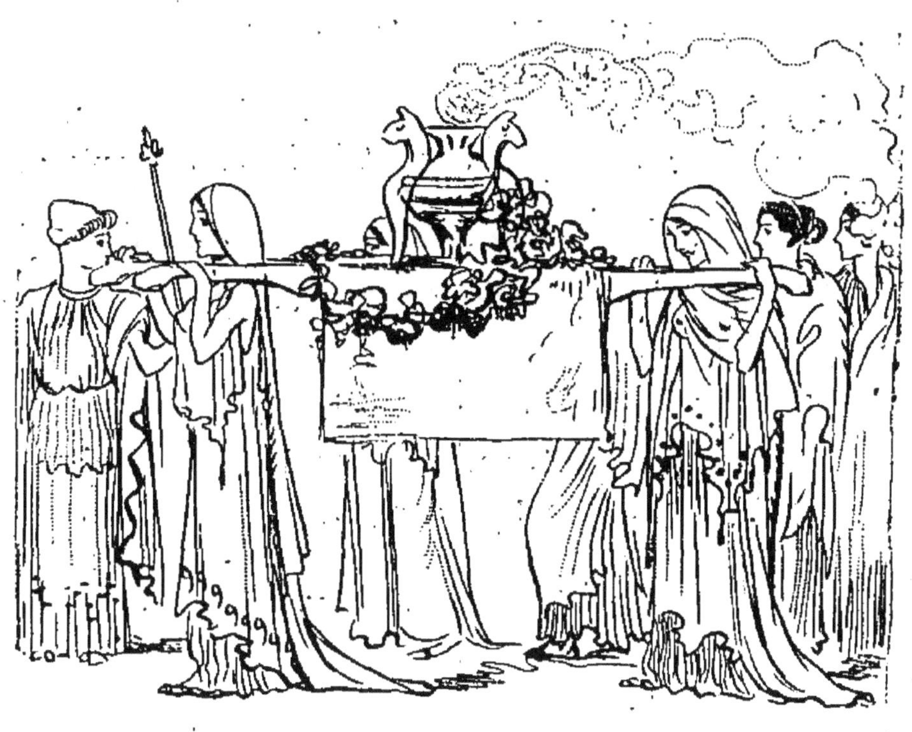

Théâtre-Français, avec des péplos et des tuniques passés par-dessus leurs jupons!) Les vestales portent sur un fragile brancard la flamme qui ne doit pas s'éteindre, et voici, sur une litière la Romaine de la Maison Dubois, une blonde Cypris vêtue des lanières de ses sandales, et qui recueille d'enthousiastes bravos sur son passage.

Les trois cortèges romains étaient séparés par des fantaisies plus récentes, ou plus anciennes.

L'Age de pierre, de Bicêtre, une répétition de maints Ages de pierre que nous avons vus déjà, de-ci, de-là, aux Quat'z-arts, principalement, mais il ne faut pas nous plaindre, car la peau de bête écorchée accompagne toujours heureusement les torses puissants, les jambes nerveuses, et la tête de loup aux

oreilles droites, posée sur une jeune tête barbue, la
coiffe un peu mieux que ne font le haut de forme et
le demi-melon.

Les Maladies nerveuses, de Broca : cocottes en papier,
grenouilles porteuses de folies ou de paniers à salade
dans lesquels s'agitent des petits lapins, etc., toutes les
insanités qu'autorise le titre choisi.

Quels sont ces gens funèbres, tout de noir vêtus,
avec des larmes d'argent? Leurs petites camarades sont
joliment drapées, par-dessus leurs bas de soie noirs
bien tirés, dans une écharpe de crêpe que retiennent

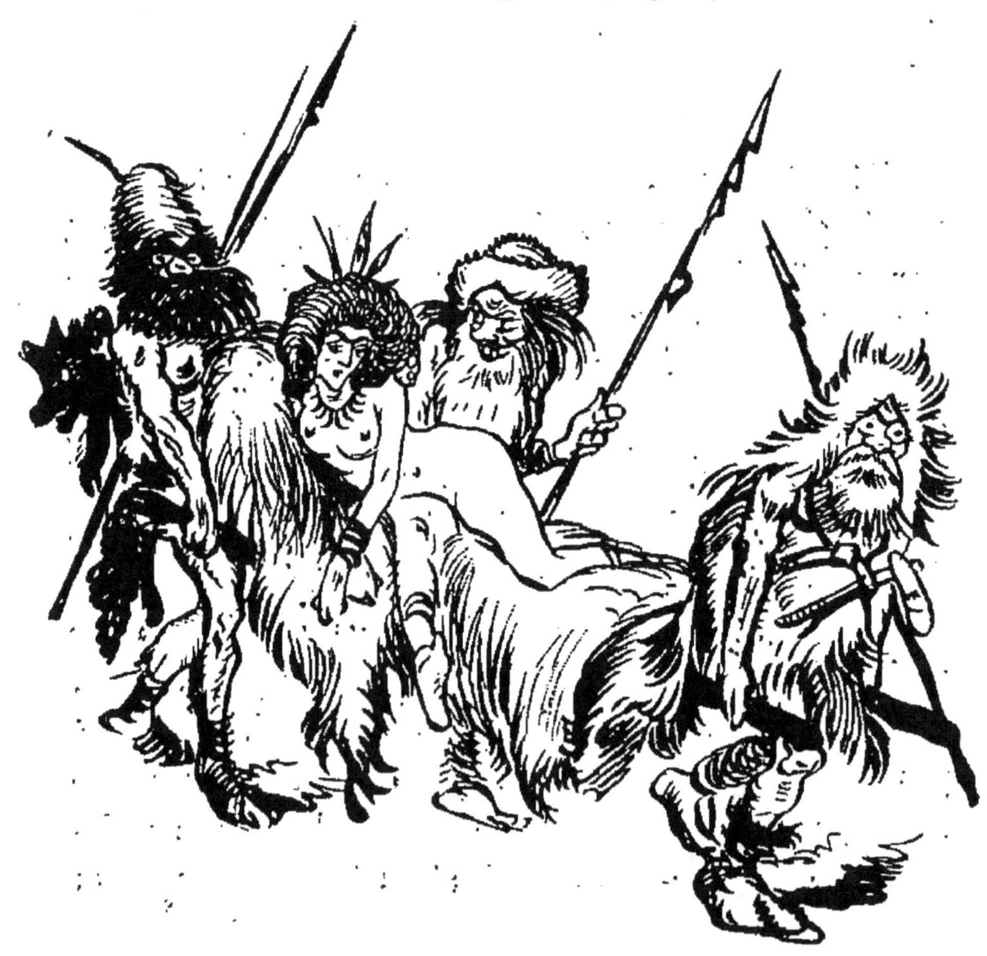

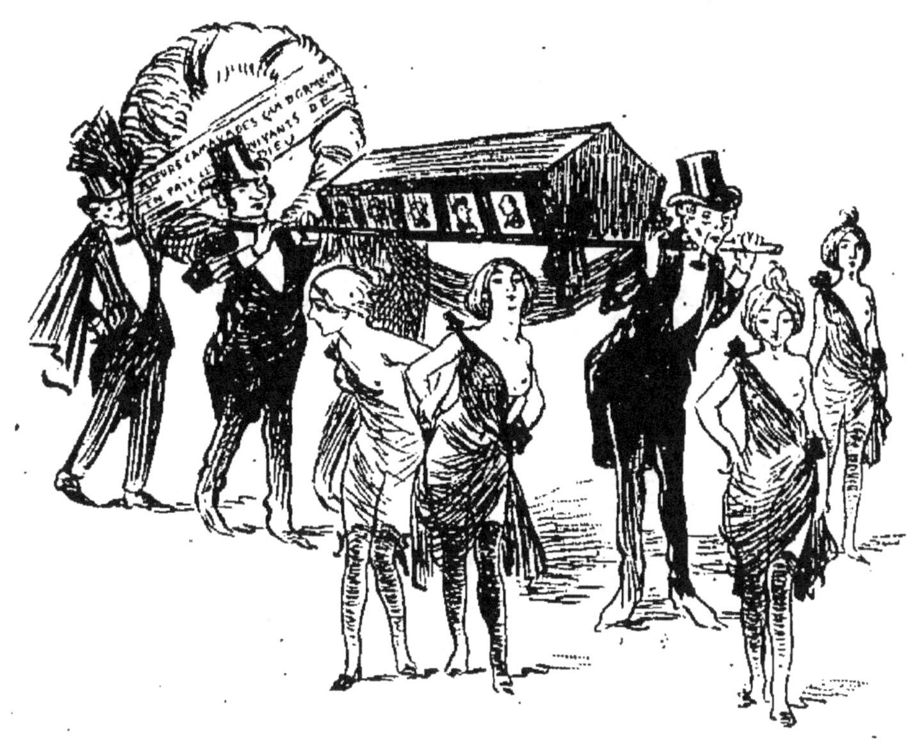

de gros nœuds de satin ; la couronne qu'ils portent
est garnie de portraits accompagnés de cette in-
scription :

« A leurs collègues qui dorment en paix, les survi-
vants de l'Hôtel-Dieu. »

Cette satire vise les camarades paresseux qui ont
refusé de participer à la fête. Déjà Bellery, le dessina-
teur du programme, avait offert aux paresseux de
Tenon une jolie caisse de poires symboliques.

A retenir ceci, qu'il n'est pas de costume qui fasse
mieux valoir la beauté féminine que les bas noirs et
l'écharpe de crêpe. Quand la mode en prendra-t-elle ?

Dans un cortège coloré, parmi les étoffes claires,
la chair brillante et l'éclat des lumières, un défilé tout
noir, d'un noir mat de drap ou de mousseline, est

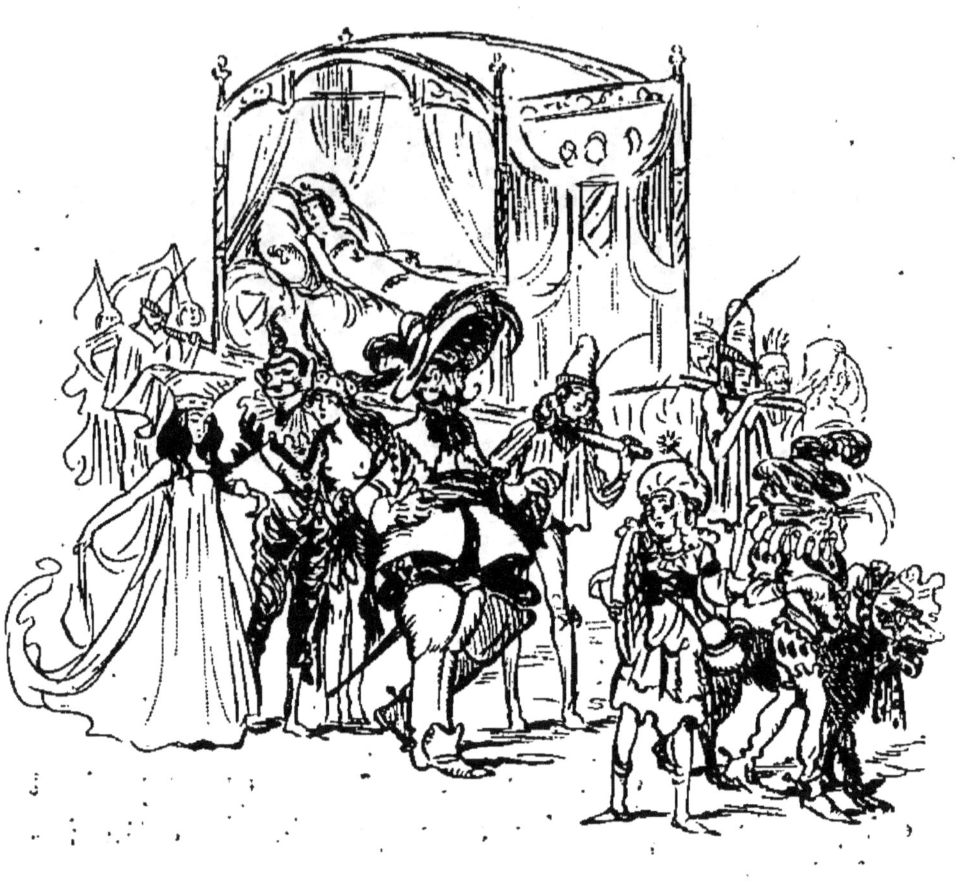

toujours assuré de produire le plus grand effet sur la
foule. C'est ce qui arriva pour *le Char de la Peste*, à
la cavalcade des étudiants en 1897.

Passons rapidement, faute de place, sur le cortège
chinois de la Pitié, *les Boxers*, si amusant avec ses
cangues et ses poissons gigantesques ; sur les *Grosses
légumes* et les fleurs gigantesques de Beaujon ; sur
les robes rouges d'Ivry ; sur les amusantes danses du
ventre de la *Sublime Porte*, de Cochin ; sur les déso-
pilants bébés des Enfants Assistés, et sur le cortège
des *Souverains à Paris*, de Trousseau, pour arriver
aux *Contes de Perrault*, des Enfants-Malades, et à ce

chef-d'œuvre, le tout petit cortège des pêcheurs de Berck.

Dans les *Contes de Perrault*, voici d'abord le char de Bellery-Desfontaines : la *Belle au Bois dormant*. Il n'y a pas de fête réussie sans Bellery, l'aimable artiste est un trouveur d'idées et de costumes auquel

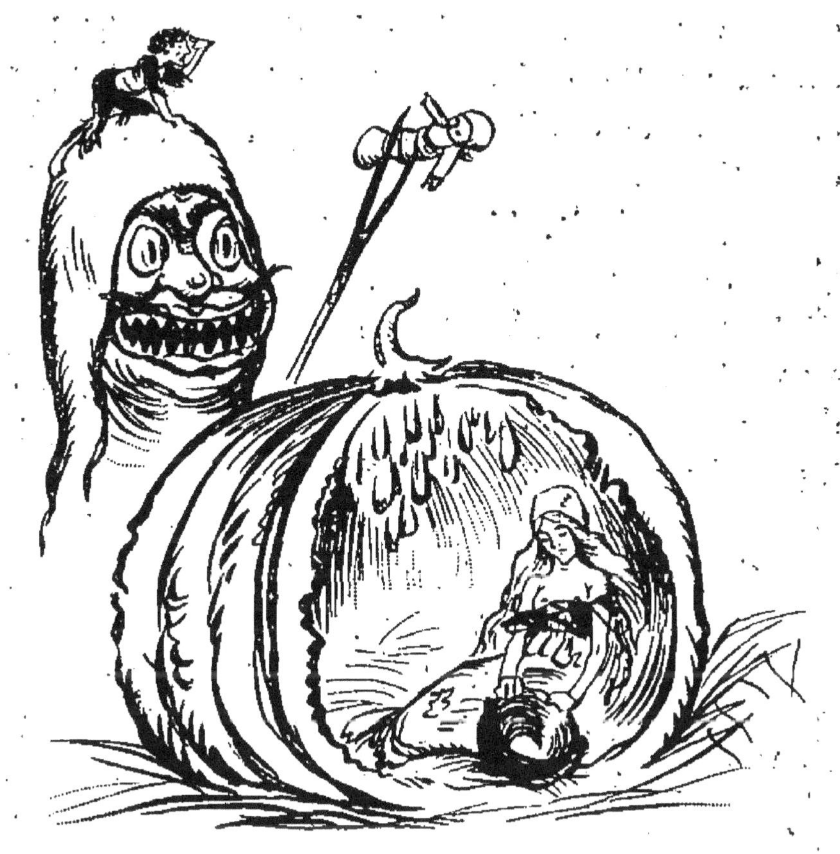

la Ville de Paris pourrait confier l'organisation de ses fêtes; mais elle a déjà soigneusement mis de côté Willette, Roques, Henri Guillaume, Truchet, etc., tous ceux qui sont capables de tirer de l'ornière le char embourbé de ses fêtes.

Le char de la Belle au Bois : un lit d'or moyen âge,
à courtines violettes, d'un dessin archaïque, sculp-
tures gothiques et écussons coloriés; des pages som-
nolents le soutiennent. Au milieu des coussins, parée
comme pour le bal, la Belle est étendue, pareille à
une morte qui serait restée rose et souriante. Et sa
coiffure est d'un travail minutieux d'archéologue,
avec ses nattes qui courent sur le bonnet piqué et
encadrent le diadème de vermeil aux cabochons
d'améthyste.

L'Ogre suivait, bizarrement coiffé, en façon de
cimier, par le Petit Poucet, aux culottes effrangées.
Et Cendrillon, assise dans une courge gigantesque
au ventre ouvert, dont la grenaille se balançait au-
dessus d'elle. Autour de ces trois personnages, tous
les mythes qui ont amusé cinq ou six générations de
petits Français, depuis Louis XIV :

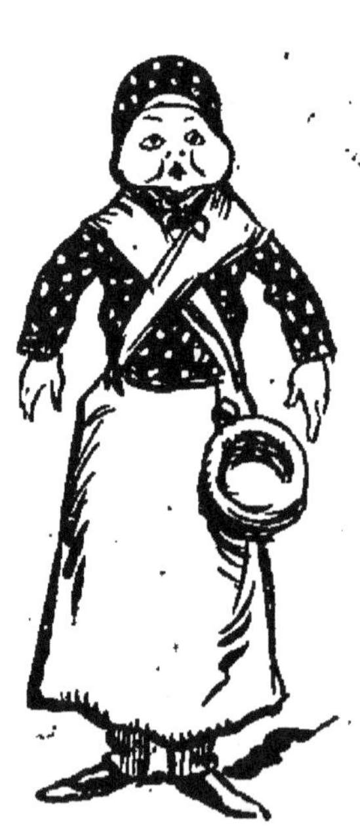

les fées, les princesses, Riquet, le
Chat botté, Peau d'Ane, l'Oiseau
bleu, etc., etc. Ah! si les pauvres
chéris de l'Enfant-Jésus avaient pu
voir passer, entre les petits lits
blancs, le défilé de leurs bons doc-
teurs, quel joli rêve! Leur pauvre
petite misère de gosses d'hôpital en
aurait été soulagée, pour quelques
heures.

En tout cas, il est consolant de
penser combien doivent être cares-

santes pour eux les mains adroites qui, pendant leurs
rares loisirs, se sont amusées à costumer tous ces
jolis joujoux. Des caresses de grands frères !

Voici enfin, en quelques personnages, — cinq

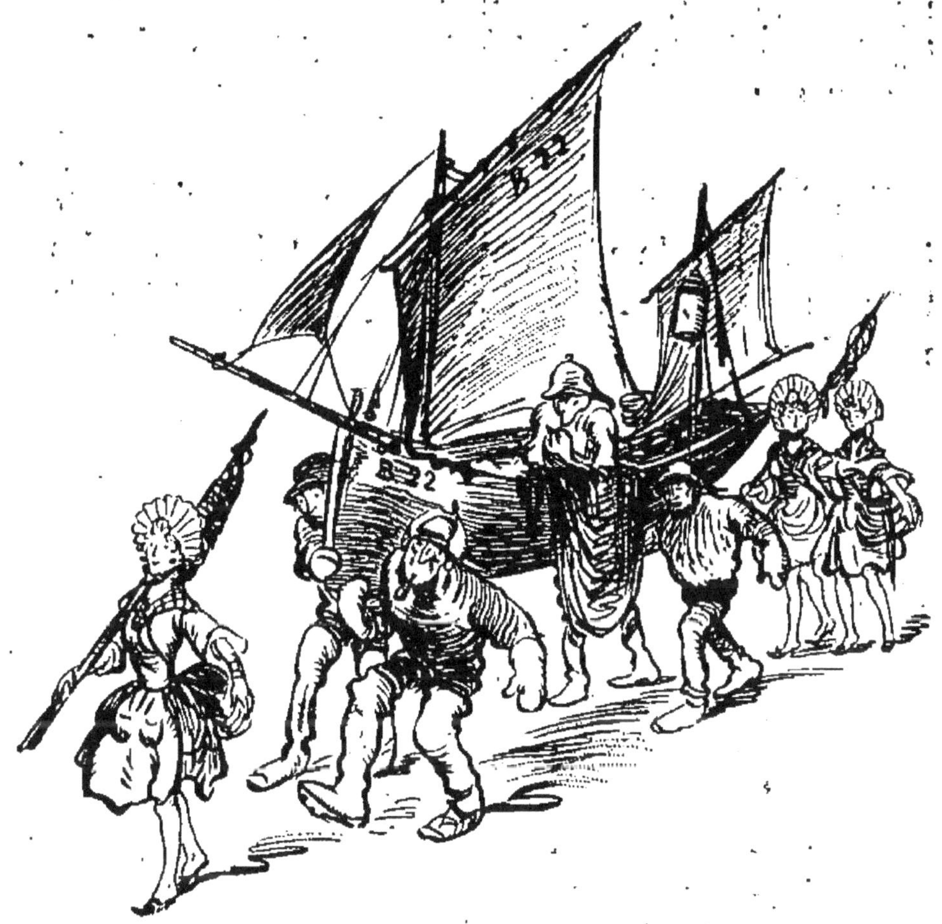

internes, — le bijou de la soirée : le bateau de pêche
de Berck, venu tout exprès de là-bas pour figurer
dans la fête. Comme il faut peu de chose pour créer
des impressions vives ! Un petit bateau de trois mètres
de long, avec ses voiles rousses et sa lanterne blafarde,

et, sur le dos des étudiants qui le montent où le portent,
les suroîts déteints aux coups de mer et sous les rafales
du vent salé, quelques accortes pêcheuses de Bou-
logne, haut troussées, chaussées de leurs petits sabots
claquants et coiffées de leurs bonnets en ailes de
mouettes, cela suffit pour nous rappeler les féeries et
les drames de la mer, les heures d'extase passées
près d'elle!

Et voilà, une fois encore réalisée, la fête parisienne,
telle que nous la rêvons et que l'ont instaurée les
fêtes du *Courrier Français*, de joyeuse et spirituelle
mémoire.

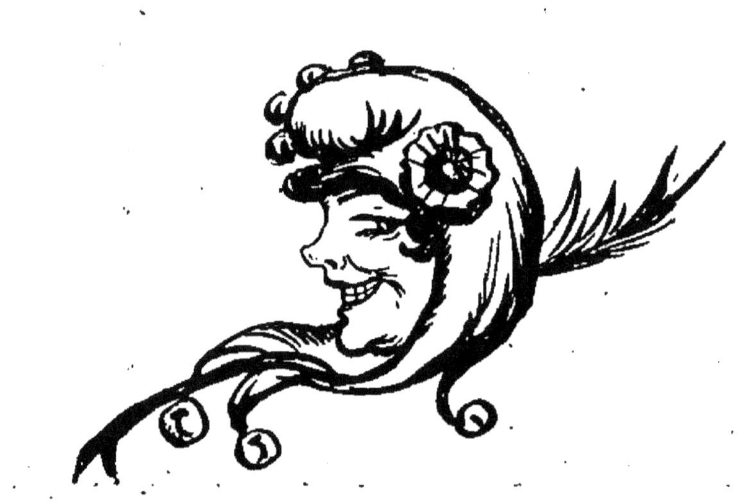

N° 4
OCTOBRE-JANVIER
1901

LOUIS MORIN

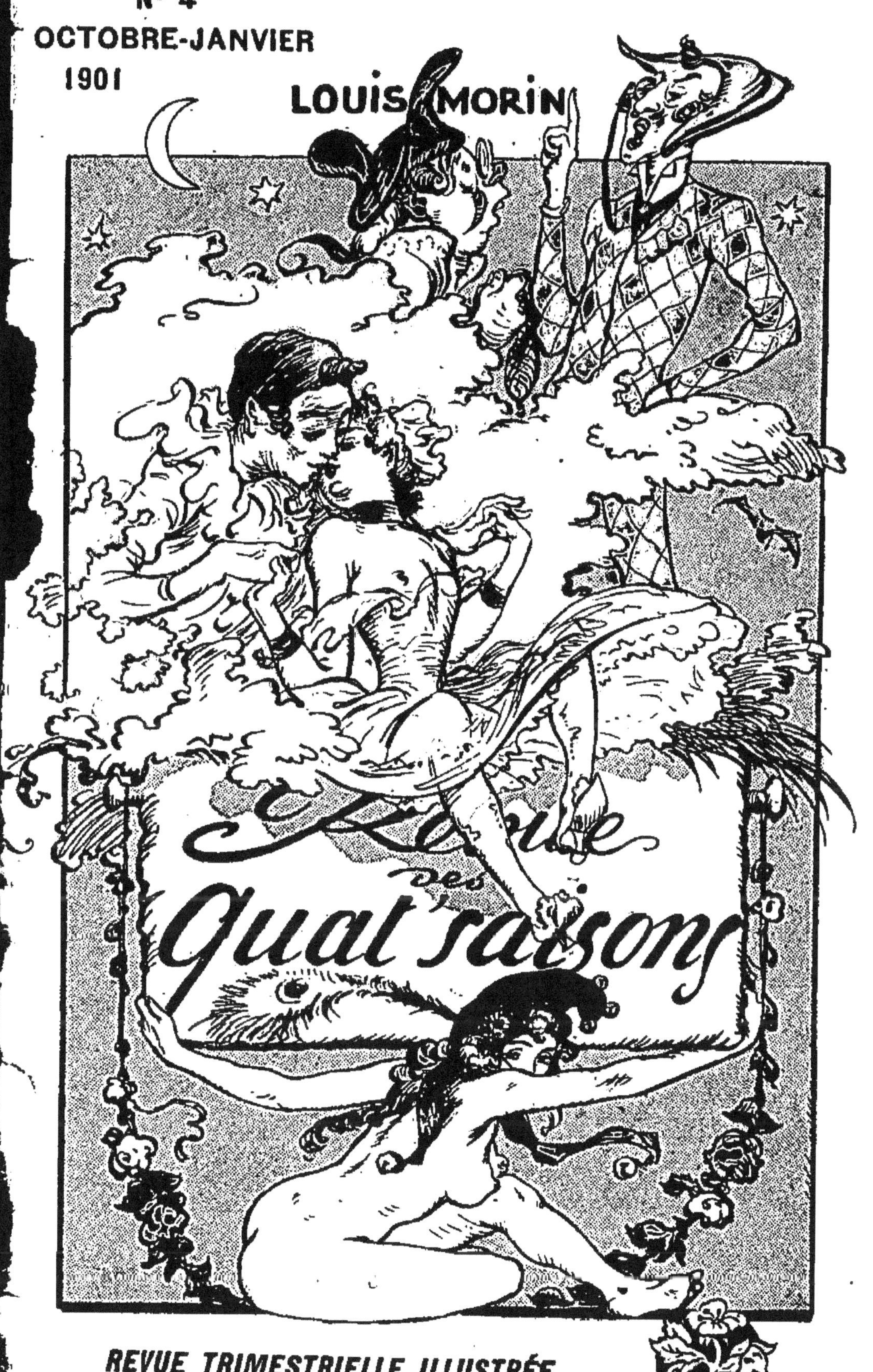

REVUE TRIMESTRIELLE ILLUSTRÉE

SOCIÉTÉ D'ÉDITIONS LITTÉRAIRES ET ARTISTIQUES
Librairie Ollendorff
5o, CHAUSSÉE D'ANTIN, 5o
PARIS

REVUE

DES

QUAT' SAISONS

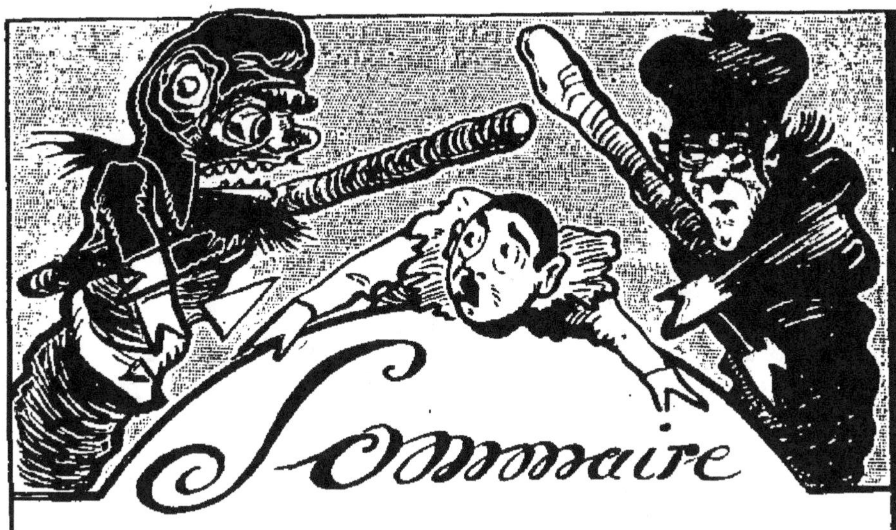

CARNAVAL DE NICE.
LES MASQUES ROUGES.
LES QUAT'Z-ARTS DE 1901.
CASSANDRE ESTHÈTE,
        Comédie mythique en 3 actes.
CONCLUSION

IL A ÉTÉ TIRÉ

5o Exemplaires sur papier vélin

Contenant une suite complète des fumés sur Chine

1oo Exemplaires sur papier du Japon

Les abonnés recevront, avec le carton-couverture
contenant les titre et table de l'année, le frontispice
à l'eau-forte, gravé en couleurs, auquel ils ont droit.

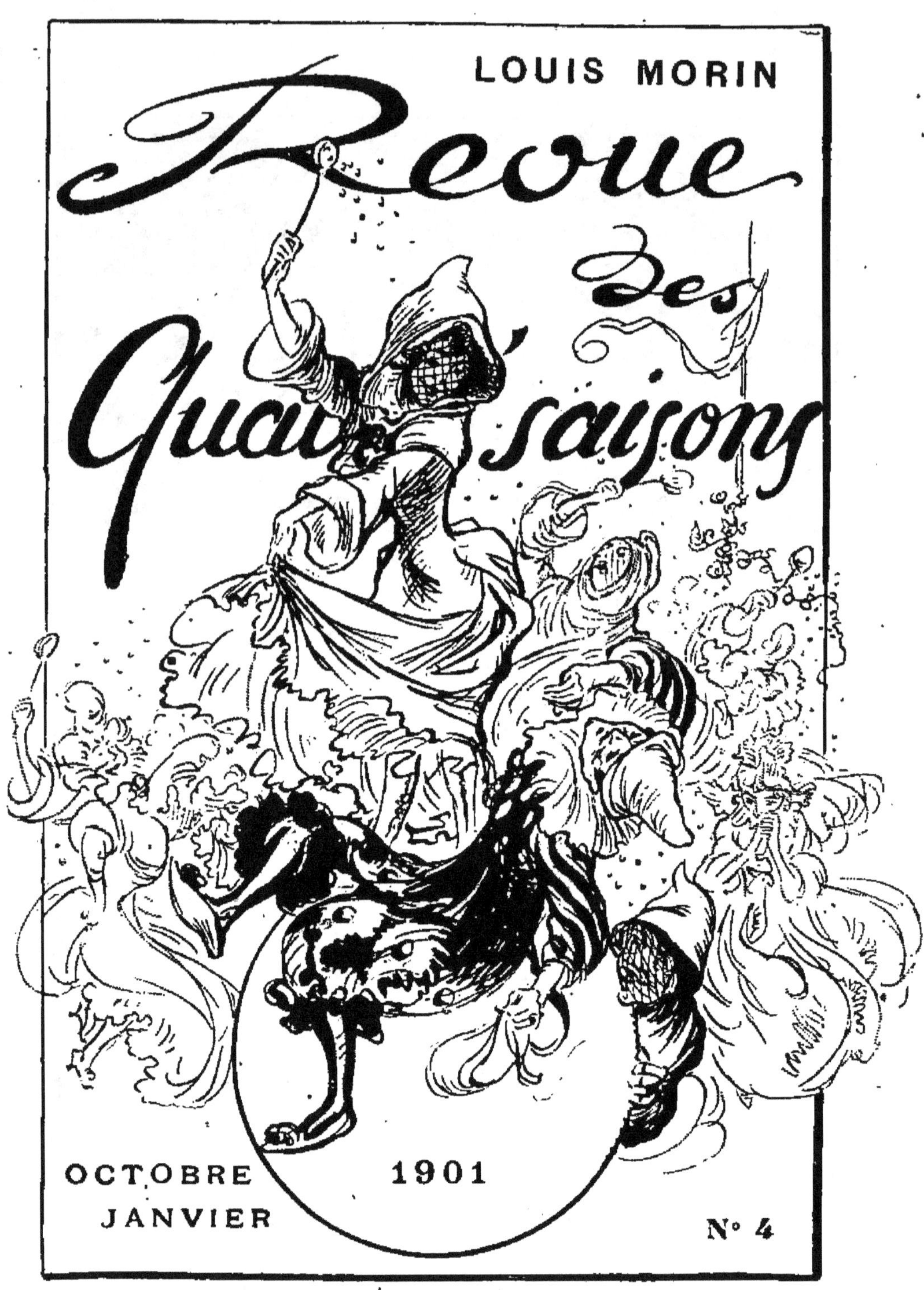

PARIS

SOCIÉTÉ D'ÉDITIONS LITTÉRAIRES ET ARTISTIQUES .
Librairie Paul Ollendorff
50, CHAUSSÉE D'ANTIN, 50
—

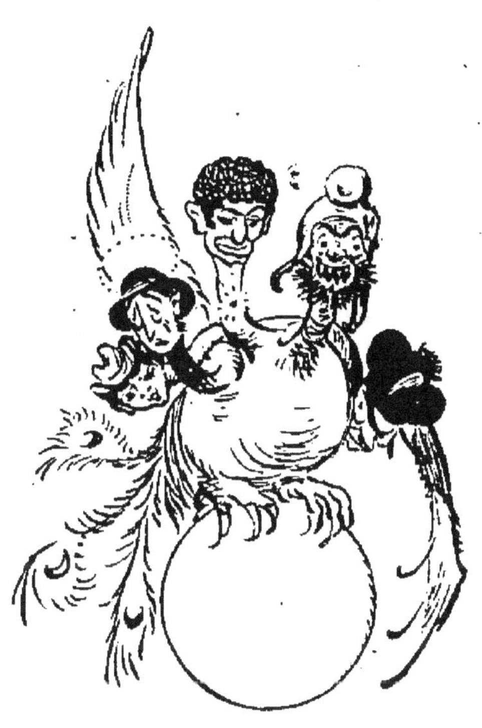

... SI VOUS NE FAITES PAS PARTIE D'UNE
MINORITÉ... VOUS N'AVEZ RIEN DE BON A
ATTENDRE DE LA VIE, ET VOUS FERIEZ MIEUX
DE VOUS EN ALLER...

(Mémoires d'un vieux rapin.)

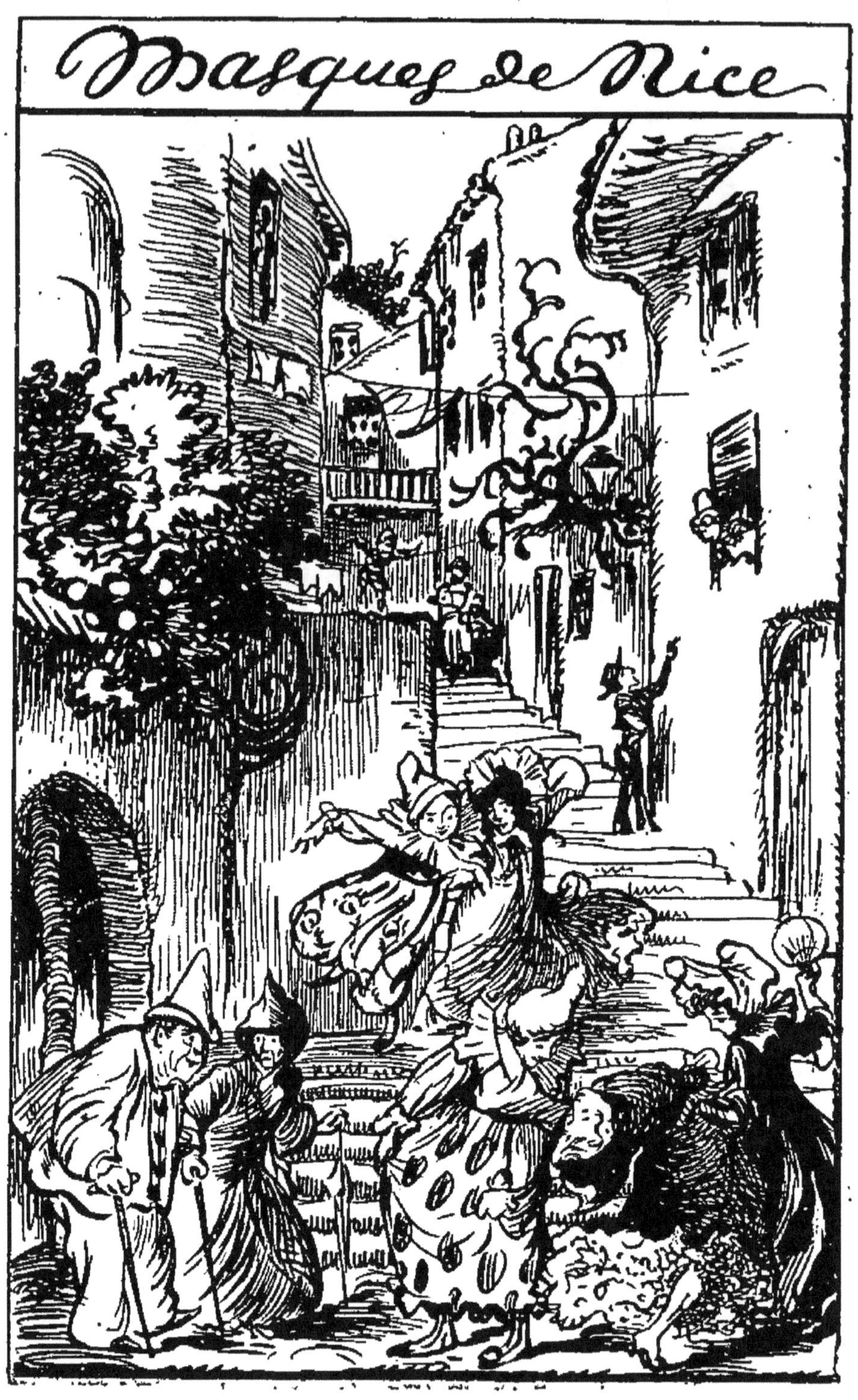

16

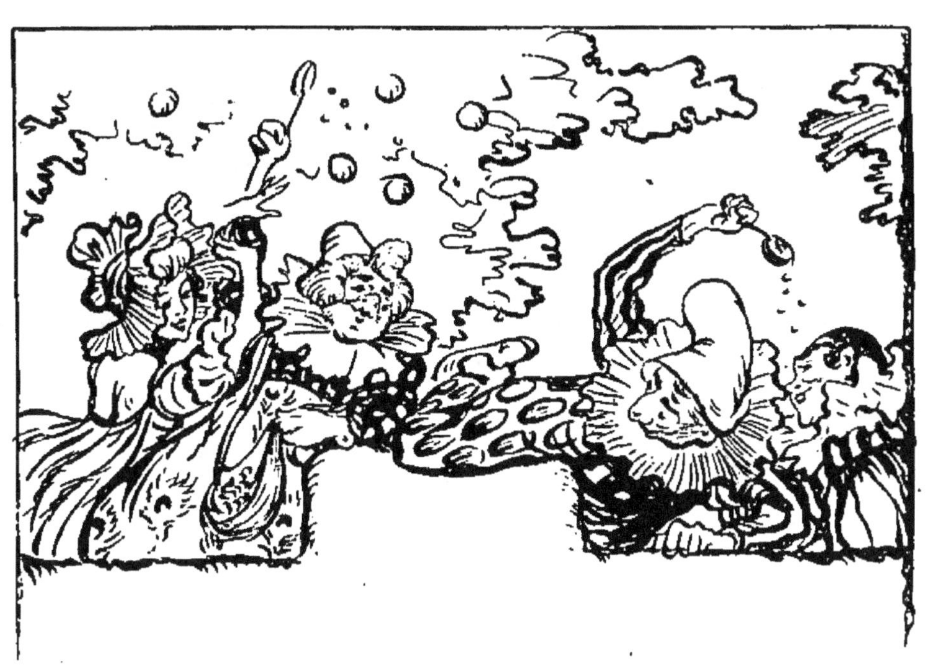

CARNAVAL DE NICE

Tous les ans, vers fin février, le dégoût de Paris prend les Parisiens du monde.

C'est demander à leur cervelle un trop long effort que de se plier pendant quatre mois, depuis la rentrée, à de si graves sujets :

Connaître tous les potins du monde et de l'art, faire choix des meilleurs pour les répéter cent fois, — celui par exemple de la belle minette qui, pour éviter la fatigue des émotions, usa si indiscrètement de la cocaïne que son bon ami se crut frappé de paralysie linguale, — ou l'exclamation de la petite Mme A... qui s'est écriée naïvement, dans le salon de Mme B... : — Moi, je suis bien contente, mon mari va me les faire enlever pour mes étrennes !

Répéter l'opinion courante sur les livres de C...
D... E..., que F... G... ont lancés dans un Premier
Paris sensationnel; connaître très exactement les
raisons de ce lancement, savoir si c'est l'argent,
l'amour physique ou son contraire, ou encore, par
exception, l'amour de l'art, qui en furent la cause
déterminante.

Savoir expliquer, par quelques vocables de brume
et quelques gestes inachevés, la *sensation d'art* donnée
par les dernières étrangetés de la peinture ou du dessin.

Pouvoir, n'importe où, parler de n'importe quoi,
de théâtre, de sport, de politique, de journalisme,
d'art décoratif, de socialisme, de tribadisme, d'opé-
rations chirurgicales, de musique, de cuisine, etc.,
avec le prime-saut, le brillant, le paradoxe, le goût
de rosserie, la facilité d'enthousiasme et de lâchage
nécessaires, tout en mesurant
l'intensité de ses dédains à la
hauteur du mépris que l'on
mérite soi-même... etc., etc.

Quel travail et quelle fatigue
et comme, à ces dures beso-
gnes, la lassitude vient vite, qui
se traduit, au risque de rup-
tures pincées, par de plus
aigres luttes pour la grande
vie, parmi les sourires et les
compliments.

Alors le Tout-Paris prend

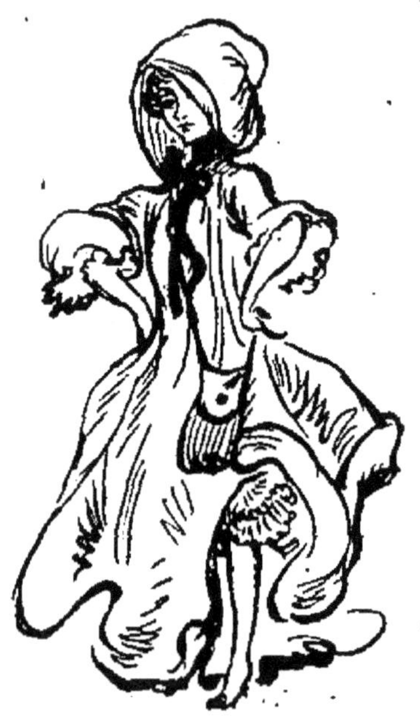

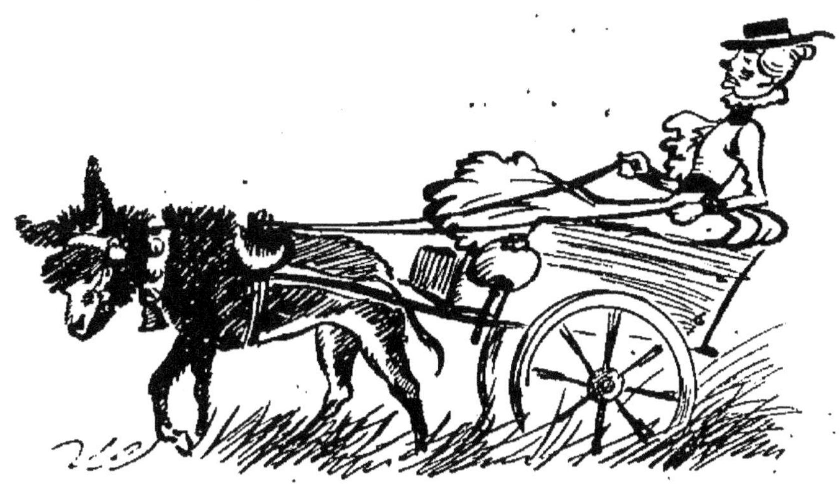

le sleeping de Nice, escorté de ses amuseurs, de ses
satiristes, de ses journalistes, de ses dessinateurs; et
c'est le ruisseau du grand boulevard que l'on retrouve
là-bas, toutes les anomalies, tous les paradoxes vivants de l'amusante cohue parisienne : les riches
besogneux, les pauvres somptueux, les boursiers
marrons, enrichis d'un coup de canaille, les avoués
qui ont capté des divorcées, les lanceurs d'affaires
qui, les affaires lancées, les regardent impassiblement
rouler à l'abîme, les jeunes artistes qui présentent de
vieilles épouses (ceux-là, selon le mot de Montmartre,
p... dans les décombres, — et c'est tant pis pour eux),
tous les maquignons de chevaux, de femmes, de
tableaux, de leur voix ou de leur influence... et,
parmi eux, des gens bien gentils, propres comme des
louis d'or, et qui n'ont qu'une faiblesse : l'irrésistible
besoin de s'amuser.

C'est le même monde qui se retrouve là-bas, mais
rajeuni, rasséréné par le printemps subitement ou-

vert. Dans le ciel pompadour, rose et bleu, de
Monte-Carlo ou de Nice, dans la facilité de vie
presque italienne de la Riviera, l'aménité est le mot
d'ordre.

... Les voyous les plus noirs sont fous de la campagne.

dit Richepin : les snobs les plus rancis n'échap-
pent pas non plus aux sortilèges des premiers coups
de soleil. Les amoureux oublient leurs querelles,
les cocus ferment les yeux, les hommes-filles se
sentent un peu dans leur patrie, les cocottes et les
grandes dames se câlinent davantage.

Est-ce la vie de la Venise au xviii° siècle, rapprochée
à quinze heures de chemin de fer de Paris, la molle
vie de Venise retrouvée, molle, vicieuse et ennoblie
par un art incessant?...

De la troupe folle et radoucie dont nous parlons,
qui a de l'or plein les mains,
moins de préjugés encore que les
roués de la place Saint-Marc,
toutes les raisons de vivre, parmi
les tièdes brises marines et sous
les citronniers, une jolie vie
d'amours légères, de couleurs, de
costumes et d'esprit, ne pensez-
vous pas qu'il doive sortir une
somme d'art raffiné, élégant,
subtil?... Hélas! il ne sort rien
du tout, l'art seul fait défaut, et,

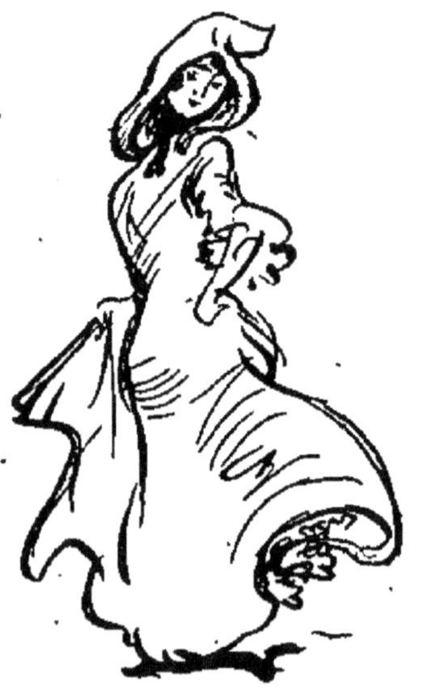

s'il y est, rarement, le hasard seul en est cause, et c'est comme cela que les tons s'arrangent sur la palette, mieux parfois que sur le tableau d'un médiocre peintre.

Et ce dont nous avons seulement gardé le souvenir, parmi tant de vegliones, de batailles de fleurs, d'absurdes et grossiers cortèges, ce sont quelques combats de masques sur des fonds d'orangers, et les notes imprévues des oripeaux parmi les escaliers du vieux Nice et du vieux Villefranche, et la joie unanime des petites gens, la mascarade atavique, qui tous, depuis le bambin jusqu'au grand-père, les entraîne dans une farandole dont la joie n'a rien de frelaté. Et encore, pour la note drolatique, une petite charrette irrésistible dans laquelle un masque coupe-rosé en Anglaise tressautait à la façon d'un joujou bien connu : le clown à la voiture à âne.

Et, enfin la grâce inattendue de certains dominos de soie beige, qui eussent ravi le crayon de Longhi, et leur air de sœurs grises que pimentait la coquinerie des souliers blancs, des jupons blancs, des bas blancs...

Mais c'est peu, et il est triste que la richesse du monde entier ne sache pas donner un spectacle digne de ses millions.

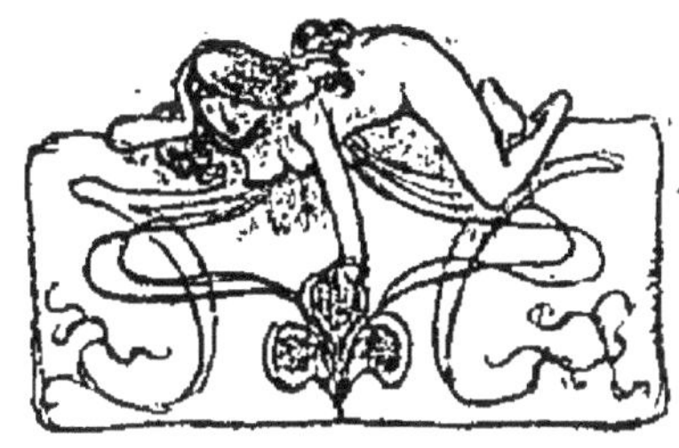

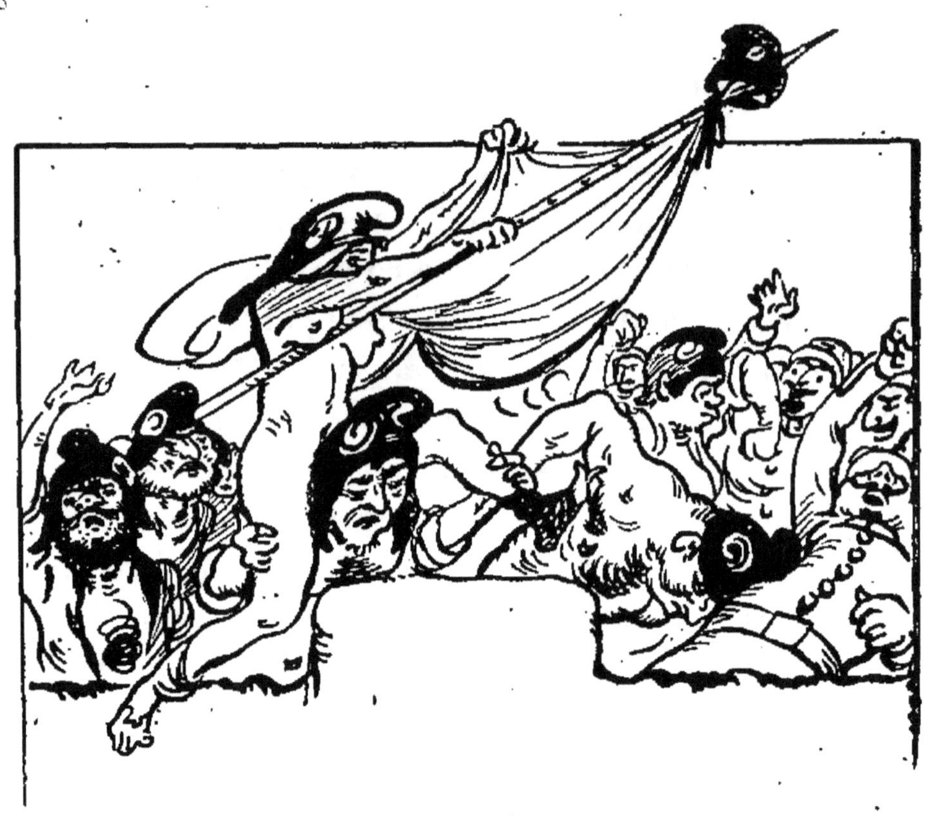

LES MASQUES ROUGES

Carnaval riche, sans art. Carnaval pauvre, sans art, également, mais cela est plus excusable! Cependant l'entrée manquée du char des grévistes, à la dernière Mi-Carême, c'est une note nouvelle dans l'histoire des fêtes publiques, un personnage terrible, coiffé du bonnet phrygien, qui, tout à coup, apparaît parmi les élégances et les gaietés du genre, apeurées.

Il y a un exemple analogue : ce fut, sous Louis XV, une nuit de bal d'Opéra, l'entrée d'un cercueil porté par des masques noirs. La bière déposée, tout au milieu de la salle, les masques s'en allèrent sur la pointe du pied, en conseillant du geste, aux danseurs stu-

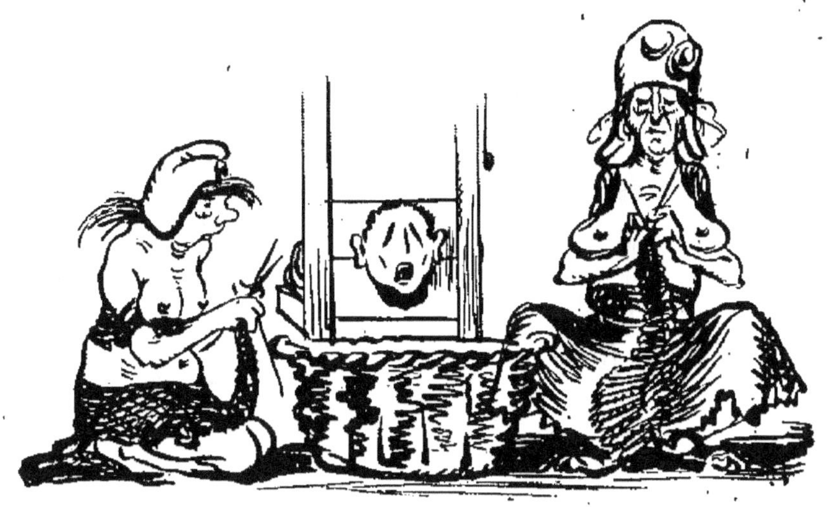

péfaits, le silence et l'immobilité... Et lorsque, las-
sées d'attendre la suite de cette plaisanterie, quelques
personnes s'approchèrent et soulevèrent le drap lar-
mé d'argent, ce fut un mort véritable qui apparut,
un assassiné, la poitrine trouée d'un coup de poi-
gnard!

La prévoyance de la Préfecture, qui fit tout de
suite conduire le char des grévistes à la fourrière, a
privé Paris du petit frisson qu'aurait pu lui procurer
le premier cortège de la Sociale, et c'est dommage,
quoique ce char ait été, au dire des personnes qui
l'ont vu, d'un effet médiocre et pauvrement composé.

C'eût été là le cas, pourtant, d'user de ces chars à
transformations que Rœdel avait inventés, pour les
fêtes nocturnes du Jardin d'acclimatation. Fourrière
pour fourrière, il fallait se faire interdire plus tard,

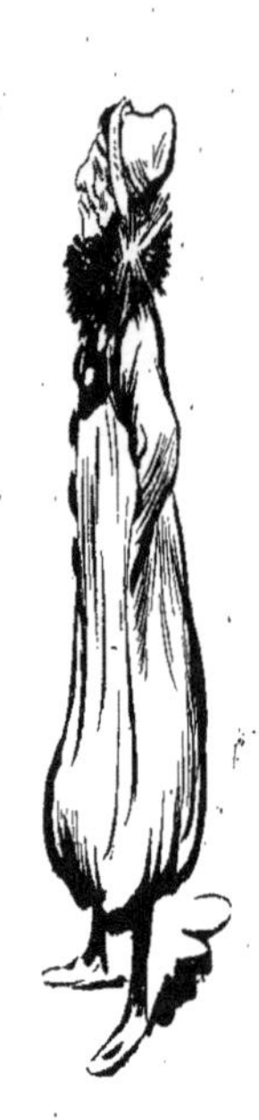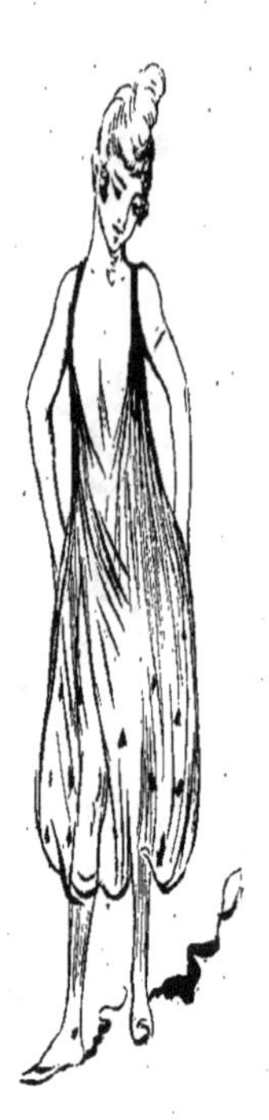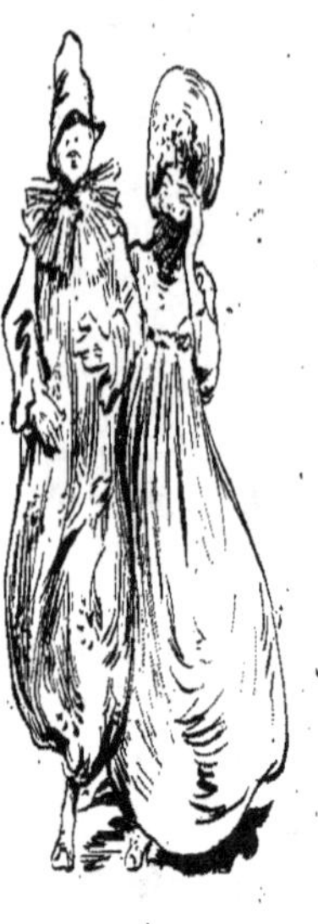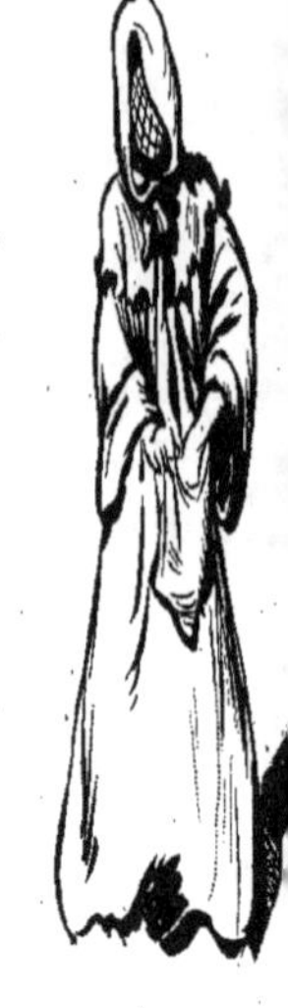

CARNAVAL DE NICE

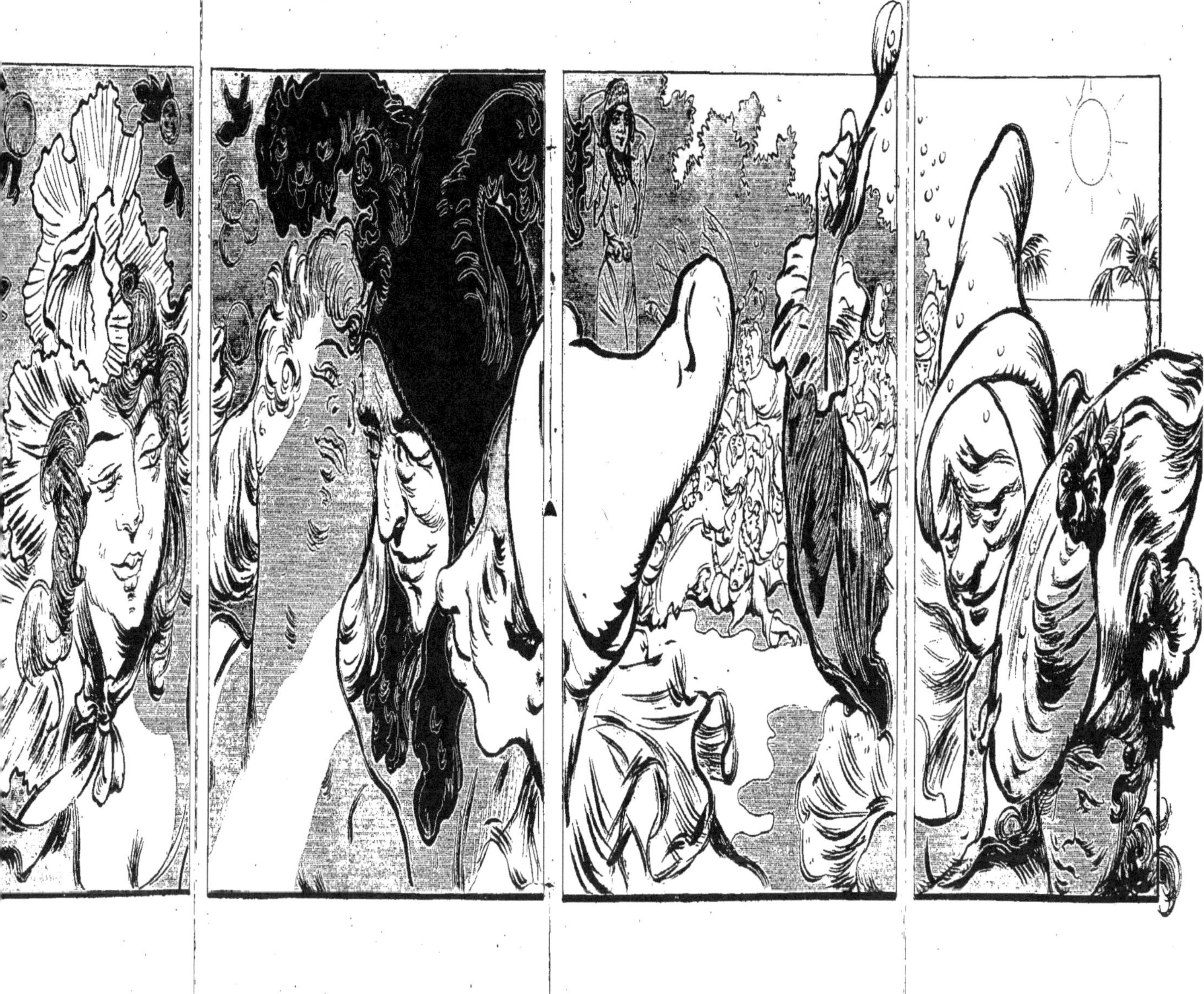

MASQUES DE NICE

mener à travers Paris, sous l'œil favorable de la police,
jusqu'à l'Élysée, un char bénin, bénin, quelque innocente allégorie de la mine et du charbon, puis, sous
l'œil du Président, devenir, d'un coup de baguette, la
rouge protestation, le coup de gueule libertaire qui
fait trembler la République bourgeoise. L'effet de
théâtre eût eu quelque retentissement, et l'on se fût
amusé follement de voir la partie socialiste du minis-
tère un peu interloquée de se trouver face à face avec
la réalisation de son rêve.

Mais les pauvres grévistes n'ont pas d'invention :
ils circulèrent, quêtant de maigres oboles, parmi l'indifférence de la foule, et la recette fut de nature à décon-
seiller *l'exode sur Paris*, tant de fois proposé, mais
pour lequel on n'a pas su faire la réclame nécessaire.

Car rien à Paris ne peut se faire
sans réclame, le peuple français
marche derrière la première grosse
caisse qui passe ; et les procédés
qu'emploient le savon de Congo et
le vin Mariani, pour écouler leurs
produits, vont devenir ceux de la
politique. Le tambour rouge voilé
de crêpe et que bat un gréviste
barbu, sans chemise, coiffé du bonnet phrygien, passera quelque
jour par nos rues, et tout le
monde suivra, — jusqu'à ce qu'on se
lasse, comme à Thermidor, de

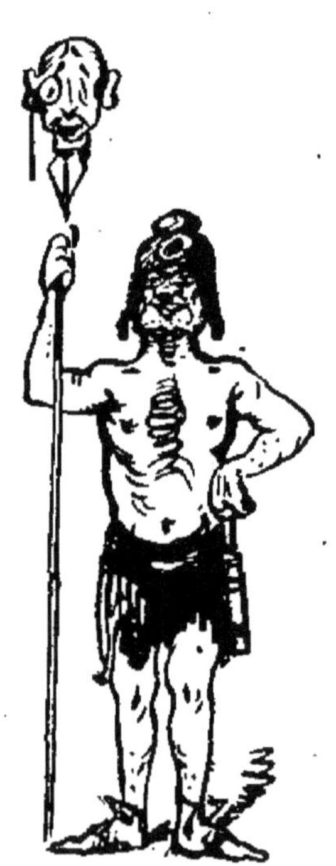

mourir loin de son lit, veillé par des tricoteuses.

En attendant, il était bon de noter, parmi les manifestations carnavalesques, une tentative où les amateurs de pittoresque pourront trouver à surenchérir. La loi des contrastes s'arrange fort bien de notes sinistres tranchant sur des ensembles de clartés joyeuses.

Nous avons noté, dans les *Carnavals Parisiens* et dans cette revue, quelques-uns de ces effets : le *Char de la Peste*, dans la cavalcade des Étudiants de 1897, le *Cortège terroriste* du bal des *Quat'z-arts* de 98, et celui du bal des Internes en 99.

Notre œil a besoin aussi de changement; au papillotage fleuri du xviii° succéda l'harmonie brutale du rouge, blanc et bleu, qui eut ses heures de gloire, et s'avilit à présent dans la banalité des Quatorze-juillet et des fêtes régionales. Le rouge et le noir sont les couleurs de l'avenir, dont les peintres tireront sûrement de beaux effets.

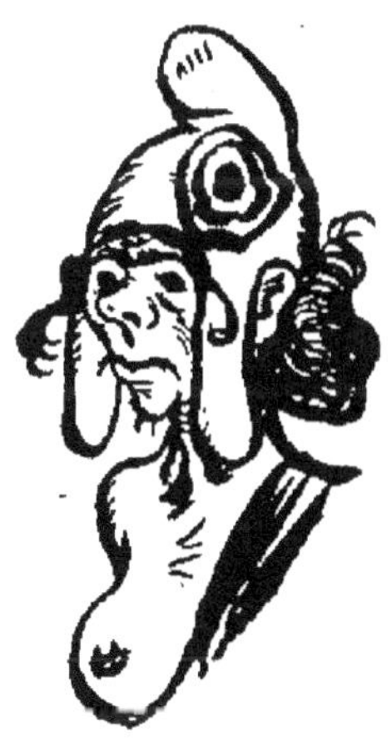

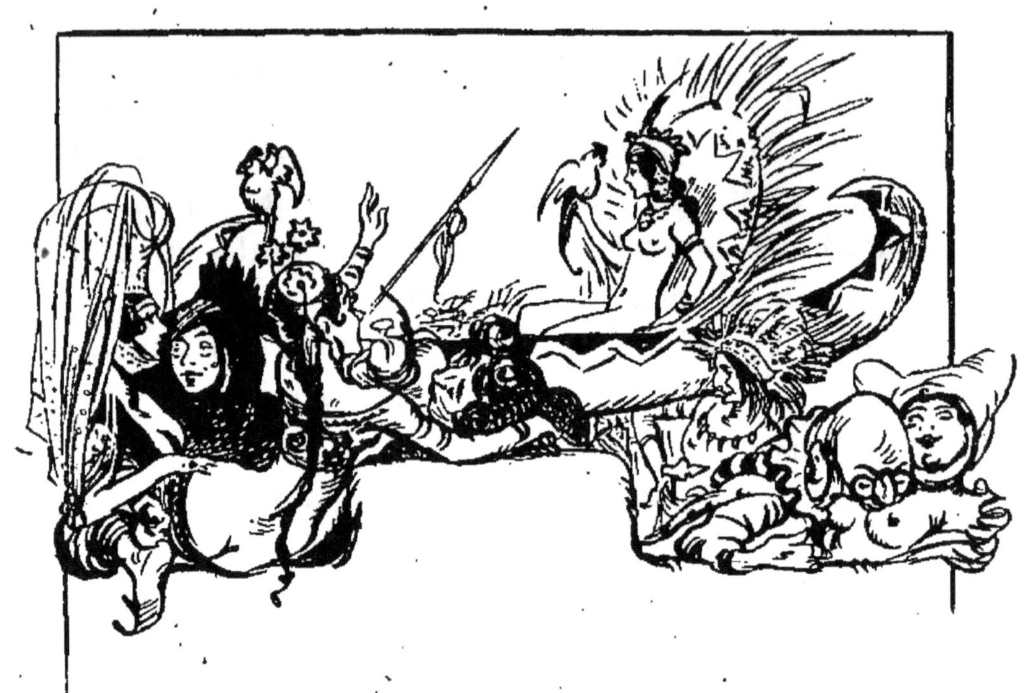

LES QUAT'Z-ARTS DE 1901

Et ce sont toujours les fêtes d'artistes qui tiennent la corde, les *Quat'z-arts*, gardiens des bonnes traditions instaurées par les fêtes du *Courrier français* et qui, eux-mêmes, ont été les initiateurs des Internes, dont nous avons raconté les admirables travaux dans l'ordre de la Fantaisie d'art.

Cette année, les Quat'z-arts ont été plus brillants que l'année dernière, le Comité paraissant avoir eu conscience de ses erreurs au sujet de l'organisation du défilé. A ce point de vue, les Internes ont trouvé la perfection, grâce au soin qu'ils apportent à former, à faire défiler et à déformer un cortège avant que le suivant n'entre en scène. La confusion est évitée, et les concurrents, sûrs que leurs compositions ne pas-

seront pas inaperçues, rivalisent avec l'entrain nécessaire.

Peut-être est-ce la faute du Comité de l'année
dernière si le cortège de cette année sembla trop peu
nombreux pour l'immense vaisseau du Moulin-Rouge?
Les jeunes peintres se lassent de sacrifier tant de
temps, d'efforts et d'argent à une marche triomphale
si rapide et si confuse.

Les deux groupes marquants du cortège de 1901
ont été le *Retour de Christophe Colomb*, de l'atelier
J.-P. Laurens, et la *Chasse à la femme*, de l'atelier
Dalou.

Conquistadors, boucaniers, flibustiers des pre-
mières invasions de l'Amérique, il y avait de quoi
stimuler l'imagination des élèves de Jean-Paul! Nour-
ris à l'école d'un peintre auquel les recherches sont
familières, ils avaient appuyé leurs créations de cos-

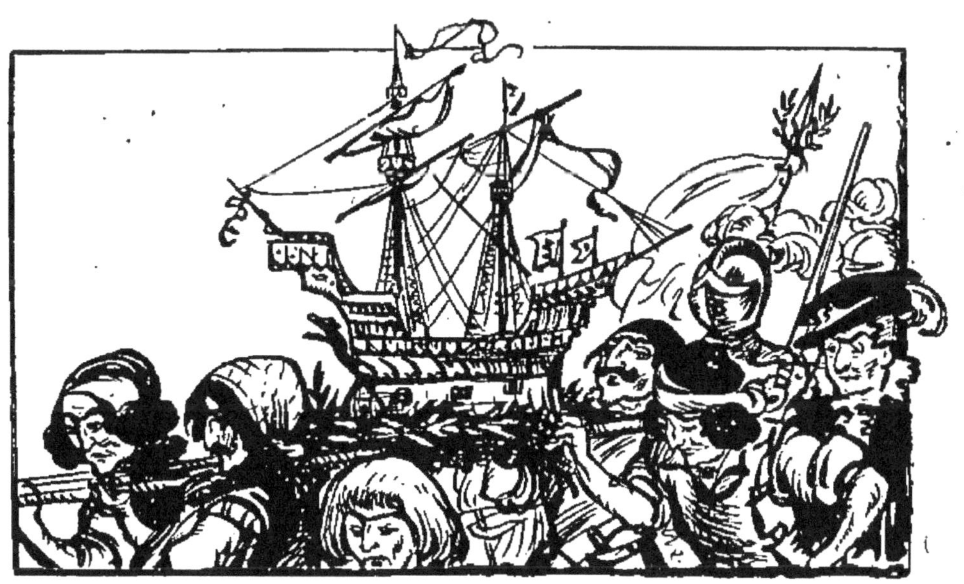

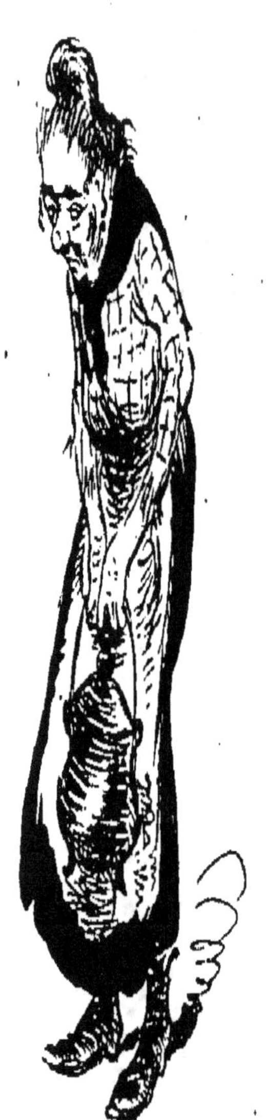

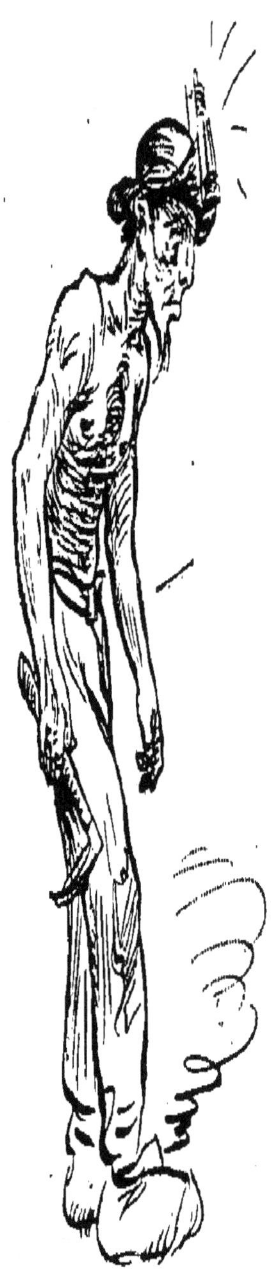

LES MASQUES ROUGES

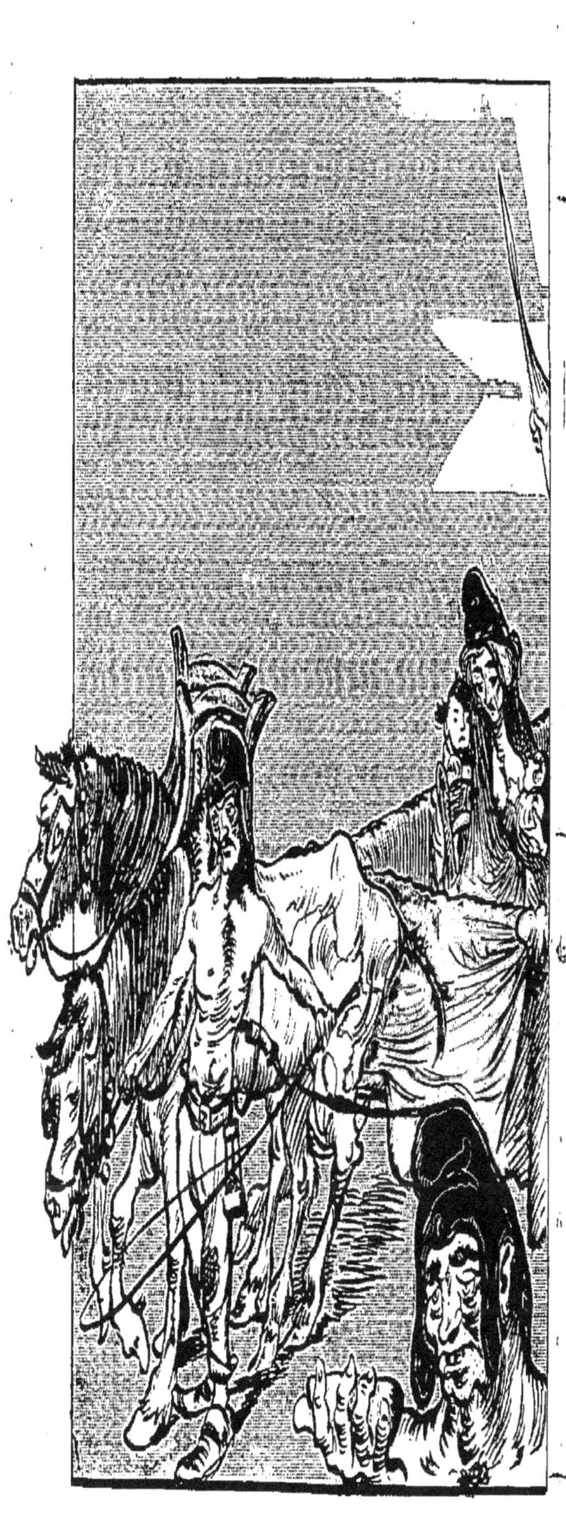
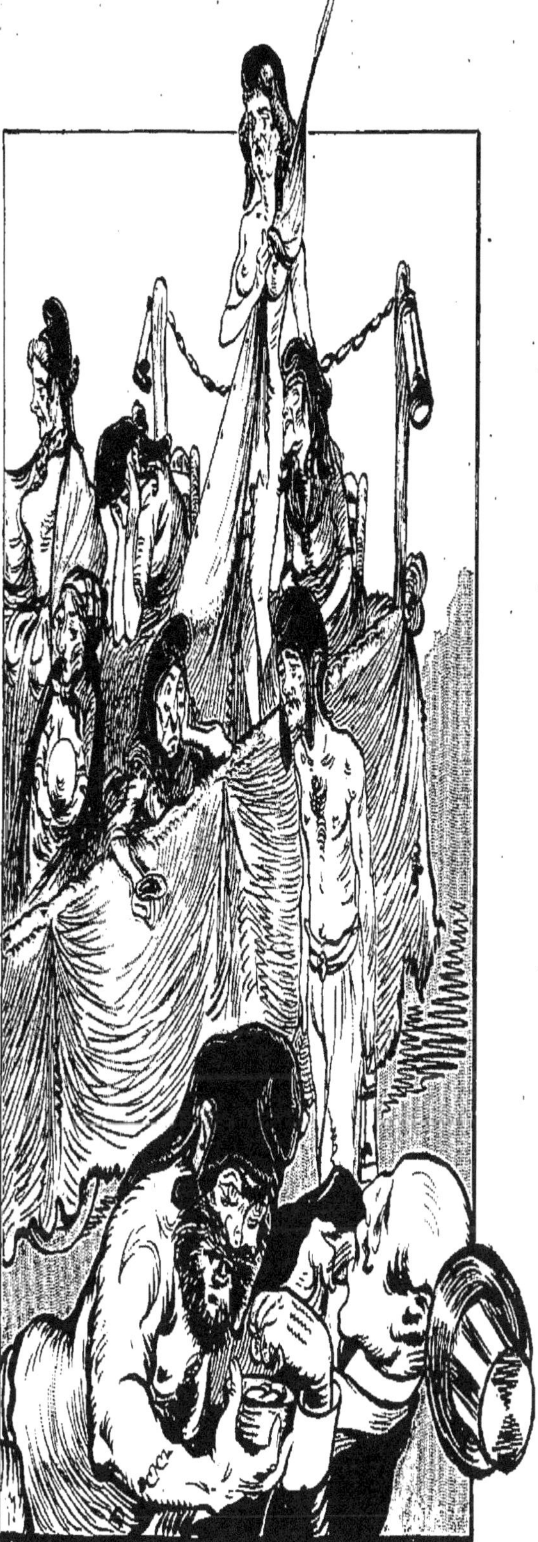

LES MASQUES ROUGES

tumes, de couleurs et de types sur la plus sévère
documentation.

Voilà par quoi l'art nouveau de la Fête d'artistes

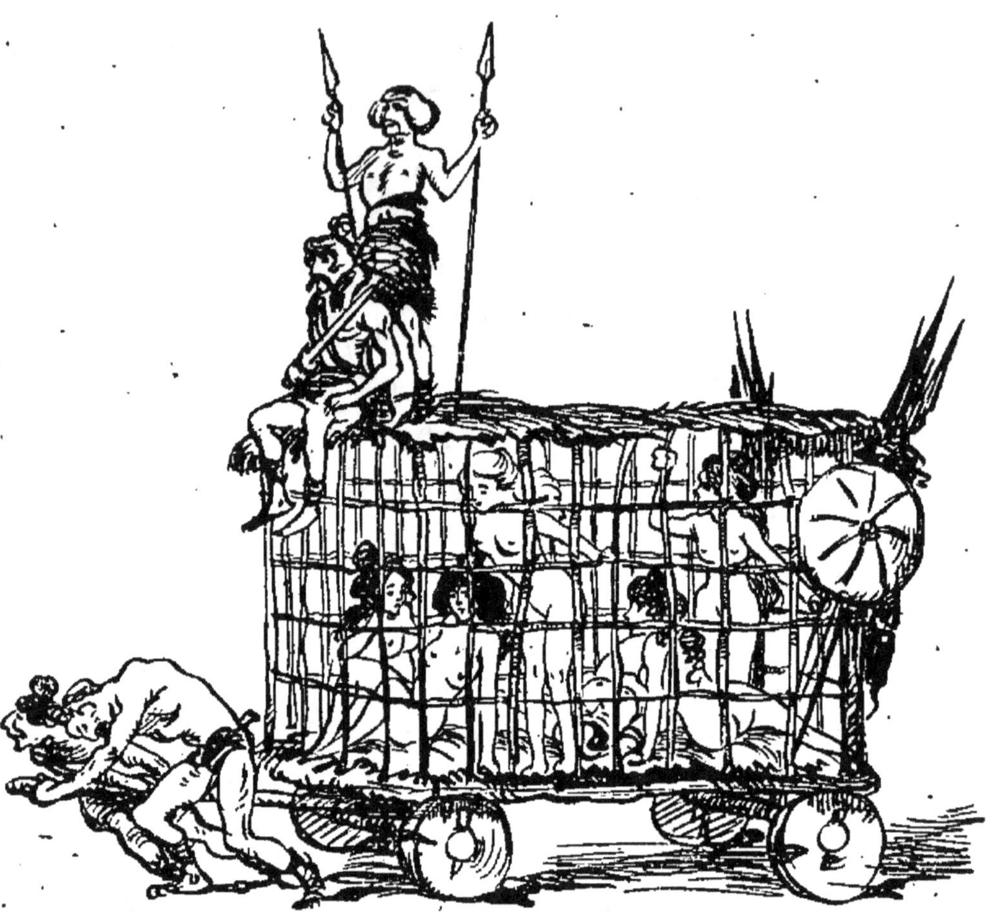

s'élève au sérieux, et peu à peu influencera l'art de
notre époque, et cette partie de l'art décoratif qui
comprend le costume, le décor de théâtre et les figu-
rations des fêtes publiques. Il y a même lieu d'espérer
que peu à peu disparaîtra *l'école du sujet banal*, honte
du Salon des Champs-Élysées, les personnages de
convention qui, sortis de cervelles inconscientes du

savoir nécessaire, s'agitent dans un insupportable rêve
de fadeur et d'inexactitude.

Et cela est si vrai que personne n'ose, aux Quat'z-arts,
devant ce public spécial, s'exhiber sous la défroque

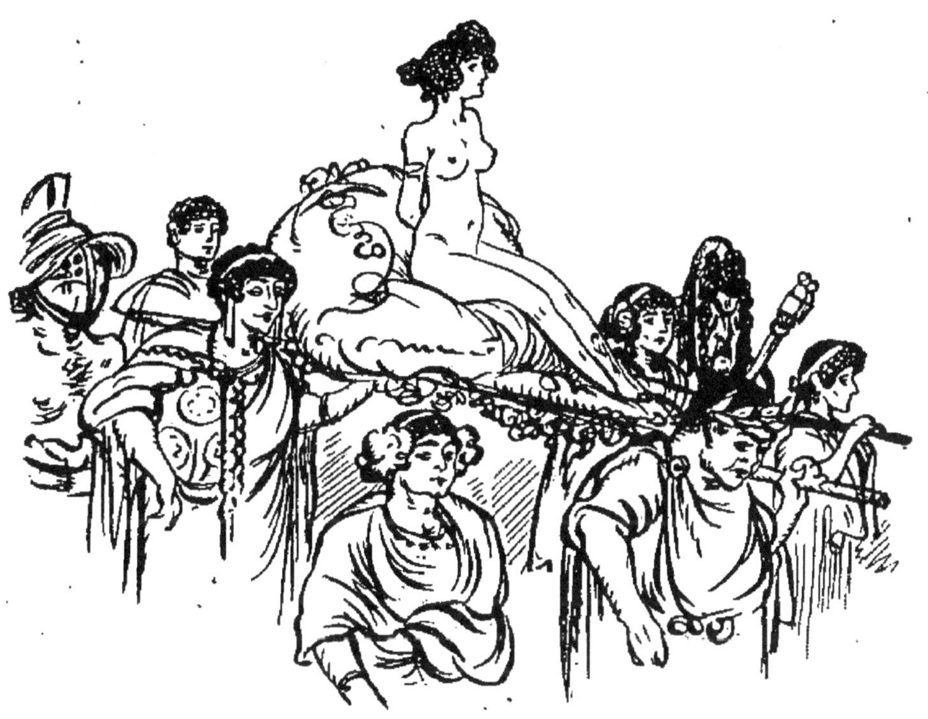

conventionnelle des loueurs de costumes carnavalesques. Il serait même à désirer que le contrôle se
montrât de plus en plus sévère pour les accoutrements
qui sentent la location. Imaginez un Quat'z-arts plus
restreint, pour lequel chaque invité serait obligé de
soumettre à l'avance le croquis du costume qu'il veut
exécuter. Pourquoi pas? La fête serait davantage
encore ce qu'il faut la glorifier d'être : le plus merveilleux enseignement que puisse recevoir un œil de
peintre.

Le *Retour de Christophe Colomb* se terminait par la promenade à dos d'Incas, soigneusement reconstitués, d'une pirogue pittoresque, montée par la plus délicate des sauvagesses. De même la *Chasse à la femme*, fructueuse en crinières brunes et blondes échevelées sur des croupes savoureuses, donnait, par la perfection des costumes et des armes, l'illusion parfaite de l'une de ces razzias de chair blanche que nos mœurs n'admettent plus sous cette forme ingénue, — mais c'est tout comme!

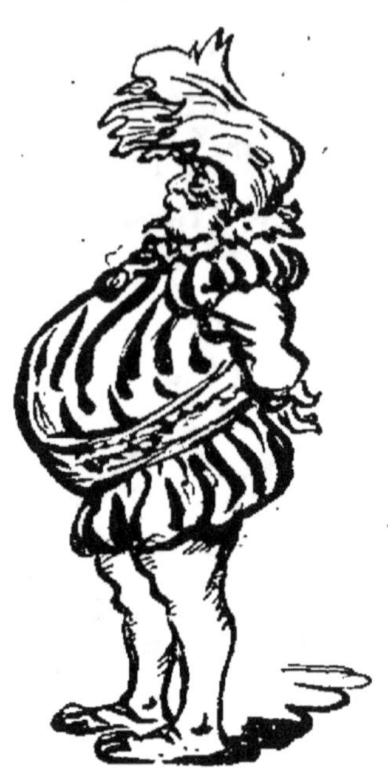

Il faudrait, tous les ans, un gros volume et un gros album pour rappeler les merveilles de la Nuit d'art de Paris. — Un album qui pourrait être constitué (comme le livret du Salon) par la réunion des croquis que nous réclamions plus haut.

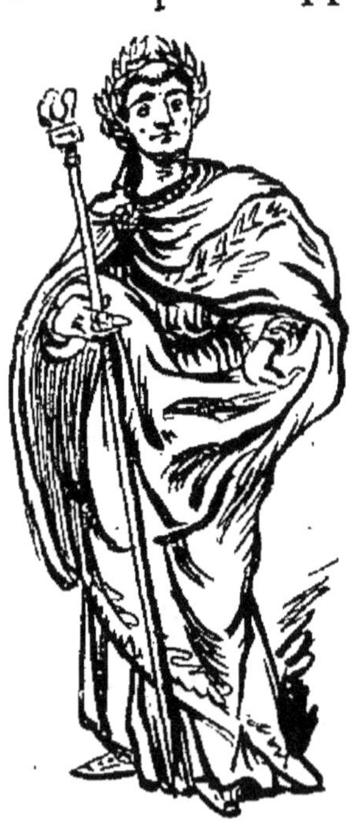

Cela n'a pas été fait encore et ne se fera sans doute pas, et tant pis pour les archives de l'école des Beaux-Arts! — mais, parmi les milliers de chefs-d'œuvre qui se coudoyaient dans la salle, il faut une mention spéciale pour le costume d'*Anastasie* de Léandre. L'aimable et grand artiste détient,

aux Quat'z-arts la spécialité du *groupe*, et les habitués
du bal n'ont pas oublié son petit cortège de la Reine
et celui du Prince héritier.

Cette année, tournant son crayon acéré contre le
monstre qui nous a tous plus ou moins égratignés,
Léandre l'a décousu, de la griffe au sommet de son
crâne chenu, et il est bravement entré dans la peau
de la bête, sous son poil et sa plume, pour la mieux
livrer à notre haine. Soyez tranquille, ami Léandre,
quand elle quittera le cercle vicieux des vieux antiphysiques, ennemis de la femme, parmi lesquels elle
fréquente, nous saurons la reconnaître.

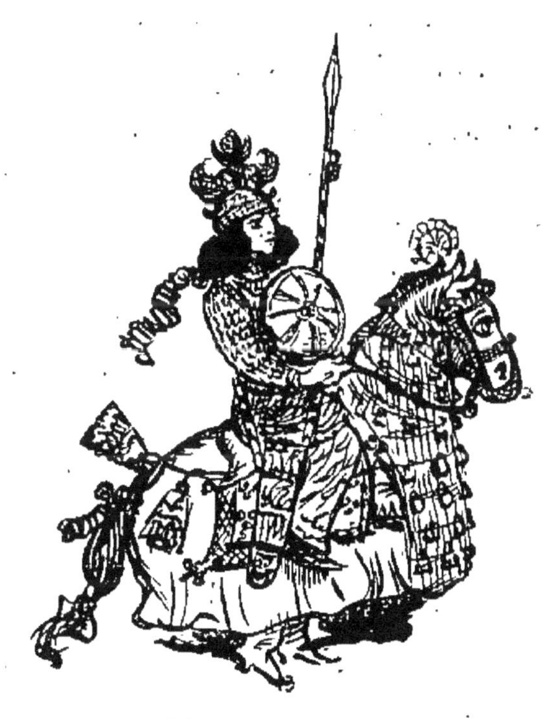

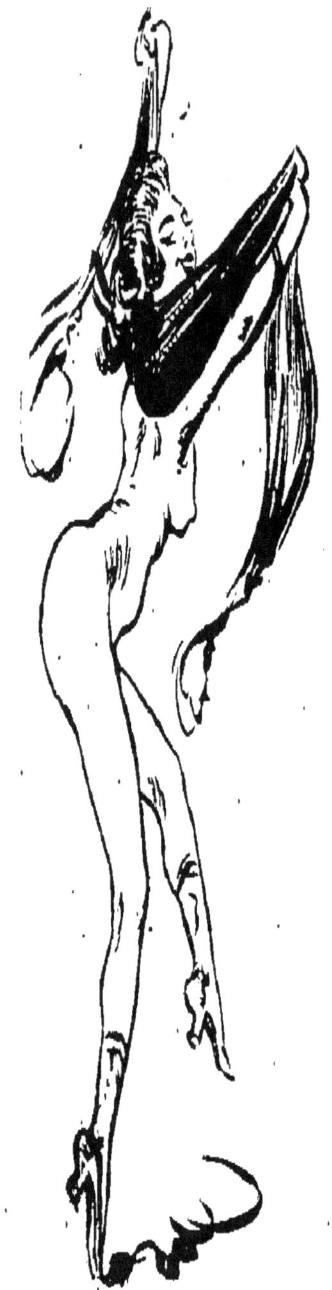

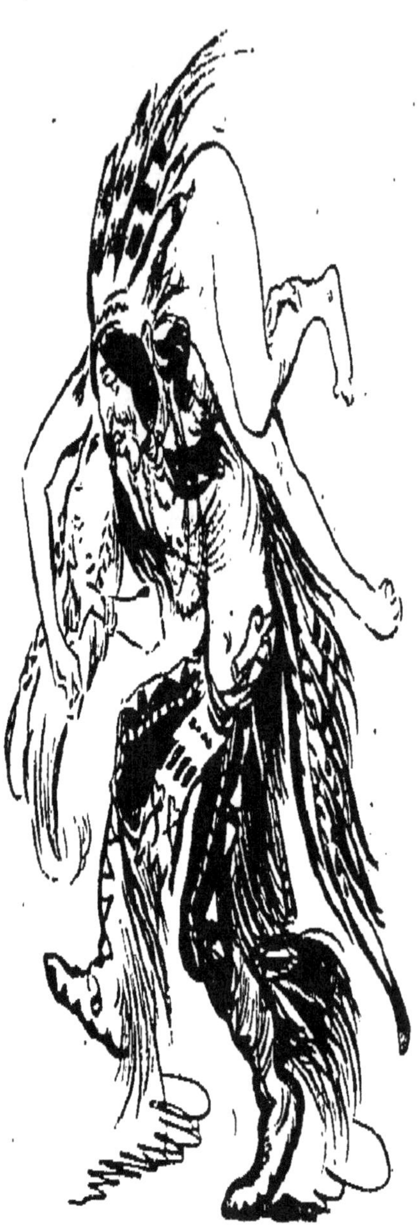

AUX QUAT'ZARTS

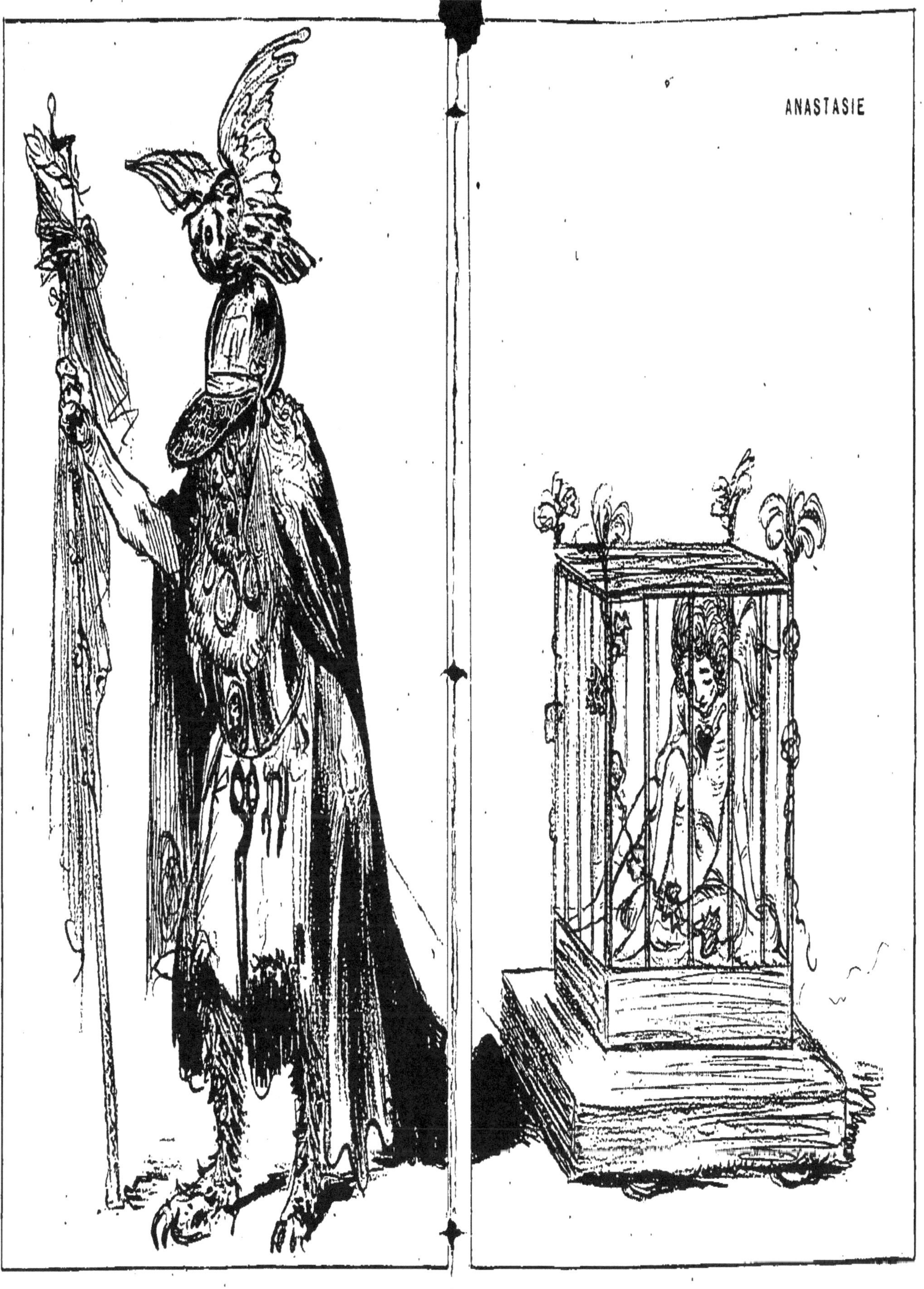

LÉANDRE AUX QUAT'Z-ARTS

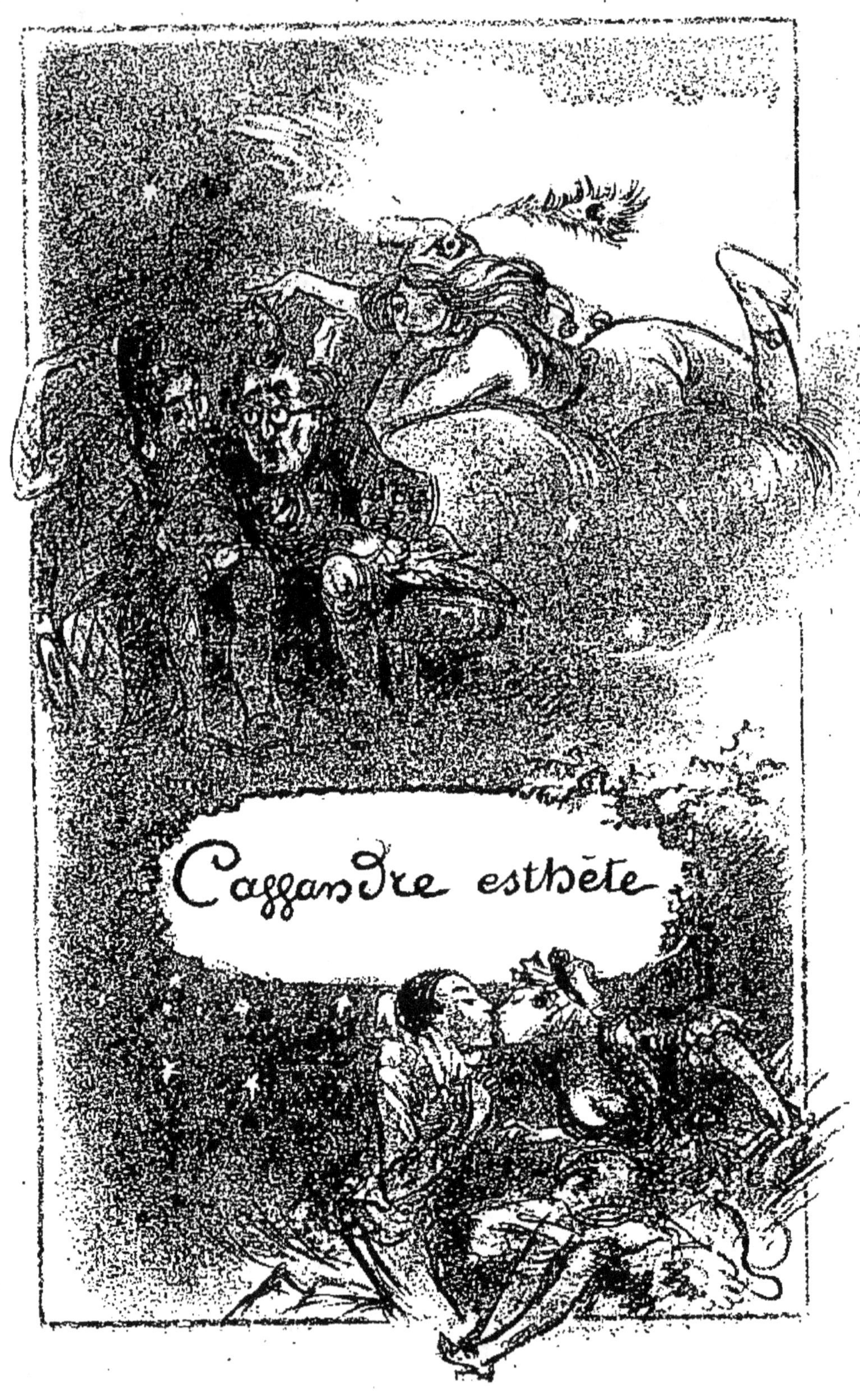
Cassandre esthète

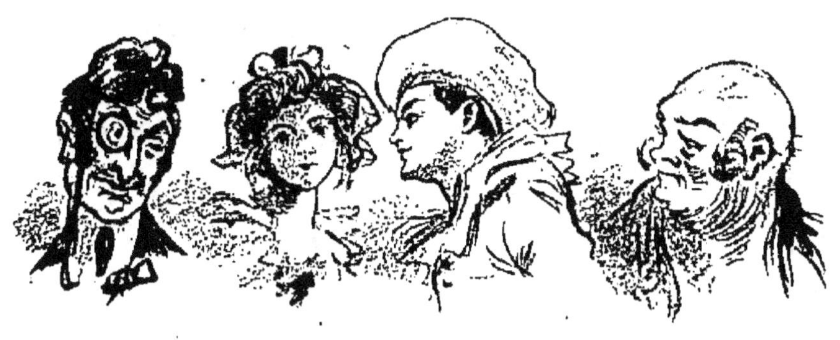

PERSONNAGES.

M. CASSANDRE, DES BOUGIES CASSANDRE et Cⁱᵉ. — Le BARON
d'ARLEQUIN, esthète. — PIERROT, peintre. — ISABELLE,
fille de M. CASSANDRE.

La scène se passe où l'on veut, à la campagne ; les costumes,
n'importe lesquels, pourvu qu'ils rappellent par quelque côté ceux
des types de la comédie italienne. A part cela, ils peuvent être
aussi modernes que possible.

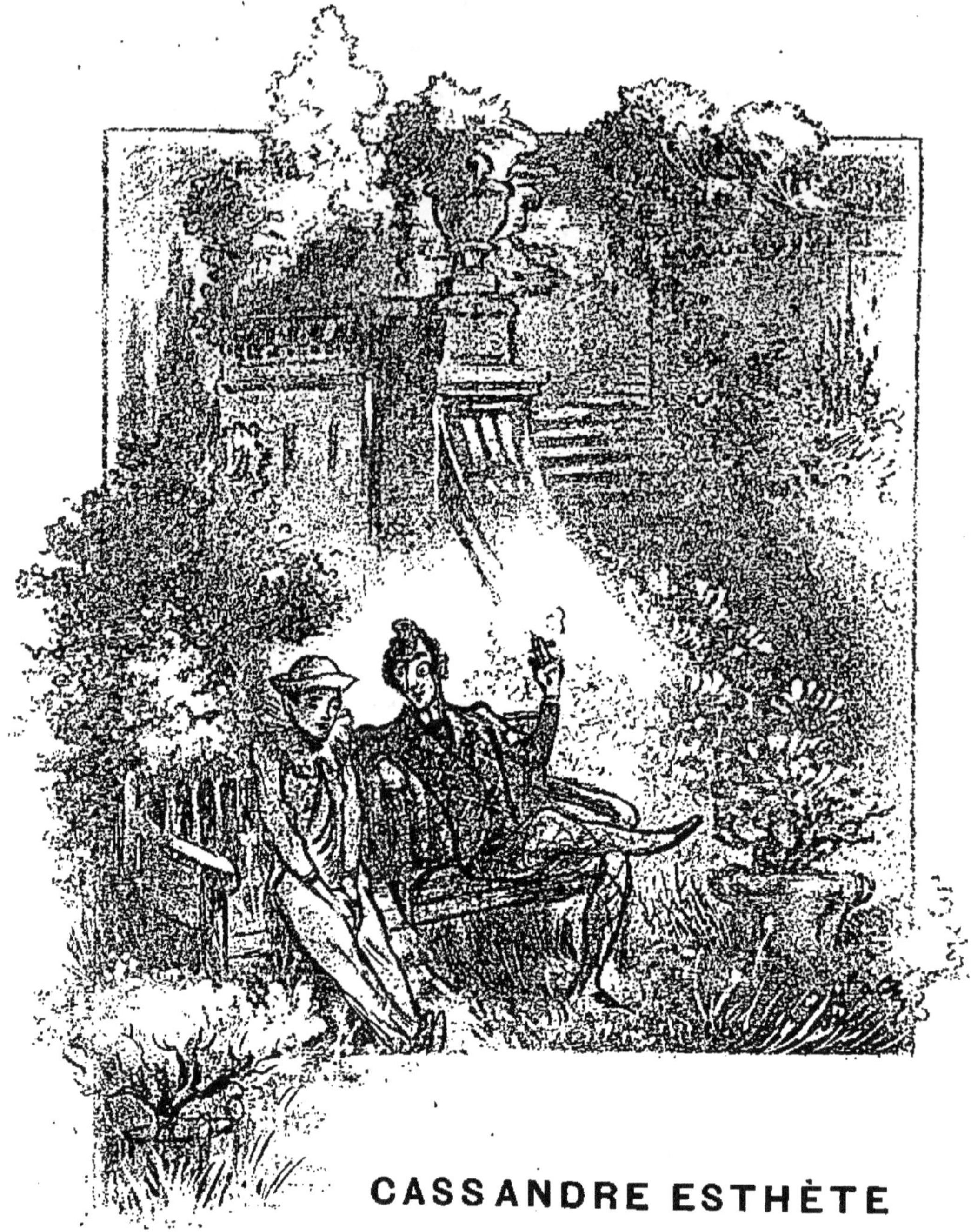

CASSANDRE ESTHÈTE

ACTE PREMIER

SCÈNE PREMIÈRE

Un château aux environs de Paris, dont les terrasses, de construction séculaire, s'étagent noblement, jointes par de larges escaliers, et s'égaient de parterres fleuris. Il fait bleu pâle, le soleil achève de dissiper les brumes du matin ; des souffles tièdes agitent

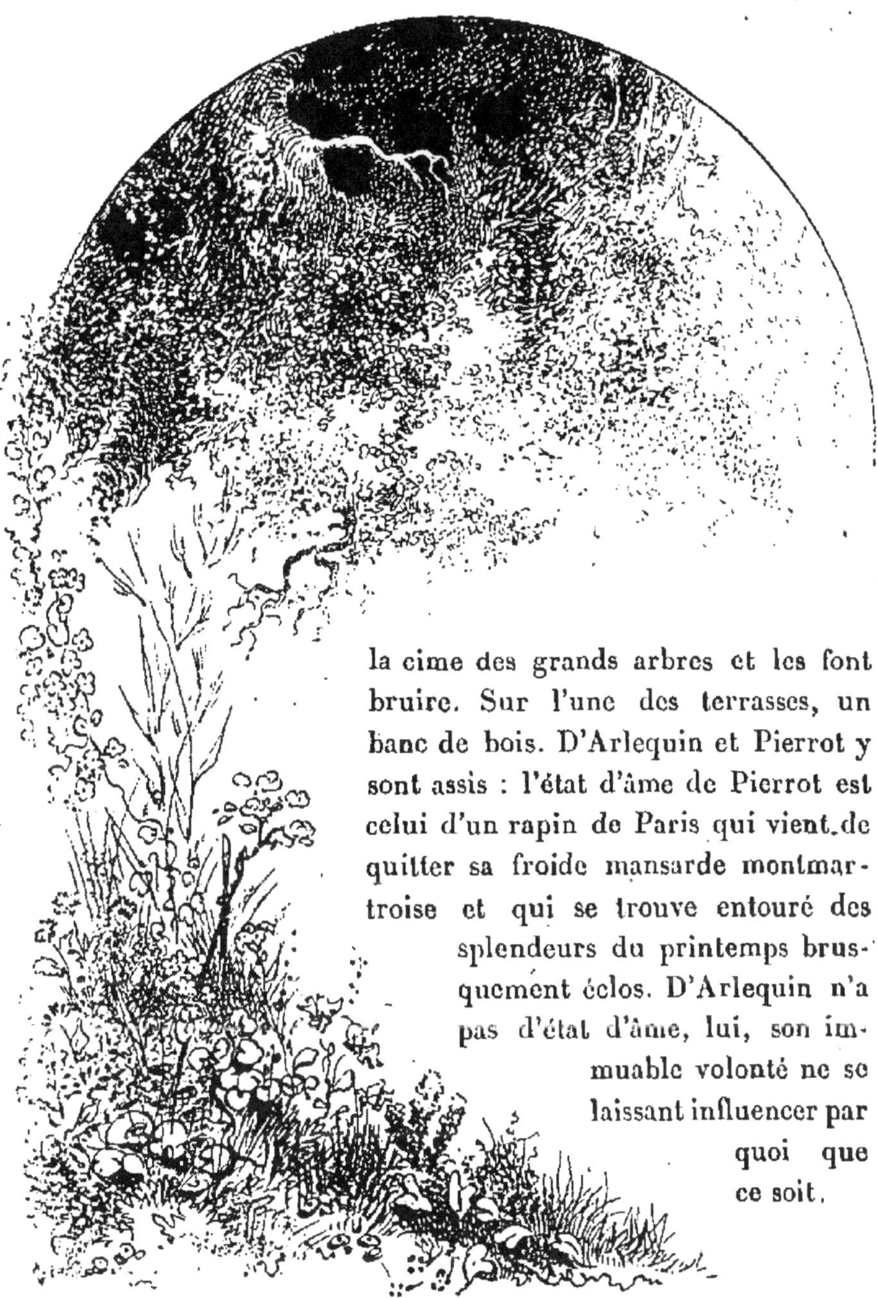

la cime des grands arbres et les font
bruire. Sur l'une des terrasses, un
banc de bois. D'Arlequin et Pierrot y
sont assis : l'état d'âme de Pierrot est
celui d'un rapin de Paris qui vient de
quitter sa froide mansarde montmar-
troise et qui se trouve entouré des
splendeurs du printemps brusquement éclos. D'Arlequin n'a
pas d'état d'âme, lui, son im-
muable volonté ne se
laissant influencer par
quoi que
ce soit.

PIERROT — D'ARLEQUIN.

D'ARLEQUIN, s'arrêtant de fumer un excellent cigare,

Comment te trouves-tu ici?

PIERROT.

Joyeux et triste à la fois.

D'ARLEQUIN.

Pourquoi joyeux?

PIERROT.

Parce que je suis un écolier en
vacances. Ah! la sotte vie de Paris,
où l'on n'échappe à la férule du
pion que pour retomber sous celle
du groupe artistique et littéraire.
On a beau faire, on subit l'influence

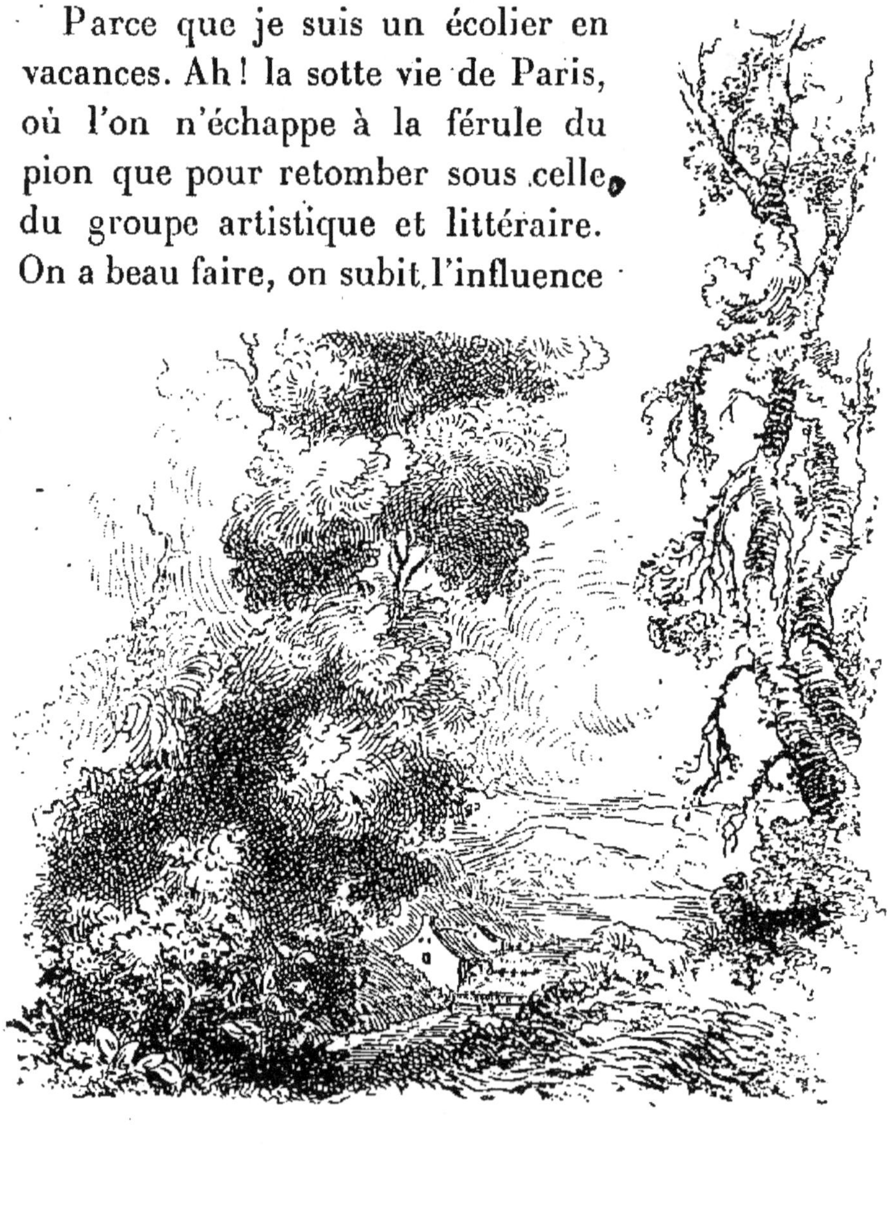

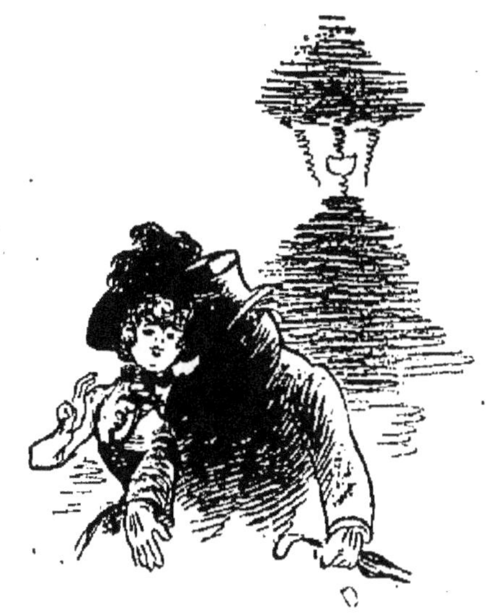

des camarades, on cède aux éloges, on veut-être *du dernier bateau*. On regarde le petit coin de la nature vers lequel se dirigent tous les yeux.... et l'on oublie les autres ! Le croirais-tu, mon ami, le ravissement que j'éprouve ici se mêle d'étonnement. Comment ! il y a encore des papillons, des fleurs aux couleurs tendres, des oiseaux, des arbres feuillus et les lointains bleus, comme chez les peintres d'il y a cent cinquante ans. Je viens de voir une rose qui poussait le ridicule jusqu'à être rose et à sentir bon. Regarde ce massif de lilas en fleurs, il existe, et pourrait se dire moderne, quoique cela paraisse impossible. Il y a dans ce parterre toutes les fleurs démodées, et dont on croyait les espèces disparues : jacinthes, œillets, lis, héliotropes, et n'ont-elles pas l'aplomb de nous offrir leurs parfums passés de mode, sans se rendre compte que nous n'admettons plus que des fleurs rares, distinguées, chères et vicieuses, telles que les impudiques orchidées ! La fille de notre hôte, j'y pense, serait-elle par hasard une vierge tout entière, au lieu de n'être qu'une demi-vierge, et lui-même, notre hôte, manquerait-il à son devoir d'être un ignoble satisfait et de courir en cachette de dégoûtants guilledoux ? Je suis

dérouté et charmé. Je vois et je touche ce qui me
semblait être la fantaisie d'artistes abolis, dont les
rengaines sont interdites aux gens de goût, et c'est
maintenant le ruisseau du boulevard extérieur qui me
semble vieillot, avec son peuple de marlous et de filles
qui ont traîné leurs savates éculées dans tous les
Salons de peinture et dans tous les journaux illustrés.
Moi aussi, dans ce bagne où je grandissais, j'ai em-
boîté le pas aux pantalons pattus, quoique mon tem-
pérament ne m'y portât guère, et j'ai fait la demi-
mesure en mettant une auréole aux gigolettes! C'est
la faute de mon école, c'est votre faute, à vous autres
littéraires! Vous m'avez perdu, avec vos livres qui ne
parlent que de misère, d'ordure, de souffrance et de
spleen. Vous avez décrété que tous les genres étaient
mauvais, hors le genre ennuyeux, et en effet vous
avez trouvé la perfection de ce bizarre idéal. Vos livres
sont devenus des façons d'autobiographies réclamistes
où l'écrivain se donne le ridicule et facile plaisir
de s'attribuer, sous les espèces de son héros, les

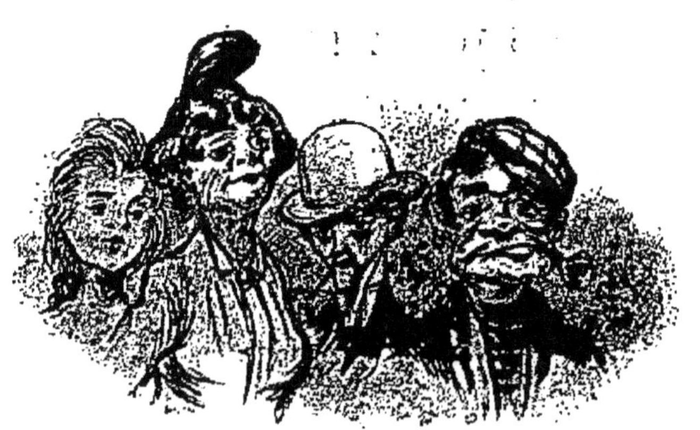

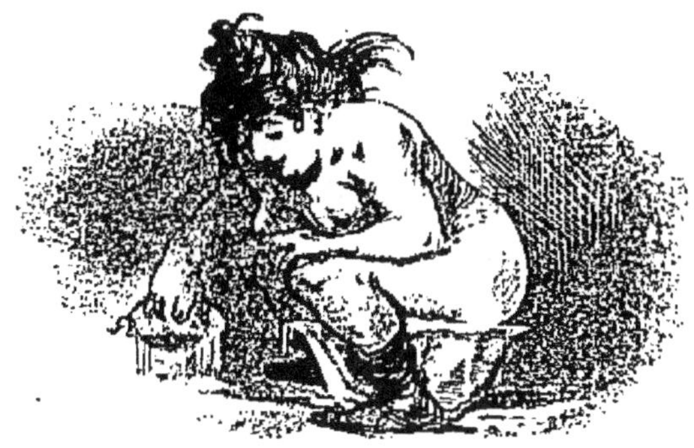

plus rares qualités, à moins qu'il ne satisfasse sur autrui ses petites passions haineuses. J'en ai assez! Je répudie mon naturalisme de commande, et je vais buissonner librement, et j'oserai essayer de peindre des roses... si je veux!...

D'ARLEQUIN.

Comme sur les boîtes à bonbons.

PIERROT.

Non, autrement! Il y a roses et roses, comme il y a café et café. Le petit noir à trois sous des bars de Montmartre est exécrable, cela empêche-t-il que le moka de notre hôte soit délicieux? Crois-moi, l'amour du laid cache souvent le dépit de ne pouvoir rendre le beau, et le plus difficile est peut-être de peindre sans banalité des choses cent fois peintes. Pour moi, je vais me montrer d'une audace inconcevable, et je tâcherai, insensible aux quolibets des précieux-ridicules, de dire la grâce et l'élégance des choses.

D'ARLEQUIN, narquois, lui serrant la main.

Héroïque ami! va!... Et pourquoi es-tu triste, alors? Tu dois avoir la joie des vertueuses résolutions.

Parce que, si je suis ravi, je souffre cependant, et
j'ai peur, ayant perdu ma candeur de peintre dans vos

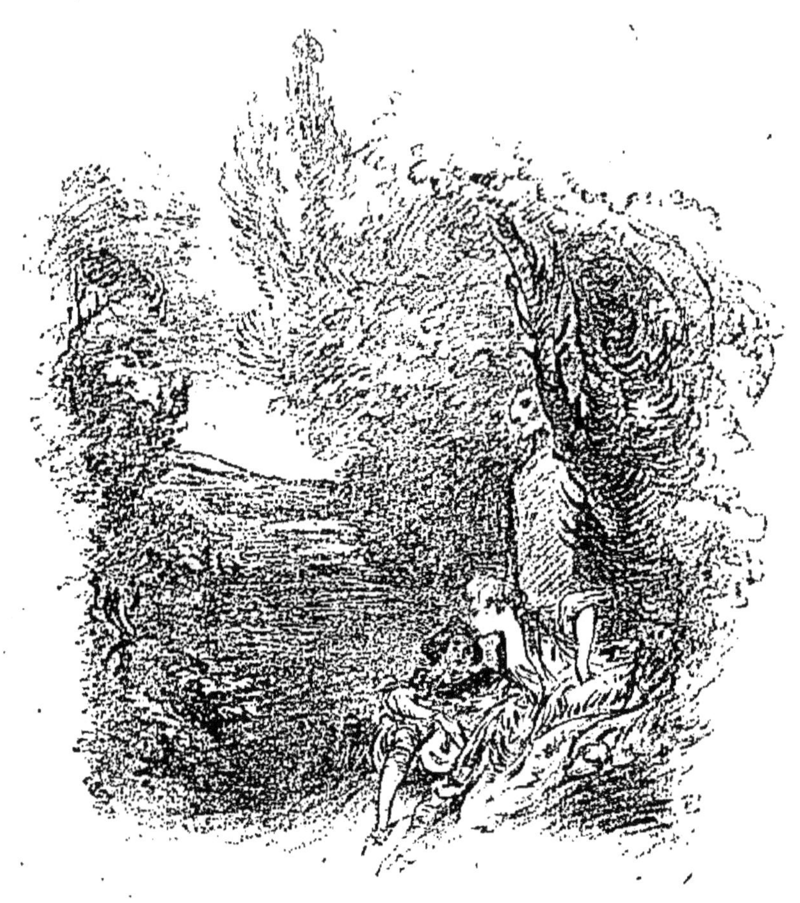

crapules, de ne pouvoir rendre comme je voudrais
cette nature heureuse. Comment sentir cela simplement, gaîment, comme l'auraient senti nos arrière-
grands-pères, avec l'âme maussade et pessimiste que
nous nous sommes faite?

D'ARLEQUIN.

Moi, j'en jouis, cela me suffit.

PIERROT.

Moi, je voudrais retenir la joie qui passe! En ce
moment où il me semble que je vois plus clair, les
critiques d'avant-garde ne me soufflant plus leurs
turlutaines, je crois que c'est là la mission de l'art,
de *faire durer le bonheur*. Watteau et Fragonard ont
dû le comprendre ainsi, à cette époque bénie où
l'esprit de l'artiste était bienveillant et s'appliquait
aux côtés aimables des choses. Et n'est-ce point une
merveille que nous puissions, aujourd'hui, continuer
leur rêve! Pense, mon ami, à ce petit tableau qui
orne le cabinet de notre hôte : j'imagine que Watteau le brossa dans une rare après-midi de bien-être,
alors qu'il traînait la mélancolie de ses derniers jours
sous les grands arbres du parc de Noisy. Je l'imagine
cédant à l'invitation d'une matinée toute pareille à
celle-ci, pleine de soleil et de ouates légères. Il descendit
au bord de la Marne et s'assit dans la prairie, mêlant
à l'allégresse de la nature son âme affinée par la
maladie. A ce moment, plus de souffrances, le
peintre faisait un choix délicat de couleurs et de
formes, et composait le poème lumineux qu'il allait
créer dans son après-midi. Et, la vision retenue persistant toute la journée, il peignit sa joie avec de
nouvelles délices, jusqu'à ce que, la toile achevée et

la nuit tombant, les ombres ramenassent les douleurs et la fièvre... Mais, ainsi qu'il l'a voulu, le
meilleur de lui nous reste, et le bonheur qu'il a
goûté persiste dans son œuvre... Rebroussons chemin,
mon ami, suivons à nouveau la filière française, et
foin des mauvais bergers qui nous soufflent leur
névrose pessimiste! La mauvaise humeur aurait-elle

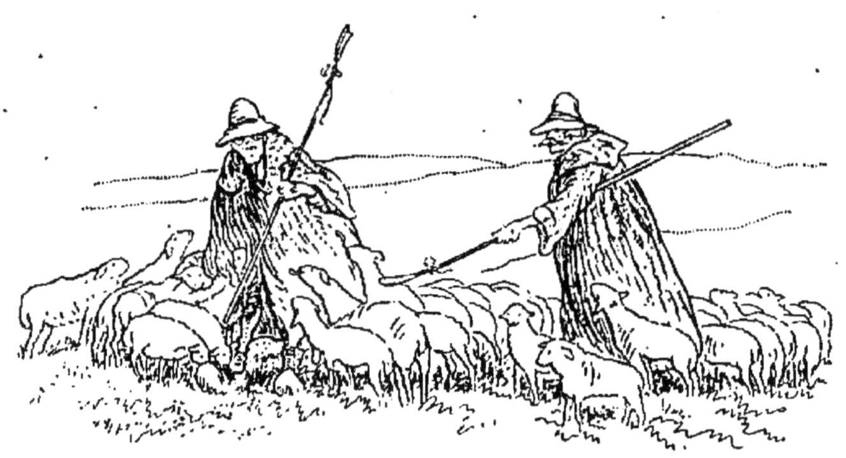

une dignité philosophique qui manquerait à la joie?
Viendrait-elle d'une supériorité de l'esprit, non du
mauvais état des hypocondres? Doctrines bizarres et
fallacieuses, par quoi nos médiocres esthètes vou-
draient bien donner le change et faire illusion sur
leur néant. Ressaisissons-nous, d'Arlequin : il serait
honteux que notre bourgeoisie dégringolante finît
dans la crotte et les larmes, quand toutes les civili-
sations précédentes sont mortes gentiment, parfois
même dans des plaisirs un peu risqués, auprès des-
quels notre bal des Quat'z-arts est une bien petite

·orgie. Vous nous chantez la fin de notre race, faites-
nous-la joyeuse, comme il convient, et mourons avec
grâce, en laissant de nous le plus aimable souvenir.

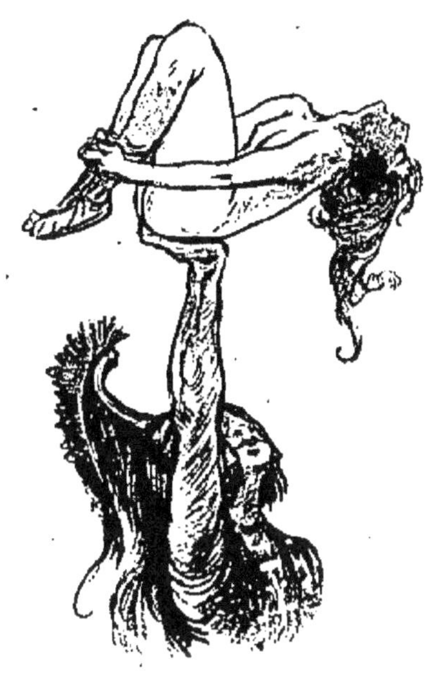

D'ARLEQUIN.

C'est toi, Pierrot, qui me racontes des turlutaines ;
sois sérieux un peu et examinons notre situation en
gens pratiques. Tu veux continuer la joie, n'est-ce
pas? — Soit, mais pas pour la postérité, j'espère, car
je suis un peu de l'avis de celui qui disait qu'elle n'a
rien fait pour nous, et que par conséquent nous ne
lui devons rien... Peut-être pourrait-on tirer de ce
que tu viens de dire un *dada* profitable... J'y son-
gerai... Mais résumons les débats et causons de nos
affaires. Nous sommes ici l'un portant l'autre, suivant
la méthode de Gavarni : — Présente-moi, je te pré–

senterai après ! — Je t'ai porté aux nues dans ma feuille
de chou, et je t'ai donné carrément pour le premier
fresquiste des temps futurs, ce qui peut du reste être
vrai, si la mode se met à courir après tes chausses.
C'était un trébuchet : M. Cassandre s'y est pris.
Rencontré par lui, au hasard du monde où je frétille,
je me suis servi de l'admiration que je lui avais
insufflée à l'égard de tes œuvres. Il a voulu être
l'ami de l'ami de Pierrot, du grand Pierrot. C'était
toi qui me présentais, à ton insu : et il n'a pas eu
de cesse que je ne lui fasse faire ta connaissance : à
mon tour de te présenter. Le premier pas était fait.
Suggérer à notre apprenti Mécène l'idée de te com-

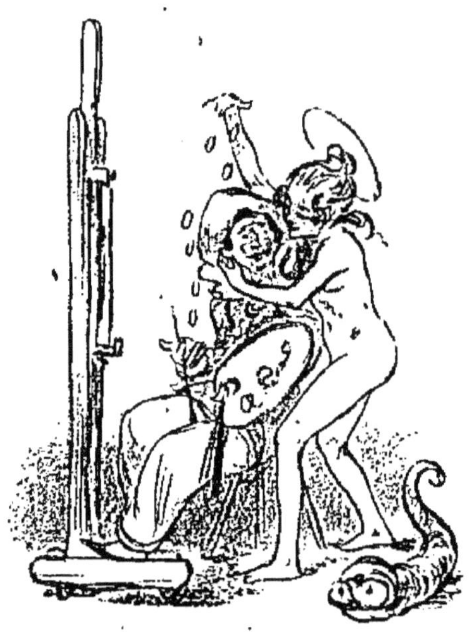

mander la décoration de sa chapelle n'a été qu'un
jeu d'enfant. Un arlequin de cinq ans y aurait réussi.
En résumé, tu as de l'ouvrage pour six mois, dans

une demeure qui te plaît, et sainte Galette est au
bout, qui, pour la première fois, te fait les yeux
doux, avoue-le : le patron t'accable de compliments,
maladroits ou non, peu importe, tu ne rêves pas
d'être payé et délicatement apprécié tout à la fois!...
donc félicitons-nous et suivons le filon.

PIERROT.

. C'est vrai, mon vieux, tu es gentil... mais... je ne
vois pas ce que ça te rapporte, à toi!...

D'ARLEQUIN, à part.

· Il n'a pas compris!... Il va falloir lui expliquer...
(Haut.) Je me trouve très bien ici pour le moment,
tu vois donc que j'ai un commencement de paiement.
En outre, M. Cassandre a des amis puissants dans
le Chocolat, dans le Sucre, dans le Poivre et dans
la Semoule, il y a de l'avenir pour moi dans tous
ces produits alimentaires.

PIERROT.

Mais quel avenir?

D'ARLEQUIN.

Pauvre artiste! et combien peu
subtil! Tu n'as donc pas remarqué, depuis que nous nous connaissons, que j'inaugure la critique
d'art rationnelle, la seule conforme
aux besoins de notre temps.
Voyons, considère un peu ce qui

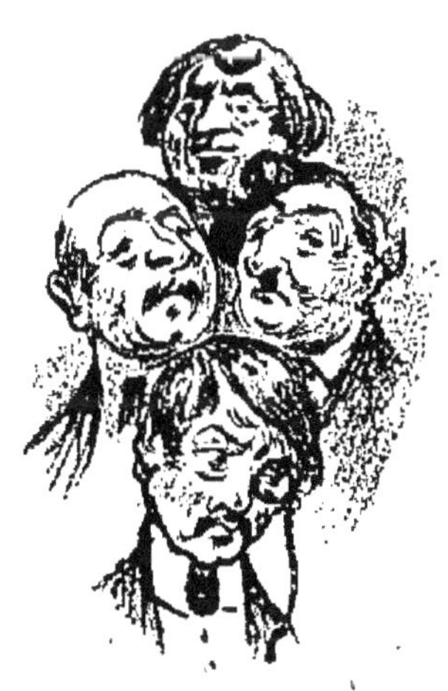

se passe, en cette année 1901 où nous vivons. Vois
d'un côté la production d'art exagérée, tout le monde
peintre, comme tout le monde photographe ou bicy-
cliste, sans que de l'autre côté le nombre des amateurs augmente sensiblement. Le placement des
œuvres d'art ne va donc pas sans lutte, il faut que
le peintre ait boutique ouverte sur la foire aux

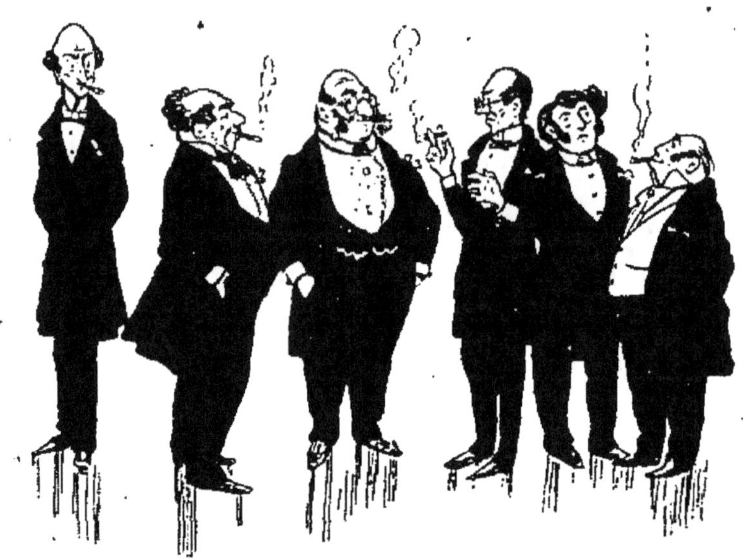

tableaux, et quelqu'un pour crier à la porte, faire
la réclame, — le boniment, si tu veux. Tu me diras
qu'il y a des peintres qui font eux-mêmes leur boniment et qui s'en tirent fort bien : ils frappent des
coups de tam-tam pour attirer la foule : pas un
Salon n'a lieu sans que quelque étrangeté ne fasse
remarquer leur talent, peut-être très réel, mais qui,
sans cela, passerait inaperçu. Ce sont des gens avisés
qui ont remarqué que le public est toujours curieux
de voir un mouton à cinq pattes. — Mais ceux qui

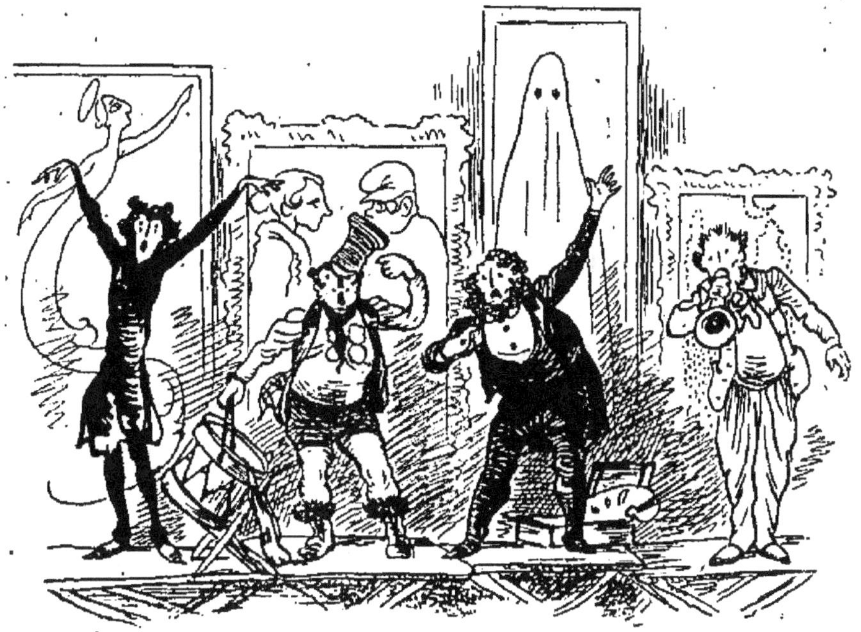

n'ont pas le sens ou le toupet de la réclame, que veux-
tu qu'ils fassent? ... C'est là que le critique doit inter-
venir, selon moi, comme un rouage naturel et nécessaire : il prendra en main les intérêts de deux ou
trois peintres, — remarque qu'il peut les choisir
sans heurter ses convictions d'art, s'il en a, — et il
s'ingéniera à les faire réussir, à les mettre à la mode.
C'est lui qui trouvera les riches amateurs et qui saura
leur placer les produits pour lesquels il voyage; il
peut parler, lui, il n'est pas tenu à cette modestie
apparente qui est la loi de l'artiste; il peut crier au
génie, jurer aux spéculateurs, cachés sous la peau des
amateurs, que le produit qu'il présente vaudra des
cent mille francs, plus que les Meissonier, plus que
les Millet! Il peut prendre les snobs par des détails
piquants, par des révélations sur le caractère étrange

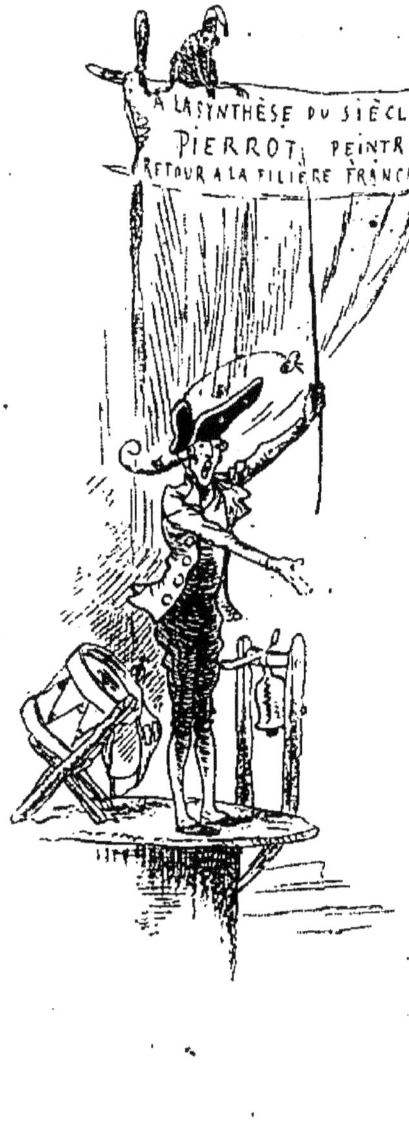

de l'artiste, ses mauvaises mœurs, etc. L'amateur du jour est un blasé, les artistes peintres lui en ont trop fait voir, de toutes les couleurs, il n'a plus de goût à rien de ce qui est simple et sincère, il faut lui procurer le plat faisandé qui réveille son appétit, ou l'innocent laitage qui plaît à son estomac délabré..... Voilà! Messieurs, voilà! Naturalisme ou symbolisme. Roulures fin de siècle ou madones hiératiques, au choix, ou ensemble, si vous voulez. Nous avons ces deux articles en première qualité, de la maison X ou de la maison Z. Tenez, Messieurs, un nouvel article, très avantageux, les produits du peintre Pierrot, seconde manière, c'est de la *Joie qui dure*, Messieurs, le *Retour à la filière française*, il était temps que le grand Pierrot vînt nous donner la *Synthèse de ce temps*, la bourgeoisie dégringolante ne pouvait finir dans la crotte et les larmes, l'œuvre de ce peintre fixera son desideratum, qui est la

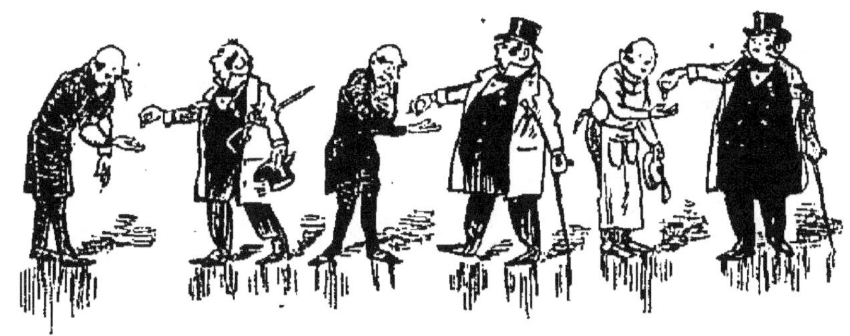

mort dans la joie!... Tu vois, ça peut se lancer, et le gain est probable.

PIERROT, flatté.

Quelle canaille tu fais!

D'ARLEQUIN, feignant de se méprendre.

(A part.) Allons-y. (Haut.) Pourquoi canaille? Parce que tu comprends que, du jour où tu as accepté la commande de M. Cassandre, tu es devenu mon débiteur. Sois tranquille, je ne serai pas dur, nous partagerons en frères, moitié pour toi, moitié pour moi. Crois-tu que tu aurais eu ta chapelle, sans moi? Nous sommes faits pour nous doubler, profitons-en. Tu sais, mon vieux, en Amérique, tout se fait, ouvertement, avec intermédiaires et commissions : ici c'est la même chose, avec l'hypocrisie en plus, voilà tout! L'un des gros manufacturiers de ce temps me racontait qu'il n'allait jamais solliciter une commande dans les administrations sans garnir ses poches de pièces de cent sous, ses goussets de billets de cent francs et son portefeuille de billets de mille. Les pièces de cinq francs étaient pour les huissiers, les

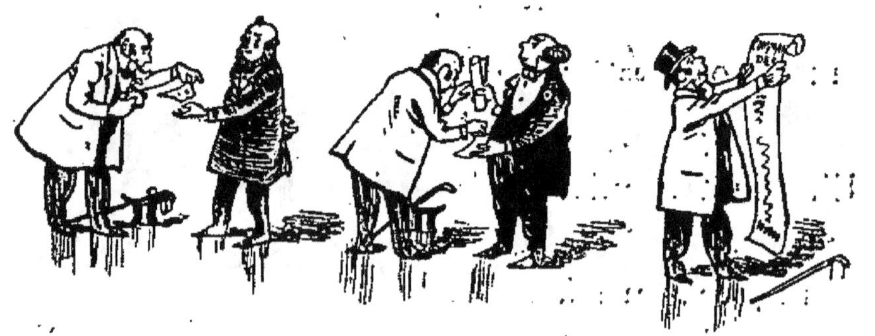

billets de cent pour les employés, et les billets de mille pour les chefs de bureau. Il a fait une fortune colossale, et c'est bien fait, il avait le sens de l'époque.

PIERROT, stupéfait.

Tu es cynique !

D'ARLEQUIN.

Je ne suis pas cynique, je suis franc. Puisque nous sommes nés sans fortune, avec notre vie à gagner, pourquoi feindre une délicatesse dont personne n'est dupe. Nous faisons des affaires, voilà tout. J'ai foi en ton talent, que l'on peut faire apprécier à haute valeur. Trouves-tu, de ton côté, qu'il soit avantageux de marcher avec moi. Je suis en bonne posture, je suis écouté, tu en as la preuve. Le titre de baron que j'ai pris suffit à couvrir le côté commercial de mon affaire. Tu apportes la matière fabriquée, moi la boutique, les poids et les balances, et l'art d'attirer le chaland. Nous pouvons faire fortune en nous donnant la main. Veux-tu, oui ou non ?

PIERROT, tenté et choqué, tout à la fois, hésite et finit
par accepter.

Eh bien... oui !... Ça va !... (Il se lève.) Je vais travailler, travaille de ton côté... Tu sais, je veux faire mes fresques à mon idée, arrange-toi pour que M. Cassandre ne me fasse rien changer.

D'ARLEQUIN.

Voilà qui est parlé. Tu poses tes conditions. A moi de les faire respecter. Je m'en arrange, sois tranquille... (Pierrot s'éloigne.).. Allons le garçon a fait la lippe, mais il y viendra... Étonnants tout de même, ces artistes, il faudrait leur procurer des commandes pour l'amour de l'art... de leur art !... Heureusement que quelques-compliments les rendent plus doux que des agneaux. Mais voici le Cassandre, étudions notre personnage et voyons jusqu'à quel point on peut en imposer à sa bonhomie.

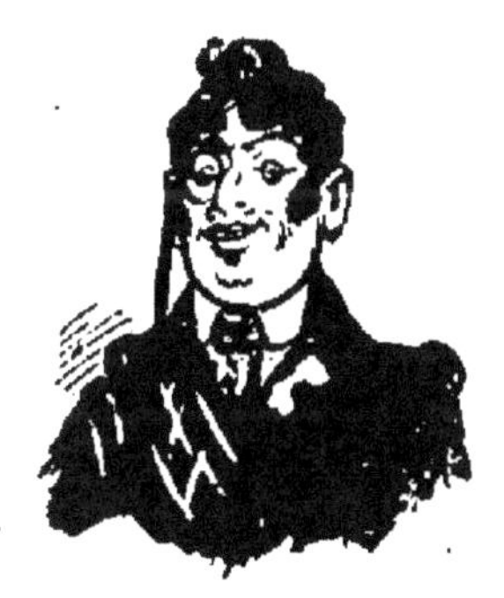

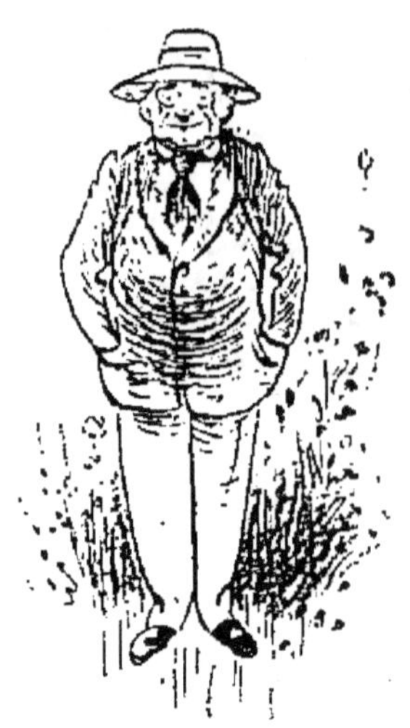

SCÈNE II

D'ARLEQUIN. — CASSANDRE.

CASSANDRE.

Eh! bonjour, cher Monsieur! Déjà levé?... Comment allez-vous? — Très bien, merci. Il fait beau. Comment va votre artiste? A quoi rêvez-vous là?

D'ARLEQUIN.

Je terminais certain sonnet... Une impression d'âme... Je voudrais rendre, plutôt par des sons que par des mots, l'agenouillement du désir devant le désir... vous me comprenez?...

CASSANDRE.

Parfaitement. Parfaitement... l'agenouillement du désir... vous dites,... et vous êtes satisfait? Pourrais-je connaître ce sonnet? dites-le-moi, soyez gentil!...

D'ARLEQUIN se lève, se place debout devant Cassandre, ferme
les yeux, serre les poings, et récite lentement, d'une voix mono-
corde, comme Sarah lorsqu'elle *déblaye*, en laissant l'accent sur
le dernier vers, qu'il finit en cri.

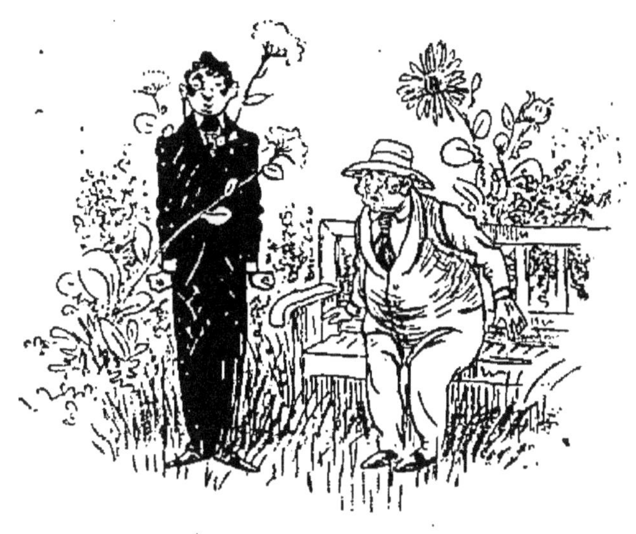

SONNET DE TEL SOUHAIT !

Hors les blandices, chère, amènes de tes seins,
Ta croupe a des effluves et si rose est ta bouche,
Oh ! que les réfragrances en la moelle des reins
M'ardent si ton baiser languissamment me touche.

Tes deux yeux, mon désastre, emmi les courses folles
Stryge ! en des aquilons de vie oh ! ferme ainsi !
Les lentes voluptés que j'idolâtre molles
S'embaument au passer de ton haleine. Et si

L'aminte, pourquoi pas ? s'allume en ton pourpris,
Le lis inviolé de ton âme essorée
De roseurs nacarat se nuance à l'orée.

Et sa corolle douce où mon désir est pris
S'entr'ouvre en déroulant ses deux voltes pareilles.
Oh! l'intangible espoir fait de ta fleur vermeille!

CASSANDRE. Il reste quelques moments les yeux écarquillés,
le front plissé, la bouche entr'ouverte : une sueur légère perle
à ses tempes. Avec effort.

Dieu que c'est beau! La belle chose! Quel chef-
d'œuvre. Très joli. Très joli! Ah! ce n'est vraiment
pas mal, cela! Sacrédié! quelle musique, comme vous
dites!...

D'ARLEQUIN, avec modestie, mais sans perdre son autorité.

Vraiment, vous trouvez? Ai-je donc réussi l'harmonie en mineur que je souhaitais, et que ponctue
l'éclat du désir qui brâme et se tord?

CASSANDRE.

Au mieux! Parfaitement. Trop honoré, cher Monsieur, quoique bien indigne, de donner mes avis aux
artistes. Songez donc, vingt-cinq ans dans la bougie,
une fortune faite,.... mais que de soucis! Pourtant le
goût y était, cher Monsieur, le goût y était, et je
n'attendais que la liberté pour suivre mes penchants
vers les beaux-arts, non comme exécutant, hélas!
car il est trop tard, mais tout au moins comme...
hem! hem!

D'ARLEQUIN.

Comme esthète.

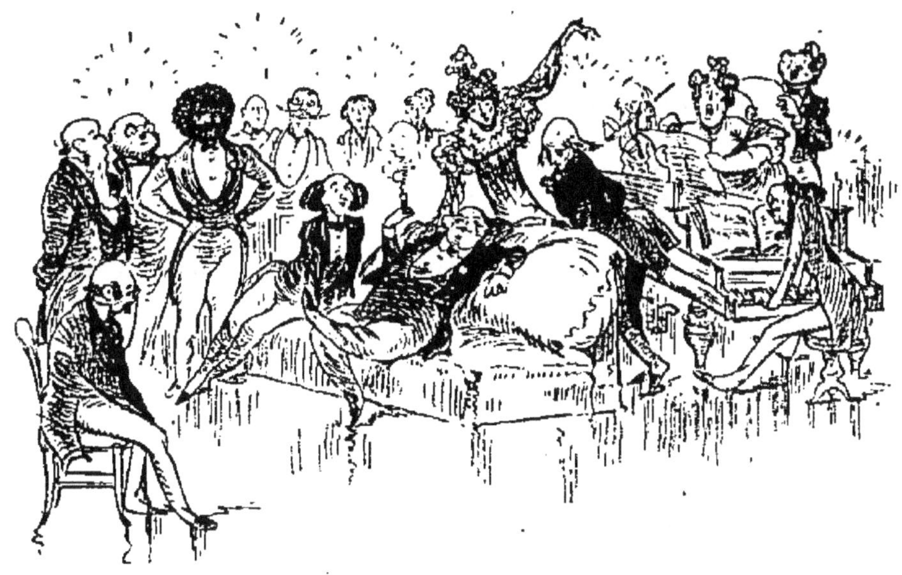

CASSANDRE.

C'est cela, comme esthète. Je voudrais me voir entouré des meilleurs esprits de ce temps.

D'ARLEQUIN.

Et les artistes seront toujours très heureux d'avoir votre opinion. Votre goût est naturellement éclairé, mon cher Monsieur Cassandre, et le choix que vous avez fait de Pierrot pour décorer votre chapelle prouve que vous savez vous tenir à l'avant-garde du mouvement intellectuel.

CASSANDRE.

Mais c'est vous qui me l'avez présenté!

D'ARLEQUIN.

Oui, mais c'est vous qui avez eu l'idée de l'employer précisément là où convergent ses aptitudes; je n'y avais pas pensé; vous avez deviné l'essence de son

génie et, ce faisant, vous rendez à l'Art un signalé
service. Laissez-moi seulement vous prévenir que
Pierrot n'est point d'une humeur si aisée qu'il le paraît : c'est un original-né! comme tous les artistes.
Par exemple, si vous voulez que ses travaux soient
heureusement achevés, gardez-vous de lui faire la
plus petite observation, de lui demander le plus léger
changement, vous verriez votre homme, si doux à
l'ordinaire, devenir acerbe, insolent, et, bien plus, je
ne répondrais plus de la réussite de son ouvrage!

CASSANDRE.

 - Bah! C'est dommage, moi qui aimerais tant donner mes idées, collaborer un peu, mettre un petit
brin de moi-même dans l'ouvrage que je commande!...

D'ARLEQUIN,
avec une autorité
pour ainsi dire pa-
ternelle.

 Ici je vous ar-
rête, *mon ami;*
c'est la marotte
de bien des ama-
teurs, je le sais.
Mais vous, qui
êtes fin et intel-
ligent, il faut

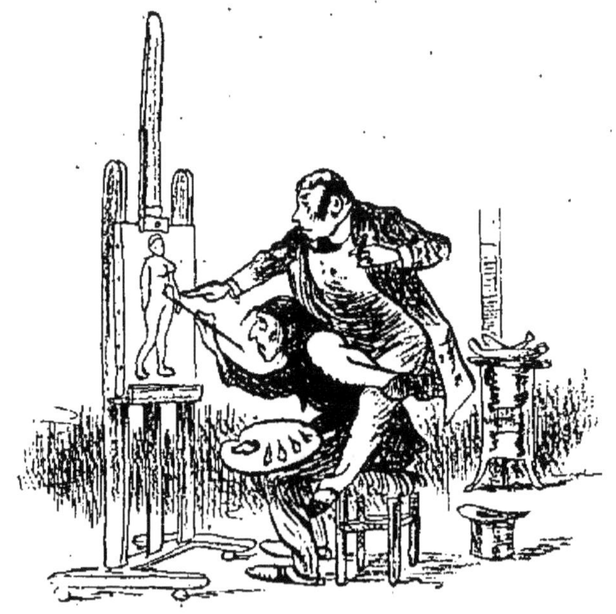

vous garder de ce ridicule qui sent son *raté braisard*, si vous voulez bien me passer le mot. Je vous répète que Pierrot ne pourrait supporter la moindre intromission dans l'évolution de ses concepts. Son œuvre est pour lui un bloc où l'analyse des parties se fond dans une synthèse. Telle, par comparaison vulgaire, une tasse de lait, chacune de ses molécules est le lent produit d'un organisme particulier, ajoutez-y ce que vous voudrez, de l'eau, de la craie, vous ne ferez que diminuer la qualité du lait et sa puissance nutritive.

CASSANDRE.

Je comprends… vous autres poètes, vous avez des comparaisons charmantes et qui font image. Soyez en paix, je me garderai de déranger le travail de M. Pierrot. Mais je ne le vois pas se mettant si fort en colère que vous dites, il a l'air si doux, si convenable.

D'ARLEQUIN.

Doux! Convenable! Pierrot?
(Il rit.) Chaste aussi, peut-être?

CASSANDRE, affriolé.

Comment, c'est un libertin!
Contez-moi donc ça!

D'ARLEQUIN, se penchant
à son oreille.

C'est un… 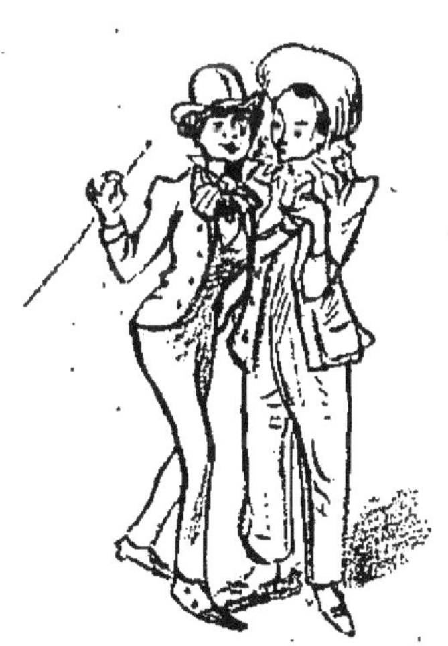

CASSANDRE

Oh !

D'ARLEQUIN.

Et un...

CASSANDRE.

Oh ! oh !... oh ! ces artistes !...

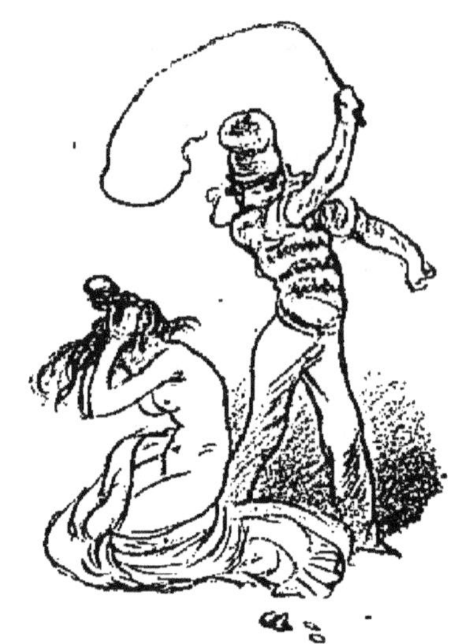

D'ARLEQUIN conte une histoire à M. Cassandre, mais si bas
qu'on ne peut entendre ses paroles, c'est donc une scène de
pantomime pendant laquelle la figure de Cassandre prend de mul-
tiples expressions de surprise, de gaillardise, d'envie, parfois
même de petite indignation. Quand le récit de d'Arlequin est
terminé :

CASSANDRE.

Ah bien ! ah bien !... il est fin de globe, comme
vous dites, celui-là ! Mais, que voulez-vous? je pardonne tout aux artistes que j'aime, je suis d'une faiblesse pour eux ! Pourvu qu'ils aient du talent, bien
entendu ; avez-vous remarqué que c'est toujours ces
chenapans-là qui sont de grands artistes ! Ne me par-
lez pas d'un artiste qui soit gentil et rangé comme
une demoiselle, je vous dirais tout de suite qu'il n'a
aucune valeur. J'aime les fantaisistes, moi, et, mon
plus grand regret, c'est que mon âge, hélas ! ne me
permette plus d'aller galopiner dans leurs fêtes.

D'ARLEQUIN.

Moi aussi, je pardonne tout
à Pierrot, même d'être
anarchiste!

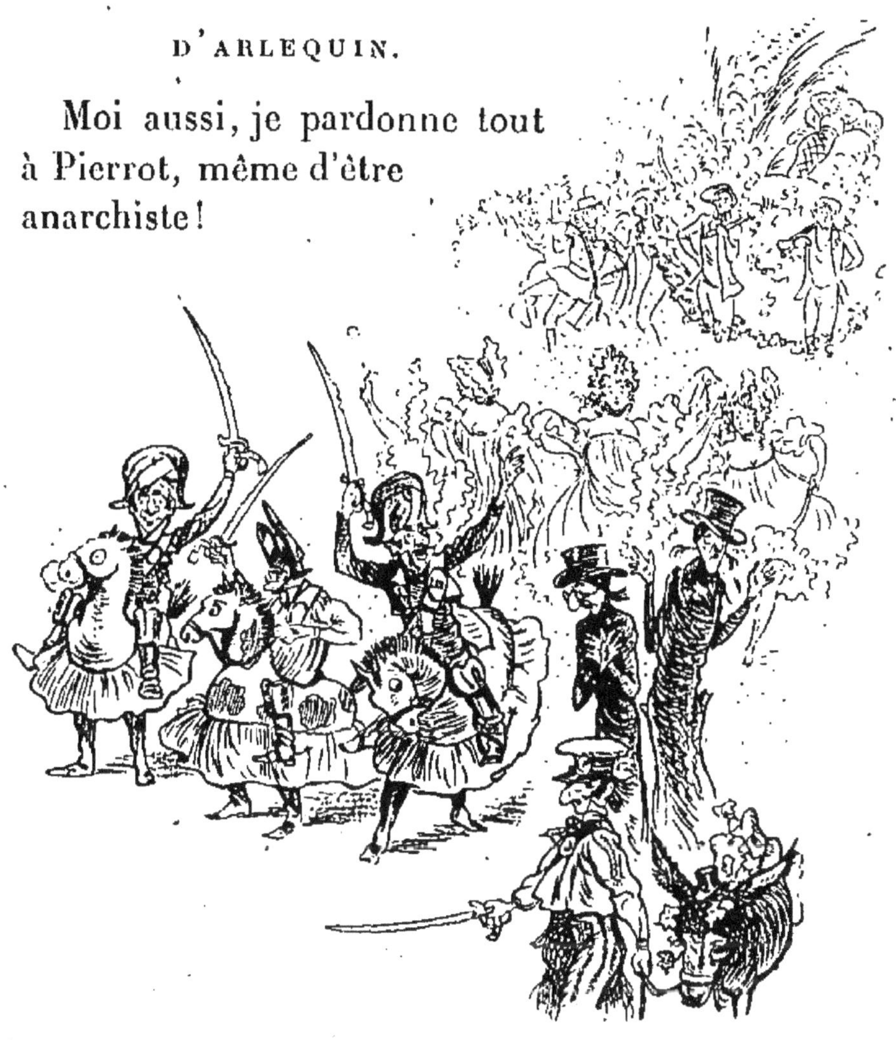

CASSANDRE.

Comment, il est anarchiste?

D'ARLEQUIN.

Eh! que voulez-vous! Vous savez comme les esprits supérieurs se laissent aller aux utopies... géné-
reuses quelquefois...

CASSANDRE.

Vous l'avourai-je? moi-même, souvent, je me prends à rêver d'une société meilleure que celle-ci.

D'ARLEQUIN.

N'achevez pas. Je vous comprends. Nous sommes pareils à la noblesse du xviii⁰, qui ne pouvait s'empêcher d'être philosophe et de se prêter à la propagation de ces mêmes idées qui devaient l'anéantir. Ainsi fit ma noble famille : Gilles, baron d'Arlequin, mon trisaïeul, était l'intime ami de Voltaire et de Rousseau, — il fut pendu avec Calas, — aussi Joachim,

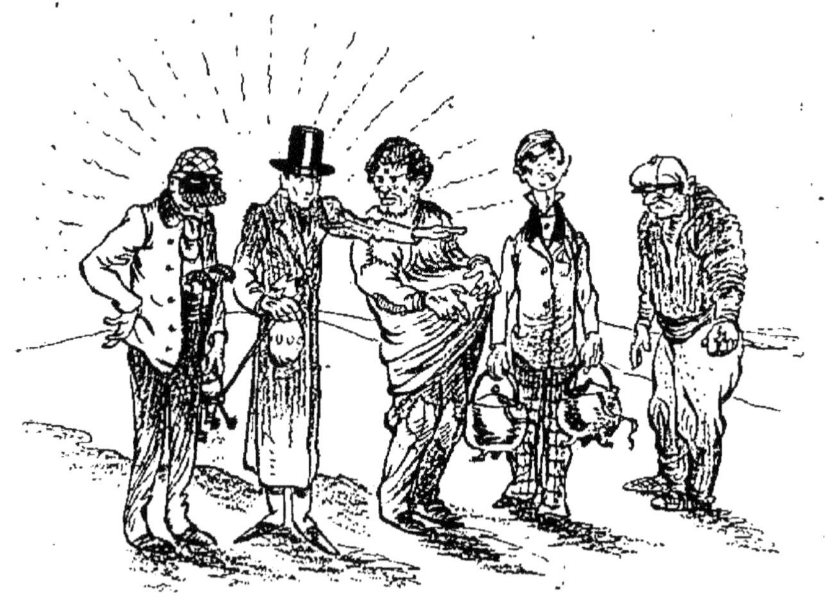

baron d'Arlequin, son fils, porta-t-il sa tête sur l'échafaud, — tenez! ce fut le premier qui passa après Louis XVI. Moi de même, Jean, baron d'Arlequin,

septième du nom, je ne puis m'empêcher de m'inté-
resser à l'évolution libertaire ! Fasse le ciel que la mar-

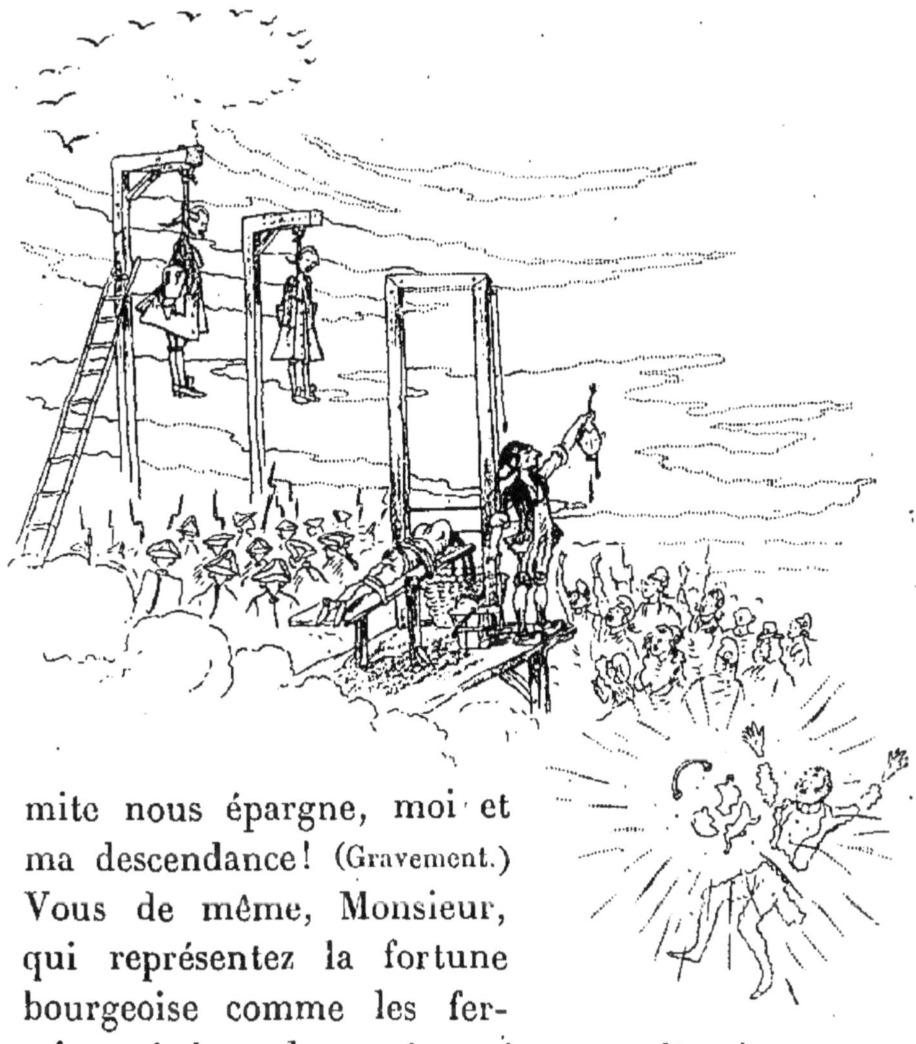

mite nous épargne, moi et
ma descendance ! (Gravement.)
Vous de même, Monsieur,
qui représentez la fortune
bourgeoise comme les fer-
miers généraux la représentaient sous l'ancienne mo-
narchie, que Dieu vous ait en sa digne et sainte garde !

CASSANDRE, pendant ce discours, a pris une visible consi-
dération pour l'héritier d'une si noble famille. Il se lève.

Merci, Monsieur le baron !... Nous sommes peut-

être des instruments, dans les mains de la Providence,
pour quelque bouleversement de mondes imprévu.

D'ARLEQUIN. Il se lève aussi.

Peut-être, Monsieur; qui peut savoir où nous
mène l'intellectualisme exacerbé dont nous souffrons?
Le ministre me le disait encore l'autre jour..

CASSANDRE.

Quel ministre?

D'ARLEQUIN.

Le ministre de l'Instruction publique.

CASSANDRE.

Vous connaissez le ministre?

D'ARLEQUIN.

Comme je vous connais; pas depuis longtemps, mais
je me flatte qu'il n'a rien à me refuser.

CASSANDRE, hésitant.

Même les... (Il montre du doigt sa boutonnière.) pour vos
amis.

D'ARLEQUIN.

Surtout cela.

CASSANDRE, hésitant.

... Vous venez de me dire tout à l'heure que...

en devinant **M.** Pierrot... j'avais rendu à l'art un service signalé...

D'ARLEQUIN. Il prend Cassandre par le bras.

N'achevez pas !... Vous les aurez... Venez-vous me reconduire jusqu'au château. J'ai certain article à terminer, précisément sur notre ami, un article qui aura pour but non seulement d'avertir le public, mais d'avertir notre artiste lui-même. Vous allez me dire votre avis : je voudrais que son talent si délicat, mais très entaché de naturalisme et de symbolisme, prit une autre voie, qu'il revînt à la gaie filière française des maîtres du XVIIIe; ne trouvez-vous pas que nous avons assez longtemps gémi sur nos misères et nos ridicules, et que, si notre bourgeoisie doit finir, comme nous le disions tout à l'heure, il serait bon qu'elle ne finît pas dans la crotte et les larmes. Il faudrait nous refaire une âme plus aimable et plus. .

Ils s'éloignent pendant que d'Arlequin continue sa tirade.)

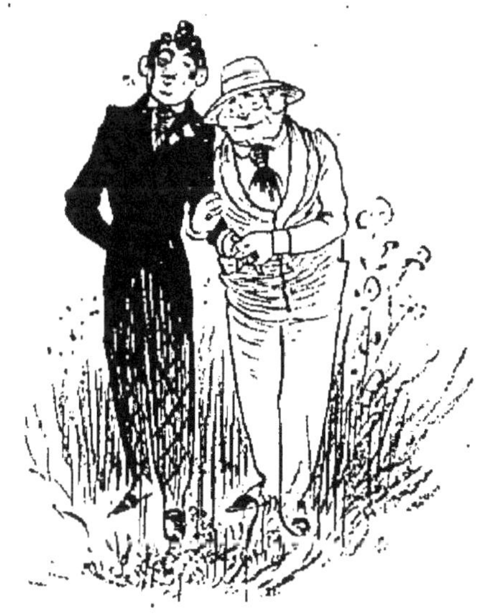

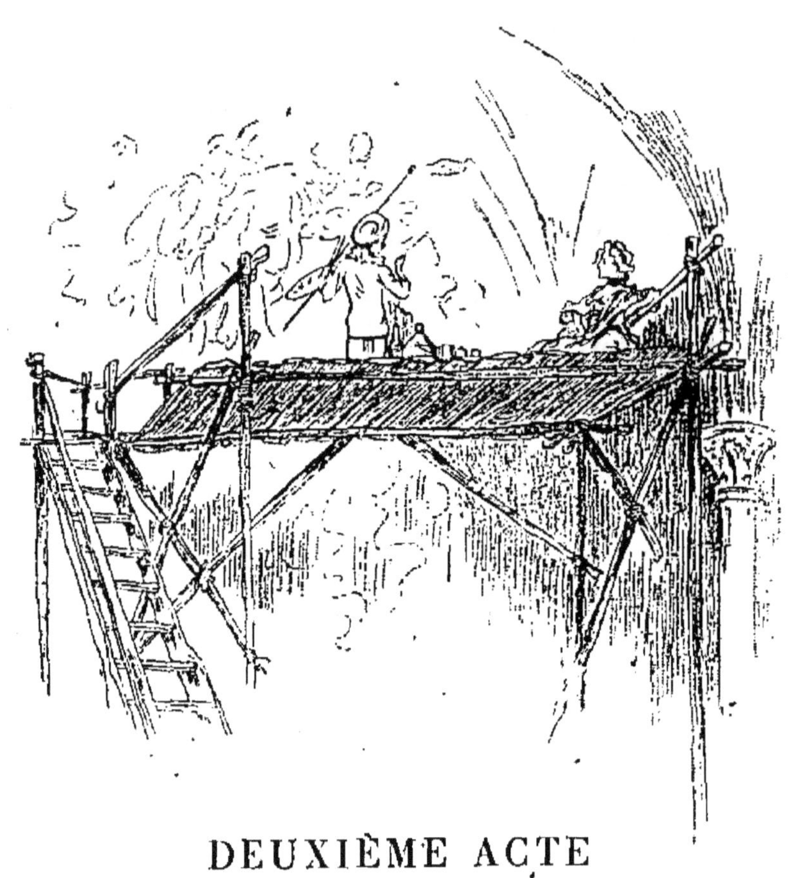

DEUXIÈME ACTE

Une chapelle fraîchement bâtie. Pierrot peint des fresques sur
les murs. Ce sont des anges qui volent, au hasard de son
caprice, en groupes harmonieusement disposés. Leurs tuniques,
leurs robes, de couleurs très vives, ont, bien que Pierrot s'en
empêche de son mieux, des envolements de joie très mondaine
et nullement liturgique. De même, les figures des bienheu-
reux n'expriment pas la paix grave qui serait de mise : quoi
que fasse le peintre, la gigolette de Montmartre réapparaît toujours au bout de son pinceau, et c'est en vain qu'elle tâche,
sous l'auréole, de prendre des airs dévots. Mais Pierrot s'en
console en songeant aux théories séraphiques de Tiépolo, dont
les grâces, si pleines d'afféterie, rappellent les muguets de
Venise et leurs galantes bien plus qu'elles n'évoquent les saintes
douceurs du paradis. Comment se détacher du monde, du reste,
et retrouver la foi d'antan, pendant que Mlle Isabelle caquette

sans interruption, à la façon des plus exquises bécasses de ce temps.

PIERROT, ISABELLE:

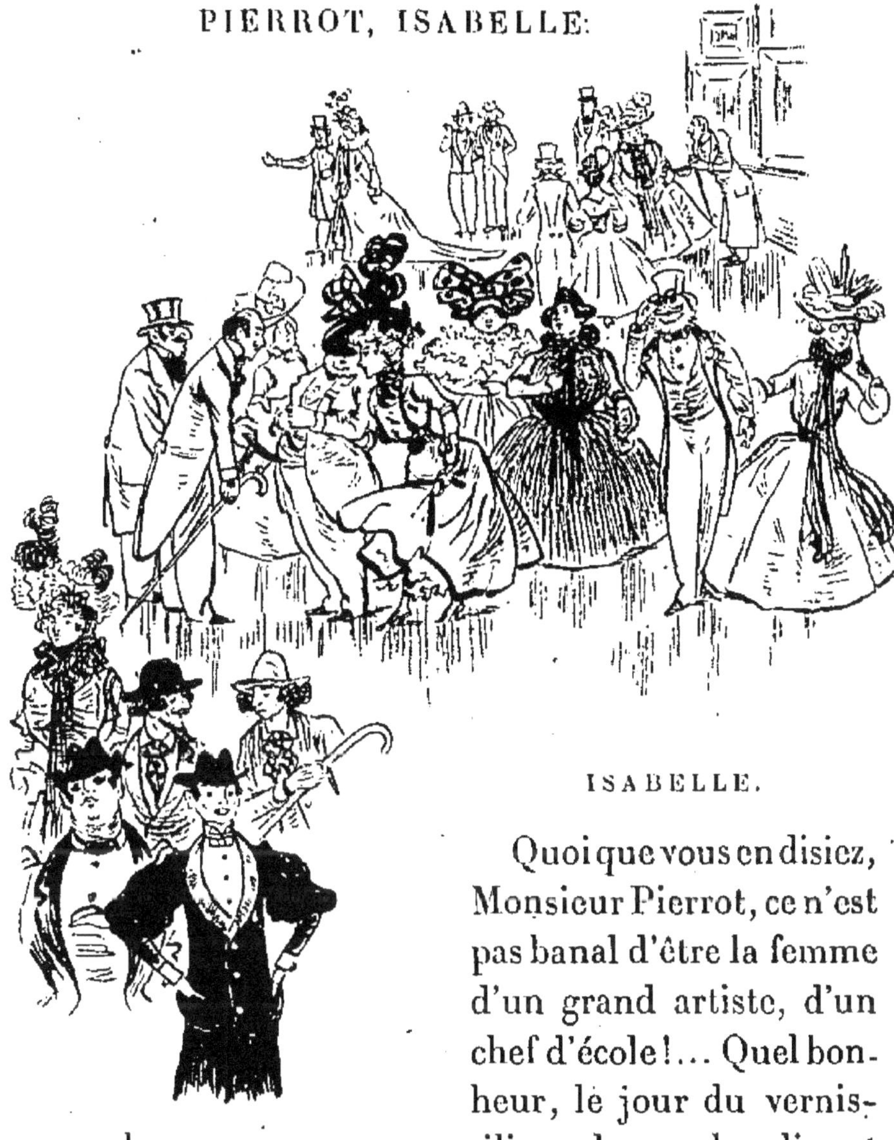

ISABELLE.

Quoi que vous en disiez, Monsieur Pierrot, ce n'est pas banal d'être la femme d'un grand artiste, d'un chef d'école!... Quel bonheur, le jour du vernissage, de promener, au milieu du cercle discret qui vous entoure d'un murmure d'admiration, la toilette préparée si longtemps d'avance pour ce grand jour. La femme d'un grand artiste, Mon-

sieur Pierrot, cela peut tout oser, la couleur et la
forme!...

PIERROT.

En effet : les bibis les plus ridicules, les robes les
plus kakatoès. Voyez-vous?... si l'on finissait par
dire : mal habillée comme la femme d'un peintre!
Quelle honte pour la corporation! Car il faut se
méfier, Mademoiselle, du droit de tout oser, et ne
pas oublier que l'art de la toilette est un art tout
particulier, très jaloux, et qui ne souffre pas même la
direction ou les idées des artistes... Et croyez-vous
que ce soit toujours un murmure d'admiration qui
accueille le maître et sa digne moitié? Moi j'en
doute... Cependant, à un autre point de vue, vous
avez raison, nous vivons dans un temps où les artistes
peuvent tout oser : les artistes, aussi bien les écrivains et les journalistes. C'est la noblesse nouvelle,
qui peut, comme l'autre, rosser le guet et se passer
quelques caprices. Quand les libertés prises sont un
peu grandes et qu'il y a procès, voyez la sympathie des
journaux et du public, c'est du délire, sans compter
que, condamné ou non,
le chéri des feuilles pu-
bliques bénéficie de tout le
bruit fait autour de son
nom : c'est un gredin défi-
nitivement lancé, ses livres
montent en hautes piles à

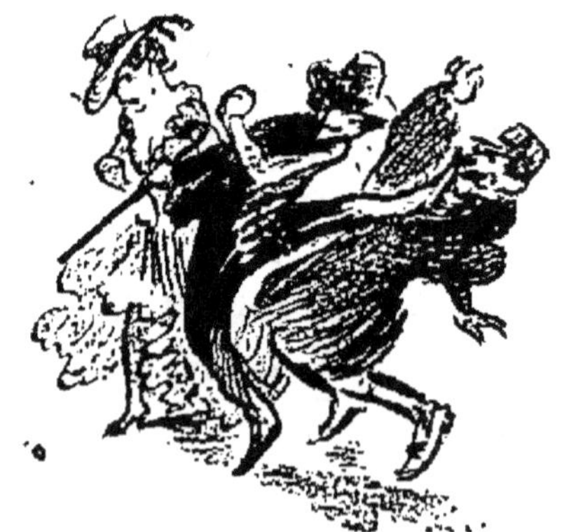

la montre de Flammarion, s'il produit de la copie,
ou bien, s'il peint, son tableau sera le point de mire
de la foule au prochain Salon. Vous nous gâtez, Mes-

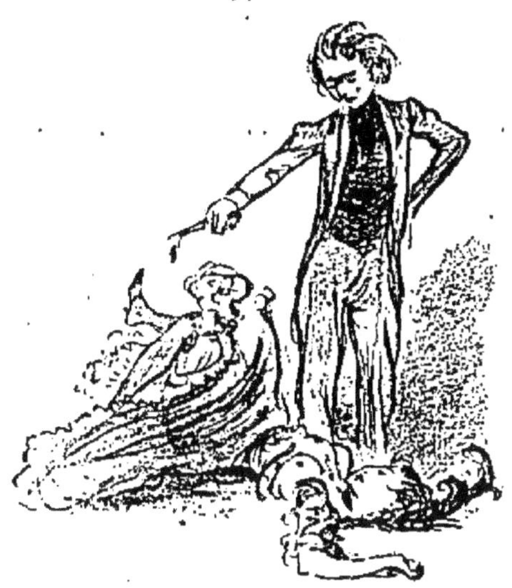

sieurs de la bourgeoisie, nous deviendrons des enfants
terribles qu'il faudra finir par mettre à la raison.

ISABELLE.

Oh! comme vous êtes sévère! moi qui ai toujours
rêvé d'avoir un salon littéraire et artistique... et très
avancé, vous savez!...

PIERROT.

C'est très facile! il suffit d'avoir une bonne amorce.

ISABELLE.

Une amorce?

PIERROT.

Oui. *L'amorce*, c'est le grand homme familier de

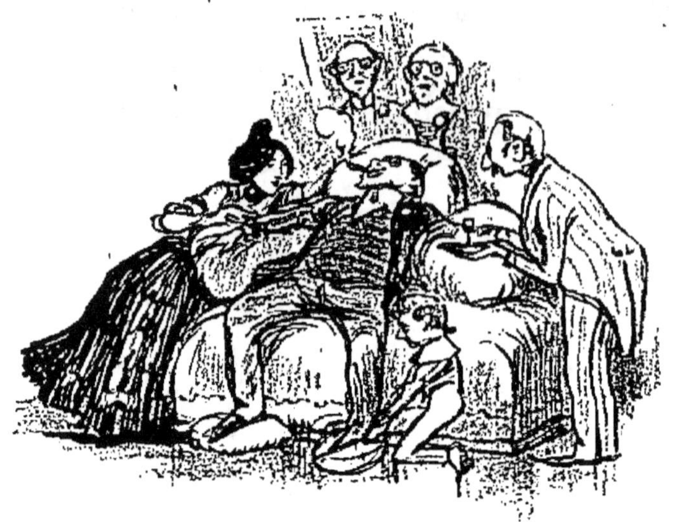

la maison, le génie que l'on a *privé* à force de caresses, de compliments et de bons dîners : il a pris chez vous ses habitudes, il vient manger à jours fixes. Ce sera lui désormais le plat de résistance. On ne dit plus, comme du temps de Paul de Kock : — Venez samedi dîner, nous avons un gigot. Mais bien : — Venez samedi, je vous ferai dîner avec X. Personne ne résistera, parmi les fidèles ou les aspirants fidèles de l'astre (pour ces derniers, il vous suffira de les inviter en cure-dents, après dîner,) et vous attirerez chez vous tous ceux qui croient avoir besoin de sa lumière pour croître et florir... jusqu'à ce que sonne l'heure du lâchage sensationnel.

ISABELLE.

Oh! mais que c'est vilain, tout cela!

PIERROT.

Mais non, ce n'est pas vilain, c'est tout naturel. Chacun des trois acteurs de ce petit drame n'a-t-il pas cherché et trouvé son avantage. L'hôte s'est fait des relations, une influence qu'il ambitionnait; l'invité a grandi sous l'aile du génie jusqu'à ce qu'il soit arrivé à l'âge où le cœur devient indépendant; quant à l'*amorce*, elle a récolté les hommages, les adorations, les aplatissements auxquels elle croit avoir droit... oh! pas assez encore! pas au prix de son mérite, aussi ne se gênera-t-elle pas pour dire de l'hôte, avec un sourire dédaigneux : « Oui, je vais souvent chez lui, c'est *un si bon garçon!* » mot terrible, qui vous classe tout de suite au rang de *propre à rien* du Tout-Paris intellectuel.

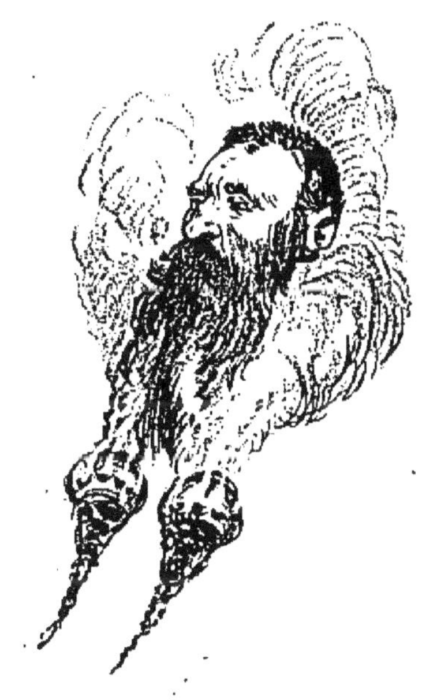

ISABELLE.

Non! tout cela est trop noir. Vous devez exagérer, Monsieur Pierrot, vous calomniez les jeunes : il doit y avoir des réunions de gens sincères où l'on s'éprend de tout ce qui est nouveau, original, et où l'on tape

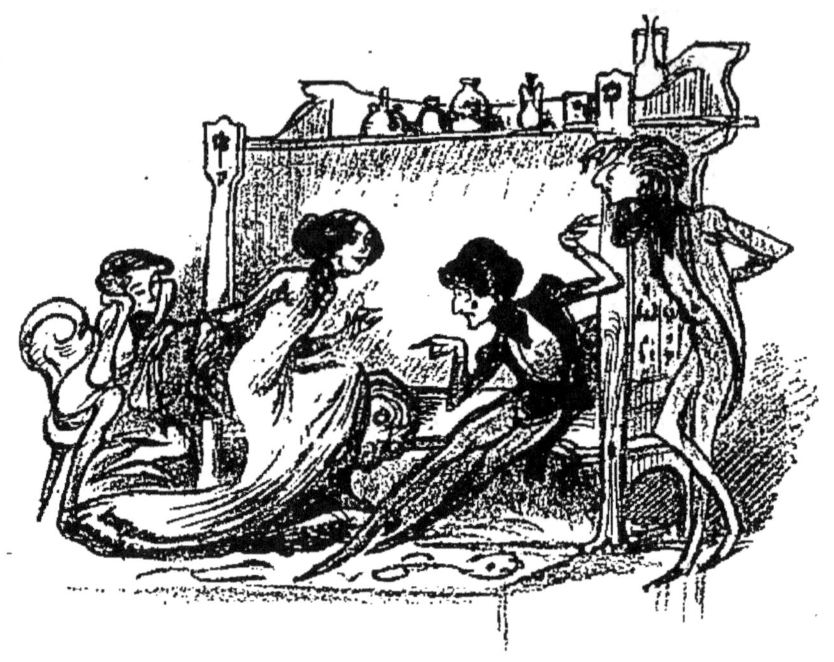

ferme sur ces monstres : Musset, Gounod, Carpeaux,
Hugo, etc., pour ne parler que de ceux qui sont
morts, et où l'on exalte nos artistes adorés, Wagner,
Rodin, Ibsen, Sienkiewicz...

PIERROT, levant les bras au ciel.

De grâce, Mademoiselle, n'avancez pas tant, je vous
en supplie : ne croyez pas que nos papas aient été
uniquement des imbéciles, et que toutes leurs admirations aient porté à faux. Serait-il possible que ce soit
la mode qui dirige vos jugements, l'horrible mode,
règle de ceux qui ne prennent pas la peine de juger
par eux-mêmes. Mais réfléchissez donc que c'est la
mode qui, pendant trois quarts de siècle, a fait relé-

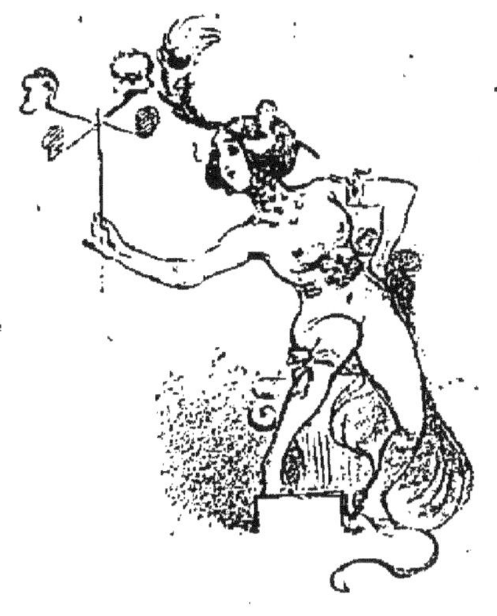

guer dans les greniers Watteau, Fragonard et tous les maîtres de l'école française. Cela suffit, n'est-ce pas, pour qu'on se méfie d'elle, elle, la tueuse aveugle des génies d'hier. Il ne faut pas que l'amateur se laisse si facilement guider par les caprices de la mode, car la race ne peut pas lui fournir un génie par an, elle n'est pas encore assez riche en intelligences pour cela.

ISABELLE.

Alors vous méprisez Wagner, Ibsen...

PIERROT.

Mais pas du tout, pas du tout! ce sont de beaux artistes, Mademoiselle, mais pourquoi voulez-vous qu'il n'y ait qu'eux, rien qu'eux, et que le cycle de l'art se ferme sur leur noms? Vos exagérations leur préparent des lendemains terribles, et si la mode se mêle à ce point des jugements des hommes, on peut prévoir les temps proches où Wagner et Ibsen ne seront plus que des vieilles perruques, à leur tour, des monstres que leurs contemporains eurent la sottise d'admirer. Hé! hé! les musiciens qui ont aujourd'hui deux ou trois ans ne penseront pas autrement,

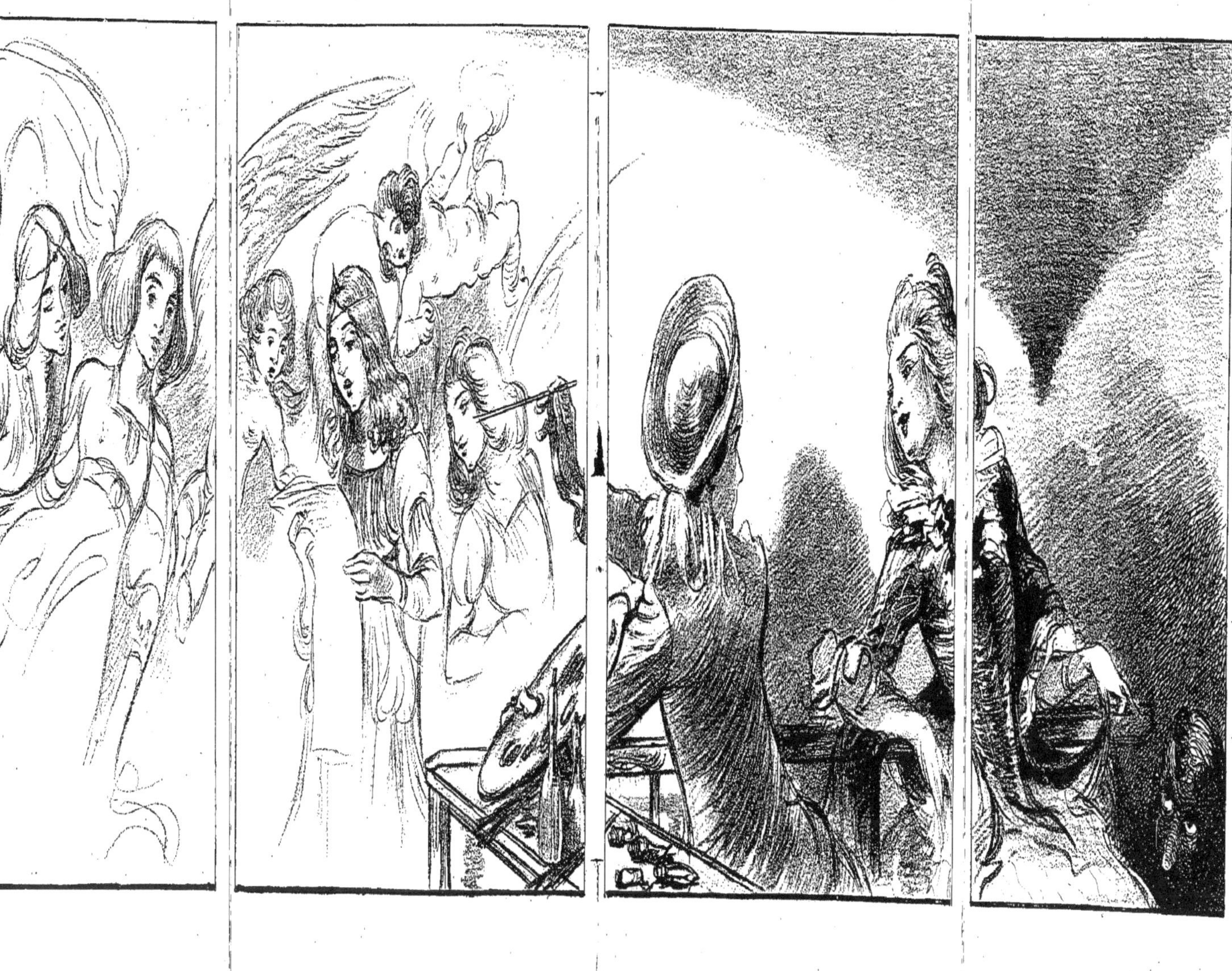

et les dramaturges au berceau nous préparent sans doute des étrangetés bien autres que celles du *Canard*

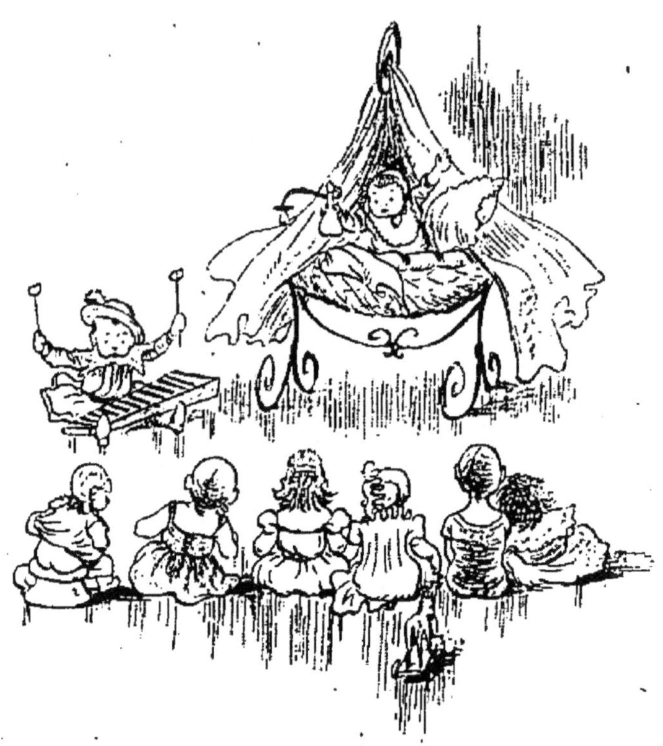

sauvage. Je conclus : les dévots sont des intolérants bornés qui finissent par rendre ridicules les objets de leur culte. C'est une manie française que de se donner des dieux... et d'aller les chercher chez les Belges ou chez les Allemands, quand ce n'est chez les Italiens ou chez les Polonais.

ISABELLE.

Alors il faut toujours admirer les mêmes gens, si les vrais talents sont si rares que cela. Songez-donc, Monsieur Pierrot, qu'un artiste peut produire pendant trente ou quarante ans! C'est terrible! Moi je renonce à le suivre si longtemps que cela. C'est bien plus amusant de s'éprendre de toutes les cocasseries qui passent.

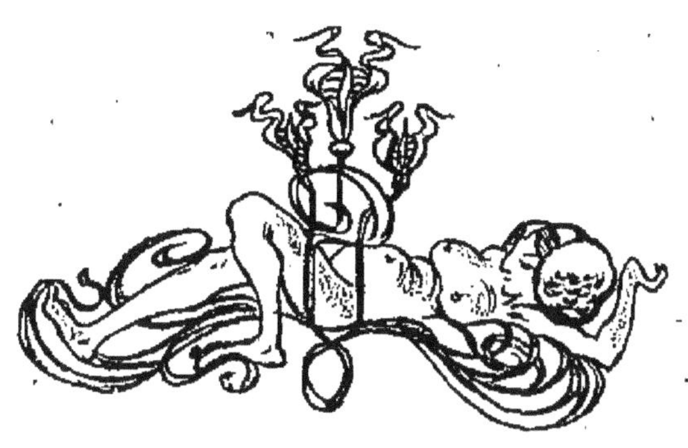

PIERROT, agacé.

Mademoiselle, on n'a jamais tort de faire ce qui vous fait plaisir, comme dit Bobèche. Un mien camarade ajouterait, — mais c'est un impertinent, — que les dames ne sont pas tenues d'avoir raison. Je corrige... elles sont bien trop gentilles pour cela!... Ainsi, tenez, si vous me posiez cette tête d'ange, avec vos jolis cheveux légers et vos yeux célestes, les archanges, les trônes et les dominations en seraient jaloux, et l'on comprendrait pourquoi Dieu le Père se penche si attentivement de ce côté.

ISABELLE.

Oh! quel bonheur! Moi qui n'osais pas vous prier de me faire poser. Comment faut-il me mettre? Vous allez voir comme je vais être sage, et ne plus bavarder... ça ne vous empêchait pas de travailler, pourtant, n'est-ce pas?

PIERROT.

Au contraire...

> (Un silence : Pierrot travaille, et pendant qu'il travaille, il
> lui est loisible d'étudier les perfections très réelles du visage
> d'Isabelle. Vraiment, il ne l'aurait pas crue si jolie... Isabelle
> se taisant, Pierrot peint de tout son cœur et son ouvrage le
> satisfait, d'où il résulte que la bonne humeur lui revient tout
> aussitôt. N'était le respect qu'il a pour la fille de son hôte, il
> lui dirait des galanteries, mais il ne sait trop comment il faut
> parler aux demoiselles de la bourgeoisie; pourtant il ne peut
> s'empêcher de pousser des exclamations admiratives dont l'ac-
> cent sincère touche vivement Isabelle. Des éloges de peintre,
> cela a de la valeur.

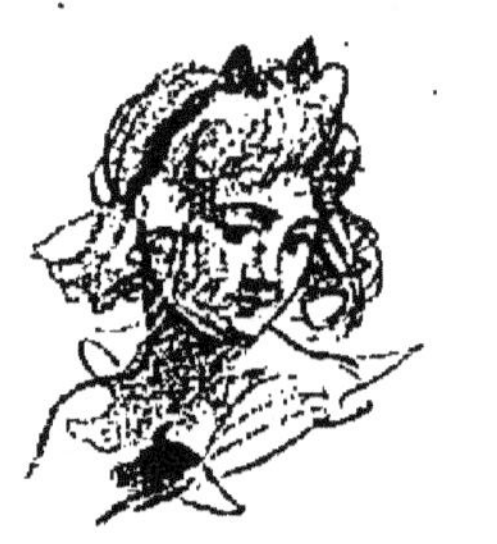

PIERROT.

Pristi! la jolie oreille!... frottez-la un peu, Mademoiselle, pour que je puisse employer ma laque la plus éclatante... ce n'est pas la peine, la voici devenue toute rouge, elle a compris... la joue aussi, tant mieux! Le point de lumière de la pommette gagne en intensité, le point de lumière si oublié et dont Reynolds et Gainsborough ont tiré de si beaux effets : il est vrai que le fard de nos aïeules le faisait valoir;

Mais vous n'en avez pas besoin, Mademoiselle, vous
avez des couleurs, chose exquise et rare en ce temps
où la poudre des grand'mères est tombée sur le
visage des petites-filles. La peste soit de la matité du
teint, ce sont les littéraires qui ont inventé cela, au
temps du romantisme, mais les peintres ne s'en arrangent guère.

ISABELLE.

C'est vous qui me faites rougir, avec vos compliments, Monsieur Pierrot... C'est égal, je ne suis pas
fâchée que vous vous décidiez à m'en faire, j'aime
mieux cela que d'être tout le temps grondée, comme
tout à l'heure.

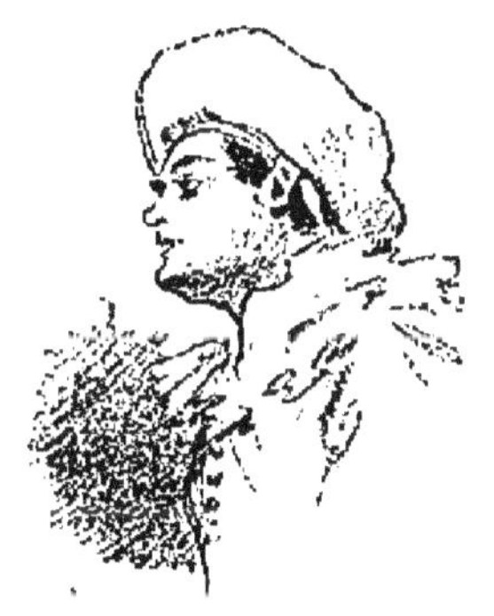

PIERROT.

Je ne vous grondais pas, Mademoiselle, je discutais
vos idées.

ISABELLE.

Mes idées? Est-ce que j'en ai, des idées? Voulez-
vous que je sois franche, je croyais qu'il fallait parler
comme cela à un artiste, se montrer dernier cri, der-

nier bateau, avant-garde, tout ce que vous imaginerez de plus nouveau. Entre jeunes filles on se donne le mot d'ordre : — C'est X... qu'il faut admirer, il paraît que Z... a fait sur lui un article d'une violence !... Et nous admirons, nous nous enthousiasmons, pour que l'on dise : « Sont-elles avancées, ces petites !.. tout à fait Théâtre-Libre ! » Mais au fond ce que ça m'ennuie, ces artistes de plus en plus fermés, incompréhensibles et brumeux ! Tenez, Monsieur Pierrot, en vérité, je n'aime que la peinture claire et joyeuse, mais je n'ose juger par moi-même, j'ai peur de me tromper et de m'égarer dans ce qu'on appelle *la confiserie*... Comment savoir? pouvoir donner son opinion, si l'on vous attaque?... Voilà! si vous vouliez bien me conseiller, ça me tirerait d'embarras... Mais cela vous ennuiera... Vous ne voudrez pas. Je serais pourtant une élève docile, je vous écrirais, j'irais vous voir !...

PIERROT.

Comment! mais c'est impossible, Mademoiselle, vous n'y pensez pas ! Vous auriez l'air de me donner des rendez-vous, et moi j'aurais l'air... Comment dire cela?... de faire la cour aux millions de votre papa... Savez-vous comment on appelle le garçon sans le sou qui épouse une héritière?...

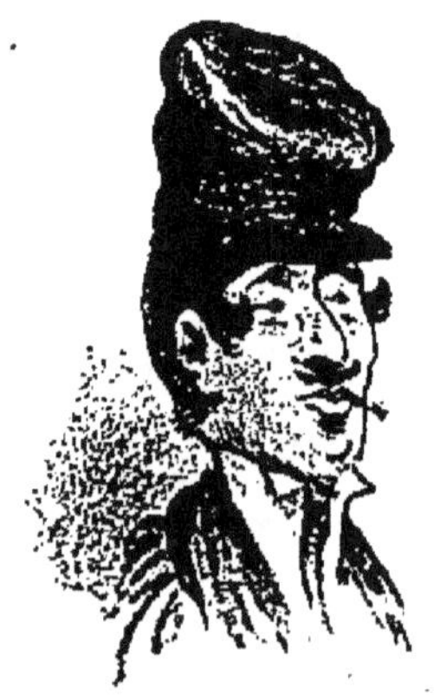

ISABELLE.

Non.

PIERROT.

Non?... Eh bien! tant mieux.

ISABÉLLE.

Je n'insiste pas. Ça doit être un vilain mot.... Mais entre nous ce ne serait pas la même chose, ce serait charmant... et pas du tout comme dans les *Demi-Vierges*.

PIERROT.

Vous avez lu les *Demi-Vierges*!...

ISABELLE.

Comme toutes ces demoiselles. On se passe le volume, entre petites filles.... Mais ce n'est pas mal du tout; la preuve, c'est que l'auteur est reçu et choyé depuis dans toute la haute bourgeoisie. Au reste, il y a peut être des choses que je n'ai pas comprises... ou que j'ai passées, car, vous savez, je suis comme toutes les femmes, je commence toujours un volume par la fin... et alors le commencement ne m'intéresse plus guère.

PIERROT.

Précisément, en ce qui regarde les *Demi-Vierges*, tout est dans les préliminaires.

ISABELLE.

Enfin, je veux dire : ce serait gentil, et pas mal du

tout : je vous connais bien, allez, si peu que je vous
connaisse, et j'irais avec vous comme une sœur... ne

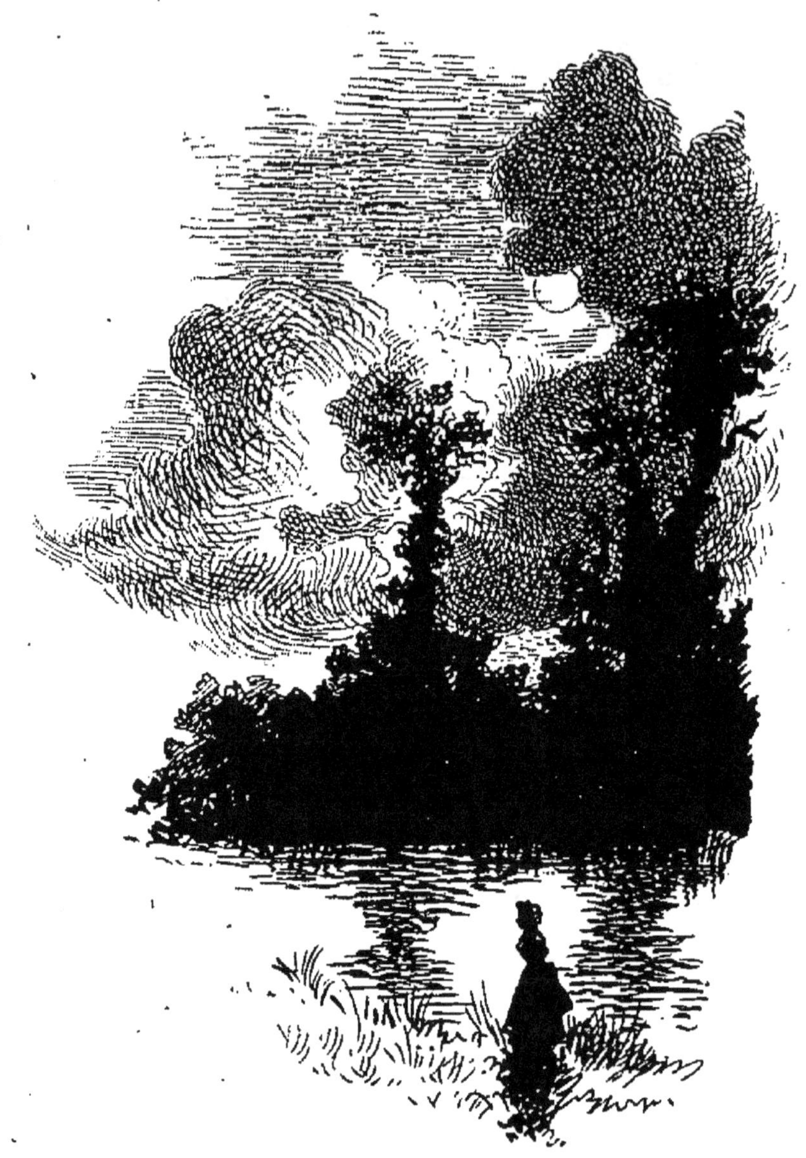

redoutant que d'être grondée, comme tout à l'heure...
Tenez, hier soir, j'y pensais; j'étais allée me promener dans le parc, quand tout le monde a été couché :

il faisait un clair de lune délicieux, et tout noir sous
les arbres, de sorte que c'était exquis et terrible d'être
toute seule dans ce bois, et je me disais : « Si Monsieur Pierrot était là, je n'aurais pas peur... et ce
serait charmant tout de même... mais il dort, tran-
quillement, son bonnet de coton rabattu sur ses
oreilles. » (Elle éclate de rire.)

PIERROT.

Permettez, permettez! je ne mets pas de bonnet de
coton.

ISABELLE.

Cela ne fait rien; au bonnet de coton près, vous
dormiez, avouez-le?

(Depuis quelques instants la tête du baron d'Arlequin émerge au
milieu des échafauds ; il reste immobile, écoutant.)

PIERROT.

Je l'avoue, j'ai péché par ignorance.

ISABELLE.

Eh bien! ce soir, voulez-vous?

PIERROT.

Si je veux? je crois bien,... mais votre père?

ISABELLE.

Mon père! il a un madras, lui. (Elle rit.) Pauvre

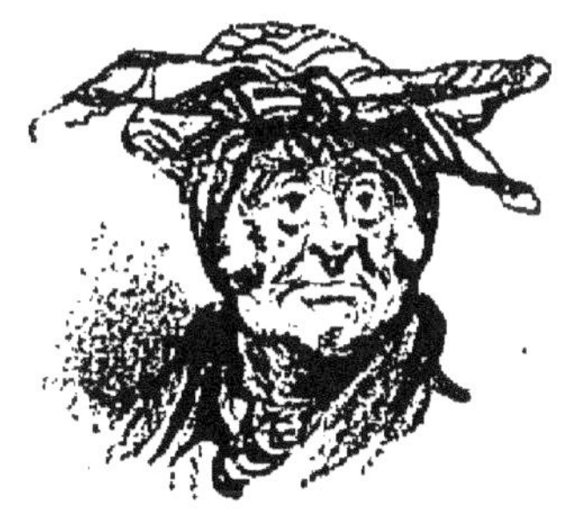

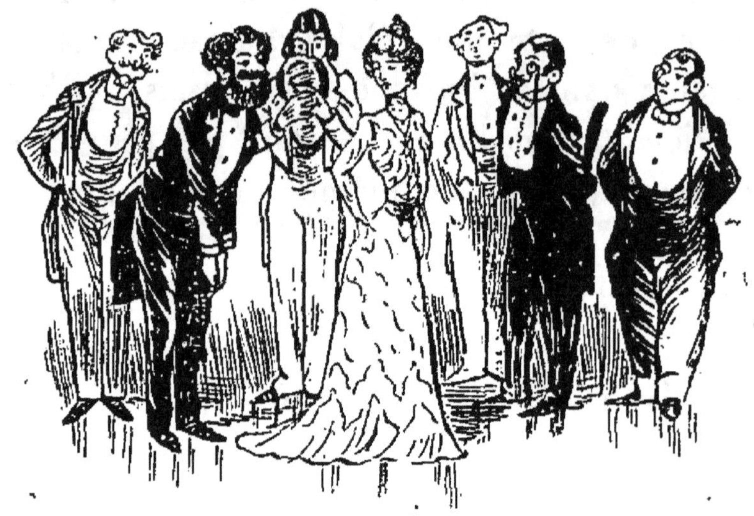

père, il a confiance en moi, il a raison. Mais, à propos, on dirait que les rôles sont intervertis et que c'est vous la jeune fille. (Sur un mouvement de Pierrot.) Je ne me moque pas, allez, et je sais bien que vous avez plus peur pour moi que pour vous. Je vous en sais gré, mais ne craignez rien, et passez-moi cette fantai‑ sie d'une promenade au clair de lune... De quoi causerons-nous?

PIERROT.

De vous!

ISABELLE.

Non, pas du tout, restez dans votre rôle sérieux : ce sera plus gentil. Ce qui me plaît en vous, c'est que vous ne me prenez pas, comme les autres, pour une petite écervelée. Si vous deveniez comme les petits soireux qui croient devoir me faire des cours imper‑ tinentes, tout mon plaisir serait gâté. Vous me parlerez d'un poète que vous aimez, ou d'un peintre...

PIERROT.

Nous parlerons de Banville, ou de Verlaine.

ISABELLE.

Comme vous voudrez... Mais pas un mot de ceci à personne, n'est-ce pas, surtout à votre ami d'Arlequin, et rendez-vous sous le noisetier, — vous savez, le banc qui est à l'entrée du bois, — à onze heures.

PIERROT.

Voilà qui est parfait : un rendez-vous donné et le meilleur de mes anges terminé... Je n'ai plus que le Diable à faire... ce Diable esquissé dans le coin, que rougeoie un vague reflet de fournaise et que brûle à l'intérieur le feu de l'envie... Ah! si j'avais la foi des moines peintres du moyen âge, peut-être Belzébuth m'apparaîtrait-il complaisamment, comme au frère Guglielmo Ritti, lequel eut l'heur de le pourtraire d'après nature.

ISABELLE se retourne à ce moment et aperçoit la tête
de d'Arlequin qui ricane dans l'ombre.

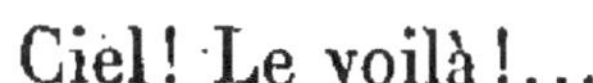

Ciel! Le voilà!...

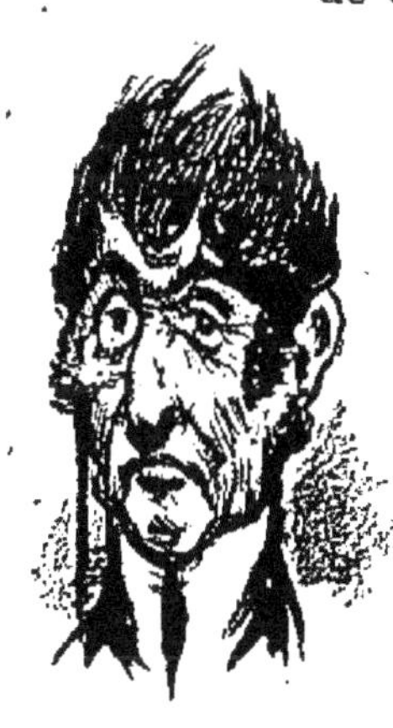

PIERROT, ISABELLE, D'ARLEQUIN apparaissant sur les échafauds.

PIERROT et D'ARLEQUIN, ensemble

Elle est bien bonne! (Ils rient de bon cœur. Isabelle se sent nigaude et reste un peu gênée.)

PIERROT, un peu inquiet.

Comment ! tu étais là... depuis longtemps?

D'ARLEQUIN, naïvement.

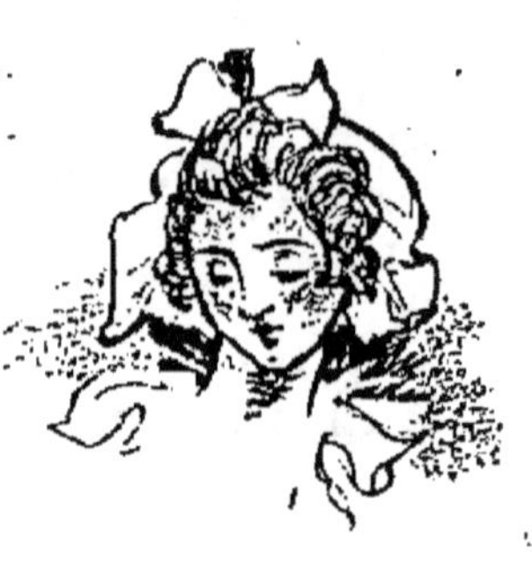

J'arrive à la seconde... Pourquoi?... parliez-vous de moi?...

PIERROT, rassuré.

Non, non... Rien...

D'ARLEQUIN semble à présent tout absorbé par l'étude de la fresque de Pierrot.

Parfait, cher ami, parfait!... tu t'es surpassé... Il est vrai qu'une partie de la gloire revient à Mademoiselle. (Il ricane.) Le Titien et la duchesse de Ferrare!... Seulement, parbleu, tu n'as pas embelli ton modèle, pour cette fois ; Mademoiselle est bien plus...

ISABELLE.

Bien plus quoi? Vous n'allez pas me faire des compliments sur le dos de M. Pierrot, Monsieur?

D'ARLEQUIN.

Non, Mademoiselle, ce n'est pas pour vous dire des fadeurs : je parle au point de vue peintre.

ISABELLE.

Comment, au point de vue peintre? Vous n'êtes pas peintre, que je sache! Prenez garde, rappelez-vous l'aventure de l'exposition de Poil et Plume, où de farouches critiques ont donné la mesure de leur compétence... au point de vue peintre... c'était au tour des peintres de se tordre.

D'ARLEQUIN.

Alors, Mademoiselle, vous ne reconnaissez pas les droits de la critique.

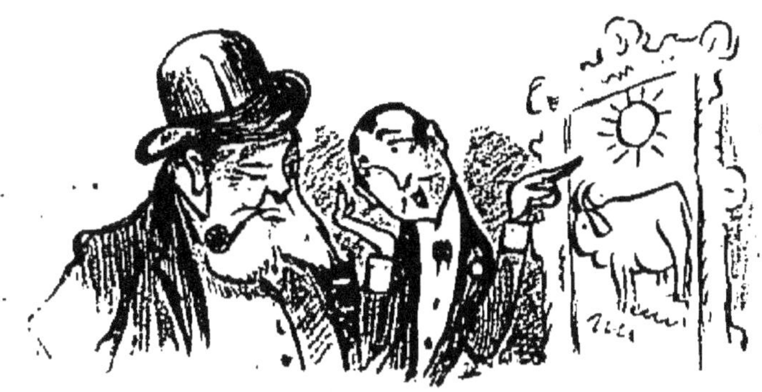

ISABELLE.

Je les reconnais si bien que je critique votre critique, et sans me gêner; c'est permis, n'est-ce pas?

D'ARLEQUIN.

Parfaitement.

ISABELLE.

Alors, Monsieur Pierrot, vous n'avez pas besoin de moi, adieu... Adieu, Monsieur. (Elle salue froidement d'Arlequin et sort.)

PIERROT, D'ARLEQUIN.

D'ARLEQUIN, à part.

Va toujours, pécore, et prends garde à toi, tu verras, si je me mets en tête de t'épouser!

(Un silence.)

PIERROT.

Tu l'as fâchée.

D'ARLEQUIN.

Ça ne fait rien. Elle est un peu nerveuse de sa méprise. Mais quelle importance cela a-t-il?

PIERROT.

Vas-tu dire comme le mari de ma femme de ménage, lequel, rentrant gris au logis et sa femme lui faisant des reproches, laissait tomber du haut de son ivresse : « J'parle pas à une femme, *c'est trop peu!* »

D'ARLEQUIN.

Peut-être; cet ivrogne n'était point un sot.

PIERROT.

Allons, puisque tu es le diable, sois bon diable, assieds-toi là et pose-moi mon Lucifer.

D'ARLEQUIN.

Si tu veux. (Il s'assied. Pierrot se remet au travail.)

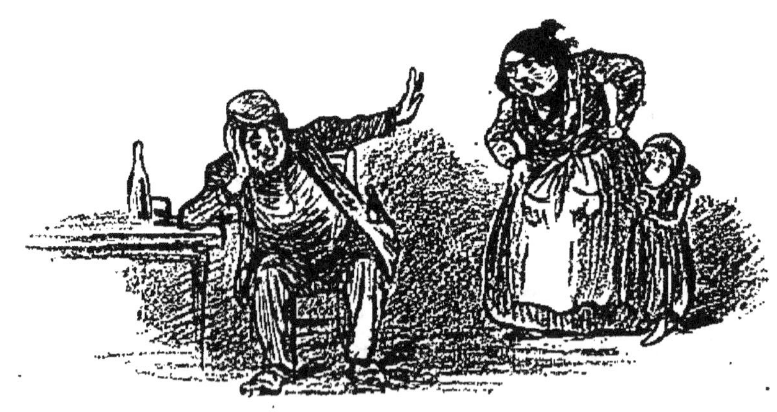

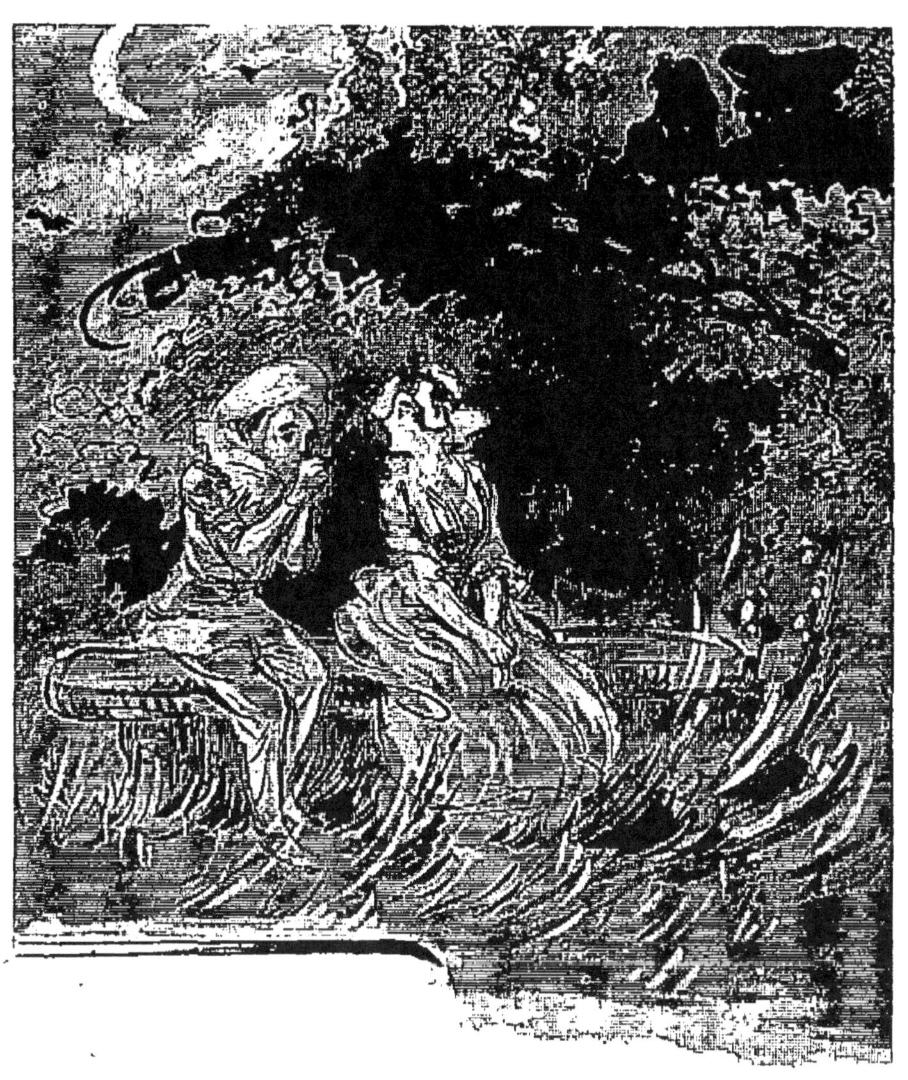

TROISIÈME ACTE

SCÈNE PREMIÈRE

Un banc sous le bosquet de noisetiers, à l'entrée du bois ; une
allée passe au-dessus de ce bosquet. La lune promène sa corne
à travers les grands arbres ; des brumes blanches flottent au loin
sur la prairie ; cependant il fait tiède, et ce n'est que par inter-
valles que des souffles frais passent comme des frissons. Le dé-

cor comporte aussi des vers luisants et des chauves-souris dont les ailes clignotent sans bruit sur le fond bleu et sombre du ciel.

Pierrot et Isabelle sont assis l'un près de l'autre, cependant tous les deux se sentent très différents de ce qu'ils étaient dans la chapelle. Ils goûtent la douceur du rendez-vous, mais leurs gorges sont serrées au point qu'ils peuvent à peine parler. Cela est venu petit à petit : l'étreinte pour chacun d'eux augmentant à mesure qu'approchait l'heure de la rencontre. Et, l'heure sonnée, le trajet du château au bosquet a mis le comble à leur émoi. Pierrot est arrivé le premier, comme il convient ; Isabelle l'a rejoint à un moment où la lune passait derrière un très gros arbre. Il n'a vu qu'une ombre s'approcher, puis il a perçu tout près de lui des froissements de soie et la caresse (oh ! pendant une seconde !) d'une main qui frôlait par mégarde la sienne. Ce toucher a suffi pour les décontenancer tous les deux. Pierrot a essayé de reprendre la conversation sur le ton de l'après-midi.

— Eh bien ! vous n'avez plus peur comme hier, Mademoiselle ?

(A-t-il dit d'une voix étouffée, A quoi Isabelle a répondu, d'un souffle :)

Oh ! si !

(Et c'est tout. De Banville ou de Verlaine, il n'en est pas question.) Le programme de leur soirée varie, décidément, sans qu'ils s'en aperçoivent.)

Mais la comédie se change encore une fois en pantomime, car, au-dessus des noisetiers, deux ombres chinoises apparaissent, muettes, celles de M. Cassandre et d'Arlequin, qui se sont approchés sans bruit, ou qui peut-être se tenaient cachés à l'avance. Visibles seulement pour les spectateurs, ils ne dérangent nullement le colloque sentimental.

Un moment de silence, puis *le bruit d'un baiser*, et l'envolée
apeurée d'Isabelle, qui se ressaisit courageusement, malgré les

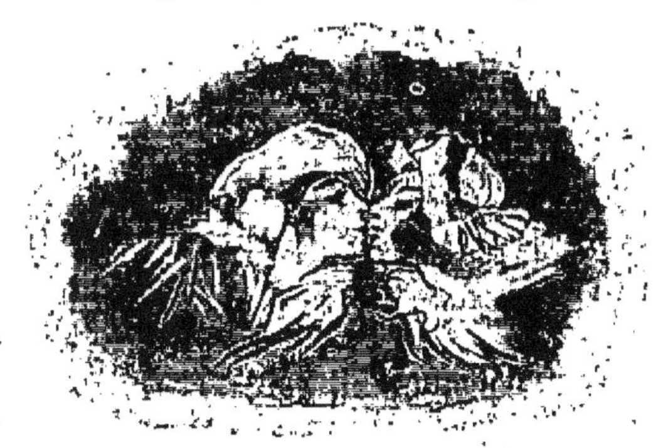

embûches de la nuit, de la solitude, des frissons de la brise, de son
émotion, de son amour naissant peut-être, et de ce — quelque
diable aussi — que La Fontaine donne aux voluptueux pour
dernier conseiller de leurs fautes,

PIERROT, se lève, fait quelques pas, mais n'ose poursuivre
Isabelle.

Mademoiselle! Je vous en prie!... Pardon!...
(A part.) Mon Dieu! qu'ai-je fait là! je me suis conduit
comme avec une grisette. Mais je suis donc fou
d'avoir gâté cette heure de douce camaraderie qui
m'était offerte!... Oh! ce baiser sur ces lèvres fraîches!
je n'ai pu résister... Mais aussi c'est fini, elle ne
voudra plus me voir... Du reste il vaut mieux que je
m'en aille, je n'ai plus que cela à faire... C'est stupide,
ce commencement d'intrigue avec une petite million-
naire, une bêtise à me faire mettre à la porte comme
un laquais qui manque de respect à la demoiselle de
la maison... pis que cela même, j'ai l'air d'un chasseur de dot, tout simplement! Et c'est moi-même qui
vais me mettre à la porte, comme je le mérite... Mais

il n'y a que la moitié de la chapelle qui soit décorée !...
Comment faire?... Partir, parbleu ! je laisse mon
travail et je ne vole rien... qu'un baiser...

(Il s'éloigne en réfléchissant:)

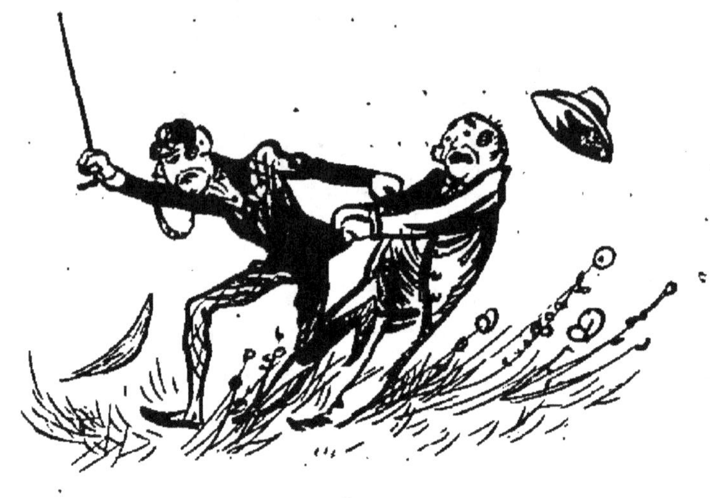

SCÈNE II

D'ARLEQUIN, CASSANDRE

D'ARLEQUIN.

Je suis indigné ! cher Monsieur, indigné ! Comment !
un homme que j'avais présenté chez vous, moi, le
baron d'Arlequin, se conduire de cette façon ! Voyez
tout de même comme cela se trouve : je vous propose
une petite promenade à la fraîche, et nous assistons à
la plus lâche des trahisons. C'est Dieu qui nous a con-
duits ici, Monsieur !... Je vais aller le gifler, ce misérable Pierrot, et le mettre à la porte à coups de pied ;
il ne restera pas ici une heure de plus ; vous le permettez, n'est-ce pas? Oh ces artistes ! je vous l'avais

bien dit...., mais s'attaquer à la fille de son hôte, sans doute pour essayer de la compromettre et de vous forcer la main!.. (Il feint de vouloir se précipiter à la poursuite de Pierrot.) Tant pis pour le scandale!...

CASSANDRE, affolé.

Non! non!... Je vous en prie, pas de scandale! Attendons à demain... Rien ne presse; du moment qu'Isabelle s'est enfuie, tout est sauvé... Je vois de la lumière dans sa chambre... Elle n'est coupable que d'étourderie, j'en suis sûr!... Demain nous congédierons le jeune homme... sous quelque prétexte... poli,... mais comment faire? ma chapelle qui n'est pas finie!...

D'ARLEQUIN.

Qu'à cela ne tienne, je vous présenterai un vieil artiste de ma connaissance, très vieux, un homme qui touche enfin à la gloire, après avoir été longtemps méconnu... Vous ferez un acte de justice en lui donnant le moyen de consacrer sa réputation. (A part.) De celui-là j'aurai soixante-quinze pour cent de commission! (Haut.) Tenez, si cela vous ennuie, chargez-moi de la transaction avec Pierrot, payons-lui la moitié du prix convenu,... je me charge d'obtenir qu'il s'en aille tout de suite... ou bien il aura affaire à moi,... mais il filera doux!

CASSANDRE, enchanté.

Comment! vous voulez bien vous charger de cela? Oh! vous êtes un vrai ami! Comment vous remercier? Demain matin je vous remettrai les fonds; non, tout de suite, et la somme entière, tout, pourvu qu'il s'en aille. Tenez... (Il tire son portefeuille et compte des billets bleus qu'il remet à d'Arlequin.)

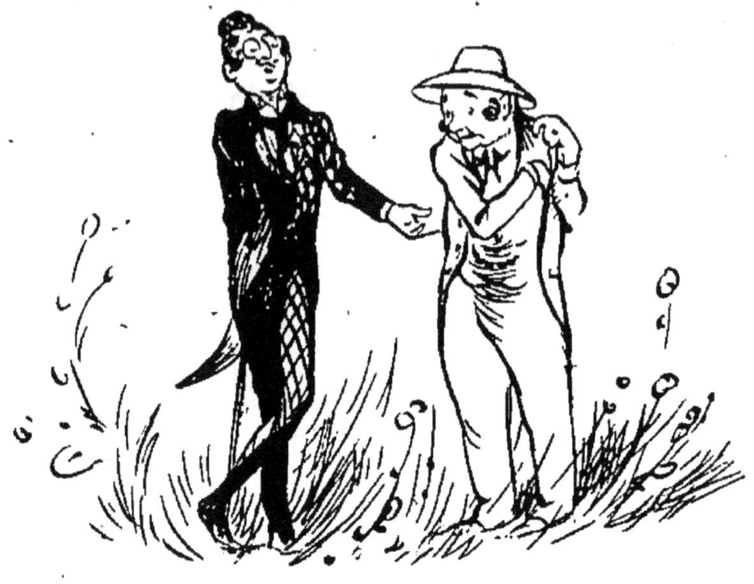

D'ARLEQUIN.

Parfait!... J'aperçois là-bas Pierrot qui vient par cette allée, rentrez au château, si vous voulez bien, je vais lui parler tout de suite, lui dire que nous n'ignorons pas sa trahison... Malgré son emportement, je ne le crains guère, allez!.. Et puis... c'est pour vous!

CASSANDRE.

C'est cela, chargez-vous du jeune homme. Moi je vais, de ce pas, questionner ma fillette... A-t-on vu cette péronnelle! je ne la ménagerai pas non plus, bien que je croie à quelque surprise que la pauvrette n'a pas su éviter. En tout cas je ne lui dirai pas que vous

êtes au courant de sa conduite, elle serait trop hon-
teuse,

D'ARLEQUIN.

Monsieur Cassandre, il faudra la marier, voyez-
vous, choisir un gendre qui vous soit dévoué, plutôt
qu'un gendre fortuné... Les riches sont heureux, ils
peuvent marier leur fille à un garçon d'avenir, un
garçon convenable, bien pensant, *bien sous tous les
rapports*, sans avoir à se préoccuper s'il a de la fortune... C'est un grand bonheur pour un père, monsieur Cassandre, de pouvoir agir ainsi! je vais plus
loin, c'est lui qui doit faire son choix et l'imposer à
sa fille : nos ancêtres n'agissaient pas autrement... et
ils avaient raison.

CASSANDRE, s'éloignant.

Je suis de votre avis. J'ai toujours su maintenir
mon autorité paternelle, et ma fille ne voit que par
mes yeux.

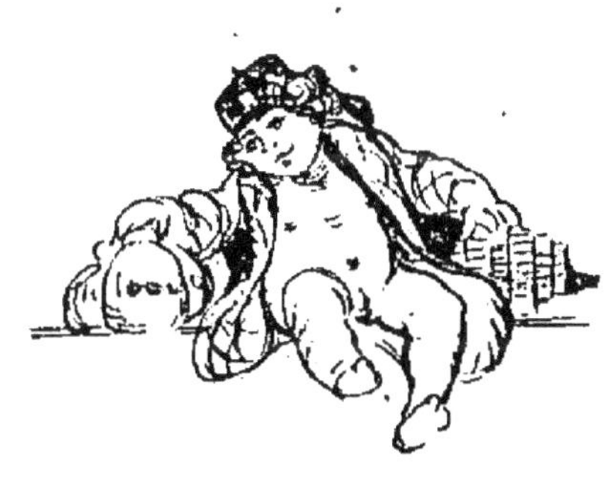

SCÈNE III

D'ARLEQUIN, PIERROT

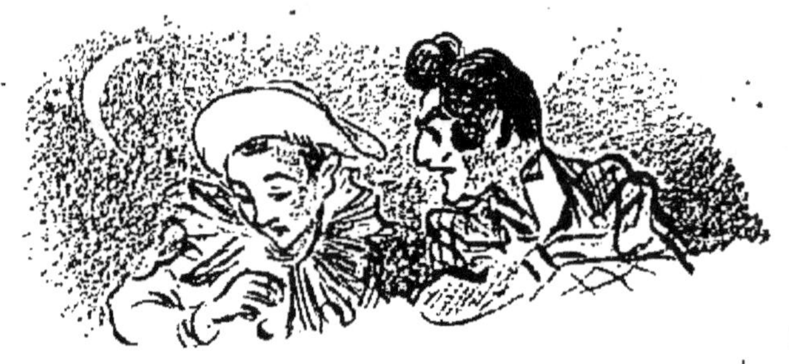

D'ARLEQUIN.

Ah ! te voilà, toi ! Eh bien, tu fais de jolis tours, mon garçon !

PIERROT, honteux.

Comment sais-tu ?...

D'ARLEQUIN.

Je sais que M. Cassandre est furieux ; je sais qu'il se promenait par hasard, ce soir, dans le parc, qu'il vous a vus, sa fille et toi, vous asseoir sur le banc du noisetier ; qu'il a entendu que tu l'embrassais et qu'il l'a vue s'enfuir... Il était hors de lui, il courait au château chercher un revolver pour te tuer — c'est un homme violent sous ses apparences bonnasses — mais je l'ai calmé de mon mieux et j'ai obtenu qu'il se contînt en lui promettant ton départ immédiat... Voilà ce qu'il y a !..... j'ajoute que tu nous as mis dans de beaux draps !... Vrai ! pour l'homme délicat que vous vous vantez d'être, vous m'étonnez, Monsieur Pierrot !

PIERROT.

Monsieur d'Arlequin, vous avez bien fait de promettre mon départ... je m'en allais de ce pas. J'ajoute, moi aussi, que vous avez raison de me faire des reproches. Vous ne m'en ferez jamais autant que je m'en fais : j'ai eu un moment de folie, et je sais bien que je n'ai qu'une chose à faire, c'est de disparaître.

D'ARLEQUIN, surpris.

Bah !...

PIERROT.

Si j'avais eu la pensée de rester, n'aurais-je pas été digne de tous les mépris? Oui, mon vieux, car j'aurais eu l'air, moi, pauvre peintraillon de Montmartre, de chercher un mariage forcé.

D'ARLEQUIN.

Mais ton travail?...

PIERROT.

Mon travail? j'en ai terminé la première moitié. M. Cassandre fera terminer sa chapelle par quelque autre.

D'ARLEQUIN.

Mais ton argent?...

PIERROT.

Mon argent? Tant pis! je ne peux pas terminer mon ouvrage, c'est par ma faute, je n'ai rien à réclamer. Ça m'a fait travailler, ce sera mon bénéfice... (Se reprenant)... Il est vrai qu'il y a ta part?...

D'ARLEQUIN, avec élan.

Ne t'occupe pas de cela, je t'en prie! Tu me don-
neras quelques tableaux pour m'indemniser, voilà
tout! Mais je ne peux t'empêcher de bien agir, même
à mon détriment. Adieu, pars au lever du jour, sans
voir personne!... (Il le serre dans ses bras.) Tiens! Pierrot,
tu es un brave garçon, je te rends mon estime.

(Pierrot s'éloigne.)

D'ARLEQUIN.

Adieu, imbécile! Et moi, au travail!... Dans six
mois j'aurai la fille.

RIDEAU

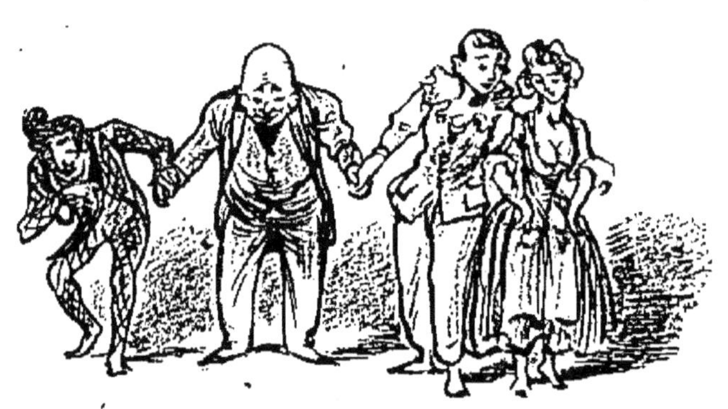

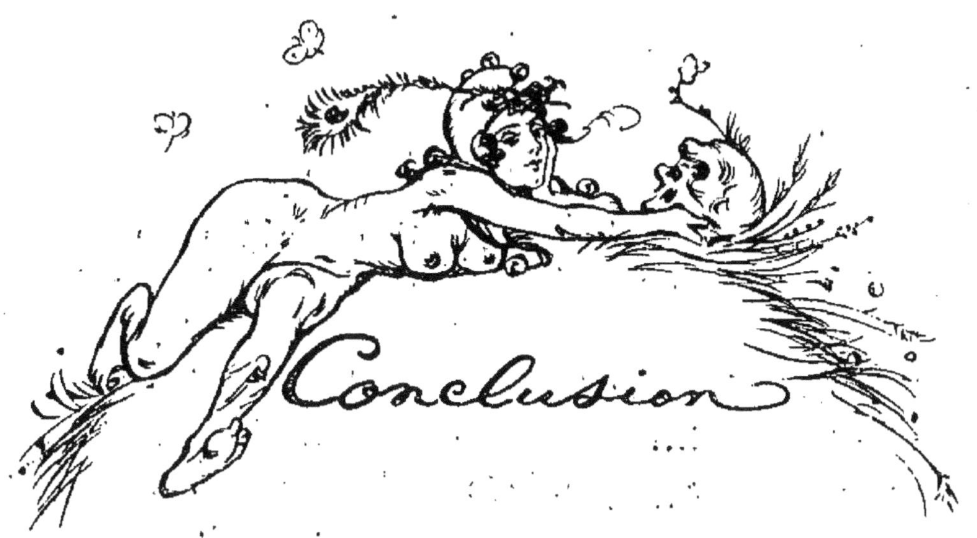

Conclusion

Ici se termine cette œuvre légère et sans façons, entreprise pour rappeler aux Pouvoirs publics, à l'occasion du nouveau siècle, que le Peuple français a besoin, pour être heureux, d'autre chose que de discours parlementaires et de projets d'impôts, — et qu'il serait temps de le faire participer à quelques fêtes intelligentes. Les Pouvoirs publics ne se sont point émus, ou du moins ont-ils bien caché leur émoi... Mettons pour nous consoler que ce soit par crainte d'avoir maille à partir avec le *fou de la rue Pasquier*. Mais cela n'importe, il est permis d'espérer que nos fêtes d'artistes, tous les ans plus nombreuses et plus belles, auront raison de l'indifférence de l'État. Quant à la campagne entreprise par ce volume et par la publication des *Carnavals parisiens*, elle continuera dans quelques autres.

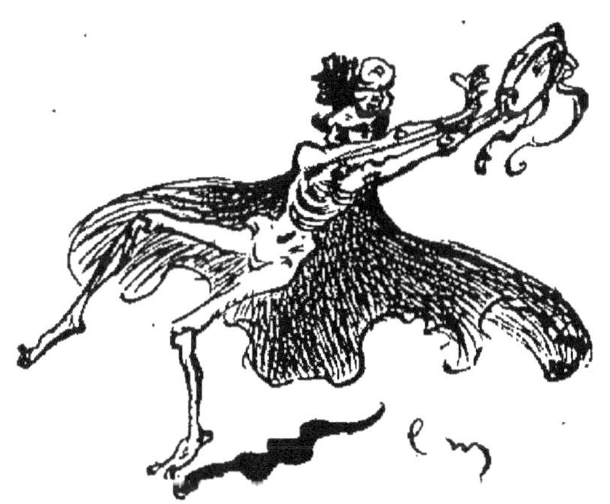

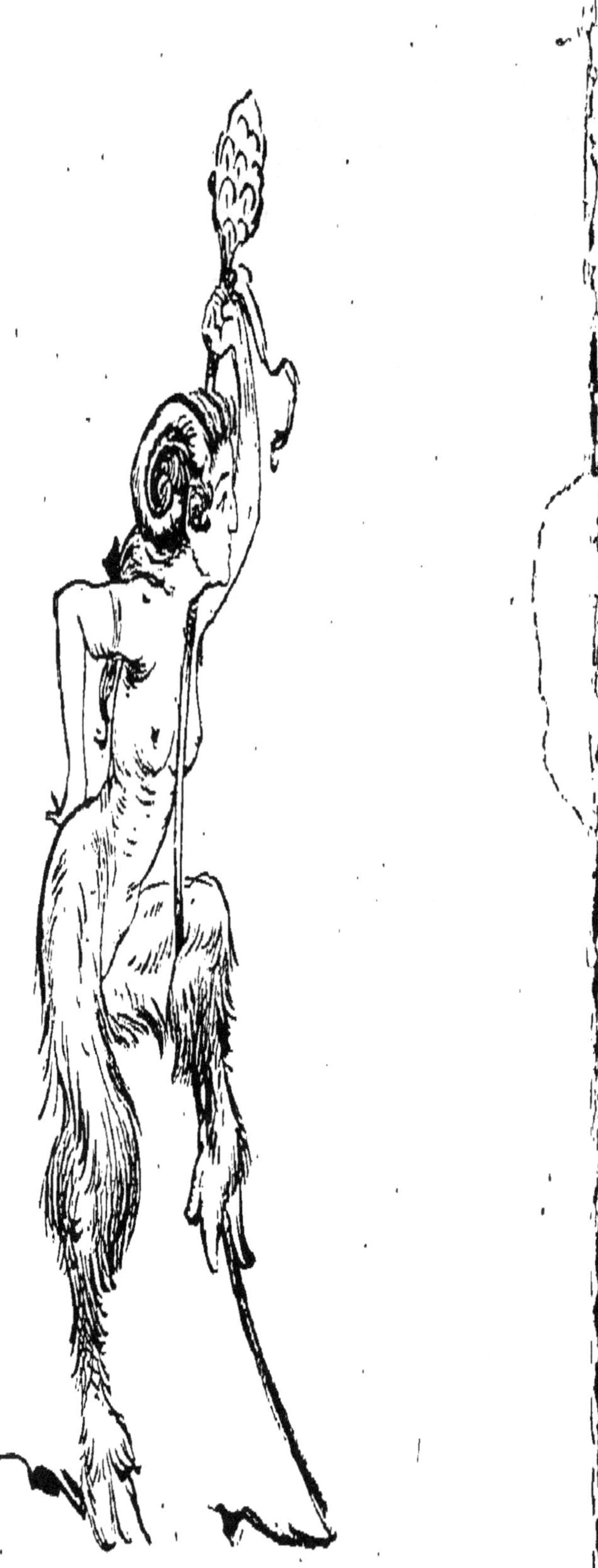
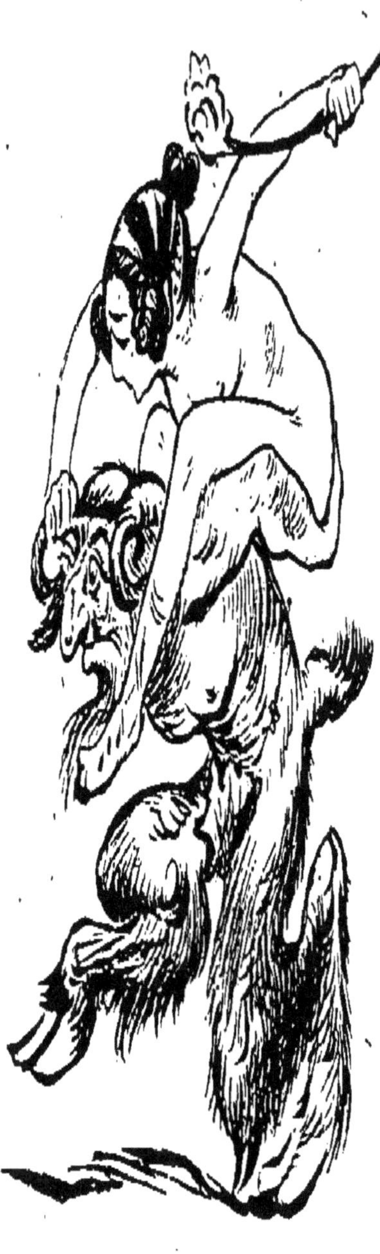

AUX QUAT'Z-ARTS

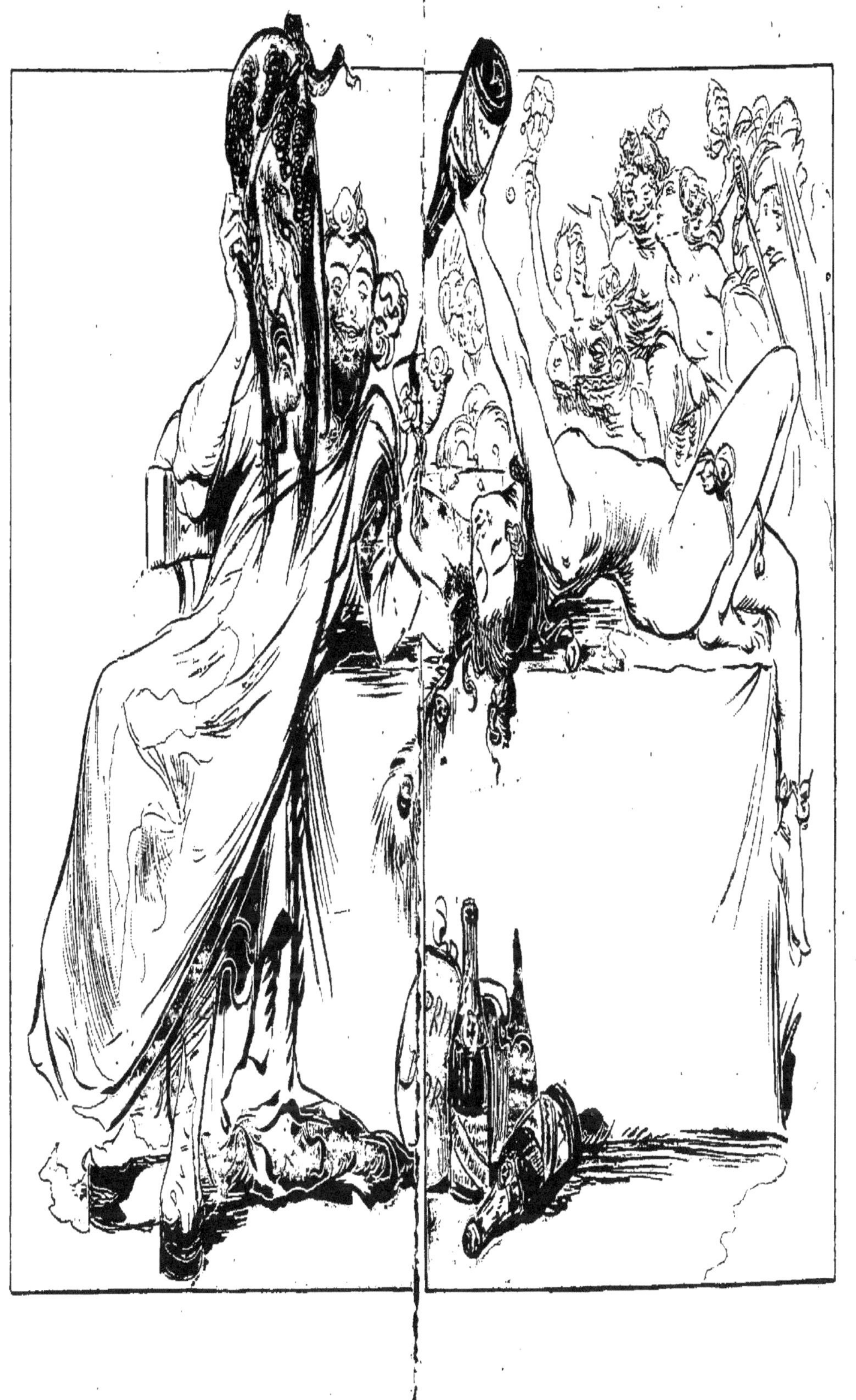

AUX QUAT'Z-ARTS

OUVRAGES DU MÊME AUTEUR

JEANNIK. Illustré de 87 dessins.

LE CABARET DU PUITS-SANS-VIN. 95 dessins. Ouvrage couronné par l'Académie Française.

LES AMOURS DE GILLES. 178 dessins.

LA LÉGENDE DE ROBERT-LE-DIABLE. Album in-4°. 53 dessins.

VIEILLE IDYLLE. 12 pointes sèches.

LES COUSETTES. 21 pointes sèches de H. Somm.

FRENCH ILLUSTRATORS.

QUELQUES ARTISTES DE CE TEMPS.

L'ENFANT PRODIGUE. 90 dessins.

DIMANCHES PARISIENS. 25 eaux-fortes de Lepère.

CARNAVALS PARISIENS. 178 dessins.

Paris. — Typ. Chamerot et Renouard. — 41951.